교육심리학

오 윤 선

창지사

머 리 말

PREFACE

인간 행동의 계획적 변화에 주안점을 두고 있는 교육학과 인간의 행동을 과학적으로 이해하려는 심리학을 접목시킴으로써 형성된 교육심리학은, 오늘날 학습의 다양화와 다변화에 따른 교육 현장에서 핵심적인 학문분야로 자리매김하였다.

필자는 1980년대 후반부터 현재까지 국내외 대학과 대학원에서 교육심리 및 심리학 관련 과목을 담당해오면서 초·중·고등학교 일선 교사를 위한 교육과 학생상담을 지속적으로 해왔다. 최근에는 초임 교사나 오랜 경험을 가지고 있는 교사들로부터 학생들을 감당하기가 너무나 힘들다는 탄성을 많이 듣는다. 빠른 세대변화와 급변하는 시대적 상황 속에서 학습자를 이해하고 잘 지도하기 위해서 어떻게 해야 할 것인가? 이에 대한 오랜 고민 끝에 학문적 균형을 유지하되 시대적 변화와 요구를 충족하며 교육 현장에서 실제로 적용할 수 있는 교육심리학에 대한 집필의 필요성을 가지게 되었다.

현재 국내에 출판되어 사용되고 있는 교육심리학 책은 수십 권에 이른다. 그럼에도 불구하고 특별히 본서를 출간하게 된 이유는 교육학과 심리학에 대한 기초지식이 없는 독자일지라도 기초 개념부터 다양한 이론을 쉬우면서도 체계적으로 이해하고 현장에서 유용하게 적용할 수 있도록 하기 위함이다. 따라서 본서를 집필하는 과정에서 교육현장 경험이 풍부한 현직교사 및 교수들과 함께 지속적으로 토론하고 내용을 수정·보완하면서 가능한 한 쉽게 이해할 수 있도록 노력했다. 또한 교직과목을 수강하는 학생과 교육현장의 교사 그리고 교육심리학적 측면에서 인간에 대한 깊은 이해를 원하는 독자에게 이 책이 조금이나마 유용한 자료로 사용될 수 있기를 기대한다.

PREFACE

본서의 전체 내용은 총 5부 13장으로 구성되어 있다.

1부는 교육심리학 기초의 이해 편이고, 2부는 2장부터 4장까지 학습자의 발달적 이해 편이며, 3부는 5장부터 6장까지 학습자의 개인차를 다루었다. 그리고 4부는 7장부터 11장까지 교수 및 학습이해 편이고, 5부는 12장에서 13장까지 생활지도와 평가이해이다.

먼저 1부 교육심리학의 기초이해에서는 교육과 심리학, 교육심리학의 정의, 교육심리학의 발전과정, 교육심리학의 영역, 교육심리학의 연구방법에 대한 내용을 중심으로 교육심리학의 전반적인 이해를 돕기 위한 내용으로 구성되어 있다. 2부는 학습자의 발달 개념이해를 중심으로, Piaget와 Vygotsky의 인지발달이론, Sigmund Freud, Anna Freud, Erikson, Marcia의 성격발달이론 그리고 Piaget, Kohlberg, Gilligan의 도덕성 발달이론을 소개하였다. 3부는 학습자의 개인차 가운데 지능, 창의성, 인지양식, 영재 및 특수교육을 필요로 하는 특수학습자의 이해를 돕기 위한 내용으로 구성되었다. 4부는 교수 및 학습이해에 관한 내용으로 행동주의, 인지주의, 구성주의 학습이론에 대해서 고찰하고, 학습 동기와 수업이론 및 수업방법에 관한 내용과 방법에 대해서 구체적으로 소개하였다. 5부는 생활지도와 평가로, 생활지도와 상담을 통한 학생지도와 교육평가 및 심리검사에 대한 내용을 순차적이고 체계적으로 정리하였다.

본서가 출간되기까지는 많은 분들의 도움이 있었다. 특히 출판업계의 어려운 여건에도 불구하고 기꺼이 출판을 맡아주신 창지사 김기섭 사장님을 비롯한 직원 여러분에게 깊이 감사드린다. 그리고 바쁜 학기 중임에도 불구하고 기쁜 마음으로 원고 교정에 도움을 준 제자들에게도 감사드린다. 무엇보다 바쁜 연구 활동 때문에 충분한 시간을 함께하지 못함에도 아무 불평 없이 이해해주고 응원해 준 가족들에게 미안함과 고마움을 전한다.

2017년 5월

일립관 연구실에서 오 윤 선

Educational Psychology

CONTENTS

차 례

Part 1 교육심리학의 기초이해 • 10

Part 2 학습자의 발달적 이해 • 40

Educational Psychology

CONTENTS

Educational Psychology

CONTENTS

Educational Psychology

1

교육심리학의 기초이해

Chapter 1

교육심리학의 개념이해와 연구방법

PART 1

EDUCATIONAL PSYCHOLOGY

Educational Psychology

교육심리학의 개념이해와 연구방법

CHAPTER 1

1. 교육과 심리학

교육심리학이 어떤 학문인가라는 질문에 대한 대답은 그렇게 간단하지 않다. 하지만 명백한 사실은 교육심리학이 교육과 심리학의 관련성 속에서 형성된 학문이라는 것이다. 따라서 교육심리학에 대한 의미를 알기 위해서는 교육과 심리학에 대한 정의와 상호관련성에 대한 고찰이 이루어져야 할 것이다.

1) 교육의 정의

교육(pedagogy)은 교육과 관련된 다양한 현상을 과학적으로 설명하고 연구하여 결과를 체계화한 학문이다. 여기서 교육(education)은 인간의 행동을 바람직한 방향으로 변화시키는 계획적 과정 또는 활동이라고 함축적으로 정의할 수 있다. 이 정의에 따르면 교육의 목적은 교육 대상자인 인간의 행동을 가치 있고 바람직한 방향으로 계획적이며 의도적으로 변화시키는 것이다(조교판 외, 2016). 따라서 교육의 정의 가운데 인간의 행동, 계획적 변화라는 단어에 주목할 필요가 있다.

첫째, 행동이란 '말한다', '걷는다' 등 밖으로 나타난 가시적 행동만이 아니라 지식, 사고력, 가치관, 자아개념 등의 내재적 과정과 특성도 포함한다. 여기서 특별히 주목해야 할 것은 '행동이란, 행동주의 심리학의 자극~반응의 연결에 의한 행동만을 가리키지 않는다.'는 점이다. 교육에서 중요시하는 행동특성은 지능, 지식, 사고력, 창의력 등을 포함하는 지적 차원 흥미, 태도, 가치관, 자아개념, 도덕성 등을 포함하는 정의적 차원 그리고 기능, 지각속도 등을 포함하는 심리 운동적 차원으로 분류할 수 있다.

둘째, 교육이 인간을 변화시키는 일이라면 교육은 인간이 변화한다는 사실을 인식하는 데서 출발해야 하며 행동에 대한 변화관은 신념이 되어야 한다. 인간 이해에 있어서 유전적(생득적) 요인과 환경적(후천적) 요인에 대한 논쟁은 아직도 끊이지 않고 있지만 교육에 있어서 두 가지 요인 모두 소홀히 할 수 없는 사실이다. 그러나 교육자는 교육을 통해서 한 생명체가 이 땅을 떠나는 순간까지 끊임없이 성숙하고 변화를 가져올 수 있다는 신념인 환경론에 관심을 가지게 된다. 인간의 행동은 바람직한 방향과 바람직하지 않은 방향으로도 변할 수 있는데, 교육은 행동의 바람직한 방향으로의 변화에 관심을 갖는 것이다(이성진, 1996).

셋째, 교육을 계획적이라고 할 때, 거기에는 변화시키고자 하는 명확한 의도와 목적의식이 있다. 따라서 교육은 교육의 과정을 통하여 기르고자 하는 행동 특성이 구체적으로 무엇인지에 대한 목적의식이 있어야 한다. 여기에 바로 교육의 계획성이 부각되는 것이다. 즉, 교육은 계획적인 변화의 과정을 통해 몰랐던 지식을 습득하게 되고 미숙했던 사고력을 숙달하게 되며 몰랐던 기술을 몸에 익히게 되고 새로운 태도와 가치관을 가지게 된다(주영흠 외, 2004).

2) 심리학의 정의

심리학(psychology)은 희랍어로 '마음' 혹은 '정신'이라는 뜻의 'psyche'와 이법(理法), 또는 학문이라는 'logos'의 합성어로서 그 지칭되는 연구대상 자체가 '정신' 혹은 '마음'을 연구하는 학문이라고 할 수 있다.

심리학에 대한 이해는 심리학자들의 광범위한 관심 분야에 따른 각자의 입장과 시대의 변천에 따라 그 견해가 다르기 때문에 실제로 심리학을 정의하기가 그렇게 용이하지는 않다.

초기 심리학자인 Wilhelm Wundt(1832~1920)와 William James(1842~1910)는 심리학을 "정신생활에 관한 과학으로서 내적인 경험(감각, 감정, 사고, 의욕 등)을 포함하는 의식을 연구하는 학문"이라고 정의하였다. 정신치료의 선구자였던 Sigmund Freud(1856~1939)는 무의식 속에 억압되어 있는 욕구를 파악하는 데 심리학의 강조점을 두었다. 그리고 행동주의 심리학을 주창한 John Watson(1878~1958)은 "심리학의 본질은 외부로 표현되는 인간의 행동을 연구하는 것"이라고 하였다. 또한 인지심리학과 현상학적 심리학자는, 심리학은 인간의 행동을 이해하기 위해서 정신과정과 기억구조를 과학적으로 분석하는 학문이라고 하였다(Mayer, 1981). 1980년 이후 많은 학자는 심리학을 과학적인 연구결과를 응용하여 개인이나 집단의 문제를 해결하는 데 도움을 줄 수 있는 응용과학이라는 점을 강조하고 있다(Morgan, 1981; Wortman, 1981).

심리학의 상호보완적 접근주의자 오윤선(2013)은 "심리학은 사회적 존재인 인간의 심리와 행동을 과학적으로 이해하려는 학문"이라고 하였다. 인간의 심리와 행동을 이해하는 것은 심리학의 목적이 되고 과학적으로 이해하는 것은 심리학의 수단이 된다. 심리학을 연구하는 목적에는 크게 학문적 목적과 궁극적 목적이 있다.

첫째, 학문적 목적은 인간의 심리와 행동을 설명(explanation)하고 예측(prediction)하는 데 있다. 인간의 심리와 행동에서 나타난 현상을 정확하게 설명하기 위해서는 신뢰도(reliability)와 타당도(validity)의 높은 측정이 필요하다. 그리고 설명을 바탕으로 인간의 심리와 행동을 예측하기 위해서는 객관적인 각종 심리검사의 결과가 중요하다.

둘째, 심리학의 궁극적인 목적은 인간과 사회의 복지증진과 진리(truth)와 선(goodness)을 달성하며 통제(control)하는 데 있다. 예를 들어 정신장애로 진단되어 문제의 소지가 예측되는 대상이 있다면, 그를 스트레스로부터 보호하고 심리치료와 약물치료 등을 통해 정신질환으로 발전되지 않고, 위험에 노출되지 않도록 통제가 이루어져야 할 것이다.

2. 교육심리학의 정의

교육심리학은 교육현상에 대한 심리학적 이해를 바탕으로 교육의 실제, 특히 교수-학습과정에서 당면하는 여러 가지 문제를 해결하는 데 도움을 주기 위한 학문으로서, 인간의 행동을 계획적으로 변화시키는 과정을 대상으로 하는 교육학과 인간의 행동과 마음을 과학적으로 탐구하는 심리학 사이에서 생겨난 학문의 영역이다.

교육심리학이라는 학문이 탄생한 이후 지금까지 실제로 무엇을 하는 학문인가에 관한 논쟁이 끊이지 않고, 교육심리학에 대한 정의도 학자의 견해에 따라 다양하다.

교육심리학에 대한 학자들의 견해를 살펴보면, 심리학을 응용과학의 하나로 보는 견해와 교육현상을 다만 심리학적으로 연구하는 견해 그리고 독립된 과학으로 보는 견해가 있다. Trow(1950)는 교육심리학을 "교수와 학습을 취급하는 심리학의 한 분야"라고 정의하였고, Guthrie(1952)는 "학교에서 아동에게 적용되는 심리학"으로 정의하였다. 이들은 교육심리학을 심리학의 한 분야로 보고 심리학에서 얻은 지식을 교육활동에 적용시키는 것으로 여겼다. 그리고 Herbart(1957)는 "교육의 방법은 심리학에서 구하여야 한다."고 하였는데, 이는 교육심리학을 교육의 문제를 심리학적으로 해결하는 보조과학으로 본 것이다.

하지만 오늘날 많은 학자는 교육심리학은 하나의 독립된 학문으로서 독자적인 이론, 연구방법, 연구의 문제 그리고 연구의 기술을 가지고 있음을 주장하고 있다. 이들은 인간을 환경의 능동적인 지배자로 보고 주로 실험실이라는 제한된 공간 속에서 얻은 심리학의 원리나 법칙을 교육현장에 그대로 적용시키는 것은 적합하지 못하다는 점을 지적하였다. 이에 Wittrock(1992)는 "교육심리학은 심리학적 원리를 교육에 응용하려는 생각을 버리고 교육현장에서 인간의 행동을 과학적으로 연구하는 독자적인 학문으로서 교육의 테두리 안에서 행동을 기술하고, 이해하며, 예언하고, 통제하려는 시도를 하여야 함"을 강조하였다.

교육심리학을 독립적 학문으로 정의한 Woolfolk(2007)는 "교육–학습과정에 관한 학문으로, 심리학의 방법과 이론 그리고 자체의 이론과 방법을 적용한다."라고 하였다. 이는 독립적인 학문영역으로서 교육심리학 연구의 핵심은 교수–학습과정을 이해하고 그 과정을 개선하며 개발하는 것이라고 본 것이다.

최근 확대되고 있는 교육심리의 영역을 감안해서 독립적인 학문으로 교육심리학을 정의한다면, '교육심리학이란 교육의 현상 및 과정을 심리학적인 측면에서 연구하여 실제로 교육활동에 필요한 지식과 기술을 제공함으로써 효과적인 학습지도 및 생활지도를 하도록 하는 학문이다.'라고 할 수 있다.

3. 교육심리학의 발전과정

1) 교육심리학 태동기

문예부흥 이후 아동의 자연적 성장 발달에 따르는 교육방법론이 제창되면서 교육의 심리학적 연구가 싹트기 시작했다. 교육심리학 태동기에 영향을 끼친 인물로는 아동연구의 선구자로서 일익을 담당했던 John Amos Comenius(1592~1670)를 비롯하여, 『*Emile*』(1762)이라는 작품을 통하여 자연론적 교육관을 제안한 Jean Jacques Rousseau(1712~1778)가 있다. Rousseau는 발달의 자연성을 인정하고 아이들은 스스로 훌륭하게 자랄 수 있는 성질을 가지고 태어난다고 보았다. 다시 말해서 아동은 어른들의 축소판이 아니라 그들 자신의 느낌, 생각, 능력을 가진 독자적 개체이며 이것이 이해되고 존중될 때, 아동은 자연의 순리에 따라 순조롭게 성인으로 발달할 수 있다고 본 것이다. Rousseau의 뒤를 이어 스위스의 변호사였던 Johann Heinrich Pestalozzi(1746~1827)는 Rousseau의 자연론적 교육관에 관한 견해를 더욱 확장시켜 실질적인 아동발달에 관한 방안을 제시하였다. 특히 Pestalozzi의 3년 6개월 된 아들의 성장과정에 대한 기록(1774)은 획기적인 것이었다. 이것은 아동발달에 관한 최초의 과학적 기록인 동시에 '일기법(日記法)'의 시초가 되었다. 그는 지식 습득이 아닌 성장으로서의 교육을 주장하며 행동의 가치와 학교교육과 연결된 산업훈련의 중요성을 강조한 것이다. 그리고 누구보다 Pestalozzi로부터 영향을 많이 받은 Johann Friedrich Herbart(1776~1841)는 교육실천에 심리학적 원리의 적용을 처음 실시한 교육학자로, 교육학의 역사뿐 아니라 심리학의 역사에서도 중요하게 거론되는 교육개혁자이다. 그의 저서 『일반교육학』(1806)을 보면 윤리학과 심리학을 교육학의 기초과학이라고 하면서 교육의 목적을 윤리학에서, 그 방법을 심리학에서 구하여 심리주의 교육학설의 체계화를 시도하였다. 그리고 Herbart는 교사로서 아동의 심성발달을 바탕으로 한 지도를 해야 한다고 하여 1831년 심리학의 응용에 관한 논문을 통해서 아동의 심성연구에 심리학적 기초를 기반으로 하는 교육심리학의 필요성을 강조한 바 있다. 이러한 점에서 그를 '교육심리학의 아버지'라고 불리고 있으며 오늘날 교육심리학의 선구자적 역할을 하였다(허영부, 1997).

2) 교육심리학 성립기

18세기 이후에서 19세기 전반기까지 생리학자, 물리학자, 천문학자 등의 연구로부터 태동한 교육심리학은, 19세기 후반기에 교육과 심리학의 관계에 대한 연구 및 심리현상에 대한 과학적 연구들이 독립된 과학으로의 교육심리학이 성립되었다.

교육심리학이라는 독자적인 학문이 성립되고 발전하기까지는 여러 과정이 있었음을 본다. Herbart의 수제자인 Ludwig von Strümpell(1812~1899)은 1880년에 교육심리학의 최초의 문헌이라 할 수 있는 『심리학적 교육학』을 저술하였고, 독일의 Dietrich Tiedemann(1748~1803)은 의사로서 자기 아들의 신체적 · 심리적 행동을 관찰 조사하여 『아동의 정신력의 발달에 관한 관찰』(1787)을 발표하였다. 이것이 아동발달의 연구방법 중 하나인 '전기법(biographical method)'의 시초이며, 아동심리학 최초의 문헌이라고 할 수 있다. 그리고 독일의 생리학자 William Thierry Preyer(1841~1897)는 자기 아들을 3년간 치밀하게 관찰하여 동물에 관한 연구결과와 비교하여 발달적 특징을 밝히는 업적을 남겼다. 교육심리학이 독자적인 학문으로서 체계를 갖추기 시작한 것은 Wilhelm Wundt(1832~1920)에게 영향을 받았던 여러 학자가 미국으로 건너가서 활동하면서부터이다(Glover & Ronning, 1987).

초창기 교육심리학의 대표적인 저서로는 Edward Lee Thorndike(1874~1949)의 『교육심리학(*Educational psychology*)』(1903)이 있는데, 이 책은 1921년에 3권으로 분리되어 출판되었다. Thorndike는 교육심리학을 지성, 도덕성 등의 선천적 특성 등을 실험하고 측정하며 정신기능의 향상을 지향하고 개인차와 그 원인을 밝히는 기초과학으로 보았다(Walberg, Haertel, 1998).

미국의 Thorndike와 더불어 유럽에서는 Wundt의 제자인 Ernst Meumann(1862~1915)가 『실험교육 입문강의 I, Ⅱ, Ⅲ』(1907~1913)을 저술함으로써 초기 교육심리학의 체계 정립에 중요한 역할을 하였다. John Watson(1878~1958)과 Burrhus Frederic Skinner(1904~1990)는 행동주의에 근거한 학습이론을 주장하여 교육심리학이 과학적인 학문으로서의 체계를 갖추도록 하였고, Alfred Binet(1857~1911)가 Theodore Simon(1872~1961) 등과 함께 취학 연령에 이른 아동들 중에서 정신지체아를 가려낼 목적으로 1905년 처음 고안한 것이 'Binet-Simon test'이다. 그리고 1916년에는 미국 Stanford 대학의 Lewis Terman(1877~1956)이 Binet-Simon 척도를 개정해서 출간하였고, 그는 지능의 수치를 뜻하는 '지능지수(intelligence quotient: IQ)'라는 용어를 도입하였다.

이 무렵 독일에서 성행한 형태심리학(gestalt psychology)은 Kurt Lewin(1890~1947)에 의해 인간의 행동양식을 인지구조로 설명하려는 이른바 물리, 공학적인 장이론(field theory)을 도입하여 학습이론의 새로운 방향을 제시하였다.

교육심리학 발전에 크게 공헌한 인물 가운데는 Harvard 대학을 졸업하고 Wundt의 Leipzig 실험실에서 연구하고 미국으로 돌아와 활발하게 활동한 Granville Stanley Hall(1844~1924)이 있다. 그는 20년 동안 아이들의 행동에 관하여 194번의 조사연구를 수행하였으며 『미국심리학회지』를 창간하고 초대 미국 심리학회의 회장이 되었다. 이때부터 아동연구 운동이 활발한 움직임을 보였다. 그리고 과학적인 아동연구의 성과로부터 교육심리학의 주요한 내용을 구성하여 교육심리학의 발달에 크게 공헌하였다. 또 그는 1883년에 최초로 질문지법을 사용해 Boston에 있는 초등학교 신입생의 관념내용을 조사하였고, 그 결과 『입학한 아동의 관념내용(*Contents of children's minds on entering school*)』을 발간했다. 이것이 오늘날 각종 연구에서 널리 사용되고 있는 질문지법의 시초가 되었다.

3) 교육심리학 형성 발전기

교육심리학의 영역은 1926년 전후부터 크게 분화되기 시작했다. 이전까지는 교육심리학의 관심이 유전, 학습, 개인차에 있었으나 1950년대 교육심리학 교재 내용을 보면 뇌, 신경계, 감각기관 등 생리에 대한 관심이 감소하고 성격, 정신건강, 상담, 심리치료, 무의식적 동기에 대한 관심이 증가하는 것을 볼 수 있다. Thorndike, Hall 이후 교육심리학은 현저하게 발전되어 새로운 교육사상을 불러일으켰는데 특별히 미국의 Skinner, Gates, Cronbach 등에 의해 수립되었다. Gates(1950)는 『교육심리학』에서 일반심리학이 취급하지 않는 독자적인 연구영역의 필요성을 지적하고 있다. 즉, 일반적 학설 및 원리가 갖고 있는 실제적인 교육적 의미와 그것을 실천함으로써 생기는 결과에서 나타나는 논리적 의미를 알고 배우도록 노력해야 된다고 하였다. 그리고 Skinner(1958)는 교육심리학은 교육적인 상태에서 반응을 보여주는 개인의 경험과 행동을 취급하는 학문이라고 규정하고 전인으로서의 발달을 강조하고 있다. Cronbach(1954)는 교육심리학이란 순수학문으로 다룰 것이 아니라 실제적 학교교육 문제에 관한 실천적인 학문이 되어야 함을 강조하고 있다.

교육심리학의 흐름은 1960년대 후반부터 수업설계, 수업과정, 인지이론의 발전 흐름으로 바뀌면서 Bolvin과 Glaser(1968)의 개별처방교수법, Keller(1968)의 개별화 교수법, Bloom의 완전학습법 등이 나오게 되었다. 그리고 1980년대에 들어서면서 수업설계연구는 비용과 질, 컴퓨터 기술, 의사소통, 관리방법에 초점을 두기 시작하였고, 수업체제를 개발하는 노력은 1990년대까지 지속화되었다(Walberg & Haertel, 1998).

4. 교육심리학의 영역

대학에서 교육심리학이 개설된 이후 교육심리학을 주제로 다룬 내용은 매우 광범위하며 다양하다. 이러한 이유는 교육심리학이 교육활동과 관련된 인간행동의 전 영역을 다루고 있기 때문이다. 최근 교육심리학과 관련해서 중점적으로 다루고 있는 내용을 종합적으로 분석해서 정리하면 학습자의 이해, 학습의 이해, 수업의 이해, 학습동기의 이해, 생활지도와 상담, 교육평가와 심리검사를 주된 내용으로 하고 있다.

1) 학습자의 이해

교육은 학습자를 대상으로 하는 활동이므로 학습자의 특성에 대한 올바른 이해가 없이는 효과적인 교육을 할 수가 없다. 교육심리학은 학습자의 다양한 특성을 과학적으로 탐구하고 교육활동에 필요한 정보를 제공한다. 따라서 학습자의 발달양상에 대한 객관적 이해를 위해서 성장과 발달이론(인지, 성격, 도덕성) 및 발달단계에 대한 이해 그리고 학습자의 개인차에 따른 지능, 창의성, 인지양식에 관한 이해를 포괄해야 하고, 영재 및 특수학습자에 대한 이해도 포함되어야 한다.

2) 학습의 이해

교육에서 가장 중요한 것은 학습자의 학습을 극대화하는 것이라 할 수 있다. 학습을 극대화시키고 효과적인 교육을 위해서는 학습 기제를 이해하고 학습에 대한 본질적 탐구가 중요하다. 이를 위해 대표적인 학습이론인 행동주의 학습이론, 인지주의 학습이론, 구성주의 학습이론의 의미와 과정 그리고 학습의 효율성을 위한 방법에 대한 지식이 제공되어야 한다.

3) 수업의 이해

수업은 교육활동 가운데 가장 중요한 활동이라 할 수 있다. 따라서 교수는 효과적인 수업을 위해서 수업과정과 절차 그리고 방법에 따른 체계적인 지식을 갖추어야 한다. 교육심리학은 체계적인 수업이론 및 모형과 수업방법에 대한 연구를 통해서 수업의 효과를 높일 수 있는 이론적 근거를 제공한다.

4) 생활지도와 상담

교육의 현장에서 가장 중요한 역할 가운데 하나는 학습지도와 더불어 학생지도라고 할 수 있다. 학습자들이 당면하고 있는 여러 가지 문제를 해결하고 건강한 성장과 더불어 자아실현, 전인적 인격형성, 학교생활 적응을 위해서는 생활지도와 상담에 관한 체계적인 지식을 갖추어야 한다. 교육심리학은 과학적인 연구를 통해서 학생들의 적응을 조력하고 부적응을 예방할 수 있는 방안을 마련할 수 있도록 생활지도와 상담에 관한 도움을 준다.

5) 교육평가와 심리검사

교사는 학습자의 학업성취도를 비롯해서 제반 특성을 객관적으로 측정하고 평가해야 한다. 평가는 학습목표에 대한 확인 작업과 더불어 학습자의 동기와 학습을 증진시키며, 교수자가 자신의 수업을 개선하는 데 도움을 준다. 교수자는 평가를 통해 수업목표의 달성을 확인하고, 교수-학습과정을 설계한 것에 대해 피드백을 받을 수가 있다. 그리고 학습자의 학업성취를 제대로 공정하게 측정하기 위해서는 표준화 검사에 대한 이해와 개인별 특성을 위한 심리검사에 관한 지식이 요구된다.

5. 교육심리학의 연구방법

교육심리학은 경험과학인 동시에 기술과학이다. 교육심리학은 과학의 한 분야이기 때문에 그 연구방법은 사실을 추출하여 그 사실을 객관적으로 조작할 수 있는 과학적인 방법이 기초가 되어야 한다. 교육심리학에 대한 과학적인 접근이 활발하게 진행되었던 시기는 19세기 말부터 20세기 초에 걸쳐서 진행되었고 그때부터 지속적으로 활성화되기 시작했다.

교육심리학의 연구 패턴은 과학적 연구이기 때문에 정확해야 하고 객관적이어야 하는 동시에 세련된 연구자에 의해서 이루어져야 하며 실험자의 편견이나 주관에 편중되지 않는 공평성에 입각한 연구가 되어야 한다. 이러한 교육심리학의 연구방법은 사실상 그 연구문제의 성질, 연구자의 능력, 태도와 그 연구에 이용되는 피험자 등 여러 요인에 의해서 여러 가지 연구 패턴으로 나타난다.

먼저, 거시적 차원(메타 차원)에서 연구 유형분류로는 양적 연구와 질적 연구로 구분할 수 있다. 그리고 조사목적에 따른 분류로는 탐색적 조사, 기술적 조사, 설명적 조사가 있다. 또한 조사의 시점에 따라서는 횡단적 접근과 종단적 접근으로 분류할 수 있고, 자료수집 방법에 따른 분류로는 관찰법, 면접법, 질문지법, 자서전법(전기법), 투사법 등 다수가 있다(오윤선, 김미숙, 2017).

1) 거시적 차원의 연구 유형분류

교육심리 연구를 위한 구체적인 연구방법 선택은 단순히 방법이나 기법을 자의적으로 선택하는 문제에 그치지 않는다. 이것은 연구가 기초하고 있는 이론적 전제나 주제의 특성은 물론이고 자료의 분석방법도 고려해야 한다. 메타 차원에서의 연구방법의 선택에 영향을 주는 거시적인 패러다임으로는 크게 양적 연구와 질적 연구로 구분할 수 있다. 양적 연구인가 질적 연구인가의 문제는 연구형태의 성격을 구분하는 가장 기본적 유형이며, 두 유형은 서로 대립적인 전제에 입각하고 있다.

(1) 양적 연구

양적 연구(quantitative research)는 통계적, 수학적, 계산적 기법을 통해서 사회 현상의 체계적인 경험적 탐구를 실시하는 방법이다. 양적 연구의 목적은 현상에 관련된 수리 모델과 이론이나 가설을 개발하고 이용하는 데 있다.

양적 연구방법은 객관적으로 증명할 수 있는 계량화된 자료에 기초하여 사회·문화 현상들 사이에 작용하는 법칙을 발견하는 데 도움이 된다. 사회·문화 현상을 객관적으로 증명하기 위해서는 현상을 양적으로 측정할 수 있도록 조작적 정의의 과정을 거친다.

양적 연구방법의 장점은 많은 자료의 조직적 수집이 가능하며 동시에 많은 대상자에게 실시할 수 있기 때문에 시간이 절약되고 연구대상자에게 미치는 영향이 적다. 또한 객관화된 자료 및 통계를 활용하여 연구자의 주관이 연구결과에 영향을 미치는 것을 최소화하고 정밀한 분석과 현상에 대한 예측이 가능하다. 반면에 이 연구방법은 인간 행위의 심층적인 의미를 파악하는 데는 어려움이 있으며, 계량화하기 어려운 분야를 연구하는 데에도 한계가 있다.

(2) 질적 연구

질적 연구(qualitative research)는 대상의 질적 측면에 주목한 연구이다. 질적 연구에서 처리되는 자료는 무형 자료라고 한다. 질적 연구는 대상의 양적 측면에 주목하는 양적 연구와는 대비되어 수치화되지 않는 자료(비통계적, 비수학적, 비수치적)의 연구를 말한다. 예를 들면 인터뷰, 관찰 결과, 문서, 그림, 역사 기록 등 질적 자료를 얻기 위해 자주 사용된다. 질적 연구는 좁은 의미의 조사뿐만 아니라 실험, 관찰, 면접시험, 민속방법론(ethnomethodology), 문서와 그림의 내용 분석(content analysis), 대화 분석, 참여 관찰(participant observation), 각종 현장 작업 등 다양한 방법을 이용할 수도 있다.

질적 연구의 질을 판단하기 위한 기준으로는 신뢰성, 신빙성, 전이가능성, 객관성이 있다. 질적 연구의 신뢰성은 얼마나 정확한 연구 기법을 사용하였는지를 파악하는 기준을 의미한다. 질적 연구에서 신뢰성을 확보하기 위해 연구자들은 연구를 다각화하거나 연구 과정을 정확히 명시한다. 신빙성은 연구가 누구나 수용 가능한 원리를 따르는지를 파악하는 기준이다. 이를 저해하는 요인의 예시로 연구 기간 동안 어떤 사건이 일어나서 연구 대상자를 변화시키거나 연구 대상자를 잘못 선별하는 것이 있다. 전이가능성은 일반화 가능성을 의미하며 다른 현상에도 연구의 결과가 적용되는지를 파악하는 기준이다. 특히 관찰 연구를 진행할 때 연구자들은 느낌이나 감정을 직접적으로 기술하지 않고 사실적으로 기술하여 연구 보고서를 읽는 이가 거의 동일한 느낌 혹은 감정을 갖게 한다.

(3) 양적 연구와 질적 연구의 차이

양적 연구는 실증주의를 그 철학적 배경으로 두기 때문에 개인의 주관적인 심적 상태와 관계없이 사회현상의 사실과 그 원인을 추구한다. 반면에 질적 연구는 현상학적 접근을 철학적 배경으로 하기 때문에 인간의 행동을 행위자 자신의 준거 틀(frame of reference)로부터 이해하려고 한다.

20세기 후반 심리학계는 가치중립의 입장에서 주로 양적 연구가 이루어졌고 그 이후에는 구성주의에 의한 질적 연구방법이 등장하게 되었다. 양적 연구는 실험연구와 비실험연구로 구분되며, 이론의 일반화나 이론 정립이 주목적이다. 질적 연구방법은 연구 참여자의 구체적인 상황과 사례에 대한 깊은 이해와 해석을 목적으로 한다. 따라서 질적 연구는 연구자의 면밀한 관찰을 토대로 그 관찰 결과를 체계화된 이론에 비추어 해석하는 방법으로 연구가 이루어지게 된다.

이 두 가지 방법 모두 많은 장점에도 불구하고 몇몇 한계점을 가지고 있다. 질적 연구방법은 타당성과 객관성이 부족한 방법으로 한계를 가지고 있고, 양적 연구방법은 수치로 나타나는 결과에 대한 신뢰도와 타당도의 한계점을 가지고 있다. 양적 연구와 질적 연구의 차이점을 연구의 과정에서 연구자가 취하는 특징에서 나타나는 대표적인 차이를 중심으로 정리하면 〈표 1-1〉과 같다.

표 1-1 | 양적 연구와 질적 연구의 주요 비교

비교	양적 연구	질적 연구
연구의 초점	양(얼마나 많이)	질(본성과 본질)
대표적 언어	실험, 경험, 통계	현지작업, 민속학적 주관, 자연적, 경험근거
표본	대표본, 무작위, 대표성	소표본, 임의적, 이론적
자료수집	도구사용	연구자가 직접수집
자료분석	연역(통계이용)	귀납(연구자의 분석)
연구결과	정확, 좁은 범위, 환원	포괄적, 총체적, 확장성
질적 연구의 역할	준비단계에서 사용	행위자의 해석과 탐색수단
연구자/대상자관계	없거나, 멀거나, 간접적	매우 긴밀하고 직접적
연구자의 입장	외부자적 입장	내부자적 입장
이론과 연구관계	미리 확정된 상태	그때그때 달라짐
연구의 전략	구조적	비구조적
발견의 성격규정	보편타당적	개체적
사회적 실체의 상	정적, 행위자 외부에 존재	과정적, 행위자에 의해 구성
자료의 성격	견실, 신뢰성 있는	풍부, 심층적

2) 조사목적에 따른 연구 유형분류

교육심리의 연구 목적에 따른 과학적 조사연구의 종류에는 탐색적 조사, 기술적 조사, 설명적 조사가 있다.

(1) 탐색적 조사

탐색적 조사(exploratory survey)는 연구문제의 발견, 변수의 규명, 가설의 도출을 위해서 실시하는 조사로서 주로 본 조사를 위한 예비적 조사로 실시한다. 탐색적 조사의 목적으로는 첫째, 문제와 기회를 포착하고 개념을 분명히 하며 연구의 우선순위를 파악한다. 둘째, 상황에 따른 변수들 사이의 관계에 대한 통찰력을 제고한다. 셋째, 조사를 시행하기 위한 절차와 행위를 구체화한다. 넷째, 최종적인 조사를 시행하는 데 필요한 정보를 입수한다. 탐색적 조사방법으로는 문헌조사, 사례연구, 전문가 의견조사 등이 있다.

① 문헌조사

문헌조사(documentary survey)는 기존에 발간되어 있는 문헌을 이용하는 방법으로 가장 경제적이고 신속한 탐색적 조사방법이며, 문헌적 원천에서 얻은 자료를 기록하고 분석하는 연구방법이다.

문헌적 원천은 원자료, 현지조사, 인용자료 등이다. 첫째, 원자료(raw data)는 컴퓨터가 받아들일 수 있는 형태일 수도 있고 그렇지 않을 수도 있는 아직 처리되지 않은 자료이다. 원자료에는 공·사 기관의 기록이나 일기, 편지, 자서전, 개인문서 등이 있다. 둘째, 인용자료는 원자료나 조사자료 중에서 부분적으로 인용전재(引用轉載)한 자료로 대별할 수 있다. 셋째, 현지조사로 만들어진 공·사 기관의 통계자료나 연구자의 조사보고서 등이 있다. 현지조사(field work)는 사회현상이 실제로 일어나고 있는 현장에 가서 직접 관찰하는 사회조사방법이다. 이것은 직접 현장에 나가서 하는 조사이므로 실지조사라고도 하며 사회현상이 일어나고 있는 모습을 현실성 있게 이해할 수 있다는 장점이 있다. 보통 현지조사는 한 번에 여러 조사지나 여러 집단을 연구하기가 어렵기 때문에 하나의 사례만을 대상으로 하는 경우가 많은데, 이와 같은 연구방법을 사례연구법, 사례조사라고 한다. 사례연구는 그 대상이 소규모 집단이나 촌락, 부족 등 범위가 비교적 좁은 편인데 주로 인류학 연구에서 이용한다. 자료를 수집하는 방법에는 참여관찰법, 면접법, 질문지법 등이 있다.

② 사례연구

사례연구(case study)는 개인이나 집단 또는 기관 등을 하나의 단위로 택하여 그 특수성을 정밀하게 연구·조사하는 연구방법이다. 이 과정에서 개인과 환경의 관계에서 다양한 방법으로 수집된 정보를 종합하고 해석하게 되는데, 먼저 특정한 개인에 대하여 여러 가지 필요한 사항을 조사하여 문제의 원인을 진단하고 그에 따라 적절한 치료방법을 발견하도록 도움을 준다. 많은 표본을 수집하여 제한된 변인을 통계적으로 분석하면서 일반적 경향을 밝히려는 표본연구나 통계적 연구와는 달리, 사례연구는 한 대상의 여러 변인을 동시에 심층적으로 연구한다는 특징을 가진다. 그렇기 때문에 이 연구방법은 학생의 성격이나 행동문제를 중심으로 그 문제의 발생요인이나 조건을 진단하고 그러한 성격이나 행동문제를 교육적으로 해결하고 치료하는 임상적 방법으로 많이 사용되고 있다. 이러한 사례연구는 한 대상을 깊이 있게 연구하고 변인들이 어떻게 작용하는지 그 과정을 생생하게 그려낼 수 있는 장점이 있으나 사례가 제한되어 있기 때문에 결론을 일반화시키는 데는 한계가 있다.

실제로 많이 쓰이는 사례연구로는 첫째, 개인의 사회적 부적응을 개별적인 방법으로 재조정하여 지도하는 것을 목적으로 하는 케이스 워크(case work)가 있다. 둘째, 강의나 교과서에 의해서 학습시키는 것이 아니라 실제의 구체적인 사례를 통하여 사례의 현상과 관련된 원리를 이해하고 발견하도록 하는 방법으로 케이스 메소드(case method)가 있다. 셋째, 사회현상의 조사에서 표본에 의한 통계적 연구법을 보완하기 위한 개별조사법 또는 사례조사법이 있다. 이 방법은 사람, 집단, 제도, 공동체 등의 사회적 단위의 전 생활과정 또는 그 일부에 대해서 정밀한 분석을 시도해서 내면적 상관을 분명하게 하고 그 사례의 독자적인 유기적 구조를 발견하는 것을 목적으로 하는 사회조사법의 유형이다. 이러한 사례연구가 진행되는 순서는 다음과 같다.

a. 자료수집과 관찰

사례연구의 절차는 자료수집부터 시작하며 연구자는 관심이 있는 상황에서의 행동을 관찰하는 데 비교적 많은 시간을 투자하게 된다. 이러한 과정에서 연구자는 그 상황의 참여자들에 대해 면접을 하기도 한다. 대부분의 사례연구는 관찰과 면접의 두 가지 방법을 모두 사용해서 자료를 수집한다.

b. 행동 패턴 발견

이 단계에서는 수집된 자료로부터 일정한 규칙성을 찾아야 한다. 연구자는 논리적으로 함께 묶을 수 있는 행동 패턴을 찾기 위해 자료를 탐색한다. 한 예로, 어떤 교사가 때때로 학생들을 둘씩 짝지어서 서로 책을 읽어 주도록 하거나, 어려운 단어가 나오면 서로 물어보도록 권장하거나, 몇 명의 학생에게 똑같은 책을 읽고 서로 토의하도록 시키는 행동을 한다면, 이러한 행동은 하나의 의미 있는 패턴으로 묶을 수 있을 것이다. 그러므로 관찰과 면접을 통한 분석 결과로 의미 있는 행동 패턴을 찾아낼 수 있다.

c. 자료 수집과 분석

이 단계에서는 행동 패턴을 지지하는 근거를 찾는 것이다. 항상 연구자는 현재 나타난 행동 패턴과 일치하지 않는 자료를 수용해야 하고 또한 그것을 의도적으로 찾도록 노력해야 한다. 이러한 일은 자료에 대한 몇 차례 재검토를 통해 이루어진다. 경우에 따라서는 자료 수집의 초기 단계에서 자료 분석이 이루어지고 그 분석결과를 입증 또는 부정하는 자료 수집 활동이 뒤따를 수도 있다.

d. 가설 설정과 검증

이 단계는 추출된 행동 패턴들의 상호 관계를 고려해서 인과관계에 대한 가설을 설정하고 검증하는 것이다. 각 행동 패턴에 영향을 미치는 요인 그리고 각 행동 패턴이 상호 간에 어떻게 영향을 주고받는가에 대한 추리를 통해서 가설이 형성된다. 그리고 이 가설은 다시 모든 가능한 자료를 통해서 평가되며 근거가 불충분한 것은 폐기된다. 가설의 설정과 검증과정에서 가설의 제한조건에 대한 정보를 탐색하는 것도 필수적인 요소이다(나동진, 1999).

③ 전문가 의견조사

전문가 의견조사는 주어진 문제에 대한 전문적인 지식과 경험을 가진 전문가들로부터 정보를 얻는 방법으로 문헌조사에 있어서 보완적인 수단이다.

(2) 기술적 조사

기술적 조사(descriptive survey)는 조사결과가 단순히 무엇이 어떠한가에 대한 대답에 해당한다. 이는 어떤 현상에 대한 탐구나 명백화가 주목적이지만, 설명적 조사를 위한 자료를 제공하거나 지침적 역할을 하기도 한다.

기술적 조사의 목적은 첫째, 현상이나 모집단의 특성에 대한 분포, 발생빈도 등의 특성파악을 위한 조사이다. 둘째, 관련변수들 사이의 상호관계의 정도를 파악한다. 셋째, 관련된 상황에 대한 예측을 한다. 기술적 조사는 예측할 필요성이 있는 변수와 관련성 있는 측정 가능한 변수를 찾고 그들 사이의 관련성이 있음을 대략적으로 파악하는 조사에 불과하므로 보다 정확한 예측을 위해서는 설명적 조사가 필요하다.

(3) 설명적 조사

설명적 조사(experimental survey)는 기술적 조사연구의 결과로 축적된 자료를 통해 어떠한 사실 간의 인과관계를 파악하거나 규명하는 데 사용된다. 이 결과를 토대로 미래를 예측하는 조사, 즉 공동변화, 시간적 선행성, 제3변수의 영향 배제 등을 설명한다. 설명적 조사의 종류에는 실험설계와 비실험설계가 있다.

① 실험설계

실험설계(experimental design)는 인과관계에 대한 가설을 검증하기 위해 변수를 조작, 통제하여 그 조작의 효과를 관찰하기 위한 방법이다. 이 방법은 기본적으로 실험집단과 통제집단 및 자극의 세 가지 요소로 이루어진다. 즉, 인과관계를 추리하기 위하여 실험집단과 통제집단으로 나누고 실험집단에 자극을 가하여 나타난 결과를 통제집단과 비교하여 보는 것이 일반적인 원리이다.

② 비실험설계

비실험설계(non-experimental design)는 인과적 추론이 어려운 준실험설계로서 원시실험설계(pre-experimental design)라고도 한다. 이것은 인과적 추론의 세 가지 조건을 모두 갖추지 못한 설계, 즉 진실험, 준실험을 제외한 인과관계의 추론 방법이다. 비실험설계는 실험자가 실험변수를 조작하기 어렵고 실험대상을 무작위화할 수 없는 실험설계이므로 엄격한 의미에서는 실험설계라 할 수 없다. 가설의 검증보다는 문제의 도출을 위하여 순수한 실험설계 전에 시험적으로 실시하는 탐색조사의 성격을 띠게 된다.

3) 조사시점에 따른 연구 유형분류

교육심리학의 조사시점에 따른 연구 유형분류는 조사의 시간적 차원에 따라서 특정시점에서 시작하는 횡단적 접근과 변화 상태를 조사하고 시계열 자료를 얻을 수 있는 종단적 접근으로 구분된다.

(1) 횡단적 접근

횡단적 접근(cross-sectional approach)은 일정한 시점을 기준으로 모든 관련변수에 대한 자료를 수평적으로 광범위하게 조사하는 연구방법이다. 즉, 자료수집이 비교적 짧은 시간 내에 이루어질 수 있어서 각각 다른 연령의 사람들을 동시에 비교하여 분석하는 데 용이하다. 대부분의 사회과학의 조사연구가 여기에 해당한다. 횡단적 조사의 적용분야는 연구대상이 지리적으로 넓게 분포되어 있고 연구대상의 수가 많으며 많은 변수에 대한 자료를 수집해야 할 필요성이 큰 경우에 적절하다. 횡단적 조사 방법으로는 현황조사, 상관적 연구설계 등이 있다.

① 현황조사

현황조사(status survey)는 어떤 사건과 관련된 상태나 상황을 정확하게 파악하여 기술하는 것이 주목적이다. 자료는 개인이나 조직에 질문지와 면접을 통해 수집하거나 각종 통계연감에서 2차 자료 연구를 통해서 수집한다. 예를 들어 언론기관의 여론조사, 5년마다 실시하는 인구조사, 주택센서스 등이 여기에 해당한다. 하지만 특정현상에 대한 현황조사 결과를 잘못 해석할 위험성도 가지고 있다. 왜냐하면 현황조사에 대한 인식이 부족한 상태에서 이를 잘못 해석하여 연구자의 의견표명으로 받아들이는 경우가 있기 때문이다.

② 상관적 연구설계

상관적 연구설계(relational design)는 어떤 변수와 다른 변수와의 관련성을 파악하기 위한 연구이다. 둘 또는 그 이상의 변수 간의 관계나 연관성을 상관계수의 계산을 통해 확인한다. 하지만 상관적 연구설계는 변수 간의 인과관계를 증명할 수 없다는 것이 문제점이다. 연구자가 독립변수의 발생을 통제하거나 조작할 수 없으므로 대립적인 설명 가능성을 배제할 수 없다. 따라서 정교하게 통제된 연구를 실시해야 히며 통계적 관련성만으로는 인과적 추론의 증거로 삼기에는 무리가 있기 때문에 실험적 연구가 추가로 필요할 수도 있다.

(2) 종단적 접근

종단적 접근(longitudinal approach)은 같은 피험자가 오랜 기간에 걸쳐 연구대상이 된다. 이 방법은 조사대상으로 선정된 일부 사람들에게 시간 간격을 두고 조사를 반복함으로써 집단성향의 변화를 파악하고자 하는 조사방법을 말한다. 이때 조사대상자 및 질문내용은 반복되는 조사마다 바뀌지 않고 동일해야 한다. 그렇기 때문에 한 연구대상을 일정기간 동안 관찰하여 그 대상의 변화를 파악하는 데 초점을 두고 둘 이상의 시점에서 동일한 분석단위를 연구해야 한다. 이것은 어떤 연구의 동태적 변화와 발전과정의 연구에 최적의 방법이 되기도 한다. 따라서 종단적 연구는 인간의 성장과 구체적인 발달 및 변화까지 밝혀낼 수도 있다. 즉, 종단적 연구는 시간을 두고 변화를 기술(describe)하고 추세를 추적(trend)하며, 미래의 추세를 예측(forecast)하는 것이다. 종단적 연구방법으로는 추세연구, 동류집단연구, 패널연구 등이 있다.

① 추세연구

추세연구(trend study)는 일정한 기간 동안 전체 모집단 내의 변화를 연구한다. 어떤 광범위한 연구대상의 특정 속성을 여러 시기를 두고 관찰하고 비교하는 방법이다. 추세연구에는 추세연장기법에 의한 미래예측과 브레인스토밍, 델파이기법과 정책델파이기법 등의 질적 방법에 의한 미래예측 방법이 있다.

a. 추세연장기법

추세연장기법은 과거와 현재의 역사적 자료를 토대로 하여 미래의 사회적 변화를 투사하여 변화량과 변화율을 측정하는 방법이다. 추세연장기법의 기본가정은 지속성과 규칙성이다. 지속성(persistence)은 과거에 관측된 경향이 미래에도 동일하게 지속될 것이라는 가정이고, 규칙성(regularity)은 과거에 관찰된 경향이 미래에도 같은 규칙성을 가지고 나타나게 될 것이라는 가정이다. 전통적 시계열 분석은 계속적 변동, 계절적 변동, 순환적이고 불규칙적 변화를 분석하는 데 적합하고, 비선형시계열 분석은 진동, 순환, 성장, 쇠퇴, 재난 등에 적절하다.

b. 브레인스토밍

브레인스토밍(brainstorming)은 일정한 테마에 관하여 회의형식을 채택하고 구성원의 자유발언을 통한 아이디어의 제시를 요구하여 발상을 찾아내는 방법이다. 브레인스토밍(brainstorming)의 원리로는 첫째, 한 사람보다 다수인 쪽이 제기되는 아이디어가 많다. 둘째, 아이디어 수가 많을수록 질적으로 우수한 아이디어가 나올 가능성이 많다. 셋째, 일반적으로 아이디어는 비판이 가해지지 않으면 많아진다.

c. 델파이기법

델파이기법(Delphi method)은 1948년 미국 RAND 연구소에서 개발하여 교육, 기술, 판매, 수송, 대중매체, 의료, 정보처리, 연구개발, 우주탐사, 주택, 예산편성, 생활수준 향상 등의 분야에 적용되고 있다. 이것은 위원회나 전문가 토론, 다른 형태의 집단토론에서 나타나는 여러 가지 왜곡된 의사전달의 원천을 제거하기 위하여 고안된 것이다. 델파이기법의 적용에서 기본원칙은 익명성(anonymity), 반복(iteration), 통제된 확률(controlled feedback), 응답의 통계처리(statistical group response), 전문가의 합의(expert consensus) 등이 있다.

d. 정책델파이기법

정책델파이기법은 델파이기법의 한계점을 건설적으로 극복하여 정책문제의 복잡성에 맞는 새로운 절차를 만들려는 시도로 창안되었다. 정책델파이기법은 선택적 익명성(selective anonymity), 식견 있는 다수의 창도(informed multiple advocacy), 양극화된 통계처리(polarized statistical response)와 갈등의 의도적 부각(structured conflict)을 특징으로 한다. 정책델파이기법의 절차는 이슈의 구체화 → 참여자 선정(누적표출이 적용) → 질문지설계 → 1차 응답결과분석 → 후속 질문지개발 → 회의소집 → 최종보고서 작성 등이다.

② 동류집단연구

동류집단연구(cohort study)는 동기생, 동시경험집단에 관하여 일정기간 동안 어떤 한정된 부분 모집단의 변화를 연구하는 방법이다. 이것은 특정한 경험을 같이하는 사람들이 갖는 특성에 대하여 두 번 이상의 다른 시기에 걸쳐서 비교하고 연구하는 방법이다.

③ 패널연구

패널연구(panel study)는 동일집단반복연구이다. 패널이라 불리는 특정응답자 집단을 정해 놓고 그들로부터 상당 시간 동안 지속적으로 연구자가 필요로 하는 정보를 획득할 수 있는 방법이다. 이것은 시계열적 자료의 획득이 어려운 survey 나 research의 단점을 보완하기 위해 개발한 것이다.

a. 지속적 패널과 일시적 패널

지속적 패널이란 정기적으로 패널 구성원에게 정보를 얻는 것으로 실제로 대부분의 패널이 여기에 속한다. 일시적 패널이란 특정한 목적을 위하여 매우 짧은 기간 동안에만 유지되는 패널이다.

b. 순수패널과 다목적 패널

순수패널은 전통적 개념의 패널로 패널 구성원에게 한 가지 주제에 대해서만 일정한 시간 간격을 두고 여러 차례 질문하는 것이다. 그리고 다목적 패널은 패널 구성원으로부터 얻는 주제가 한 가지로 고정되지 않고 조사 때마다 수집되는 정보의 내용이 달라진다. 다목적 패널은 시계열분석연구에 부적당하다고 볼 수 있다.

4) 자료수집 방법에 따른 연구 유형분류

(1) 관찰법

관찰법(observation)이란 학생의 행동을 그대로 두고 관찰하는 방법으로, 그 목적은 학생의 마음과 행동을 이해하는 데 있으며, 교육적인 내용의 어떠한 판단에 필요한 자료를 수집하는 데 있다. 특히 관찰법은 인간이해의 기본적인 방법으로 피험자의 연령 제한을 받지 않는다는 점에서 영아부터 성년에 이르기까지 어떠한 피험자에게도 적용될 수 있는 방법이다(민영순, 1984). 이러한 관찰계획을 성공적으로 이끌어 갈 수 있는 조건으로는 첫째, 관찰대상을 결정하고 이 대상에게 필요한 어떤 특별한 조건을 선택하고 배치해야 한다. 둘째, 관찰기간 또는 관찰과 관찰 사이의 간격과 횟수를 결정한다. 셋째, 관찰자의 위치가 피험자에게 미칠 영향을 고려해야 한다. 넷째, 관찰하려는 활동이나 행동단위를 정의하고 관찰의 범위가 개인인지 집단인지 결정한다. 다섯째, 관찰의 기록형식과 관찰의 해석을 정확하게 하는 것 등이다.

그러나 관찰이라는 개념이 일반적 의미의 관찰이 아니라 자료수집 방법으로서의 한정된 의미를 가지고 있기 때문에 관찰법은 그 특색이 직접성과 현재성에 있다. 현재 생각하고 있는 사상의 상태나 사람들의 행동과 언어가 타인의 개입 없이 관찰자에게 직접적으로 수집된다는 점에서 질문지법과 면접법 그리고 실험법과는 다르다(김재은, 1992). 관찰법은 일반적으로 비조직적 관찰법과 조직적 관찰법 두 가지로 분류할 수 있는데 양자 간의 본질적인 차이점은 관찰하는 그 행위에 있어서 조건통제의 유·무에 따라 구분된다.

① 비조직적(자연적) 관찰법

비조직적 관찰법은 특별한 조작이나 계획 또는 관찰 장치 없이 어떤 사상이나 행동이 자연적으로 일어나는 모습 그대로의 상태를 관찰하는 방법이다. 인위적인 조작이나 통제를 가하지 않고서 자연 상태에 있는 행동을 일정한 형식에 구애받지 않는 우연한 기회에 포착하기 때문에 우연적 관찰법이라고도 부른다.

비조직적 관찰법은 크게 세 가지가 있다. 첫째, 일화법으로서 개인의 일상생활의 행동이나 모습을 보는 대로 기록하는 방법이다. 이렇게 기록된 자료는 개인의 행동, 성격, 특징 등의 문제를 이해하고 해결하는 데 도움을 주는 경우가 있어 이것을 일화적 관찰법이라 한다. 이것은 비조직적 관찰법 중에서 대표적인 방법으로 많이 활용되고 있다. 둘째, 전기법으로서 어린이의 성장발달 과정에 나타난 여러 사실을 종단적 접근법에 의해서 비교적 장기간을 관찰 기록하여 자료를 얻는 방법이다. 이 방법은 19세기 중엽부터 아동연구에 많이 이용된 방법이다. 셋째, 참가관찰법으로서 일반적으로 관찰이라고 하면 관찰자가 피험자의 눈에 띄지 않도록 잘 모르는 상황에서 관찰하는 것이 일반적이다. 그러나 이 방법은 피험자의 내면적이고 상세한 행동을 관찰하기 곤란하다는 단점이 있다. 그러므로 이것을 보완하기 위해서 관찰자가 피험자와 함께하는 상황 속에 직접 들어가 함께 어떤 놀이나 활동을 하면서 관찰하기도 하는데 이러한 방법이 참가관찰법이다.

② 조직적(실험적) 관찰법

조직적 관찰법은 관찰자가 피험자에 대하여 사전 계획이나 특수한 실험기구 또는 장치를 통해서 관찰하는 방법이다. 이 방법은 Wundt가 실험심리학 연구(1879)에서 채택한 것으로서 실험자가 통제하는 독립변수의 특정조건과 그에 따라 변화하는 특정한 사실과의 관계를 알아볼 때 사용되었다. 예를 들어 출생일, 성별, 연령, 지능, 연령차이, 학업성적, 경제적 지위, 환경적 조건 등으로 통제한 동질집단(homogeneous group)을 구성한다. 그중 한 집단에는 특정조건(special condition)을 투입하고 다른 한 집단에는 특정조건을 투입하지 않는 상태에서 두 집단의 행동결과를 비교 연구하는 방법이다. 이때 특정조건을 투입한 집단을 실험집단(experimental group), 특정조건을 투입하지 않은 집단을 통제집단(control group) 혹은 비교집단(comparative group)이라고 한다. 이러한 관찰방법을 통제 집단법 또는 등가 집단법이라 한다.

조직적 관찰법은 자연적 행동의 상태가 잘 나타나도록 여러 가지 인위적 조건이나 통제가 수반되어야 한다. 이 방법은 직접적인 장면에서 행동이 발생하는 과정을 포착할 수 있으며(directiveness), 피험자의 성(性)이나 연령의 제한을 받지 않는다. 또한 어떤 우연적인 요인에 의해서 변용된 행동이 아닌 직접적인 장면에서의 자연적 행동을 파악할 수 있다는 장점을 가지고 있다. 그러나 한편으로는 일반적으로 같은 사항을 다시 관찰하려면 장시간을 기다려야 하며 어떤 사항이 동일한 조건으로 다시 발생되는 일은 매우 드물기 때문에 일반화·표준화가 어렵다. 또 주관적 편견, 선입관을 갖기 쉽다는 단점도 있다(김제한 외, 2002). 그럼에도 불구하고 조직적 관찰법은 과학적인 방법으로서 여러 분야에서 사용되고 있다.

(2) 면접법

면접법(interview)은 관찰의 방법과 마찬가지로 특수한 연구방법은 아니기 때문에 수시로 어디서나 면접을 하거나 받는 기회를 가질 수 있다. 면접자와 대상자가 서로 대립하지 않고 의사소통을 꾀하면서 거기서 무엇인가 진실을 발견하려는 것이 면접의 일반적 성격이다. 그래서 면접법이란 일상생활에서 학생과 부모 또는 교사와 서로 대화할 때 그 대화의 내용이나 태도에서 필요한 자료를 얻거나 또는 지도, 조언하는 방법을 말한다. 그래서 면접법은 학생 개개인에 대하여 자세히 그리고 깊이 문제를 추구하는 기술로서 독자적인 의의를 가지고 있는 것이다(Ruth, 1975). 여기서 주의할 점은 면접 시에 면접자는 선입견이나 편견을 배제하고 내담자와 면접자 사이에 서로 신뢰할 수 있는 개방적 분위기를 조성하도록 해야 한다. 또한 라포(rapport)를 형성하여 이후 질문에 잘 반응해줄 수 있도록 계획을 세우고 요령 있는 화술과 기술을 발휘해야 한다.

면접법에는 직접면접방법(directive interview methods)과 간접면접방법(indirective interview methods)이 있는데, 직접면접방법은 직접 피험자와 대면하여 상담을 통하여 심리적인 부분을 파악하는 것이고 간접면접방법은 관찰자나 친구를 개입시켜서 이야기를 해 보게 하는 것이다. 면접법은 특히 피험자가 내향성인지 외향성인지에 따라 그에 알맞은 면접법을 구별하여 사용해야 한다.

(3) 질문지법

20세기에 들어서면서 심리학자들 중에는 아동과 청소년 문제의 연구에 실험방법이나 실험적 방법으로는 해결할 수 없는 문제가 많음을 알게 되었다. 이에 G. Stanley Hall과 그의 제자들은 이 질문지법을 널리 사용하여 연구에 큰 성과를 올렸다. 질문지법(questionnaire)이란 연구하려고 하는 문제에 대해 일정한 양식의 질문지를 작성하여 이를 선정된 특정인에게 배부해서 해답을 얻은 그 결과를 연구 자료로 사용하는 방법을 말한다(김재은, 1982). 이러한 방법은 교육조사(education survey)와 사회조사(social survey)에 널리 사용된다. 그 적용범위는 커리큘럼 구성을 위한 실태조사 및 학생의 이상, 흥미, 도덕적 의식 조사를 비롯하여 성격조사 등의 교육연구나 교육심리학 연구의 다양한 분야이다. 질문지법의 장점으로는 많은 자료의 조직적 수집이 가능하며 또한 일시에 많은 대상자에게 실시할 수 있기 때문에 시간이 절약되고 연구대상자에게 미치는 영향이 적다는 점이다. 반면에 단점으로는 학력이 낮은 학생에게는 깊이 있는 질문은 할 수가 없고 위장의견이나 기억착오가 개입되었는지를 알 수가 없다는 점이다. 또한 질문지에 답하는 확률이 낮을 수 있다는 점이다.

(4) 자서전법과 전기법

자서전법(autobiographical method)이란 피험자 자신이 과거의 생활이나 행동 과정을 회상에 의하여 서술하게 하는 방법이다. 그러나 전기법(biography method)은 관찰자가 개인의 생활을 관찰하고 서술하는 것이다. 자서전법은 개인이 스스로 자신의 경험을 일기나 에세이 형식으로 자유롭게 표현하는 방법이라는 점에서 다르다. 이러한 자서전법은 개인의 어린 시절, 청소년 시절을 회상 서술하게 하여 신체적, 정서적, 사회적 각종 성장 발달의 경향과 과정을 파악하려는 방법이다. 그러나 유의해야 할 점은 서술자의 기억의 착오, 표현의 부자연성, 수정 등으로 인해 내용의 진실성이 제한을 받게 된다는 것이다. 이러한 제한점을 보완하기 위해 연구자와 대상자는 긴밀한 인간관계를 기초로 연구가 진행될 수 있어야 한다. 또한 피험자가 서술한 자료는 반드시 학술적 연구에만 사용되어야 한다는 전제가 면접의 기본 지침이다.

여기서 특히 자서전법 활용에 있어서 주의해야 할 점으로는 첫째, 자서전을 쓰는 데 있어서는 연구자와 기술자 사이에 충분한 신뢰관계가 형성되어 있어야 하며 둘째, 자서전을 쓰게 하는 이유를 솔직히 피면접자에게 규명해야 하고 셋째, 개인 사생활의 비밀유지에 대한 보장의 문제를 피면접자에게 이해시켜야 한다. 마지막으로, 자서전을 쓰게 할 때는 어떤 일정한 사태를 암시한다거나 초점의 명확한 제목을 말하고 서술하게 해야 한다.

(5) 투사법

투사란 인간의 무의식적 충동, 감정, 사고 및 태도 등을 다른 대상(그림 등)에 투영시킴으로써 자신의 긴장을 해소하려는 일종의 방어기제인데, 이때 애매모호한 그림이나 구조화되지 않은 자극에 투영된 것을 면밀히 분석 검토하여 피험자의 성격, 욕구, 감정 등의 심리 상태를 파악하려는 일종의 인성진단 검사법이다. 투사법(projective technique)은 투영법이라고도 하며 임상심리학에서 성격 검사를 위한 하나의 test 방법으로 사용되는 것이다. 이것은 원래는 Freud 학파의 정신분석학의 이론에서 발전된 검사법으로 인간의 잠재적 심층심리를 통찰하려는 방법이다.

투사법은 피험자에게 불확실한 사물을 보여 그 투사된 형태를 해석하고, 그 해석 가운데서 성격과 정신 내부의 상태를 명확히 파악하는 방법이다. 이 방법은 피험자 자신이 의식하지 못하거나 표현하기를 꺼리는 것을 언어, 동작, 작품 등에 나타난 것을 통하여 이해하게 된다.

이 검사법의 특징을 G. Frank는 “피험자로 하여금 그들의 개인적 세계와 성격의 단면을 여러 가지로 표현시키는 데 있다.”고 말하였다(Frank, 1995). 특히 이 방법은 피험자가 의식적으로 표현하기를 꺼리는 경우나 자신이 의식하지 못하고 있는 것을 말 또는 동작 등으로 표출하도록 돕는 방법이다. 따라서 인간의 내면적, 심리적 상태 등을 알 수 있는 성격 검사의 일종이다.

이 방법을 능숙하게 활용하기 위해서는 성격심리학에 대한 전문적인 소양과 오랜 임상적 경험 및 훈련이 요구된다. 다양한 투사법 중 대표적 방법으로는 Rorschach검사, 주제통각검사(T. A. T), 아동통각검사(C. A. T), 그림욕구불만검사(P. F. T), 연상검사 등이 있다.

2

학습자의 발달적 이해

PART 2

EDUCATIONAL PSYCHOLOGY

Educational Psychology

인지발달

CHAPTER 2

1. 발달의 개념적 이해

1) 발달의 의미

인간의 발달은 출생으로부터 시작하여 아동기를 지나 청소년기와 성년기 그리고 노년기에 이르기까지 전 생애에 걸쳐 계속되는 변화의 과정을 일컫는다. 여기서 발달(development)이란 수정란이 태아로 형성되어 출생, 성장, 노화과정을 거쳐 죽음에 이르기까지 신체성장, 체중증가, 운동능력의 변화, 지능의 발달 등이 지속적으로 변화하는 과정을 말한다. 발날 개념에 내한 정의는 학자에 따라 다양하게 내려지고 있다(오윤선, 2007).

발달은 생물학적·심리학적인 관점에서 통상적으로 사용되는 개념이다. 생물학적인 관점에서 발달은 점차적으로 분화된 상태로 변화하는 것, 즉 점점 더 복잡한 유기체로 진행되는 것을 말하며, 능력과 기술이 낮은 단계에서 높은 단계로 진행해 나가는 과정으로 정의된다(Birren & Woodruff, 1973). 인간의 발달은 유전인자(genes)나 환경(environment)에 의해 영향을 받으며 성장(growth)하고 성숙(maturation)에 이르게 된다.

또한 심리학적인 관점에서 발달이란 인간에게 일어나는 시간에 따라 신체구조, 사고, 행동의 변화를 말한다. 이 관점에서는 발달의 주체에 일어나는 성장과 성숙 등과 같은 '변화'에 초점을 맞추고, 주로 발달의 동력이 유기체가 지니고 있는 내부적 요소의 작동체계에 의해 이루어진다는 점을 강조한다.

현대에 와서 가장 일반적으로 받아들여지고 있는 발달에 대한 정의를 내린 학자는 형태주의 심리학자인 Kurt Koffka(1886~1941)이다. 그는 역학적인 전체적 입장에서 "발달이란 유기체나 그 기관이 양에 있어서 증대하고 구조에 있어서 정밀화되고 기능에 있어서 유능화되어가는 과정"이라고 설명하였다. 그리고 Hurlock(1953)은 발달에 대해 논하기를 "발달은 크기의 변화, 비율의 변화, 새로운 특징의 획득, 낡은 특징의 소실 등이 서로 작용하여 발생하는 과정"이라고 정의했다. 특히, Hurlock은 성장과 발달을 비교하여 "성장은 크기의 증대를 의미하고 일정한 시간에 정지하는 데 비하여 발달은 질서 정연하고 일관성 있는 형태의 진보적인 변화의 연속으로서 전 생애의 주기(cycle)를 통해 발생하는 계속적인 변화"라고 정의했다. 또한 Crow(1953)는 "발달은 환경적인 영향 또는 학습에 의해서 일어나는 변화"라고 했으며, "성장은 특별한 측면이나 부분적인 측면에 있어서의 변화를 의미하고 발달은 전체적인 측면에 있어서의 변화의 전망을 뜻한다."라고 설명했다. 그리고 Kurt Lewin(1890~1947)과 같이 발달을 분화의 측면으로 본 Wheeler(1957)는 "발달이란 생활체의 에너지 체제의 확대와 분화로 보아 성숙분화(growth gradient)와 성숙가능성(growth potential)이라고 하는 하나의 역학적인 전체 체제를 가정하여 이 성숙 가능성의 실제적인 실현을 의미한다."라고 정의했다. 이어서 Mcgraw(1972)는 발달을 "생물의 유기체 내에 있는 에너지와 환경 내에 있는 에너지가 끊임없이 변전(變轉)하고 교류(交流)한 결과에서 생겨나는 과정"이라고 규정하였다(김형태, 1999).

이상의 여러 학자의 견해를 종합해 볼 때 성장(growth)이란, 성숙(maturation)에 이르기 위해 신장이나 체중 등의 신체적인 양적 변화가 이루어지고, 부분적이며 자연적 변화로서 주변 환경의 자극 없이도 이루어진다. 그리고 발달(development)이란, 유전적·생물학적인 원인과 환경적 학습에 의한 상호작용으로 분화나 통합의 과정이며, 신체의 양적 변화나 질적 변화를 이루고 상승이나 하강을 나타내는 전체적인 변화를 의미한다. 그러므로 성장은 신체적인 면과 같이 좁은 의미의 변화를 뜻하는 것이며, 발달은 넓은 의미에서 인간의 전 생애 속에서 나타나는 신체적·정신적인 면과 지적·사회적인 모든 면의 지속적인 변화 양상으로 복잡한 성숙까지도 포함하는 종합적인 의미라고 할 수 있다.

2) 발달의 원리

일반적으로 발달의 원리는 개체의 성장과 발달을 체계적으로 살펴봄으로써 알 수 있으나 원리나 법칙에 대해서는 학자들 간에 다소의 견해차가 있다. 여러 학자가 주장하고 있는 발달의 원리를 종합적으로 정리하면 다음과 같다.

(1) 연속성과 점진성

학습과 경험을 강조하는 행동주의 학자들은 발달을 연속적이며 점진적인 과정(progressive process)으로 보고 있다. 개체의 일생은 변화의 연속이다. 이 변화는 수정의 순간부터 시작되어 태아기, 영유아기, 아동기, 청소년기, 성인기, 노년기와 사망에 이르기까지의 연속적 과정으로 나타난다. 그리고 낮은 단계에서 보다 높은 단계로 발전할 때 비약적인 이행은 일어나지 않고 연속적이고 점진적인 과정을 거치게 된다. 이러한 특성은 나이가 들면서 노령화에 따른 기능의 저하도 발달의 범위에 포함시키는 학자들도 있다.

(2) 순서성

발달에는 일정한 순서성이 있어서 계열적으로 변화한다. 언어발달에 있어서는 명사부터 익히고 다음에 동사나 형용사를 익히게 되며 정서 발달에 있어서는 공포심이나 분노심이 먼저 분화되고 질투심은 후에 분화발달(differentiation-development)된다(Rousseau, 1962). 초보적인 언어나 사고 또는 사회성은 그 다음 단계에서 더 능숙한 단계로 발전한다. 어느 한 과정을 생략하고 다음 단계로 진행하는 경우는 없다. 이 시점은 각 개인의 유전과 환경에 따라 다르게 나타나며 그 다음 단계까지 영향을 미친다.

(3) 상관성(상호작용)

인간의 발달은 개체와 환경과의 상호작용의 과정이며 경과라고 볼 수 있다. 인간의 발달에 영향을 미치는 요인은 내적인 주체 요인과 외적인 객체 요인이 있다. 전자는 유전이나 선천적 소질, 내분비, 질병 및 신체적 결함 등이 있고, 후자로는 휴식, 수면, 심리적 요인이나 학습과 양육자의 태도 또는 경제적인 조건 등이 있다. 예를 들어 출생 시에 건강한 영아도 그 후 1~2년간의 영양의 불균형이나 감염 등 좋지 않은 외부의 조건으로 인해 발달에 막대한 지장을 줄 수도 있다(김명 외, 2008). 그러므로 유전적인 내적 성질과 원만한 환경적인 외적 조건에 의해서 발달은 잘 이루어질 수 있다. 즉, 발달이란 개체의 내부적인 힘과 생활환경의 힘 등이 서로 작용(interaction)해서 새로운 하나의 체계로 달성되는 과정이라고 할 수 있다. 개인의 유전적 특성이 변화의 한계를 가져올 수도 있지만 더불어 적당한 환경 등의 외적인 요인도 인간의 발달에 영향을 준다.

(4) 주기성

주기성은 발달의 율동성이라고 칭하기도 한다. 비록 발달이 연속적인 것이라고 할지라도 항상 동일하게 같은 속도로 순조롭고 점진적으로 이루어지는 것만은 아니다. 특정 시기에는 신체적 발달과 정신적 기능이 다른 시기보다 급격히 증가하는 때가 있다. 예를 들면, 발달하는 도중에 약간 비약하여 전진하는 듯한 경향을 보이는 기간과 때로는 정지된 듯이 보이는 기간을 볼 수 있다. 어느 시기에는 언어능력이 더욱 발달하고 어느 시기에는 감정이 더 발달한다. 발달의 주기성을 볼 수 있는 구체적 예를 들면, 1년 중에서도 신장이 증가하는 시기와 체중이 증가하는 시기가 다르고, 하루 중에서도 아침, 낮, 밤에 따라 기억력이나 주의력에 차이가 있다.

(5) 분화와 통합성

인간의 행동은 독자적으로 발달하는 것이 아니라 여러 가지 요인(factor)이 분화(differentiation)되고 이어서 통합적으로 이루어진다. 처음에는 모든 기관의 형태나 기능이 미분화되어 전체적인 반응을 하던 것이 특수적, 부분적인 반응으로 분화되고 동시에 몇 개의 반응이 통합(integration)되어 새로운 체제가 형성되어 간다. 분화란 미성숙한 구조로부터 특정한 구조와 기능을 가진 새로운 기관이 발생하는 과정을 말한다. 행동의 발달에 있어서 처음에는 내부적인 분절의 빈약한 전체운동(mass action)과 난발운동(random movement)으로부터 시작하여 나중에는 명백하고 세련된 행동으로 분화된다. 예를 들어 신생아 때에는 몸의 어떤 부분에 자극을 가하면 몸 전체에 반응하다가 점차적으로 성장함에 따라 자극하는 부분만의 반응을 일으키게 된다. 즉, 처음에는 전체적인 반응을 하던 것이 차츰 분화하여 부분적 반응을 하게 된다. 그러나 이러한 분화된 부분은 결코 개체가 따로 분리되어 서로 상관없는 부분이 아니고 전체로서의 연관성을 가지면서 중심으로 통합해 가는 것이다. 이와 같은 행동은 체제화·구조화의 과정이라고도 할 수 있다. 독일의 심리학자 Werner(1940)는 "정신발달의 본질은 정신현상과 기능이 점차로 분화되어 중심적 통합을 하는 것이며, 분화의 중심적 통합은 복합적인 것으로부터 단편적인 것으로, 융합적인 것으로부터 분절적인 것으로, 불명료한 것으로부터 명료한 것으로, 불확정한 것으로부터 확정적인 것으로 진행하는 과정"이라고 설명한다(김정휘, 주영숙, 1998).

(6) 개별성

발달은 모든 사람에게 똑같은 속도로 같은 시기에 일어나는 것은 아니다. 사람은 각자가 출생 당시부터 각 개인의 유전적·환경적인 차이를 가지고 있으며 이러한 내·외적 차이로 인하여 성장과 발달의 모습이나 속도에 차이를 가져오게 된다. 예를 들어 남자와 여자와의 성 차를 보이는 발달에 있어서는 사춘기의 경우 대부분 여자가 남자보다 빠르다. 또 흔히 말하는 조숙이나 만숙은 성숙의 시기가 각각 다르다는 것을 보여준다.

(7) 결정적 시기

결정적 시기는 Konrad Zacharias Lorenz(1903~1989)라는 학자가 주장했던 개념이다. 그는 어미에게 애착을 보이는 동물 관찰을 통해 추종반응이라는 것을 발견했고, 이러한 각인은 결정적 시기에 만들어진다고 했다. 단 한 번의 자극이라도 이러한 학습 효과를 발휘할 수도 있고 이것이 평생 지속될 수도 있다는 것이다. 그는 인간도 이러한 시기가 있다고 주장하면서 유아기를 중요시하였다. 다른 여러 학자도 이러한 개인의 특별한 시기가 있음을 주장했다. Freud는 태어나서 다섯 살까지의 경험을 개인의 성격 형성에 최적의 시기로 설명하고 Erikson은 유아기를 주도성과 기초적 신뢰감 그리고 자율성을 획득하는 시기로 설명한다. 또 Piaget와 Vygotsky는 인지발달이론에서 상상력에 의한 창의성 발달이 유아기에 발달하는 것으로 주장한다. 그렇기 때문에 각 개인의 심리적 특성이나 행동 양식은 결정적 시기에 학습되어야 하며 그 시기를 놓치면 회복하기 힘든 것으로 설명한다. 즉각 발달단계마다 과업을 이루는 최상의 결정적 시기가 있는 것으로 여러 학자가 주장한다.

(8) 방향성

발달은 일정한 방향성을 가지는데, 머리에서 발 쪽으로 진행되며 중심에서 말초로 확산되어 나간다. 전체에서 부분으로, 전체 활동에서 특수 활동으로 발달한다. 예를 들어, 신체 내부의 장기가 발달하여 그 뒤 근육이 발달하고 팔과 그 다음은 손이나 손가락까지 움직임이 활성화된다(이강헌, 2015).

2. Piaget의 인지발달이론

Jean Piaget(1896~1980)는 인지발달이론(theory of cognitive development)의 대표적인 학자로 '발생학적 인식론(genetic epistemology)'자로 잘 알려져 있다. Piaget가 전통적인 인식론으로는 인식문제를 해결할 수 없다고 보고 주창한 발생학적 인식론에 따르면 지식은 외부 세계를 모사(模寫)한 것이 아니라 능동적으로 구성한 것이다.

Piaget는 Skinner와 동시대 학자로서 1920~1940년에 활발하게 연구 활동을 하였음에도 불구하고 1960년대 중반까지 미국의 발달심리학계에 그다지 알려지지 않은 인물이었다. Piaget의 이론이 뒤늦게 소개된 이유는 행동주의가 미국을 지배하던 시대에 실험연구방법이 아닌 임상적 방법을 사용하였고, 프랑스어로 저작한 이론에 대한 미국인들의 배타성 때문이라고 할 수 있다.

Piaget 인지발달이론의 기본 가정을 살펴보면 첫째, 지능이란 환경에 적응하는 능력으로 정적인 특성이 아니라 가변적인 특성이다. 둘째, 아동의 사고는 성인의 사고와 질적으로 다르다. 셋째, 개체는 외부 지식을 수동적으로 모사하거나 기억하는 것이 아니라 환경과 상호작용을 통해서 인지구조(지식)를 능동적으로 구성한다. 넷째, 개체와 물리적 및 사회적 환경의 상호작용은 인지발달에 큰 영향을 미친다. 다섯째, 인지발달에는 유전적으로 결정된 신경계 성숙이 선행되어야 한다(권태훈, 2016).

1) Piaget 인지발달이론의 주요개념

Piaget의 인지발달이론에서는 도식(schema), 적응(adaptation), 동화(assimilation), 조절(accommodation) 그리고 평형화(equilibration)의 개념이 중요한 의미를 갖는다.

(1) 도식

도식(schema)은 우리 머릿속에 저장된 외부 세계에 대한 정신적 표상, 지식 또는 행동 유형으로 개체가 환경과 상호작용을 하는 과정에서 획득된다. 도식은 외현적 행동으로 나타날 수도 있고 상징적으로 나타날 수도 있으며 내적 사고로 나타날 수도 있다. 따라서 도식은 감각운동도식(sensory-motor schema), 상징도식(symbolic schema), 조작도식(operative schema)으로 구분된다. 감각운동도식은 조직화된 행동 패턴으로 행동도식이라고도 한다. 신생아가 물건을 입으로 빨려는 일반적 능력인 빨기도식이나 물건을 움켜쥐려는 잠재능력인 파악도식이 감각도식에 해당된다. 상징도식은 사물이나 사람을 정신적 상징으로 표상하는 것으로 공을 한글로 '공'이라고 하고 영어로 'ball'이라고 하거나 지연모방(deferred imitation) 등의 예가 이에 속한다. 조작도식은 사고를 대상으로 하는 정신활동으로 인지구조라고도 한다.

(2) 적응

적응(adaptation)은 환경과의 직접적인 상호작용을 통해서 도식이 변화하는 과정이며, 개인의 욕구를 충족시키기 위해 이루어지는 개인 또는 환경의 수정을 포함하는 매우 복잡한 과정이다. Piaget는 신체구조가 환경에 적응하는 것처럼 정신구조도 환경에 적응한다고 보고 지능을 환경에 적응하는 능력으로 간주하였다. 적응은 동식물에게도 흔히 찾을 수 있다. 예를 들면 홍관조의 수컷은 선명한 붉은색인 반면에 암컷은 눈에 띄지 않게 엷은 갈색을 띠는데, 이것은 종의 생존에 대한 위협을 줄이는 경우이다. 적응은 동화와 조절이라는 두 가지의 상호보완적인 과정을 통해 이루어진다.

① 동화

동화(assimilation)는 새로운 사물이나 현상, 경험을 우리 뇌에 조직화되어 있는 기존 도식에 적용함으로써 그것을 이해하고 적응하려는 인지과정이다. 다시 말해서 동화는 기존의 도식에 맞추어서 새로운 경험을 일반화하는 과정을 말한다. 예를 들어, '네 발로 다니는 동물은 멍멍이다.'라는 도식을 가진 아이가 공원에서 본 길고양이를 가리키며 '멍멍이!'라고 외친다면 이것을 동화라고 말할 수 있다.

② 조절

조절(accommodation)은 특정 환경에서 새 정보를 습득하는 과정이고 기존의 도식을 새 정보에 들어맞게 하기 위해 대체하는 것이다. 이는 기존의 도식(지식)이 작동하지 않을 때 발생하고 새 대상이나 상황을 처리하기 위해 변화되길 요구한다. 예를 들어, 고양이를 보며 '멍멍이'라고 부르는 아이를 보며 엄마는 "멍멍이는 멍멍 짖어야지 멍멍이야. 저 동물은 야옹야옹 울기 때문에 야옹이야."라고 설명해준다. 이제 이 아이는 개와 고양이의 차이점을 이해하고, '네 발로 다니고 멍멍 짖어야만 멍멍이다.'라고 기존의 도식을 수정한다.

Piaget는 동화와 조절은 동전의 양면과 같아 독단적으로 존재할 수 없다고 이해하였다. 하나의 대상을 기존의 정신 도식에 동화하기 위해 어느 정도 이 대상의 특징을 설명하고 조절해야 한다. 가령, 사과를 사과로 동화시키기 위하여 그 대상의 겉모양을 조절해야 한다. 이를 위해 그 대상의 크기를 개략적으로 알아야 할 필요가 있다. 그리고 발달은 두 기능 사이의 평형화를 증대시킨다.

(3) 평영화

평형화(equilibration)는 동화와 조절 사이에 균형을 이루는 것으로 인지적 갈등이 생기는 불평형(disequilibration) 상태를 줄이기 위해 동화와 조절의 인지적 평형을 달성하기 위한 과정이다. 예를 들어, 한 관객으로서 마술사가 비어 있는 모자에서 토끼가 나오는 장면을 목격하면 놀라울 것이다. 여기서 놀람은 인지적 갈등을 일으킨 상태이지만 행동은 그 속임수가 어떻게 된 것인지 상황을 종합하여 해결하려고 인지적 균형 상태, 즉 평형화 상태로 돌아가려고 노력한다. 이것이 평형화의 과정이다.

2) Piaget의 인지발달단계

Piaget는 인간의 인지발달은 네 단계를 거치게 되며, 질적으로 다른 이 단계들은 정해진 순서대로 진행되고 단계가 높아질수록 복잡성이 증가된다고 하였다(Piaget, 1974). 그리고 Piaget는 네 단계의 인지발달은 개인의 지능이나 사회 환경에 따라 각 단계에 도달하는 개인 간 연령의 차이는 있을 수 있으나 발달 순서는 결코 뒤바뀌지 않는다고 가정하고 있다. 아울러 각 단계는 주요 행동양식으로 설명될 수 있는 전체적인 심리구조로 특징지어진다. 각 단계는 전 단계의 심리적 구조가 통합된 것이며, 다음 단계의 심리적 구조로 통합될 준비과정이기도 하다. 이 말은 각 단계의 사고과정은 서로 다르며 시간이 경과함에 따라 더욱 복잡하고 객관적이며 타인의 관점을 생각하는 방향으로 발전하게 된다는 뜻을 가지고 있다. Piaget의 인지발달단계는 〈표 2-1〉과 같이 감각운동기, 전조작기, 구체적 조작기, 형식적 조작기로 구분된다.

표 2-1 | Piaget의 인지발달단계

감각운동기	0~2세	• 감각운동적 도식발달 • 반사행동에서 목적이 있는 행동으로 • 대상영속성
전조작기	2~7세	• 표상적 사고능력 • 직관적 사고와 중심화 • 자아중심성
구체적 조작기	7~11세	• 구체적인 상황에서 논리적 사고발달 • 가역성, 유목화, 서열화 개념 • 사회지향성
형식적 조작기	11세 이후	• 논리적으로 추상적 문제해결 • 가설 · 연역적 추리가능 • 조합적 추리가능

(1) 감각운동기(sensorimotor stage: 출생 직후~2세)

감각운동기는 신생아의 단순한 반사들이 나타나는 출생에서부터 초기의 유아적 언어가 나타나고 상징적 사고가 시작되는 2세경에 끝난다. 이 단계에서 아동의 행동은 자극에 의해 반응하는 것에 불과한데, 이는 언어가 발달하기 이전의 단계(preverbal stage)이기 때문이다. 따라서 아동은 시각이나 청각 등의 감각과 운동기술을 사용해 외부 환경과 상호작용하게 된다.

Piaget는 이 감각운동기를 단순한 도식들이 결합되어 새로운 도식을 형성하는 독립적이지만 상호 관련된 6개의 하위 단계로 구분하여 설명하고 있다.

① 반사운동기(reflex activity: 출생~2개월)

반사운동기는 생의 가장 초기로서 타고난 반사들로 구성되어 있다. 이 가운데 가장 우세한 반사는 빨기반사이다. 즉, 입에 닿는 모든 대상을 자동적으로 빠는 경향이 있다. 이것은 영아가 모든 대상을 빨기도식(sucking scheme)에 동화시키는 활동이다. 이 단계의 영아는 아직 자신의 행동과 욕구를 분별할 수 있는 의도성이 없다.

② 일차 순환 반응기(primary circular reactions: 2~4개월)

일차 순환 반응기는 영아가 새로운 경험을 하게 되고, 이를 다시 반복하여 나타내는 시기이다. 즉, 새로운 경험을 흥미 있어 하고 새로운 상황에서도 반복하여 행동하는 능력이 나타나는 시기이다. 예컨대, 우연히 손가락이 입에 닿으면 이를 입에 넣고 빠는 행동이 계속되는 것이다. 이 단계는 초보적인 형태이지만 학습하는 능력이 생긴다. 손가락 빨기와 같은 순환 반응은 손의 움직임과 쳐다보기, 입에 넣기와 같이 신체도식과 동작을 조작하여 통합하는 협응(coordination)이 가능하다.

③ 이차 순환 반응기(cecondary circular reactions: 4~8개월)

이차 순환 반응기는 일차 순환 반응기에서 획득된 행동을 다른 대상이나 자극에 적극적으로 적용시킬 수 있는 시기이다. 예를 들어, 유모차에 누워 있던 아기가 위에 있는 딸랑이를 손으로 건드려서 나는 소리를 듣고 재미있어서 반복해서 건드려 보다가 옆에 있던 다른 장난감을 건드려 소리를 내어 보게 된다. 즉, '적용행동'이 생긴다. 이와 같이 영아는 어떤 욕구가 생기면 그 욕구를 충족시키기 위해서 새로운 반응을 의도적으로 할 수 있게 된다. 즉, 영아는 스스로 어떤 반응을 새롭게 만드는 능력을 갖게 되는데 그것이 이 시기의 특징이다.

④ 이차 순환 반응의 협응기(coordination of secondary reactions: 8~12개월)

이차 순환 반응의 협응기에서는 이차 순환 반응이 보다 더 순응적이고 더욱 의도적으로 통제되고 조정된다. 즉, 목적을 달성하기 위한 수단으로 자기가 할 수 있는 반응을 사용한다. 이차 순환 반응의 협응기에 영아의 관심은 계속적으로 주위의 환경과 대상에 있으며, 자신이 원하는 바를 얻기 위해 환경에 대해 직접 작용함으로써 효과를 시도하고 두 가지 행동을 협응하기 때문에 이 시기를 이차 순환 반응의 협응기라고 한다. 이제 영아는 특정 목표를 성취하기 위해서 적절한 방법을 찾으려 하고, 이 과정에서 이미 습득하고 있는 많은 인지구조를 활용한다.

또한 이 시기에 영아는 인과 개념을 갖기 시작하고 미숙하나마 대상영속성(object permanence)[1)]의 개념이 나타나기 시작한다. 대상이 한곳에서 다른 곳으로 옮겨지거나 시야에서 그 대상이 사라지더라도 다른 장소에 계속 존재한다는 사실에 대해 인지할 수 있게 된다. 이것은 표상능력을 갖게 되었음을 의미한다.

⑤ 삼차 순환 반응기(tertiary circular reactions: 12~18개월)

삼차 순환 반응기는 이전에 경험했거나 경험하지 못했던 행동을 시도하는 시기로서 적극적인 시행착오 행동이 나타난다. 예를 들어, Piaget의 아들 '로랑'이 탁자에 관심을 가지고 놀면서 자기 행동에 따라 소리가 다르게 난다는 것을 알게 되었는데, 손바닥으로 약하게 두드려 보고 강하게도 두드려 보면서 그에 따라 소리가 달리 나는 것을 즐거워했다. 여기에서 유의해야 할 것은 영아가 아무런 관찰을 하지 않고 어른의 가르침도 없이 스스로 학습해 보면서 외부 세계에 대한 호기심을 일으켜서 여러 가지 도식을 발달시켜 나간다는 것이다. 그러나 외부 세계를 표상화하거나 상상하는 능력이 없으므로 이 시기의 문제 해결은 순수하게 감각 운동적 적응이다.

⑥ 정신적 표상(mental representation: 18~24개월)

정신적 표상 시기에는 인지발달의 전조작기로 들어가는 중요한 질적인 변화를 겪게 된다. 이전 단계에서는 행동한 다음에 그 결과를 알게 되지만, 이 시기에는 좀 더 내면적으로 사고한 다음에 행동하게 된다. 이 단계의 영아는 눈앞에 없는

1) 어떤 대상이 시야에서 사라지더라도 계속 존재한다는 사실을 아는 것이다.

사물이나 상황을 상징적으로 표상하며 이를 사용하여 문제를 해결하는 능력을 발달시킨다. 즉, 표상적 사고가 시작된다. 이 시기에는 영아가 모델이 없어도 내적 표상을 가지게 되어 지연모방(deferred imitation)이 가능해진다. 지연모방은 어떤 행동을 목격한 후 행동을 그 자리에서 곧장 모방하지 않고 일정한 시간이 지난 후에 그 행동을 재현하는 것을 의미한다. 예를 들어 집에서 아빠가 면도하는 모습을 보고 유치원에 가서 흉내를 내며 노는 것이 이에 속한다고 하겠다.

(2) 전조작기(preoperational period: 2~7세)

전조작기란 조작이 가능하지 않은 이전의 단계라는 의미이다. 이 시기에는 대략 언어를 사용하면서 자신이 내재적으로 가지고 있는 표상을 여러 형태의 상징으로 표현하게 된다.

Piaget는 전조작기를 다시 2세부터 4세까지의 전개념적 사고기(preconceptual thinking period)와 4세부터 7세까지의 직관적 사고기(intuitive thinking period)로 나누어서 설명한다.

① 전개념적 사고기(2~4세)

전개념적 사고기는 아직 논리적 개념에 이르지 못하며, 조절의 형태면에서 볼 때 감각운동적 행동체제 개념의 중간단계에 위치하고 있다. 또한 상징적 기능이 발달되어 전개념(前概念, preconcept)을 사용하는 시기이다. 이 시기의 주요 특징은 상징적 사고와 전개념적 특성이다.

a. 상징적 사고

상징적 사고(symbolic thinking)는 특정 대상이나 경험을 표상하기 위해 이미지나 단어와 같은 상징을 사용하는 능력을 의미한다. 가장 대표적인 것으로 가상놀이를 들 수 있는데, 소꿉놀이나 병원놀이와 같은 것으로 가상적인 사물과 상황을 실제 사물이나 상황처럼 상징하는 것이다.

b. 전개념적 특성

전개념적 특성(preconceptual propert)은 불완전하고 비논리적인 개념을 사용하는 것을 의미한다. 전개념적 특성은 전환적 추론, 물활론적 사고, 실재론적 사고, 인공론적 사고 등으로 나타난다.

- 전환적 추론: 전환적 추론(transductive reasoning)은 특수사례에서 일반원리로 진행하는 귀납적 추리나 일반원리에서 특수사례로 진행하는 연역적 추리와는 달리 논리적 오류를 포함한다. 예를 들어, '젖소는 우유를 생산한다. 산양도 우유를 생산한다. 따라서 산양은 젖소다.'라는 논리가 전환적 추론에 해당된다.
- 물활론적 사고: 물활론적 사고(animistic thinking)는 무생물을 살아 있는 생명체처럼 생각하는 비논리적 사고 경향을 말한다. 예를 들어, 종이를 가위로 자르면 사각사각 소리가 나는데 이것은 종이가 아프다고 소리를 내는 것으로 생각하는 경우가 이에 속한다.
- 실재론적 사고: 실재론적 사고(realism thinking)는 정신현상을 물리적인 현상으로 가정하는 사고를 말한다. 실재론적 사고로 네 살 무렵에는 꿈이 실제라고 믿는 경우이다.
- 인공론적 사고: 인공론적 사고(artificialism thinking)는 이 세상에 존재하는 모든 것을 사람이 만들었다고 생각하는 것과 나를 위해 만들어졌다고 생각하는 사고를 말한다.

② 직관적 사고기(4~7세)

직관적 사고기는 어린이들이 개념을 구체화하여 보다 복잡한 직관적 사고를 하게 되고 복잡한 심상(心像)이나 정교한 개념을 갖게 된다. 또한 사물을 종류별로 분류하고 관계성을 인식하는 행동체제가 발달한다. 그러나 아직 일반화된 명제(these)를 만들 수는 없고, 현재의 자극에 한해서 그 특성을 인지하게 된다. 따라서 직관적 사고기의 특징 가운데는 자아중심성과 직관적 사고가 있다.

a. 자아중심성

자아중심성(egocentrism)은 자신의 입장이나 관점에서 사물이나 사람 그리고 세상을 보는 것으로 감정, 관점 등이 존재하는 것을 알지 못하는 사고 경향을 말한다. 자아중심성은 자아중심적 조망과 자아중심적 언어로 나타난다.

- 자아중심적 조망: 자아중심적 조망(egocentric perspective)은 다른 사람의 감정이나 관점이 자신과 같다고 생각하는 인지적 한계를 말한다. 자아중심적 조망은 [그림 2-1]의 Piaget와 Inhelder(1956)의 세 산 모형실험(three mountains experiment)에서 잘 나타난다. 4세 아동에게 세 개의 산 모형 A 위치에 산이 어떤 모습이냐고 물어보면 조망 A를 선택하지만 그 위치에서 C에서의 사진이 어떤 모습으로 보일 것인가 물어보면 조망 C가 아니라 조망 A를 선택한다. 왜냐하면 직관적 사고기에서는 자기 위치에서만 사물을 이해할 뿐 다른 사람의 위치에서 사물의 모습을 추론하지 못하는 조망수용의 한계를 나타내기 때문이다.

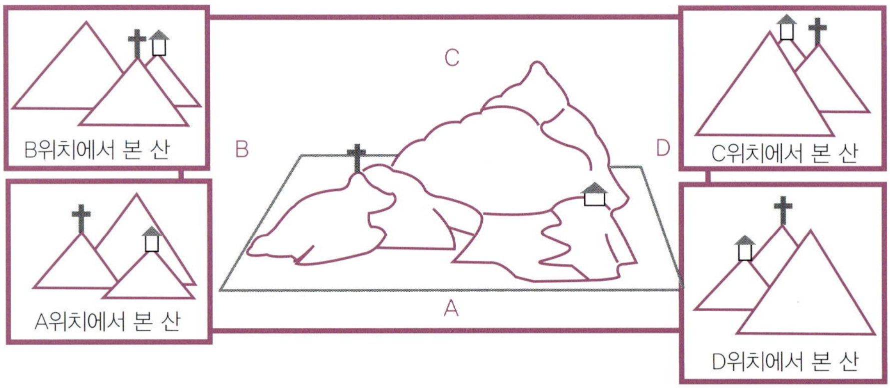

[그림 2-1] 자아중심적 조망

- 자아중심적 언어: 자아중심적 언어(egocentric speech)는 조망수용능력(perspective taking ability)의 부재로 인해서 자기 생각만 일방적으로 전달하는 의사소통을 일컫는다. Piaget는 자아중심적 의사소통을 하는 전조작기 아동의 대화 형태를 집단독백이라고 하였다.

b. 직관적 사고

직관적 사고(intuitive thinking)는 대상의 크기, 모양, 색깔과 같은 한 가지 두드러진 속성에 근거하여 대상을 이해하려는 사고를 말한다. 즉, 지각적인 특성에만 의존하게 되는 것인데 이러한 사고의 특성으로 전조작기 아동은 보존개념을 획득할 수 없게 된다.

(3) 구체적 조작기(concrete operational period: 7~11세)

구체적 조작기에는 주변의 세계를 인식하는 아동의 능력이 상당히 진전된다. 아동은 구체적 조작기를 통해 전조작기의 결핍 요소를 습득하게 된다. 구체적 조작기의 아동은 체계적인 논리적 조작을 할 수 있게 되면서 높이, 크기, 무게 등의 차원을 기초로 하여 물체 또는 대상을 배열할 수 있게 되며, 가역성(reversibility)의 개념을 획득하여 보존과제를 성공적으로 수행할 수 있게 된다. 그리고 구체적 조작기에는 탈중심화(decentration)가 가능하기에 내적 표상을 여러 가지 방식으로 조정할 수 있게 되어 자아중심성에서 탈피하고 관계성을 이해할 수 있게 된다. 자아중심성에서 탈피하게 되는 것은 특히 다른 사람과의 의사소통에서 잘 나타난다. 예컨대, 이 시기의 아동은 자신을 상대방에게 이해시키기 위해서 상대방의 특성을 고려하여 타협이나 협동 등을 나타낸다. 구체적 조작기의 특성은 보존개념, 조망수용능력, 유목화, 서열화 개념 등이다.

① 보존개념

보존개념(conservation)은 일정한 무게, 양, 부피 등을 가진 물체를 그 형태나 배열이 어떻게 변화하더라도 거기에서 더하거나 빼지 않으면 원래의 무게나 양, 부피는 변화하지 않는다는 것을 이해하는 것이다. 여기서 한 가지 유의해야 할 점은 보존개념은 동시에 형성되지 않고 수의 보존(6세), 양의 보존(7세), 무게의 보존(9세) 순으로 1~2년 간격으로 차례로 형성된다는 점이다. Piaget(1974)는 보존성이란 결코 경험에서 떠난 선천적인 것이 아니고 학습하거나 조립되는 것이라고 생각하고 있다. 그는 아동이 세 가지 원리에 의해서 보존개념을 획득한다고 하였다([그림 2-2] 참조).

첫째, 동일성(identity)의 원리로서 아동은 모양이 다른 두 개의 컵(A컵은 넓고 짧으며, B컵은 좁고 긴 것) 중 한 컵에 일정한 양의 물을 붓고 이것을 다시 다른 한 컵에 부었을 때, 더 이상 붓거나 덜지 않았으므로 물의 양이 같다고 대답할 수 있어야 한다.

둘째, 컵의 형태를 언급해서 A컵은 더 넓고 B컵은 더 길기 때문에 물의 양이 같다고 판단하는 경우이다. 이것은 넓은 것과 긴 것이 서로 상쇄(相殺)된다는 보상성(compensation)의 논리인 것이다.

셋째, 이것은 전에 있던 컵에 다시 그대로 부을 수 있기 때문에 현재 두 컵의 물의 양은 같다고 말할 수 있는 역조작(inversion) 또는 가역성(reversibility)의 원리이다. 여기서 가역성의 원리라는 것은 사물을 이동시켜서 또다시 제자리로 돌려놓듯이 그 출발점으로 갈 수 있는 행위를 말한다.

A B C

[그림 2-2] 보존개념

② 조망수용능력

조망수용능력(perspective taking ability)은 타인의 생각이나 감정 등을 추론하고 이해할 수 있는 능력이다. 구체적 조작기에는 전조작기의 자아중심성에서 벗어나 조망능력을 획득하게 되는데, 조망수용능력에는 공간적 조망수용능력(spatial perspective taking ability), 인지적 조망수용능력(cognitive perspective taking ability), 정서적 조망수용능력(affective spatial perspective taking ability)이 있다.

공간적 조망수용능력은 아동이 타인의 위치에서 공간적 배치를 추론할 수 있는 능력이며, 인지적 조망수용능력은 다른 사람의 생각이나 사고과정을 추론할 수 있는 능력을 뜻한다. 그리고 정서적 조망수용능력은 감정이입과 관계가 깊으며, 타인의 감정과 정서에 대해 공감할 수 있는 능력을 뜻한다.

③ 유목화

유목화(class inclusion)는 부분과 전체의 논리적 관계, 상하의 위계적 관계를 이해하는 것이다.

④ 서열화 개념

서열화(seriation)는 길이나 무게와 같은 양적인 기준에 따라 차례대로 배열할 수 있는 능력을 의미한다. 구체적 조작기에는 길이 순서대로 배열이 가능하게 되는데, 물체를 한 가지 속성에 따라 순서대로 배열하는 단순 서열화(simple seriation) 능력과 물체를 두 가지 이상의 속성에 따라 순서대로 배열하는 다중 서열화(multiple seriation) 능력이 획득된다.

(4) 형식적 조작기(formal operational period: 12세 이후)

형식적 조작기는 구체적 경험을 매개로 하지 않고 추상적·논리적으로 사고할 수 있게 되며, 상징적 조작과 가설적 논리를 전개할 수 있게 된다. 그리고 문제를 해결하는 데 포괄적이고 추상적인 개념을 사용하여 고차원적인 조작을 할 수 있게 된다. 구체적으로, 문제 해결에 있어서 조합적 사고(combinational thinking), 연역적 사고(deductive thinking)를 할 수 있으며 삼단논법을 구사한다.

여기서 조합적 사고란 하나의 문제에 직면했을 때 모든 가능한 해결책을 논리적으로 궁리해 봄으로써 결국 문제 해결에 이르게 되는 사고를 말한다. 그리고 연역적 사고는 구체적 조작기의 아동이 구체적인 현실에서 출발하여 여러 가지 경험에 의해 일반적 사실에 도달하는 반면, 형식적 조작기에 이르면 일반적인 사실에서 출발하여 특정한 사실에 도달할 수 있게 된다. 즉, '만일 ~이면 ~이다'라는 연역적 사고가 가능하다는 것이다. 이외에도 형식적 조작기에 이르면 복잡한 언어문제, 가설적용, 비율, 삼자 간 비교, 운동의 보존 등을 이해할 수 있게 된다. 형식적 조작기의 특징 가운데는 추상적 사고, 가설 연역적 사고, 조합적 사고, 명제적 사고 등이 있다.

① 추상적 사고

추상적 사고(abstract thinking)는 현실에 없는 개념도 추상적 개념을 근거로 상상하고 사고하는 것을 의미한다. 형식적 조작기에서는 '사고에 대한 사고'가 가능하고 사고내용에 대해 성찰할 수 있다.

② 가설 연역적 사고

가설 연역적 사고(hypothetico-deductive thinking)는 가설을 설정하고 검증함으로써 결론을 도출하는 사고를 말한다.

③ 조합적 사고

조합적 사고(combinational thinking)는 문제를 해결할 수 있는 모든 경우를 논리적·체계적으로 산출하는 능력이다. 즉, 무작위로 산출하는 것이 아니라 체계적으로 빠짐없이 산출하는 것을 의미한다.

④ 명제적 사고

명제적 사고(propositional thinking)는 구체적인 사상을 다룰 수 있는 명제를 구성하고 명제 간의 관계에 대해 논리적으로 추론할 수 있는 사고이다. 이러한 명제적 사고는 'A인 동시에 B', 'A이지만 B는 아님', 'A도 아니고 B도 아님'과 같은 세 개의 명제를 바탕으로 가설을 설정하고 논리적으로 추론해 가는 능력을 의미한다.

3) Piaget 인지발달이론의 시사점과 제한점

(1) 시사점

Piaget의 인지발달이론은 1960년대가 되기까지는 미국의 행동주의 심리학자들에게 무시를 당해왔다. 그러나 오늘날 많은 심리학자는 인간의 인지발달은 Piaget가 주장한 것처럼 연속적인 단계를 거치면서 발달해 나간다는 사실을 믿고 있다. Piaget 인지발달이론의 시사점을 보면 다음과 같다.

① 학습자의 자율성과 자기 주도적 활동을 강조함으로써 학습자의 인지발달 수준에 기초한 적절한 수준의 교육내용 선정과 학습자의 잠재가능성에 기초한 교수방법에 대한 중요성을 시사하였다.

② 하급 학년에서 구체적 조작의 기회를 풍부하게 해 주어 형식적 조작으로 이끄는 계열의 중요성을 인식하게 해 주었다.

③ 학습자의 호기심과 내재적 동기를 강조하여 창조적이며 발전적인 사고를 할 수 있도록 돕게 하였다.

④ 학습자의 사물 및 환경과 직접 상호작용하여 자율적이고 개방적인 활동을 할 수 있도록 하였다.

(2) 제한점

① 인지발달은 Piaget가 주장한 것처럼 단계가 명확하게 구분되는 것이 아니라는 것이다. 그리고 아동의 인지발달은 자연적이고 자발적이기 때문에 성인에게 직접 교육받지 않아도 자연히 자신의 인지구조가 발달된다고 하는 것은 과제 변수와 절차 변수의 조직 방법을 고려하지 않았다는 점이다.

② Piaget는 발달 속도의 차이에 대해 거의 언급하지 않고 발달의 성차와 개인차도 언급하지 않는다. Piaget의 주장처럼 모든 아동이 일정한 동일 속도로 발달하는 것은 아니다. 그는 사회·문화적인 차이에 의한 개개인의 지적 발달의 차이를 소홀히 하고 있다. 또한 논리적이고 과학적이며 지적인 측면을 지나치게 강조하여 정의적인 측면을 간과하고 있다.

③ Piaget의 인지발달이론은 논리적·과학적 측면만을 지나치게 강조하고 인간의 전 인지영역을 포괄하고 있지 않다는 사실이다. 따라서 그의 이론을 통해서는 아이들의 공포, 불안, 흥분, 백일몽 등에 관한 지식을 얻기는 힘들다.

④ Piaget가 전조작기에는 보존개념이 형성되지 않는다고 하였는데 이는 유아와 아동의 인지능력을 과소평가한 것이라는 평점과 성인의 인지발달에 대한 언급이 미비하다는 점을 비판받고 있다.

3. Vygotsky의 사회문화적 발달이론

러시아의 심리학자 Lev Vygotsky(1896~1934)는 스위스의 Piaget와 같은 해에 태어났지만 불행히도 37세라는 젊은 나이에 폐결핵으로 생을 마감했다. 하지만 Vygotsky는 인지발달이론에 가장 큰 영향력을 끼쳤던 학자 중 한 사람이다. Piaget가 아동은 스스로의 세계를 구조화하고 이해하는 존재라고 생각한 반면 Vygotsky는 아동이 타인과의 관계에서 영향을 받으며 성장하는 사회적 존재임을 강조하였다. 그에 따르면, 인간의 정신은 독립적 활동이 아니라 사회학습의 결과이며, 일상에서의 과제해결은 성인이나 혹은 뛰어난 동료와의 대화로부터 영향을 받는다. 이처럼 사회의 보다 성숙한 구성원들과 상호작용하는 동안 자신의 문화에 적합한 인지과정이 아동에게 전이된다. Vygotsky가 인지 성장의 촉진에 미치는 사회와 문화의 중요성을 강조하기 때문에 그의 이론을 사회문화적 관점(sociocultural perspective) 또는 사회문화이론(sociocultural theory)이라고 부른다. 그는 문화와 더불어 중요한 상호작용의 필수요소이며 인지발달의 절대적인 변수로 언어를 강조하였다.

1) Vygotsky 인지발달이론의 주요 개념

(1) 근접발달영역

Vygotsky는 개인의 지적 발달은 사회문화적 영향을 크게 받는다고 보았다.

즉, 모든 지식은 한 공동체로서의 사회집단의 역사를 통해 누적된 문화적 형태로 존재하며, 아동은 성인의 도움을 받아 문화적 산물로서의 지식을 내면화(internalization)함으로써 개인적인 인지발달이 가능하게 된다는 것이다. Vygotsky에 따르면, 아동의 지적 발달은 내면화를 가능하게 하는 성인이나 또래들과 사회적 상호작용을 통해 촉진되는 것이다(송명자, 2008). 따라서 Vygotsky는 아동의 학습은 근접발달영역에서 일어난다고 하였다. 근접발달영역(zone of near or proximal development, 이하 ZPD)은 아동이 혼자 도달할 수 있는 실제적 발달수준(level of actual development)과 자신보다 지적 수준이 높은 성인이나 동료의 도움을 받아 도달할 수 있는 잠재적 발달수준(level of potential development) 간의 차이를 의미한다(Vygotsky, 1978). 즉, 근접발달영역은 혼자서는 문제를 해결할 수 없지만 성인의 안내 또는 동료와 협동하면 성공적으로 문제를 해결할 수 있는 영역을 말한다.

그러므로 실제적 발달수준은 완성된 발달수준이지만 근접발달영역은 미래지향적인 발달수준이다. Vygotsky는 실제적 발달수준을 이미 완성된 발달의 '열매'라 하고, 잠재적 발달수준을 발달의 '꽃' 또는 '꽃봉오리'에 비유했다.

Berger(2004)는 근접발달영역을 아동이 이미 알고 있는 것과 아직 배울 준비가 되지 않은 것 사이에 있는 '마법의 중간지대(magic middle)'라고 불렀다. ZPD는 지루함과 불가능함의 사이에 있는 교육공간이며, 이 공간에서 교사나 또래의 발판화가 학습을 지원할 수 있다. ZPD의 시사점은 교수-학습 활동에 있어서 학습과 발달이 활발하게 일어나는 ZPD에 주안점을 두어야 하며, ZPD의 상한계를 확장시키기 위해서 사회적 상호작용을 확장해야 한다. Vygotsky에 따르면, 실제적 발달수준보다 잠재적 발달수준이 지능을 더 정확하게 나타내기 때문에 지능검사는 ZPD, 즉 발달잠재력을 측정하기 위해서 역동적인 평가(dynamic assessment)를 실시해야 한다.

(2) 발판화(비계설정)

발판화(scaffolding) 혹은 비계설정은 혼자 해결하기 어려운 과제를 해결하도록 근접발달영역에서 교사가 아동의 학습을 도와주기 위해 사용하는 다양한 방법을 의미한다. 즉, 학습을 하는 데도 발판화가 필수적이라는 것으로, 학습의 초기단계에는 교사나 성인의 지도와 도움이 꼭 필요하다는 주장이다. 그러나 학습이 진전됨에 따라 발판화의 필요성은 점차 줄어들게 된다. 발판화의 목적은 독자적으로 학습하기 어려운 지식이나 기능을 학습자가 획득하도록 도움을 주기 위한 것이다. 이것은 아동이 지식을 내면화하여 독자적으로 사용할 수 있을 때까지 내면화 과정을 지지해 주어야 한다는 것을 의미한다. 효과적인 발판화가 이루어지기 위해서는 목표와 구성요소를 가지고 있어야 한다(Berk & Winsler, 1995). 발판화의 목표는 학습자로 하여금 자신의 근접발달영역에서 과제를 해결하는 것과 자기 조절을 증진시키는 것이다(한순미, 1999).

학습자로 하여금 그의 근접발달영역에서 과제를 해결하도록 하는 것은 두 가지 방법으로 이루어질 수 있다. 첫째는 학습자가 도전감을 갖도록 과제와 주변 환경을 구성해 주는 것이다. 둘째는 학습자의 현재 요구와 능력에 맞도록 도움의 양을 조절하는 것이다. 그리고 발판화의 또 다른 목표는 학습자로 하여금 가능한 한 많은 공동 활동을 조정하게 함으로써 자기 조절을 훈련하는 것이다.

발판화의 구성 요소에 대해서 Berk와 Winsler(1995)는 공동의 문제해결, 상호주관성, 따뜻한 반응의 세 가지를 들었고, 한순미(1999)는 여기에 '언어의 매개'를 추가하였다.

교실에서 활용 가능한 다양한 교수 발판화 유형을 제시해 보면 다음의 〈표 2-2〉와 같다.

표 2-2 | 교수 발판의 유형

발판의 유형	예
모델링	미술교사는 학생들에게 혼자서 새로운 스케치를 시도하도록 요구하기 전에 시범을 보인다.
소리 내어 생각하기	물리교사가 칠판에 운동량 문제를 풀면서 자신의 생각을 소리 내어 말한다.
질문	물리교사는 학생들에게 몇 개의 문제를 쉽게 풀게 하고 중요한 시점에서 질문을 던져 문제를 구체적으로 이해할 수 있게 한다.

발판의 유형	예
수업자료 조정하기	초등학교 체육교사가 농구 슛 기술을 가르치는 동안 바스켓의 높이를 학생들에게 낮추어 주고 숙달되면 다시 높여 준다.
조언과 단서	취학 전 아동이 신발끈 묶는 것을 배울 때 유치원 교사가 줄을 엇갈려 가면서 끼우도록 옆에서 필요한 힌트를 준다.
난이도 조절하기	묵시적 기능이 포함된 과제를 도입할 경우, 간단한 문제들로 시작하고 각 단계 후에 연습하게 하고, 점차 과제의 복잡성을 증가시킨다.
상호교수	교사와 학생들이 교사의 역할을 교대한다. 교사는 학생들의 토의를 이끌고 질문하는 것을 학습할 때 학생들에게 지원을 제공한다.
길잡이와 힌트	과학교사는 태양계의 행성들을 암기할 때, 행성의 앞 글자를 딴 '수금지화목토천해'를 제시한다.
체크리스트 제공하기	학생들에게 자신의 반응의 질을 조절하는 것을 돕기 위해 자기점검절차(sief-checking procedures)를 가르칠 수 있다.

(3) 혼잣말

Vygotsky는 아동이 사회적 의사소통을 목적으로 할 뿐만 아니라 자기 행동을 계획, 조정, 감시하기 위해서도 언어를 사용한다고 하면서 이런 방식의 언어를 혼잣말(private speech)이라고 하였다. Piaget는 혼잣말이 자아중심성에 기인하여 나타나는 자기중심적 언어이기에 미성숙한 표현이라고 보았지만, Vygotsky는 아동의 혼잣말이 인지적 미성숙의 표시라기보다는 인지발달에 핵심적 역할을 하는 사고의 도구로서 초기 아동기의 사고과정에서 중요한 역할을 하는 것으로 보았다. 그뿐만 아니라 아동에게 혼잣말은 정서적 흥분을 조절하는 중요한 방법으로 어려움에 직면했을 때 정서적 긴장감의 완화와 문제 상황을 극복하기 위한 정서적 배출구 역할을 수행한다고 하였다.

어려운 과제를 하는 동안 혼잣말을 자유롭게 사용하는 아동들은 주의집중과 몰두를 더 잘하고 수행에서 높은 진전을 보여준다는 연구결과가 있다(Berk & Spuhl, 1995). 따라서 혼잣말은 아동이 문제를 해결하고 새로운 발견을 하기 위해 행동을 계획하고 조정하는 것으로 인지발달의 중요한 도구라 할 수 있다.

2) Vygotsky 인지발달이론의 시사점과 제한점

(1) 시사점

① Vygotsky는 타인과 상호작용을 강조하고 있다. 아동의 학습과 발달은 사회적인 상호작용 시에 더 효율적으로 과제를 수행할 수 있으며 사회적이고 협동적이므로 독자적 수행보다는 상호작용에서 평가되는 것이 더 바람직하다는 것이다.

② Vygotsky는 지식의 형성과 사용에 대해서 기존의 이론적 틀을 깨고 새로운 지식관을 제공한다. 이런 그의 이론은 다른 학문에도 큰 영향을 주고 있으며 특히 실제로 진보적 교육 방안이나 수업 모형 개발에 개념적 배경으로 널리 사용되고 있다.

③ 대부분의 발달이론들이 발달의 보편적인 측면에 초점을 맞춘 것과 달리 Vygotsky의 이론은 한 문화 안의 개인적 차이뿐만 아니라 다양한 문화 간의 차이도 그 개인을 이해하는 데 있어서 매우 적절하다.

(2) 제한점

① Vygotsky는 사회 및 문화의 중요성을 과장하고 있다는 비판을 받고 있다. 인간발달에는 사회 및 문화 환경이 영향을 주지만 다른 요인도 영향을 줄 뿐만 아니라 정확한 규명도 어렵다는 점이다. 그리고 사회 및 문화를 통한 상호작용이 긍정뿐만 아니라 부정적인 영향도 미칠 수 있다는 점이다.

② Vygotsky의 이론은 연령차 및 다양한 발달수준에 대한 기술이나 설명이 거의 부재하다. 문화적 맥락이라는 측면에서도 문화란 연령에 따라 아동들에게 다른 기대를 갖게 하며 다른 환경에 처하게 한다. Vygotsky는 사회문화적 차이를 강조하면서 이러한 발달적 차이에 대한 설명은 매우 빈약하다.

③ Vygotsky는 근접발달영역 개념에 대한 모호성에 대해서 비판을 받고 있다. 근접발달영역을 측정할 수 있는 명확한 기준이나 방법을 제시하지 못하고 있다는 것이다. Vygotsky는 나이를 단위로 산정하여 실제적인 나이 수준과 잠재적 나이 수준으로 측정하려고 시도했으나 다양한 문화와 수준 등을 적용할 수 없었기 때문에 실패하였다.

성격발달

CHAPTER 3

1. 성격의 개념과 정의

성격을 뜻하는 영어 단어 'personality'는 그리스어 'persona'에서 유래되었다. 'persona'는 원래 고대 그리스 연극에서 배우들이 쓰던 가면을 일컫는 말로서, 어떤 사람의 참모습이라기보다는 배우가 가면을 쓰고 무대에서 연극을 하듯 사람들이 사회 장면 속에서 피상적으로 나타내는 사회적 이미지를 뜻한다. 즉, 'personality'란 말은 사회라는 커다란 무대에서 사람들이 나타내는 외현적인 행동양상인 것이다. 따라서 'personality'는 자신의 진정한 모습이라기보다는 타인에게 비친 개인의 특성을 의미하는데, 이런 특성은 가시적이고 표면적이며 사회문화적 조건의 산물이라 볼 수 있다.

심리학에서 사용되는 '성격'이란 용어는 성격의 어원처럼 피상적인 행동양상만을 뜻하지는 않는다. '성격'을 보다 정확하게 정의하기 위해서는 성격의 구성요소를 알아볼 필요가 있는데, 이는 크게 내적 요소와 외적 요소로 구성된다. 성격의 내적 요소란 선천적으로 타고난 비교적 안정된 심리요소를 말한다. 특히 '공격적이다', '선하다' 등과 같은 심리적 특성(character)과 체질과 같이 생물학적으로 결정되는 선천적인 개인의 감정 반응인 기질(temperament)이다.

성격의 외적 요소란 성격의 어원에서 살펴보았던 영어의 'personality'를 말한다. 즉, 사회·문화적 환경 속에서 사람들이 가시적으로 나타내는 외형적인 행동패턴을 말하는 것이다. 흔히 사람들이 자기 자신에 대해 표현을 하거나 다른 사람의 행동에 대해 말할 때에 "저 사람은 항상 그래."라고 하거나 "오늘은 재가 왜 저러지?"라는 표현을 쓴다. 이 말 속에 담긴 의미는 사람에게는 특정한 행동이 일관성 있게 나타난다는 것이다.

성격에 대한 여러 학자의 정의를 살펴보면 다음과 같다. Allport(1961)에 따르면, "성격은 개인의 독특한 행동과 사고를 결정하는 심리·신체적 체계인 개인 내의 역동적 조직"이라고 했다. 그리고 Mischel(1976)은 성격에 대해서 "보통 개인이 접하는 생활 상황에 대해 적응의 특성을 기술하는 사고와 감정을 포함하는 구별된 행동패턴을 의미한다."고 했다. Maddi(1996)는 "사람들의 심리적 행동(사고, 감정, 행위)에 있어 공통성과 차이를 결정하는 일련의 안정된 경향성과 특성이다. 이러한 심리적 행동은 시간에 따른 연속성을 가지며 어떤 순간의 사회적 및 생물학적 압력의 단일한 결과로서 쉽게 이해될 수 없다."라고 했다.

이상의 다양한 정의를 종합하면, 성격이란 '인간의 사고, 의지, 지적 능력, 정서, 태도, 신념, 도덕관, 행동과정 등을 통합하여 한 개인을 전체적으로 대표하는 것으로 일관성 있게 나타나는 개인의 독특한 심리적 특성'이라고 할 수 있다.

2. Sigmund Freud의 심리성적 발달이론

유태계 오스트리라 출신 Sigmund Freud(1856~1939)는 정신분석이론(psychoanalytic theory)이라는 조직적인 성격이론을 최초로 체계화한 정신의학자이다. Freud의 심리성적 발달이론(psychosexual development theory)에 따르면 인간은 기쁨과 즉각적인 만족을 위해 타고난 추진력과 본능으로 동기를 부여받는다. Freud는 인간의 성격은 심리성적 발달단계에 따라 형성되는데 libido가 신체 부위의 어디에 집중되어 있느냐에 따라 구분된다고 했다. Freud는 인간의 생물학적인 성적 에너지를 libido라고 명명했는데, 정신분석학 용어로 성본능(性本能), 성충동(性衝動)이라는 뜻이다. Freud에 따르면, libido는 구순기, 항문기, 남근기, 잠복기, 성기기의 단계로 발달된다.

Freud는 각 단계에서 내재적인 갈등을 해결한다면 성인이 되었을 때 어느 정도 정신 병리에서 벗어나게 되지만, 만일 그렇지 못하다면 정신 내면의(intrapsychic) 갈등, 고착(fixation), 잠재적으로 심각한 정서 문제를 겪을 수 있다고 한다.

Freud의 발달이론은 가설적 실험 검증보다는 정신증 성인의 임상적 자료에 근거하여 구축되었기 때문에 비과학적이라는 비판을 받고 있으며 학문적으로 일반화시키는 데에는 한계점이 있다. 그럼에도 불구하고 이 이론은 인간 발달에 관한 중요한 가설을 제공하여 현대 심리학과 다양한 학문 영역에 많은 영향을 주었다.

1) 정신의 구조

Freud는 인간의 정신을 지형학적 모형(topographic model)으로 설명하였다. 이 모형에 의하면 인간의 정신은 의식(conscious), 전의식(preconscious), 무의식(unconscious)으로 구분된다.

(1) 의식

의식(conscious)은 어떤 순간에 우리가 알거나 느낄 수 있는 모든 경험과 감각을 말한다. Freud는 정신생활의 극히 일부분만 의식의 범위 안에 포함된다고 주장하였다. 어떠한 순간에 경험하는 의식의 내용은 외부적 요인에 의해 규제되는 선택적 여과과정의 결과이며, 이 경험은 잠시 동안만 의식될 뿐이라고 하였다. 이것은 시간이 경과하거나 주의를 다른 곳으로 돌리면 그 순간에 전의식이나 무의식 속으로 들어가 잠재하게 된다. 그러므로 의식은 성격의 제한된 극히 일부만을 나타낸 것이다.

(2) 전의식

전의식(preconscious)은 흔히 이용 가능한 기억을 의미한다. 즉, 어느 순간에는 의식되지 않으나 조금만 노력하면 곧 의식될 수 있는 경험이나 기억, 사고, 꿈을 말한다. 이 전의식은 의식과 무의식의 영역을 연결해 주는 문지기 역할을 한다고 볼 수 있다. 컴퓨터에 비유하면 전의식은 필요할 때 불러올 수 있는 파일에 해당된다고 하겠다.

(3) 무의식

Freud는 무의식(unconscious)을 인간정신의 가장 크고 깊은 심층에 잠재해 있으면서 의식적 사고와 행동을 전적으로 통제하는 힘이라고 생각하였다. 전의식과는 달리 무의식은 전혀 의식되지 않지만 사람들의 행동을 결정하는 주된 원인이 된다.

인간의 모든 생활경험은 잠시 동안만 의식 세계에 있을 뿐 대부분 무의식으로 들어가 잠재하게 된다고 보았다. 즉, 의식 밖에서 억압되는 어떤 체험이나 생각은 소멸되는 것이 아니라 무의식 속으로 들어가 잠재되고 이후에도 개인의 행동에 강력한 영향력을 행사한다. 억압된 생각이나 체험 혹은 그 밖의 잠재된 경험은 생물학적 충동이나 어떤 사건과 연결되면 현실에서 불안을 일으키게 된다고 주장했다. 그리고 다시 밑으로 밀려나 끝없는 무의식적 갈등을 일으킨다고 보았다.

Freud는 무의식적 과정을 모든 신경증적 증상이나 행동의 근원으로 보았기에 정신분석적 '치료'는 증상의 의미, 행동의 원인, 건강하게 기능하는 것을 방해하는 억압된 재료를 밝히는 데에서 출발한다. 하지만 지적 통찰만으로는 증상을 해결하지 못하기 때문에 오래된 방식을 고수하려는 내담자는 전이왜곡의 훈습을 통해 직면시켜야 한다.

2) 성격의 구조

Freud의 성격의 구조는 원초아(id), 자아(ego), 초자아(superego)로 구성되었으며, 인간의 행동을 이 세 가지 구성요소의 상호작용에 의한 결과물로 해석하였다.

(1) 원초아

원초아(id)는 성격의 최초 체계로 무의식 기능의 중요한 부분을 차지하며 모든 심리적 기능의 에너지원이다. 원초아는 조직화되지 않으며 맹목적이고, 요구적이며 끈질기다. 또한 원초아는 본능적이며 긴장을 참지 못하고 즉각적으로 긴장을 해소하며 항상 평형 상태로 돌아오려고 한다. 서로 모순되는 것들이 동시에 존재할 수 있으며, 반대되는 증거를 제시하여도 자신이 원하는 대로 밀어붙인다. 논리나 형식적 연관성이 없고 공간적 시간적 연관성이 유지되지 못하며, 비언어적으로 표현되는 생각과 행동이 동일한 의미를 갖는다. 쾌락원리에 의해 움직이는 원초아는 고통을 피하고, 쾌락을 얻고, 긴장을 감소시키는 것을 목적으로 하기 때문에 현실에 맞게 적절하게 조절되어야만 사회생활이 가능하다.

(2) 자아

자아(ego)는 의식적으로 조정할 수 있는 마음의 부분이며 대부분은 의식에 있고, 방어기제는 자아의 무의식적인 기능이다. 논리적이고 추상적인 생각을 하는 부분이고, 말로 표현을 하는 것도 자아의 의식적-전의식적 기능이다. 이차과정 사고가 발달하면서 자신의 행동이 타인에게 영향을 주고 자신은 어떻게 영향을 받는지를 알게 되면서 판단 능력이 생긴다. 이러한 판단 능력이 발달함에 따라 충동적으로 본능을 방출하는 것을 예방할 수 있게 된다. 자아는 현실원리(reality principle)에 지배되므로 현실적이고 논리적인 사고를 하며 요구를 만족시키기 위해 행동 계획을 세운다. 자아는 외부 세계의 여러 요구에 의하여 원초아가 수정되면서 자아가 형성되기 시작하는데, 자아가 형성되어감에 따라 점점 쾌락원리에서 현실원리로 대체된다. Freud는 자아가 형성되면서 가장 중요한 것은 갈등의 역할이라고 하였다. 갈등이 처음에는 원초아와 외부세계 사이에서 발생하지만 나중에는 원초아와 자아 사이에서 발생한다. 자아는 학습, 사고, 추리, 결정, 기억하는 등의 인지능력을 가지며 현실검증의 기능을 한다.

(3) 초자아

초자아(superego)는 세 가지 성격구조 중 마지막에 발달하는 체계로서 사회규범과 행동기준이 내면화되어 도덕적 양심의 기능을 한다고 할 수 있다. 따라서 초자아는 사람의 행동, 생각, 감정을 평가하고 조사하여 행위가 선한지 악한지 혹은 맞는지 틀리는지를 구분하는 것이다. 그리고 기대했던 기준과 비교하여 결과를 인정하거나 인정하지 않는다. 초자아로 인해서 비판과 비난은 다양한 고통스러운 감정을 유발하고, 칭찬과 인정은 자존감을 높여 준다. 이러한 초자아의 기능은 대부분 무의식적으로 이루어진다. 초자아는 아동이 부모나 선생님과 같은 기성세대와의 상호작용을 통해 옳고 그름, 선과 악, 도덕과 비도덕을 분별할 수 있게 될 때 비로소 형성된다. 초자아는 원초아의 충동을 억제하며 자아가 현실적 목표 대신 도덕적 목표나 완전을 추구하도록 한다.

3) 심리성적 발달단계

Freud는 인간의 발달과정에서 성욕을 특히 강조하면서 리비도(libido)가 일생동안 정해진 일정한 순서에 따라 다른 신체 부위(body zone)에 집중된다고 보고, libido가 집중되는 신체부위를 성감대라고 하였다. Freud는 연령에 따라 성감대가 달라진다고 보는 견해로서 각 발달단계를 다음과 같이 설명했다.

(1) 구강기(oral stage: 0~1세)

이 단계에서 성 본능은 입을 통해서 충족되며 구강을 통하여 젖을 빠는 것에서 성적 욕구를 충족한다. 이 시기의 영아는 자기에게 만족과 쾌감을 주는 대상에게 애착을 갖게 된다. 영아는 초기에 입과 입술에 와 닿는 것을 빠는 행동을 함으로써 수동적 쾌감을 느끼다가, 이가 나면서부터 깨물고 씹음으로써 적극적 쾌감을 느끼며 쾌감을 주는 대상을 추구한다.

이 시기에 욕구가 적절히 충족되면 낙천적이고 먹는 것을 즐기는 성격이 된다고 한다. 각 단계에서 영아는 욕구 만족을 충분히 얻을 수 있어야만 다음 단계로 발달이 이루어진다. 만일 충분한 만족을 얻지 못하면 욕구 불만이 생기거나, 그 만족을 얻는 쾌감에 지나치게 몰두하여 다음 단계로 넘어가지 못하게 되는 고착(fixation) 현상이 나타난다고 보았다. 구강기 고착 형성은 이후에도 손가락 빨기, 손가락 깨물기, 과식과 과음, 지나친 흡연 등의 행동 특성을 나타낸다.

(2) 항문기(anal stage: 2~3세)

이 시기의 영아는 부모로부터 자신의 쾌감을 지연하는 훈련을 받게 된다. 부모가 대소변 가리기를 엄격하게 훈련하면 이 시기에 고착 현상을 보이게 되어 성인이 되면 항문기적 성격의 소유자가 된다. 이 시기는 항문 괄약근이 성숙함에 따라 영아는 대소변을 마음대로 조절할 수 있게 되고 자율적인 배설 행동이 이 시기의 성 본능을 충족시키는 일차적 근원이 된다. 이 성격의 특징은 지나치게 깨끗한 것과 완전한 것을 찾는 결벽성 또는 완벽주의(perfectionism)라고 설명한다. Freud는 항문기의 배변 훈련에서 대변 보유에서 생기는 쾌감에 고착되면 후에 인색한 성격의 소유자가 되고, 배설의 쾌감에 고착되면 무절제한 성격의 소유자가 된다고 주장한다. 그런데 부모가 대소변 통제를 적절하게 훈련시키면 성장해서 생산적이고 창의적인 사람이 된다고 주장했다.

(3) 남근기(phallic stage: 3~5세)

이 시기는 Freud가 유아는 '순진무구하지 않다.'는 것을 증명하려 했던 부분으로, 그의 이론 가운데서 지금까지도 많은 논란을 불러일으키고 있는 부분이다. 이 남근기에 가장 중요한 현상은 '오이디푸스 콤플렉스(Oedipus complex)'와 '엘렉트라 콤플렉스(Electra complex)'라고 할 수 있다. 먼저, 오이디푸스 콤플렉스는 남아가 어머니에 대하여 성적인 애정을 가지고 접근하려는 욕망을 말한다. 즉, 남아는 아버지를 애정의 경쟁자로 생각하여 적대감을 갖게 되며 이러한 적대감 때문에 아버지에 대한 갈등이 야기된다고 보는 견해이다. 이때 우세한 아버지가 아동을 헤치기 위해 성기를 없앨 것이라고 생각하여 그것에 대한 두려움을 갖게 되며, 이 두려움을 '거세 불안(castration anxiety)'이라고 한다. 그리고 거세 불안을 감소시키기 위해서 아동은 어머니에 대한 성적 욕망과 아버지에 대한 적대감을 억압하여 어머니의 인정을 얻고, 또 자기와 성이 같은 아버지의 남성다움을 갖기 위해서 아버지와 동일시하게 된다. 그 결과, 남근기 말기에 남아의 성역할이 형성되며 아버지의 남성적 역할을 습득하고 양심과 자아 이상을 발달시키게 된다.

반대로, 여아의 경우는 아버지에 대해 성적 애착을 갖게 되는 '엘렉트라 콤플렉스(Electra complex)'를 경험하게 된다. 여아는 남근이 없기 때문에 남근을 갖고 싶어 하는 감정, 곧 남근 선망(penis envy)을 갖는 동시에 열등감을 갖게 된다고 Freud는 주장했다. 이 시기에 고착되면 과시적이고 공격적인 남근기적 성격 소유자가 될 가능성이 높아진다고 보았다. 하지만 엘렉트라 콤플렉스를 설명하기 위한 '남근 선망'에 대해서는 비과학적이고 지나치게 일방적인 이론이라는 비판이 강하다. 아이들이 그러한 갈등을 경험하기 위해서는 성별 간의 해부학적 특징을 알아야 하는데, 사실상 3~6세의 아이들은 그것을 잘 알지 못한다(Bem, 1989).

(4) 잠복기(latent stage: 6~11세)

잠복기라고 하는 것은 단지 성적으로 침체된 시기라는 의미이다. 이 시기에는 아동이 초등학교에 다니는 시기로 성적인 욕구가 억압되어 심리적으로 비교적 안정된 시기라고 한다. 그렇다고 해서 이들에게 아무런 변화가 없는 것을 말하는 것이 아니다. 이 시기에는 성적인 부분을 제외한 모든 영역에서 매우 활동적인 모습을 나타낸다. 즉, 문화적, 학문적, 사회적, 신체적으로 가치 있는 능력을 키우게 된다. 그리고 논리적으로 사고하여 타인의 입장도 고려할 수 있게 된다.

(5) 성기기(genital stage: 11세 이후)

이 시기는 사춘기와 함께 시작된다. Freud는 잠복기 이전까지를 유아 성욕기(infantile sexualism)라고 하고, 사춘기 이후를 이성 애착기(hetero sexulaism)라고 했다. 이성 애착기까지 고착 현상을 보이지 않고 원만한 발달을 이룬 사람은 이타적이고 성숙한 성격의 소유자가 된다. 이러한 특징은 생식기적 성격(genital character)의 특징이기도 하다. 남근기를 원만하게 거쳐 오지 못한 경우에는 이 시기에 생기는 성적 에너지를 적절하게 처리할 수 없기 때문에 이성과 성숙한 사랑을 할 수 없고 원만한 관계를 가질 수 없게 된다. 또한 이성에 대해서 적응하지 못하며 권위에 대해 반항심이 생긴다.

4) Freud 이론의 시사점과 한계점

(1) 시사점

① Freud의 심리성적 성격발달이론은 인생의 초기 경험을 강조함으로써 유아교육의 중요성을 일깨워줬다. 어머니의 양육태도 및 교사의 교육태도 등은 아동들에게 긍정적·부정적으로 큰 영향을 끼치는 것을 알 수 있다. 즉, 어머니의 일관성 있는 보살핌, 관대한 생활 태도와 다양한 환경의 제공 및 교사의 학생에 대한 배려와 믿음이 중요하다는 교육적 시사점을 제공하였다.

② 인간의 공격성, 도덕성 발달, 성역할 발달 등과 관련한 연구를 자극하고 이러한 연구들에 많은 시사점을 제공하였다.

③ 사랑, 공포, 불안 등과 같은 인간 발달의 정서적 측면에 대한 연구와 이러한 정서적 갈등을 극복하기 위해 사용하는 방어기제에 대해서 시사점을 제공하였다.

(2) 한계점

① Freud의 정신분석학은 실험 등의 과학적 방법으로 타당성을 검증할 수 없으므로 과학적 사실이 아니라 신념에 가깝다. 원초아, 자아, 초자아의 개념은 과학적인 관찰이나 입증이 불가능하다는 것이다.

② Freud의 이론은 인간의 성적 욕망을 너무 지나치게 강조했으며, 인간의 과거 경험에 지배되는 수동적이고 소극적 존재로 보았다.

③ Freud의 성격발달은 개인 내적인 것에 집중함으로써 성격발달에 영향을 미칠 수 있는 사회문화적 환경의 영향을 고려하지 않았다는 비판이 있다.

④ 인간의 본성을 너무 부정적으로 본다는 비판이 있다. Freud에 따르면 인간

의 본성은 자기중심적이고 충동적이고 격렬하다고 했다. 이 점에 대한 인본주의 심리학의 비판은 신랄하다.

⑤ 여성에 대해 편견을 갖고 있다는 비판과 결정론을 견지하고 있다는 비판을 받고 있다.

3. Anna Freud의 발달이론

Anna Freud(1895~1982)는 '발달학적인 라인(developmental lines)'이라는 개념으로 자신의 발달이론을 정립시켰다. 이 발달학적인 라인을 통하여 아이를 '사람답게 만드는 시스템'을 정밀하게 관찰하여 정상 발달과 병적 발달의 차이를 밝혀내기도 했다. Anna Freud는 자신의 저서에서 "한 아이가 어떤 측면에서 한 레벨에 도달하였다는 것은 원초아와 자아 그리고 초자아의 발달과 환경적인 영향에 대한 그들의 반응이 상호작용한 결과이다. 즉, 성숙(maturation), 적응(adaptation), 구조(structuration) 간의 상호작용 결과"라고 주장하였다(Freud, 1965). 즉, Anna Freud는 정신분석적 관점을 응용하여 인간의 발달을 환경과 상호작용하는 적응 과정의 결과로 이해하였다(Freud, 1958).

Anna Freud는 아버지 Sigmund Freud의 방어기능에 대한 관점을 정리하여 방어기제(defense mechanism)에 대한 이론을 체계화하였는데 내용을 살펴보면 다음과 같다.

- 억압(repression)

가장 보편적이며 기본적인 무의식적 방어기제로서 의식에서 용납될 수 없는 생각이나 욕구 혹은 충동을 완전히 무의식 속에 억누르려 하는 것이다. 특히, 죄책감이나 수치심 또는 자존심을 상하게 하는 경험일수록 억압되기가 쉽다. 그러나 무의식적 과정이라 스스로는 느끼지 못해도 그 긴장은 감소되지 않기 때문에 과도한 억압은 심리적인 문제의 원인이 될 수 있다. 그 예로 무의식중에 어린 시절의 불쾌했던 기억을 억누르게 되고 그로 인하여 그 시절에 대한 기억이 상실된 것을 들 수 있다.

- **투사(projection)**

스스로 받아들일 수 없는 충동, 태도, 행동을 무의식적으로 타인이나 환경 탓으로 돌리는 것이다. 예를 들면, 자신이 누군가를 미워할 때 그 사람이 먼저 자기를 몹시 미워하기 때문에 그를 미워하는 것이라며 남 탓을 하는 것, 자기 잘못은 못 본 채 남이 그와 같은 잘못을 했을 때 비판하는 것 등을 말한다.

- **전치(displacement)**

본능적 충동의 표현을 재조정하여 위협이 덜 되는 상대에게 방향을 전환함으로써 불안을 줄이는 것이다. 애꿎은 대상에게 화풀이하는 것이 좋은 예다. 전치가 자신에게 향했을 때에는 우울증과 자기 학대의 원인이 된다. 이 방어기제는 공포증의 증상이 되기도 하고 전이감정을 형성하기도 한다.

- **회피(evasion)**

억제와 유사하나 억제처럼 인내심 있는 합리적인 판단에 따라서가 아니라 도피하고자 하는 소극적인 동기에 따른다는 점이 특징이다. 회피 방어기제를 많이 사용하는 경우 갈등적 직면과 문제해결에 대한 불안은 줄어들 수 있으나 자신감 상실의 악순환이 일어나게 된다.

- **반동형성(reaction formation)**

억압되어 용납될 수 없는 충동이나 욕구에 대해 겉으로는 반대되는 행동을 함으로써 금지된 충동이 표출되는 것으로부터 자신을 조절하거나 방어하는 것이다. 그 예로 부양이 부담되는 노모에 대한 지나친 정성, 지나치게 금욕주의적인 신앙, '미운 자식 떡 하나 더 준다.'는 속담을 들 수 있다. 또한 이타주의도 반동형성의 하나로, 받고 싶은 자기 본능의 충족을 포기하고 다른 사람을 잘 도와줌으로써 대리만족을 하는 것이다.

- **억제(suppression)**

억압과는 달리 받아들이고 싶지 않은 불쾌하거나 부담스러운 충동, 감정 혹은 생각을 의도적으로 또는 반무의식적으로 연기하는 것이다. 이때 불편함은 의식되지만 최소화된다. 예를 들어, 먹고 싶은 음식을 체중조절 때문에 참는 경우를 들 수 있다.

- **합리화(rationalization)**

흔히 사용되는 방어기제로 용납될 수 없는 충동이나 어떤 행동에 대해 사회적으로 용납될 만한 이유를 만들어 자신을 정당화하여 자존심을 보호하려는 것이다. 이런 과정은 무의식적으로 이루어지므로 거짓말을 하는 것과는 다르다. 좋은 예로 이솝우화「여우와 신포도」에서 따먹기에는 너무 높이 달린 포도를 보며 여우가 "저 포도는 시어서 맛이 없을 거야."라고 한다.

- **퇴행(regression)**

어떤 어려움이나 스트레스에 처했을 때 안전하고 즐거웠던 지난 시간으로 후퇴함으로써 불안을 완화하려는 것이다. 예를 들어, 동생이 생긴 아이의 야뇨증, 친구가 심하게 다치는 것을 본 8세 아이가 보이는 손가락 빨기 등의 행동이 해당된다.

- **고착(fixation)**

발달의 한 단계에서 욕구의 지나친 충족이나 지나친 부족을 경험할 경우, 다음 단계로 성숙하지 못한 채 특정 발달단계 및 양식에 머물러 있는 것이다. 대인관계에서 매사에 상대방에게 의존적으로 행동할 경우 구강기에 고착된 예라고 볼 수 있다.

- **보상(compensation)**

심리적 자위와 관련된 기제로서 자신의 결함을 어떤 다른 현실적이거나 상상적인 방식으로 처리하는 것이다. 예를 들면, 자신이 이루지 못한 특정 직업을 자녀에게 강요하는 부모나, '작은 고추가 맵다.'는 속담처럼 자신의 신체적인 조건에 대한 열등감을 오히려 공격적이고 지배적인 속성으로 메우려는 것 등이 해당된다.

- 상환(restitution)

죄책감에서 벗어나려고 사회적으로 선하다고 용인되는 행위를 통해 자신의 잘못을 상쇄시키려는 것이다. 예를 들어, 끊임없이 계속되는 적선행위를 들 수 있다.

- 부정(denial)

참을 수 없는 현실을 부인하여 불안을 회피하고 편안한 상태를 유지하려는 것이다. 억압과 달리 부정은 자아기능을 분리시킴으로써 소망과 사고의 표현을 차단하는 것이므로 심각한 부적응을 초래한다. 그 예로 암 선고를 받은 환자가 자신에게 병이 없다고 생각하는 경우를 들 수 있다.

- 내재화(introjection)

원시적인 수준의 병적 동일시로서 자신과 타인을 막연히 구분하는 중에 대항의 특질을 자기 것으로 만드는 것이다. 예를 들어, 유아는 자기에 대한 어머니의 반응을 통해 자기 이미지를 형성한다.

- 이지화(intellectualization)

불안이나 긴장을 수반하는 불쾌한 상황이나 경험에서 감정을 억압하고 그 상황이나 경험을 지적으로 객관화함으로써 정서적인 혼란 상태에 빠지지 않고자 하는 것이다. 예를 들어, 내담자가 상담에서 과거의 상당히 감정적인 사건을 내용만 논리적인 입장에서 차분히 설명하는 경우다.

- 분리(isolation)

'격리'라고도 하며 고통스러운 생각과 기억은 의식하지만 그에 수반된 감정은 따로

떼어 무의식 속에 집어 넣어두는 것이다. 예를 들면, 굉장히 난폭했던 아버지의 폭력 장면을 말하면서도 그때 느낀 자신의 감정은 기억나지 않는 경우다.

- **백일몽(day-dream)**

현실에서 충족되지 않은 욕구를 공상의 세계에서 만족함으로써 긴장을 해소하려는 것이다. 이는 공상(fantasy)이라고도 하는데, 일상생활에서 많은 상상을 계속하는 경우다.

- **취소(undoing)**

지나간 행동이나 감정, 생각을 특정한 행위나 의식적(ritual) 태도를 통해 없던 것으로 처리하려는 것이다. 여기에는 마술적 사고(magical thinking)가 작용한다. 예를 들면, 죄책감이 있을 때 반복적으로 손을 씻는 것, 어쩌다 불경스러운 단어를 말한 경우 그것을 지우기 위해 반드시 다시 성스럽다고 여겨지는 단어를 말해야만 하는 강박증 환자의 행동 등이다.

- **분열(splitting)**

타인이나 자기를 모두 좋거나 모두 나쁜 것으로(all or nothing) 지각하는 것이다. 즉, 좋기도 하고 나쁘기도 한 양가감정을 견디지 못하고 아주 좋은 사람과 아주 나쁜 사람으로 나뉘는 극단적인 이분법적 사고를 갖는 것이다. 이때 지나친 호의가 지나친 혐오로 전환되곤 한다.

- **대치(substitution)**

욕구불만으로 생긴 긴장을 감소시키기 위해 원래의 대상과 비슷한 용납되는 다른 대상으로 만족하는 것이다. 우리 속담의 '꿩 대신 닭'이 그러한 경우다.

- **승화(sublimation)**

성적이고 공격적 충동을 사회적으로 용납된 생각이나 행동으로 표현함으로써 적절히 전환하는 것이다. 다른 방어기제들과는 달리 본능(id)을 반대하지도 않고 돕게 되며 자아의 억압이 없고 충동 에너지를 그대로 사회적으로 유익하게 사용한다. 예를 들어, 자신의 공격성을 승화시킨 권투선수, 내적 갈등을 심미적인 것으로 전환시키는 예술가, 가학적인 충동을 수술 등의 유익한 의술로 해소하는 외과의사 등의 경우를 말한다.

- 상징화(symbolization)

무의식적인 욕구와 감정, 생각을 있는 그대로 표출하지 않고 특정한 상징을 통해 발산하는 것이다. 다양한 꿈 내용은 상징화의 좋은 예이다.

- 해리(dissociation)

인격의 여러 요소를 통합·조정하는 기능이 상실되어 인격의 한 면이 전체로부터 떨어져 나오게 되는 것이다. 해리성 기억상실이나 다중인격의 증상이 그러한 예다.

- 유머(humor)

마음에 가지고 있기엔 너무 힘든 부분을 웃음거리로 삼아 표현함으로써 자신과 다른 사람들에게 만족을 주고 동시에 그것을 견디며 해결해 가는 것이다. 이는 자신에 대해 상당한 안정감이 있는 경우에 사용할 수 있는 방어기제다.

4. Erikson의 심리사회적 발달이론

유태계 덴마크 출신인 Erik Erikson(1902~1994)은 Freud의 이론을 확장 발전시키면서 심리사회적 발달이론(psycho-social development theory)을 제시하였다. Erikson의 이론은 성격발달단계가 예정되어 있고 발달단계를 통과하는 순서가 불변적이며, 생물학적 및 성적 요소가 성격형성의 토대가 된다는 점에서 Freud와 매우 흡사하지만 몇 가지 측면에서 구별된다(권대훈, 2006). Freud는 원초아와 성격발달에 부모의 영향을 강조하지만 Erikson은 자아와 심리사회적 환경을 강조한다. 그리고 Freud가 5세 이전의 성격발달에 관심을 집중한 반면 Erikson은 전생애에 걸친 성격발달을 중시하였다. 그리하여 Erikson은 인간의 성격발달을 타인과의 사회적 관계에 초점을 두어 8단계로 체계화하였다. 각 단계에서는 각기 특수한 심리-사회적 특성이 형성되고, 그 특성은 긍정적으로 발전될 수도 있고, 부정적으로 발전될 수도 있다. 그리고 각 단계에서 형성된 심리적 특성은 그 이후에 거의 변화하지 않고, 계속적으로 다음 단계의 발달에 영향을 미친다고 하였다. 이런 의미에서 각 단계는 하나의 전환점 혹은 위기라고 할 수 있다. 각 단계에서의 부정적 특성들이 압도할 때 발달상의 문제가 발생하게 된다는 것이다. Erikson의 심리사회 발달이론은 유아에서 노년에 이르기까지 8단계로 나누고 점성적 원리(epigenetic principle)로 설명하고 있으며, 각 단계마다 반드시 발달해야 하는 특성이 있고, 발달된 특성은 성격의 다른 특성과 상호 관련되어 점진적으로 자아를 형성해 나간다는 가정으로 이루어져 있다.

1) Erikson의 심리사회적 발달단계

(1) 신뢰감 대 불신감(trust vs. mistrust: 0~1세)

일반적으로 신뢰감이란 건강한 성격의 초석으로 다른 학자들은 이를 자신감이라고 한다. Erikson은 영아가 타인과 외부로부터 신뢰감을 얻을 수 있는 능력의 정도는 그가 엄마로부터 받은 양육에 의존한다고 한다. Freud는 이 시기를 구강기라고 하여 함입(invagination)에 의해 성적 쾌감을 충족시켜 나간다고 주장하였다. 하지만 Erikson은 영아가 "입을 통하여 살아가고 엄마의 유방을 통하여 사랑한다."고 하여 엄마의 양육이 심리사회적으로 만족감과 안정감을 줄 수 있음을 주장하였다(한상철, 이형득, 1995). 다시 말해서, 이 단계에서 영아가 가지는 사회적 관계는 주로 엄마와의 관계이다. 영아는 자신의 모든 것을 타인에게 의존하며, 이때 신뢰감이나 불신감을 경험하게 된다. 타인에게 지속적인 사랑과 관심을 받는 영아는 신뢰감이 발달하고, 지속적이고 일관된 보살핌을 받지 못한 영아는 타인과 주변세계에 대해 불신감, 두려움, 의심 등을 갖게 된다(Klaus & Kennell, 1982). 특히 영아의 불신감은 직장생활이나 재임신 등으로 인하여 엄마의 관심이 아기로부터 멀어질 때 발생할 수 있으며, 또한 부모의 비일관된 양육방식과 양육에 대한 자신감 부족, 가치관의 혼란 등도 중요한 원인이 된다. Erikson은 이 시기에 신뢰감을 형성하는 것은 후에 맺게 되는 모든 사회적 관계에서의 성공 여부와 관련되어 있기 때문에 이 시기를 가장 중요한 시기로 보고 있다. Erikson은 불신감의 효과를 언급했으나 긍정적 성격발달에는 불신감보다 기본적 신뢰감을 경험하는 것이 필요하다는 것을 강조하고 있다.

(2) 자율성 대 수치심과 회의(autonomy vs. shame and doubt: 2~3세)

이 시기는 자율성 또는 자기조절(self-control)이 획득되며, 사회적 양식인 소유 혹은 관용에 대한 선택과 관련이 있다. Freud의 항문기에 해당되는 이 시기의 유아는 여러 개의 충동 가운데서 어떤 것을 스스로 선택하고자 하고 이를 통해서 자신의 의지를 나타내려는 자율성을 갖는다.

Freud는 이 시기(항문기)에 괄약근의 수축과 이완에 의해 보유와 방출의 성적 쾌감을 충족시켜 나간다고 하였지만, Erikson은 이와 더불어 근육의 성숙은 양면적인 사회적 양식의 발달을 가져온다고 하였다. 여기서 보유란 파괴적인 보유 또는 구속도 되고 보살핌의 형태도 되는 것이다. 그리고 방출 또한 적대적인 해방도 되고 이완된 해방도 된다. 따라서 보유와 방출은 잡고 밀고, 간직하고 떨치는 등의 성숙에 의한 사회적 자율성의 기초가 되는 것이다. 이것은 자존심과 자기 통제, 자기 확신, 미래의 의지를 발달시키며 과잉조절이나 자기 조절의 상실은 결국 수치와 의혹감을 증가시킬 것이다(한상철, 이형득, 1995).

자율성은 유아가 급속하게 성숙하여 말을 하게 되고 사회적 차별을 인식하게 되며, 더욱 독립적으로 환경을 탐색하는 가운데 발달한다. 특히 그들은 새로이 발견한 신체 운동적 기능을 자랑으로 여기고 모든 것을 스스로 하려고 한다. 예를 들어 혼자서 옷을 입고 밥을 먹으려 하는 행동이 여기에 속한다. 이러한 자율성은 부모에 대한 의존에서 벗어나고자 하는 행동으로써 부모와의 일차적 마찰을 가져온다.

수치심과 회의는 부모가 아동의 자율성을 억압하고 통제하므로 인해 그의 분노가 내면으로 향해서 얻어진 경험이라 할 수 있다. 이 시기에 엄마들은 유아들에게 사회적으로 적합한 행동을 하도록 훈련시킨다. 예컨대, 때와 장소를 가려서 유아에게 대소변을 가릴 수 있도록 하는데, 이러한 과정을 통해서 유아는 사회의 기대와 압력을 알게 된다. 그러나 배변 훈련 과정에서 실수를 하거나, 걷는 것과 같은 신체적 통제나 자조 기술이 아직 충분히 발달하지 못해서 사회가 기대하는 만큼 행동을 적절하게 수행하지 못하는 경우에 수치심과 회의를 갖게 된다. 수치심을 느끼는 전형적인 경우는 대소변 통제를 하지 못했을 때이다. 그리고 이러한 과정에서 회의도 나타나게 된다. 즉, 자기는 강하지 못하고 못난 것 같이 느끼게 되며, 자신이 다른 사람들로부터 통제받는다는 것을 알고 무능하게 느껴서 회의를 갖게 된다.

(3) 주도성 대 죄책감(initiative vs. guilt: 4~5세)

이 시기는 Freud의 남근기에 해당되며 언어가 급속히 발달하고 행동반경이 넓어지며, 새로운 과업과 기술을 익히게 되고 자신의 행동이 생산적임을 인정받기 위해 노력하는 때이다. 이와 더불어 아동은 자신과 자기 세계를 구성하는 것에 대해 부가적인 책임의식을 갖기 시작하여, 다른 사람의 일이나 새로운 것을 시도해 보려는 호기심과 함께 자기 주변의 사회에 대해서도 어떤 책임을 지고자 한다. 그리고 언어나 운동기술의 증가된 능력은 자신의 가정환경을 초월하여 동료나 보다 큰 아이들 그리고 사회 환경과의 사교를 가능하게 하여 여러 가지 사회놀이에 참여하게 된다. 그러므로 자신이 한 인간으로 간주되고 생의 목적이 있음을 느끼기 시작하며 '나는 내 뜻대로 할 수 있다.'라는 정체성 즉, 주도성을 갖게 된다.

주도성은 자율성 단계에 일을 추구하고 계획하며 공격하는 자질을 부가한 것으로서 자율성이 진보한 것에 불과하다. 그리고 주도성 이전에는 자기 의지(self-will)가 흔히 반항적 행동을 고무하고 독립을 주장했을 뿐이라고 한다. 이 단계의 성공적 발달로 인해 아동의 행동은 목표 지향성을 갖게 된다. 그러나 이 시기에 아동이 자신의 계획이나 목표가 이루어지지 못하고 실패하게 되는 것을 경험하면, 자신의 목표나 계획이 사회가 금지하는 것이라는 것을 알게 되어 죄책감을 느낀다.

(4) 근면성 대 열등감(industry vs. inferiority: 6~11세)

이 단계는 아동이 처음으로 형식적 교육을 통하여 사회생활에 필요한 기초 기능과 문화적 요소를 습득하게 되는 때이다. 동료와의 놀이 또한 사전에 정해진 규칙에 따라 행하게 되고, 학습에 있어서도 기본적인 연역적 추리와 자기 수양을 위한 능력이 향상된다. 그리고 이성의 부모에 대한 사랑과 동성의 부모에 대한 경쟁의식은 독특하게 승화되고 배우려는 의욕과 생산적인 의욕이 강하게 나타난다.

특별히 이 단계의 아동은 초등학교 과정에 속하기 때문에 읽기, 쓰기, 셈하기 등 인지적 기술과 사회적 기술을 습득하게 되며, 또 이것을 열심히 배워서 숙달시키려는 근면성이 형성된다. 이 근면성의 형성은 자아 성장에 결정적인 역할을 한다. 만일 이 시기에 이러한 근면성을 발달시키지 못하고 실수나 실패를 거듭하면 부적당감(inadequacy)을 갖게 된다. 그러므로 교사는 이 단계에서 학생이 잘하지 못하는 것을 강조하기보다는 잘하는 것을 강조하는 것이 중요하다. 이는 아동으로 하여금 열등감이 형성되는 것을 막거나 그것을 극복하는 데 도움이 되기 때문이다.

이 단계에서 교육 환경은 지나치게 억누르거나 지나친 의무감을 지우는 것도 좋지 않고, 반대로 지나치게 자율적으로 맡겨 두는 것도 좋지 않다.

(5) 정체성 대 정체성 혼미(identity vs. entity confusion: 12~18세)

이 단계에서는 지금까지의 모든 특성이 종합적으로 작용하게 된다. 급격한 신체적 변화와 함께 지금까지와는 다른 사회적 압력과 요구가 나타나는 시기이다. 따라서 이 단계의 청소년들은 이러한 새로운 상황에 어떻게 대처해야 할 것인지를 결정하게 되며 자기 존재에 대해서 새로운 의문과 탐색이 시작된다.

Erikson은 청소년기의 중심 과제를 자아정체성(ego identity)의 확립이라고 주장하고 있다. 자아정체성이란 자기 동일성(sameness of self)에 대한 자각이며 자기의 위치, 능력, 역할 및 책임에 대한 인식이다. 이 시기의 청소년은 자기 존재에 대한 의문을 해결하기 위해 애쓰며, 그 해답이 쉽지 않기 때문에 고민하고 방황하게 된다. 이러한 고민과 방황이 길어지면 정체성의 혼미가 온다.

따라서 이 시기는 기본적인 신뢰감이 형성되는 제1단계이므로 중요한 시기라고 Erikson은 주장하고 있다. 왜냐하면 이 단계에서 긍정적인 자아정체성이 확립되면 이후의 단계에서 부딪히게 될 심리적 위기를 적절하게 넘길 수 있지만, 그렇지 못하고 다음 단계까지 방황이 계속되면 부정적인 정체성을 형성하기 때문이다.

(6) 친밀성 대 고립감(intimacy vs. isolation: 19~24세, 청년기)

이 단계는 공식적인 성인생활이 시작되는 시기이다. 이 시기 또한 청소년기와 마찬가지로 연령에 의해서 그 구분을 명확하게 할 수는 없지만, 사회에 참여하게 되고 자유와 책임을 가지고 스스로의 삶을 영위하기 시작하는 시기이다. 특히 이 시기는 직업과 배우자를 선택해야 하는 시기로서 배우자나 상대방과의 공유적 정체성(shared identity)을 가지게 된다. 그러므로 이 단계에서는 타인과의 관계에서 친밀성을 이룩하는 것이 중요한 과업이다. 그런데 청소년기에 긍정적인 자아정체성을 획득한 사람만이 이 시기에 진정한 친밀성을 이룰 수 있으며, 정체성을 확립하지 못한 사람은 자신에 대해서 자신감이 없으므로 타인과의 관계에서도 친밀성을 형성하지 못하게 되고 자신에게만 몰두하여 고립된다.

(7) 생산성 대 침체성(generativity vs. stagnation: 25~54세, 성인기)

생산성이란 다음 세대를 이룩하고 인도하는 일에 대한 관심을 지칭한다. 이 단계에서는 가정적으로 자녀를 낳아 키우고 교육하며, 사회적으로는 다음 세대를 양성하는 데 관심과 노력을 기울이는 시기이다. 이러한 생산성은 직업적 성취와 학문적, 예술적인 업적을 통해서도 나타날 수 있다. 자신의 자녀가 없는 경우에는 다음 세대를 위한 사회적 봉사를 통해서도 생산성을 나타낼 수 있다. 그러나 생산성을 제대로 나타내지 못하거나 나타내지 않으면 침체하게 된다. 침체성이 형성되면 타인에 대한 관대함이 결여되고 타인에 대한 관심보다는 자신에게 더욱 더 몰두하는 경향을 보인다.

(8) 통합성 대 절망감(integrity vs. despair: 54세 이상, 노년기)

이 단계는 노년기로서 신체적 노쇠 및 직업으로부터 은퇴, 친구나 배우자의 사망 등으로 인생에 대한 무상함과 무력감을 느끼게 된다. 이 시기는 신체적, 사회적 퇴화를 어떻게 받아들일 것인지가 중요한데, 이것은 지금까지 살아온 과정의 결과에 달려 있다. 노년기에는 자신이 살아온 생애를 돌아보고 음미하게 되는데, 이때 자신의 삶이 무의미한 것이었다고 느끼면 절망에 빠진다. 그러나 자신의 삶에 후회 없이 열심히 살았고 가치가 있었다고 생각하는 사람은 자신이 살아온 인생에 책임감을 느끼며, 지금까지 살아온 인생을 보다 높은 차원의 인생철학으로 발전시켜 죽음까지도 겸허하게 받아들이는 통합(integration)을 이룰 수 있게 된다.

2) Erikson 이론의 시사점과 한계점

(1) 시사점

① Erikson의 심리사회적 발달이론은 인간의 성격이 단계적으로 발달하는 것이기 때문에 각 발달단계에 알맞은 적절한 환경을 제공하고 교육을 아동의 관점에서 계획할 것을 시사한다.

② Erikson의 이론은 취학 전 아동에게 자율성을 발달시키고, 아동의 연령이 증가함에 따라 주도성을 발휘하며 성취감을 느낄 수 있는 활동을 격려하고 죄책감을 경험하지 않도록 하게 한다. 그뿐만 아니라 초등학생의 경우 근면성을 그리고 중고생에게는 자아정체성의 확립에 각별한 관심을 가지고 지도하게 한다.

(2) 제한점

① Erikson은 적극적으로 경험적 연구를 수행했던 과학적 심리학자가 아니었다. 따라서 그의 이론이 모호하고 경험적으로 검증하기가 어렵다. 그 결과 주도성이나 통합감을 어떻게 측정해야 하고 심리사회적인 갈등을 극복하기 위해 어떤 경험을 제공할 것인가에 대한 뚜렷한 지침을 제공하지 못하고 있다.

② Erikson의 이론은 Freud의 이론과는 많은 점에서 다르다고는 하지만, 여전히 Freud의 정신분석적 관점이 강하게 영향을 미친 것은 사실이다. 따라서 Freud의 이론에 대한 상당수의 비판이 그의 이론에도 적용된다(Crain, 2010). 그의 이론은 Freud의 이론과 마찬가지로 상당히 남성적이라는 비판을 받고 있으며(Gilligan, 1982), 다소는 작위적으로 Freud 이론을 무리하게 연결시켰다는 비판도 받고 있다(White, 1960). 특히, 이론의 대부분이 Erickson 자신의 개인적이고 주관적인 해석에 근거하고 있을 뿐 엄밀하고 정확한 실험을 통해서 검증되지 못했다.

③ Erikson의 심리사회적 발달의 초기단계는 동일한 특성을 강조하고 있어 분명하게 구분하기 어렵다는 비판을 받는다. 발달단계가 여성보다 남성의 성격 발달을 더 정확하게 기술하고 있다는 비판을 받고 있다.

④ 2세에서 11세에 이르는 성격발달의 초기단계는 결국 동일한 특성을 강조하고 있어 분명하게 구분하기 어렵다.

5. Marcia의 자아정체성 지위이론

캐나다 심리학자 James Marcia(1980, 1988)는 정체성에 관한 Erikson의 이론을 발전시켜 자아정체성 지위이론(identity status)을 제시했다. Marcia는 Erikson의 정체성 이론을 경험적 연구로 만들어 진행하였다. Erikson이 자아정체성의 형성 시기를 직업적 또는 이념적 전념이 발달하는 시기로 본 것에 근거하여 대학생을 대상으로 면접을 실시하였다. 이 연구를 통하여 직업 선택과 이념에 대한 전념(commitment) 및 위기(crisis) 여부의 유무를 조사하여 정체성 지위를 〈표 3-1〉과 같이 정체성 성취(identity achievement), 유예(identity moratorium), 폐쇄(identity foreclosure), 혼미(identity diffusion) 이 네 가지로 분류했다.

표 3-1 | 정체성 지위

		위기	
		예	아니오
전념	예	정체성 성취	정체성 폐쇄
	아니오	정체성 유예	정체성 혼미

위의 네 가지 정체성 지위는 이후 많은 후속 연구를 도출하였다. 상당수의 연구들은 이 지위 구분과 이후의 발달 및 적응 간의 유의미한 관련성을 보고하고 있다. 예를 들어 정체성 성취 지위의 경우 높은 자율성과 독립심을 보이며 안정적이고 유연한 대인 관계를 유지하는 편이다(Adams & Shea, 1979; Marcia, 1988).

1) 정체성 성취

Erikson의 이론에서 설명한 바와 같이 정체성이 성취된 청년들은 삶의 목표, 가치, 직업, 인간관계 등에서 위기를 경험하고 대안을 탐색함으로써 확고한 개인적 정체성을 갖게 된다. 부모를 포함한 인간관계에 있어서 현실적이고 안정되어 있으며 자아존중감이 높고 스트레스에 대한 저항력도 높다.

2) 정체성 유예

정체성 유예는 삶의 목표와 가치에 대해 회의하고 대안을 탐색하지만 여전히 불확실한 상태에 머물러 구체적인 과업에 관여하지 못하는 상태를 뜻한다. 이 지위에 속하는 청년들은 가장 적극적으로 정체성을 탐색한다. 유예기의 청년들은 안정감이 없으나, 많은 경우 시간이 흐르면서 정체성을 확립하게 된다. 흔히 부모와 또래 관계에 있어서 애증이 교차하며, 자신이 경험하고 있는 상황에서 긍정적인 요소보다는 부정적인 요소에 민감하고 잘 식별한다. Erikson과 Marcia에 의하면, 정체성 유예는 정체성 성취에 도달하기 위해 필요한 과도기적 단계이므로 혼미나 폐쇄보다는 앞서는 단계이다.

3) 정체성 폐쇄

정체성 폐쇄는 충분한 자아정체성의 탐색 없이 지나치게 빨리 정체성 결정을 내린 상태를 지칭한다. 이 지위의 청년들은 정체성 위기를 경험하지 않고 자신의 삶의 목표를 확립하고 몰입한다. 이들은 흔히 부모가 기대하거나 선택한 생애과업을 대안적 가능성의 검토 없이 수용한다. 다른 지위에 비해 사회적 인정의 욕구가 강하고, 자신이 지향하는 가치에 따라 생애의 방향을 결정하고 있으며 부모와 긴밀한 관계를 유지한다. 부모의 과업을 물려받거나 일찍 결혼하여 안정된 가정을 꾸려나가는 청년들에게서 가장 흔히 발견된다. 이들은 청년기를 매우 안정적으로 보내는 것 같지만 성인기에 뒤늦게 정체성 위기를 경험하는 경우도 적지 않다.

4) 정체성 혼미

정체성 혼미 상태에 있는 청년들은 삶의 목표와 가치를 탐색하려는 시도를 보이지 않고, 자신의 생애를 계획하고 설계하려는 욕구가 부족하며 관념에 대한 관심이 낮다. 이러한 청년들은 부모와의 애착 관계가 없거나 부모로부터 거부당한 것으로 느끼는 경우가 많고, 자아존중감이 낮으며 흔히 혼돈과 공허감에 빠져 있다. 정체성 혼미는 청년 초기에 가장 보편적이지만 일정한 직업을 갖지 못하거나 지속적으로 일하지 못하는 성인들에게서도 찾아볼 수 있다. 정체성 혼미는 정체성 탐색과정의 가장 낮은 단계에 속하며, 그대로 방치해두면 부정적 정체성으로 빠져들 위험이 있다.

5) Marcia 이론의 시사점과 한계점

(1) 시사점

① Marcia는 Erikson이 제안한 자아정체성에 대한 다소 모호한 개념을 구체적인 경험적 연구의 틀로 전환시켰다는 점에서 크게 인정을 받고 있으며, 이후 개인의 적응 수준을 예측하는 데 있어서도 유용한 정보를 제공하였다.

② Erikson의 이론적 의도를 재파악하였다. 이는 Erikson이 말한 단계 명칭에서 나온 '대(versus; vs)'라는 표현이 실제로는 발달의 쟁점을 양자택일의 명제로 개념화하려는 의도가 아니었으며, '~와(and)'와 같은 일련의 연결된 진행으로 보았다는 주장이다. 또한 이러한 진행이 남녀 모두에게 해당되는 것으로 보았다는 것이 Marcia의 주장이다. Marcia는 Erikson이 이미 확인했던 두 가지의 필수적인 변인, 즉 위기/탐색 및 수행에 근거를 두고 '정체성 혼미', '정체성 폐쇄', '정체성 유예', '정체성 성취'의 이 네 가지 정체성 상태를 개념화하였다.

(2) 한계점

① Marcia의 이론은 개인의 선택에 보다 집중한 접근으로 Erikson 이론의 핵심 요인인 사회화 변인이 누락되어 있다는 비판을 받고 있다. 예를 들어 전통적인 가치를 전승하는 것이 매우 중요시되는 문화적 맥락에서는 청소년들의 자아정체성 발달이 현대의 서구 사회와는 매우 다른 형태로 구현될 가능성이 높은데, 이러한 문화적 차이는 Marcia의 이론으로는 제대로 담기가 어려울 수 있다.

② 교육심리학 Marcia의 이론은 개인의 특성을 탐구하는 접근으로 정체성 발달을 탐구하는 데에는 부적절하다는 의견이다. Marcia는 정체성 발달의 '요소'에 관심을 가지다 보니 정체성의 '발달' 자체를 설명하는 데에는 미흡하다(박아청, 1994).

도덕성 발달

CHAPTER 4

1. Piaget의 도덕성 발달

1) Piaget의 도덕성 발달의 기초이해

Piaget는 아동의 도덕성 발달을 인지발달의 한 양상으로 보면서 도덕적 사고능력 발달에 관심을 가지게 되었다. Piaget의 도덕성 발달의 주요 업적으로는 1932년에 발표한 『아동의 도덕적 판단(*The moral judgment of the child*)』이라는 저서에 나타나 있다. Piaget는 스위스 아동들의 공기놀이를 관찰하여 아동의 도덕적 규칙을 인식하고 지키는 양상을 파악함으로써 도덕성 발달에 대한 연구를 시작하였다. Piaget는 아동에게 게임의 규칙을 누가 만들었는가?, 모든 사람이 이 규칙을 꼭 지켜야 하는가?, 이 규칙은 바꿀 수 있는가? 등을 질문하였다. 또한 정의(justice)에 대한 아동의 생각을 밝혀내기 위해 "누가 더 나쁘지?", "왜 그렇게 생각해?", "그 나쁜 아동은 어떤 벌을 받아야 할까?"와 같은 질문을 하고 반응을 분석하였다.

2) Piaget의 도덕성 발달단계

Piaget는 아동의 도덕적 사고 발달과정을 전 도덕적 단계(pre-moral stage), 타율적 도덕성 단계(heteronomous morality stage), 자율적 도덕성 단계(autonomous morality stage)의 3단계로 개념화했다. Piaget는 아동이 이 세 단계를 거치면서 규칙이 사람들 간의 합의에 의해 만들어진 것이며, 정의(justice)는 행동의 결과가 아니라 의도에 의해 판단될 수 있음을 이해하게 된다고 보았다.

(1) 전 도덕적 단계

전 도덕적 단계(pre-moral stage, 2~4세)의 유아는 규칙에 대해 관심이나 이해가 없다. 유아가 공기놀이를 할 때 단순히 활동이 재미있거나 대상이 흥미롭기 때문에 놀이를 하는 것이다. 규칙을 따르면서 체계적으로 놀이를 하려는 시도는 보이지는 않고, 옳고 그름을 판단하는 데 있어서도 일관된 기준을 적용하지 않는다. Piaget는 이 시기의 유아는 옳고 그름의 차이를 알지 못한다고 했다.

(2) 타율적 도덕성 단계

타율적 도덕성 단계(heteronomous morality stage, 4~8세)의 아동은 규칙에 대한 강한 존중을 보인다. '타율적(heteronomous)'이란 다른 사람에 의해 규칙이 정해진다는 것을 의미한다. 따라서 이 단계의 아동은 정의와 규칙은 변하지 않는 것으로 사람들의 통제 밖인 것으로 생각한다. 그리고 이 단계의 아동들은 규칙은 신이나 부모, 교사, 경찰 등과 같은 절대적인 권위자가 만든 것이고, 규칙은 어떤 상황에서도 절대로 침해할 수 없고 불변적이라고 생각한다. 따라서 급하게 병원에 가는 상황에서도 빨간색 신호등에는 반드시 멈춰야 한다고 생각한다. 규칙 위반은 벌을 받아야 하는 나쁜 행동이고 위반의 종류나 경중에 상관없이 속죄하기 위해서는 속죄적 처벌(expiatory punishment)이 필요하다고 생각한다.

Piaget는 타율적 도덕성 단계의 아동의 미숙함은 두 가지 요인에 기인한다고 하였는데, 첫째는 이 단계의 아동은 인지발달에서 전조작기 단계에 해당하기 때문에 인지능력이 미성숙하여 자기중심적으로 세상을 바라본다는 것이다. 모든 사람들이 규칙을 자기와 같은 방식으로 받아들인다고 믿는다. 그리고 이 단계의 아동은 규칙이나 도덕이 절대로 변하지 않는다고 생각하는 도덕적 사실주의(moral realism) 사고를 가지게 된다는 것이다. 둘째는 성인들이 권위적으로 어른들 말을 들어야 한다고 요구할 때, 아동은 규칙을 알려 주는 성인을 무조건적으로 따르게 된다.

(3) 자율적 도덕성 단계

자율적 도덕성 단계(autonomous morality stage, 8~12세)는 인지가 점차 발달하고 성인의 통제로부터 어느 정도 자유로워지고, 또래와의 상호작용을 경험하면서 규칙과 법은 사람들이 만든 것이며 가변적인 것임을 이해하기 시작한다. 규칙은 집단 내의 화목한 관계를 유지하기 위해 필수적이므로 지켜야 하며, 상황이 요구할 때는 합의에 따라 규칙이 바뀔 수도 있음을 이해하기 시작한다.

자율적 도덕성 단계에는 어떤 행위의 옳고 그름을 판단할 때, 결과뿐만 아니라 행위자의 의도를 고려해야 한다는 것을 알기 시작한다. 그리고 이 단계에 있는 아동은 처벌이 그 자체로 의미가 있고 임의로 결정되는 게 아니라 위반 내용에 따라 결정되며, 교훈을 가르치기 위해 사용될 수 있다는 것을 이해하기 시작한다. 이는 아동들이 상호적 처벌(reciprocal punishment) 개념을 가진다는 점을 보여준다. 또한 잘못된 행동이 발견되지 않으면 처벌받지 않을 수 있고, 만약 발견되더라도 항상 처벌받는 것은 아니라는 것을 경험하면서 내재적 정의에 대한 믿음은 사라지게 된다. 이때 공정성 및 협력과 관련해서 발달하는 것 중 하나가 상호보상(reciprocity)에 대한 이해이다. 아동들은 "네가 나를 도와주었으니 나도 너를 도와줄게."와 같은 이상적 상호보상(ideal reciprocity) 원칙의 중요성을 이해하게 된다. 이러한 이상적 상호보상 원칙을 이해함으로써 아동들은 규칙이라는 것은 개인의 동기나 상황에 맞추어 재해석되고 적용되어야 함을 이해하게 되는 것이다.

3) Piaget의 도덕성 발달이론의 시사점과 제한점

(1) 시사점

① Piaget가 제안한 도덕성 발달이론은 도덕성 발달수준에 따라 어떻게 도덕

교육을 할 것인가에 대한 구체적인 행동 유형을 제시해 주고 있다. Piaget가 주장한 타율적 도덕성 단계의 유아는 즉각적인 벌칙이 도덕교육에 필요하고, 자율적 도덕성 단계의 아동은 개인의 양심과 가치관에 근거한 교육이 이루어져야 함을 알려 준다(조교판 외, 2016).

② Piaget의 도덕성 발달이론은 아동기의 자율적 도덕성 발달이 지니는 중요성을 각성시켰다. 일반적 방향과 도덕성 발달에 영향을 미치는 요인에 대해서는 많은 동의가 이루어졌다.

(2) 한계점

① Piaget의 도덕성 발달이론은 아동의 규칙 개념 발달을 너무 단순하게 이해하고 있다. Piaget는 도덕적 규칙과 게임규칙에 대한 발달의 양성이 서로 같다고 보고, 공기놀이 규칙에 대한 아동의 판단을 통해서 아동의 도덕성 판단을 분석하였음을 본다(조판규 외, 2016). 하지만 Smetana(1982)의 연구를 통해서 볼 때 어린 아동은 두 규칙 간의 차이점을 인식하여 폭력, 도둑질 등의 도덕적 위반 행위를 단순한 사회 인습적 위반 행위보다 더 나쁜 것으로 판단하는 것을 볼 수 있다.

② Piaget의 도덕성 발달이론은 아동의 도덕적 판단능력을 과소평가하고 있다. Piaget는 타율적 도덕성 단계에서의 아동은 행위의 의도보다는 결과를 중시한다고 하였지만, 다른 연구에서는 아동이 의도성 또한 중시한다는 상반된 결과가 나타나고 있음을 본다.

2. Kohlberg의 도덕성 발달단계론

1) Kohlberg의 기초이해

미국 출신의 인지심리학자 Lawrence Kohlberg(1927~1987)는 Piaget의 도덕

성 발달이론을 정교화하고 확장시켜 나간 학자이다. Kohlberg는 John Dewey (1859~1952)와 Piaget의 영향을 가장 많이 받았으며, 자신의 박사학위논문인 「*The development of modes of thinking and choice in the 10 to 16 years old*」(1958)에서 인간이 사회적 상황에서 도덕적 판단을 할 때 자연스런 단계를 거치고 있음을 주장하였다. Kohlberg는 영국, 말레이시아, 멕시코, 대만, 터키 등의 조사연구를 통해서 볼 때 서로 다른 문화권에도 유사한 발달단계의 원칙이 지켜진다(Nisan & Kohlberg, 1982)는 것을 확인했다.

Kohlberg는 Piaget가 도덕성 발달에 관한 연구를 주로 아동을 대상으로 하던 것을 발전시켜 성인에게까지 확대하여 도덕성 발달단계를 체계화시켰다. 그는 사람들을 '정직한 사람', '거짓말 잘하는 사람' 등으로 단순히 구분해서 비교할 수 있는 것이 아니며, 이렇게 하는 것은 도덕성이 발달한다는 사실을 지나치게 단순화한 것이라고 주장했다.

2) Kohlberg의 도덕성 발달단계

Kohlberg는 도덕성 발달을 도덕적 행위보다는 도덕적 판단능력의 발달로 보았다. 이것은 도덕적 판단능력에 의해 도덕적 행위가 결정된다는 가정을 포함하고 있으며, 이 가정은 여러 가지 실험을 통해 검증되기도 하였다. 그는 도덕적 판단능력이 성장과정에 따라 질적으로 다른 몇 개의 단계로 구분되어 진행되며, 각 단계는 이진 단계와는 질적으로 나른 섯이라고 가정하고 있다. 다시 말해서, 새로운 단계는 '이전 단계에 나타난 기능적 내용이 분화되고 통합된 것'이라고 말하고 있다.

Kohlberg는 각 개인의 도덕성 발달단계의 개인의 반응을 분석하여 도덕성 발달 수준을 3수준, 6단계로 구분하였다가 그 이후 성인을 대상으로 한 연구에서는 한 단계가 더 있다고 주장하면서 7단계로 설정하였다.

(1) 전인습 수준

전인습 수준(pre-conventional level, 10세 이전)에서는 사회의 인습이나 규칙을 정확하게 하지 못하기 때문에 자신에게 미치는 결과를 기준으로 도덕적 판단을 하는 자아중심적 특징을 가지게 된다. 따라서 전인습 수준의 아동의 도덕적 준거는 도덕적 규칙을 강요하는 권위자의 힘이나 권력 또는 자신의 개인적 욕구를 충족시키는 것과 관련해서 해석한다. 전인습 수준은 하위 2단계로 나누어진다.

① 1단계: 처벌과 복종 지향

처벌과 복종 지향(punishment and obedience orientation) 단계에서는 복종과 도덕적 결정을 단순한 신체적·물리적 힘에 기초를 두고 있다. 자기보다 강한 사람에 의한 신체적 처벌을 피하기 위해서 복종하고 행동한다. 이 단계의 도덕적 판단은 명성이나 권위에 대한 자기중심적 복종을 피하는 것에 의한 것이다.

② 2단계: 개인적 쾌락주의 지향

개인적 쾌락주의 지향(self-interest desire orientation) 단계에서는 자신이나 타인의 욕구충족 여부를 기준으로 도덕적 판단을 한다. 즉, 자신의 필요 욕구 또는 다른 사람의 필요나 욕구를 충족시켜 주는 행위이면 도덕적이라고 생각한다. 이 단계는 상대주의적 관점에 따라 옳고 그름을 판단하므로 도구적 상대주의 단계(instrumental relativist stage)라고 부르기도 한다. 그리고 '네가 나에게 무엇을 주면, 나도 너에게 무엇을 준다.'는 시장교환의 단계(market exchange stage)라고도 한다. 이 단계의 아동은 도덕적 결정에 있어서 상대방의 입장이 다를 수 있음을 인식하지만 여전히 자신에게 미치는 행동의 결과에 초점을 맞추고 행동한다.

(2) 인습 수준

인습적 수준(conventional level, 11~19세)에서는 자기중심적 이기주의 사고에서 벗어나 다른 사람과의 상호작용을 고려한 사회 지향적(social orientation) 도덕성으로 발전하게 된다. 이 수준에서는 다른 사람의 인정, 가족의 기대, 법률의 준수, 사회질서의 유지 등에 대해 가치를 부여한다. 대부분의 사람은 이 수준에서 도덕적 판단을 하는 것으로 알려져 있다.

① 3단계: 대인관계 조화 지향

대인관계 조화 지향(interpersonal concordance orientation) 단계는 사회적 순응과 역할수행 단계(social adaptation and role accomplishment stage)로 타인을 인정하고 도와주는 행동을 지향하게 된다. 다른 사람을 기쁘게 해주는 행위는 착하고 좋은 일이며, 다른 사람들이 자신을 인정해 주는 일이라고 생각한다. 그리고 이 단계에서는 충성심과 다른 사람의 기대에 부응하는 것을 중시한다는 점에서 착한 소년-소녀 지향(good boy-nice girl orientation)이라고 부르기도 한다. 자연 역할 행동 또는 대다수의 상동적 심상(stereotypical image)에 동조하여 의도에 따라 판단하는 단계이다.

② 4단계: 법과 질서준수 지향

법과 질서준수 지향(law and order, respect stageo authority and social-order orientation) 단계는 의무를 행사하는 권위에 대한 존경심을 나타내며, 사회 질서 자체를 유지하고 타인의 기대를 중시하는 단계이다. 이 단계에 속한 사람은 다른 사람들이 모두 교통신호를 위반하고 과속을 하더라도 반드시 신호를 지키고 규정 속도를 준수한다. 그리고 이 단계에서 법을 지키는 것은 처벌을 피하기 위한 것이 아니고 법이 사회질서를 유지하는 데 기여하기 때문이다.

(3) 후인습 수준

후인습 수준(post-conventional level, 성인기의 10% 미만)은 가장 진보된 수준으로, 행동의 판단은 사회의 법 자체보다 인간으로서의 기본적 원리에 따른다. 따라서 이 수준에서는 집단이나 집단 구성원 권위에서 벗어나고, 그들과 동일시를 넘어서 나름대로 타당하다고 판단되는 도덕적 가치와 도덕 원리를 중시한다.

① 5단계: 사회계약 지향

사회계약 지향(social contract orientation) 단계는 계약에 의해 의무를 이행하고 타인의 의지나 권리에 위배되는 행동을 피하고 대다수의 의지나 복지에 따라 행동하는 단계이다. 이 단계에서는 법을 고정불변의 것이 아니라 유동적으로 생각한다. 따라서 법은 개인의 자유를 규제하기 위한 것이 아니라 자유를 극대화하기 위해 공동체가 합의한 것이므로 법이 사람들의 요구를 충족시키지 못할 경우 상호협의와 민주적 절차를 통해 변경할 수 있다고 생각한다.

② 6단계: 보편적 도덕원리 지향

보편적 도덕원리 지향(universal morality principle orientation) 단계는 사회적 규칙에 의해서가 아니라 스스로 선택한 도덕적 원리에 기반을 둔 양심에 따라 선악을 판단하는 단계이다. 이러한 보편적 도덕의 원리는 어떤 상황에서도 적용될 수 있는 추상적이고 원리적인 황금률(the golden rule)과 Kant의 정언명령(categorical imperative) 같은 것이지 십계명(Ten Commandments) 같이 구체적인 도덕규범이나 덕목이 아니다.

3) Kohlberg의 도덕성 발달단계론의 시사점과 한계점

(1) 시사점

① Kohlberg의 인지적 접근의 도덕성 발달단계는 인지적 요인을 중시하는 교육에서 상당히 설득력이 있다. Kohlberg는 교육에서 도덕적 추론능력 혹은 도덕 판단능력을 신장시키기 위한 방법으로 토론식 수업을 제안했으며, 이것의 효과를 여러 연구에서 입증했다. 그는 학교에서 도덕성의 문제를 아동에게 가르칠 것이 아니라, 아동의 도덕성 발달단계에 맞게 소집단을 형성하여 도덕성 문제 및 도덕적 가치 갈등에 대하여 토론을 하게 함으로써 도덕성 발달이 하위단계에서 다음 상위단계로 이행되도록 하는 데 도움이 될 수 있다고 하였다. 아동은 자신의 현재 도덕성 단계보다 한 단계 상위단계까지는 이해할 수 있으며, 보다 상위단계의 발달을 좋아하는 경향이 있다고 한다.

② Kohlberg는 도덕성 발달단계론은 부모나 교사가 아동의 연령에 따라 어떻게 도덕교육을 할 것인가에 대한 구체적인 행동유형을 제시해 주고 있다. 예컨대, 아동이 나쁜 행동을 했을 때는 즉각적인 처벌로 행동이 잘못되었다는 것을 알려 줄 필요가 있을 것이다. 보다 성숙한 아동이나 청소년에게는 사회

적 제재보다 보편적인 가치기준 혹은 양심에 호소하는 것이 더 적절한 방법이 될 수도 있을 것이다.

2) 한계점

① Kohlberg는 도덕성 발달단계론이 모든 문화에 보편적으로 적용된다고 하였으나 이는 자유주의적이고 개인주의적인 서구문화를 바탕으로 한 것이다. 어떤 문화에서는 가족중심주의 혹은 집단지향성이 개인적 양심보다 더 높은 도덕적 가치를 가질 수 있다.

② 도덕 판단력과 도덕적 행위는 일치하는가에 대한 문제가 있다. 그러므로 도덕적 판단이 도덕적 행위에 미치는 영향에 대해서는 더 많은 논의와 계속적인 연구가 되어야 할 것이다.

③ Kohlberg와 그의 동료들이(1983, 1985) '6단계'가 비현실적이라는 것을 인정하고 이를 철회하고 단계 구분의 근거를 달리하고 있음을 주지해 볼 때 도덕성 발달단계에 대한 보완적 연구는 계속되어야 할 것이다.

3. Gilligan의 도덕성 발달이론

미국 뉴욕 출신인 Carol Gilligan(1936~)은 1982년 『다른 목소리로(*In a different voice: Psychological theory*)』라는 저서에서 1970년대 미국을 휩쓸었던 Kohlberg의 도덕성 발달단계론이 성차별적이라고 비판하면서 '배려의 윤리(ethic of care)'를 제안하였다.

Kohlberg는 소년의 도덕성은 정의(justice) 지향적이고 독립적이며 이성적이고 주체적인 단계로 발전하는 데 비해, 소녀의 도덕성은 의존적이고 공동체적이고 감정적이어서 한 단계 뒤떨어진다고 보았다. 하버드대 동료 교수였던 Gilligan은 Kohlberg의 이런 주장에 대해서 여성에 대한 편견이 있다며 여성의 도덕성 발달이 남성보다 뒤지는 것이 아니며 다만 보는 관점이 다르고 판단하는 기준이 다르다고 주장했다. 즉, 남성이 '정의'와 개인의 '권리'라는 관점에서 도덕적 판단을 내리려 한다면 여성은 공동체적 '관계'와 타인에 대한 '배려'와 '책임'이라는 관점에서 판단하려 한다는 것이다. Gilligan은 여성은 남자와 '다른 목소리'를 내는 것이지 도덕적으로 뒤떨어지는 것이 아니라고 반박하였다.

Gilligan(1982)은 도덕성이 정의와 배려라는 두 개의 상호 의존적인 요소로 이루어져 있으며, 이 요소들은 도덕적 문제를 파악하는 특수한 방식을 나타냄과 동시에 각각의 요소들은 서로 다른 발달 유형을 보여준다고 주장하였다.

1) Gilligan의 도덕성 발달단계

Gilligan은 배려의 윤리라는 3수준의 여성 도덕성 발달단계를 제안하였다. Gilligan은 성적 갈등, 낙태 등의 문제와 관련되는 상황에서 청소년들의 도덕적 판단을 분석한 결과를 종합하여 남성(정의지향적 도덕성)과 여성(대인지향적 도덕성)의 도덕적 지향과 선호가 다르다는 사실을 밝히고 있다. 그녀의 도덕성 발달이론은 또한 인간관계의 보살핌, 애착, 책임을 강조하는 대인지향적인 도덕성의 제시로 여성의 도덕성 발달단계 3수준(sequence of three levels)과 각 수준 사이의 두 개 전환기(transition periods)를 제시하였다. 각 수준은 자신(self)과 타인(others) 간의 관계를 더 정교하게 설명하고 각 전환기는 이기심(selfishness)과 책임감(responsibility) 간의 이해를 보여주고 있다.

(1) 수준 1: 자기 이익 지향

자기 이익 지향(orientation to individual survival) 수준은 여성이 자기의 이익과 생존에 자기중심적으로 몰두하는 단계이다. 어떤 상황이나 사건이 자신의 욕구와 갈등을 일으킬 때에만 도덕적 사고와 추론을 시작하며, 어느 쪽이 자신에게 중요한가가 판단의 준거가 된다. 아동기의 미성숙한 대인 간 도덕적 사고가 이 수준이다.

(2) 전환기 1: 이기심에서 책임감으로

수준 1과 수준 2 사이의 전환기에는 이기심에서 책임감(from selfishness to

responsibility)으로 전환된다. 즉, 자신이 하고 싶은 개인적 욕구와 자신이 해야 하는 책임이 구별되기 시작한다. 자기중심적인 이기심으로부터 타인에 대한 관심이 나타나면서 아동기 자기 이익 지향 수준으로부터 보다 성숙한 도덕적 추론이 시작된다.

(3) 수준 2: 자기 희생으로서의 선

자기 희생으로서의 선(goodness as self sacrifice) 수준은 사회적 조망이 발달하는 시기로 청년기에 해당된다. 이 수준에서는 자신의 욕구를 억제하고 타인의 요구에 응하려 노력하게 되고 타인에 대한 배려, 책임감, 자기 희생을 지향한다. 그리고 개인이 다른 사람과의 관계를 유지하기 위해서 자신의 주장을 포기한다.

(4) 전환기 2: 선에서 진실로

선에서 진실로(from goodness to truth)에서는 왜 다른 사람을 위해서 자신을 희생해야 하는가에 대한 의문을 가진다. 그리고 도덕적 판단 기준이 자신 주변의 타인과의 일치에서 보다 넓은 범위의 타인의 욕구와 통합되는 것으로 발전한다.

(5) 수준 3: 자아와 타인 사이의 역동성에 초점

자아와 타인 사이의 역동성의 초점(focusing on the dynamics between self and others)은 대인 간 도덕적 추론의 마지막 단계이다. 개인의 권리 주장과 타인에 대한 책임이 조화된다. 자신을 무력하거나 수동적인 존재로 고려하지 않고 의사결정 과정에 적극적으로 참여한다. 이 수준의 도덕성 주요지표는 비폭력, 평화, 박애 등으로 이 시기는 개인적 권리와 타인에 대한 배려가 조화를 이룬다.

2) Gilligan의 도덕성 발달단계 이론의 시사점과 한계점

(1) 시사점

① Gilligan은 Kohlberg가 성차를 고려하지 않고 지나치게 인지적인 접근만을 추구한 한계를 보완하여 도덕성 발달에 대한 시야를 넓히는 데 공헌하였다.

② Gilligan은 인간이란 본래 타인과 관계되어 있으며 그 속에서 자신의 책임을 다하는 존재라고 주장한다. 이러한 주장은 도덕교육이 자율성이나 합리성만 강조할 것이 아니라 공동성, 관계성, 책임성 등도 고려해야 함을 시사하고 있다.

(2) 한계점

① Gilligan이 주장하는 도덕성의 남녀 성 편향이 존재하는가에 대한 경험적 평가는 객관성 입증에 있어서 비판을 받고 있다.

② Gilligan의 정의 대 배려의 입장 차이에 대한 강조는 서구 자유주의 사회에 만연된 이성과 감정의 이분법을 영속화시키는 데 공헌할 뿐이라고 비판한다.

Educational Psychology

3

학습자의 개인차 이해

PART 3

EDUCATIONAL PSYCHOLOGY

Educational Psychology

지능·창의성·인지양식

CHAPTER 5

1. 지능

1) 지능의 의미

지능(知能, intelligence)은 매우 추상적이어서 연구자 간의 의견일치가 어렵기 때문에 통일된 정의를 내리기가 쉽지 않다. 따라서 지능에 대한 정의의 수가 지능을 연구하는 학자(Sternberg & Detterman, 1986)보다 더 많다는 말은 지능이 복잡한 개념이라는 것을 잘 나타낸다고 볼 수 있다.

지능에 대하여 최초의 정의를 내린 Binet와 Simon(1916)이 "지능이란 분별력과 독창성을 말하며 환경에 자신을 적응시키려는 능력, 즉 주어진 자극 환경을 잘 판단하고 이해하며 추론하는 능력"이라고 말한 이후 현재까지 다양한 학자에 의해서 여러 가지 정의가 내려지고 있다. 오늘날 지능에 대한 대부분의 연구는 인지적 관점, 발달적 관점, 측정적 관점, 생물학적 관점 중 한 가지를 취하고 있다. 인지적 관점은 정보처리 이론으로 설명되는데, 이는 지적 행동의 기초가 되는 과정이나 인간이 지능을 사용하는 방법을 분석하는 데 관심을 가지고 정의를 내린다. 그리고 발달적 관점에서 Piaget식 접근은 각 발달단계별로 할 수 있는 것이 무엇인지에 관심을 가지며, 측정적 관점은 지능의 양적인 측정에 관심을 가진다. 생물학적 관점은 선천적 능력과 환경, 내적인 동기의 상호작용으로 접근한다. 이와 같이 지능에 대한 학자들의 의견을 종합하면 다음과 같다. 지능은 지식을 습득할 수 있는 능력이고 추상적으로 생각하고 추론할 수 있는 추상적 사고능력이며, 새로운 환경에서 문제를 해결할 수 있는 적응능력이라고 할 수 있다(이신동 외, 2011).

2) 지능이론

(1) Spearman의 2요인 지능이론

영국의 심리학자 Charles Spearman(1863~1945)은 1904년 영국 사립초등학교 학생을 대상으로 검사 도구를 고안한 요인분석을 통하여 일반요인(g 요인, general factor)과 특수요인(s 요인, special factor)으로 이루어진 지능의 2요인설(two-factor theory)을 주장하였다. 검사 항목 간에는 서로 높은 정적 상관이 있음을 발견하였고, 요인분석을 통한 검사결과의 관찰된 변량을 설명할 수 있는 근거가 되는 개별적 요소를 분석할 수 있다고 하였다. 두 요인의 상관 매트릭스를 분석했을 때, 모든 과제에서 공통적으로 나타나는 일반요인과 특수요인이 있음을 분석했다(Sternberg, 2000). Spearman이 제시한 g 요인이라 불리는 일반요인은 많은 지적 과제에 넓게 적용할 수 있는 능력으로, 관계를 인식하거나 공통된 관련성을 이끌어 내는 타고난 능력이다. 일반요인은 지능의 핵심요인으로 언어, 수, 정신속도, 주의, 상상의 다섯 가지 요인으로 구성되어 있다. 이 요인은 모든 정신작용에 존재하고 누구에게나 존재하지만 개인 간에는 차이가 있다. 반면 s 요인이라고 불리는 특수요인은 어떤 특수한 영역의 과제를 수행하는 데에만 작용하는 능력으로 다른 과제들의 수행에는 관계가 없다. 특수요인은 여러 영역에 일반화할 수 있는 정보를 제공하지 못하기 때문에 중요한 의미를 가지고 있지 않다.

(2) Thurstone의 일곱 가지 기본정신능력

미국의 심리학자 Louis Thurstone(1988~1955)은 다양한 능력 간의 차이에 관심을 가지고, Spearman의 일반 지능에 동의하면서 지능이 한두 가지의 요인으로 설명할 수 없다고 생각하여 다요인(多要因)을 주장하였다. 이러한 그의 주장은 지능검사의 하위요소들이 각기 다른 특징을 지녔으며, 하위요소들 간의 상관관계가 나타나지 않을 수도 있다는 것이었다. Thurstone은 지능의 요소로 기초정신능력(primary mental abilities: PMA)은 언어이해요인(verbal comprehension factor: V), 단어유창성요인(verbal fluency factor: W), 추리요인(reasoning factor: R), 공간시각요인(spatial visualization factor: S), 수리요인(numerical factor: N), 기억요인(memory factor: M), 지각속도요인(perceptual speed factor: P) 등의 일곱 가지가 존재한다고 제시하였다. 이것을 7요인설 혹은 다요인설(多要因設)이라고 한다. Thurstone은 1947년 후속연구를 통해서 일곱 가지의 기본정신능력이 인간의 정신능력 개인차를 설명할 수 있는 기본적 집단요인이라고 주장하면서, 이 일곱 가지의 기본정신능력은 서로 상관관계를 보이고 있어서 합리적이라고 주장하였다(박소연, 2007). Thurstone의 일곱 가지 기본정신능력에 대한 설명은 〈표 5-1〉과 같다(Sternberg, 1997).

표 5-1 | Thurstone의 일곱 가지 기본정신능력

일곱 가지 기본정신능력	측정요인	측정방법
언어이해요인 (verbal comprehension factor: V)	어휘력을 측정하는 요인	동의어와 반의어를 포함하는 어휘력 검사와 독해력검사
단어유창성요인 (verbal fluency factor: W)	단어의 신속한 산출을 요구하는 검사에 의해 측정	s로 시작되는 단어를 제한된 시간에 가능한 한 많이 나열하기 또는 er로 끝나는 단어를 생각나는 대로 많이 들어보기 등
추리요인 (reasoning factor: R)	주어진 자료에서 일반원칙을 알아내어 적용하는 능력	유추문제(태양: 낮–달: ?), 수열완성형(3, 5, 9, 15, ?)검사
공간시각요인 (spatial visualization factor: S)	각종 상징, 기호, 기하학적 형태의 지적 조작능력 측정 공간 속에서 어떤 물체를 전환시켰을 때의 상상능력, 시각화능력을 보려 하는 것.	깃발검사, 도형검사, 카드동형검사 등
수리요인 (numerical factor: N)	기초적인 수학이해, 계산, 수학적 문제해결검사로 측정	더하기, 곱하기, 더 큰 숫자 찾기 등

일곱 가지 기본정신능력	측정요인	측정방법
기억요인 (memory factor: M)	단순한 기억력 검사	단어나 문장의 회상-기억 검사
지각속도요인 (perceptual speed factor: P)	상징들의 신속한 재인을 요구하는 검사로 측정	같은 숫자 찾기 검사

(3) Guilford의 지능구조 모형

Joy Paul Guilford(1897~1987)는 Thurstone의 기초정신능력(PMA)을 확장하여 지능구조이론(structure of intellect: SOI)을 제안하였다. Guilford는 초기 논문(1971년)에서 지능의 내용(4개), 조작(5개), 결과(6개)의 상호작용 결과 120개의 복합 요인을 강조하였으나, 1982년에 150개로 수정·확대하였고 1988년 논문에서 다시 180개 요인으로 확장하였다. Guilford는 180개의 요인을 설명하기 위해 인지활동 차원(평가, 수렴적 생산, 발산력 생산, 기억파지, 기억저장, 인지: 6개), 결과 차원(단위, 유목, 관계, 체계, 변환, 함축: 6개), 내용영역 차원(시각적, 청각적, 상징적, 의미론적, 행동적: 5개)의 세 가지 요소를 축으로 하는 입방형 모형을 제시하였다. 최종적 SOI 이론의 구조는 [그림 5-1]과 같다.

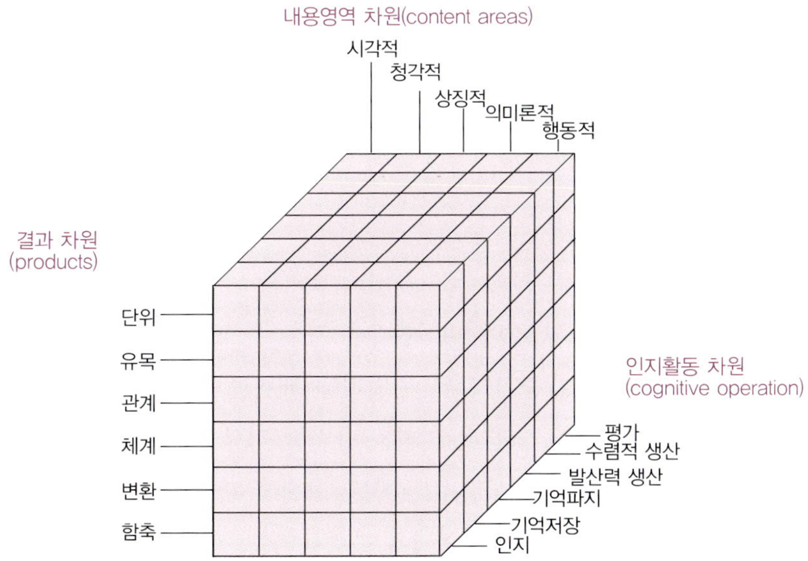

[그림 5-1] 최종적 SOI이론의 구조

(4) Cattell의 유동성-결정성 지능

미국의 심리학자 James Mckeen Cattell(1860~1944)은 Spearman의 2요인설과 Thurstone의 기본정신능력이론의 장점만을 결합하여 지능의 일반요인을 유동성 지능(fluid intelligence: gf)과 결정성 지능(crystallized intelligence: gc)으로 추출하였다. 유동성 지능은 유전적, 신경생리적 영향에 의해 발달되는 지능으로 뇌와 중추신경계의 성숙에 비례하여 발달한다. 따라서 유동성 지능의 발달은 청년기까지는 증가하나 생리적 발달이 쇠퇴하는 성인기 이후에는 점차 쇠퇴하게 된다. 결정성 지능은 속도(speed), 기계적 암기(rote memory), 지각력(perception), 일반적 추리력(general reasoning) 등의 능력에서 잘 나타난다. 결정성 지능은 환경적, 경험적, 문화적 영향에 의해 발달되는 지능이다. 따라서 결정성 지능은 성인기 이후에도 계속 발달하지만 환경의 질에 따라 차이가 있다. 지속적으로 자극을 추구할 때 결정성 지능은 발달된다. 결정성 지능을 나타내는 능력은 언어능력(verbal comprehension), 문제해결력(problem solving), 논리적 추리력(logical reasoning), 상식(common sense) 등이다(박형근, 2016). 유동성 지능과 결정성 지능의 관계는 서로 대조되는 능력이라는 가정 하에 두 지능이 어떻게 구분되는지 그리고 어떤 관계가 있는지에 대한 연구가 많은 학자에 의해서 지속되어 왔다. 연구결과에 의하면 유동성 지능과 결정성 지능은 서로 구분되는 능력이기도 하지만 서로 밀접하게 관련되어 있음을 알 수 있다.

3) 지능의 최근 이론

(1) Gardner의 다중지능이론

하버드 대학의 심리학자인 Howard Gardner(1943~)는 지능의 '고전적 관점(Gardner, 1993)'에 정면으로 도전했다. 여기서 지능의 '고전적 관점'은 Spearman과 이후의 심리 측정가들이 중심이 된 단일지능 개념을 말한다. 이들은 인간의 모든 지적 활동에 전반적으로 영향을 미치는 단일한 정신 에너지, 즉 일반지능(g)이 있다고 보았다. 이에 대해 Gardner(1991)는 '고전적 관점'에서 보는 지능은 수학자들에게서 나타나는 논리적 추론능력에 불과하며 그 외에도 인간에게는 다양한 지적 능력이 있다고 주장했다. 또한 그는 Piaget의 인지발달이론이나 정보처리 이론에서 다루는 인간의 지적인 능력도 논리 수학적 능력에 불과하다고 보았다.

지능이론의 영역 일반성에 문제를 제기한 Gardner는 1983년에 『마음의 창(*Frames of mind*)』이라는 저서를 통해 지적 요소를 보다 더 광범위하게 확장시킨 다중지능이론을 제시했다. 인간의 지능은 서로 다른 특징을 지닌 여러 유형의 능력으로 구성되어 있으며, 이들은 서로 독립적인 특성을 지닌다고 주장했다. 그가 연구에 포함시킨 총 여덟 가지 지적 요소는 언어적 지능(linguistic intelligence), 음악적 지능(musical intelligence), 논리-수학적 지능(logical-mathematical intelligence), 공간 지능(spatial intelligence), 운동기능 지능(bodily-kinesthetic intelligence), 개인내적 지능(intrapersonal intelligence), 대인관계 지능(interpersonal intelligence), 자연 지능(natural intelligence) 등이다.

Gardner는 1999년에 『지능의 재구조화(*Intelligence reframed*)』라는 책을 통해 그가 기존에 제시하였던 여덟 가지 외에 실존적, 도덕적, 영성 지능이라는 새로운 잠재적인 지능을 제시하였다. Gardner의 여덟 가지 다중지능 구성요소를 중심으로 살펴보면 〈표 5-2〉와 같다.

Gardner는 인간이란 잠정적으로 8~9개 혹은 그 이상의 기본적인 지능을 소유한 유기체라고 주장하였다. 그리고 개인의 성향과 문화의 선호에 따라서 지능을 결합하여 활용할 수 있다고 하였다.

표 5-2 | Gardner의 여덟 가지 다중지능

지능의 유형	설명	예
언어적 지능 (linguistic intelligence)	단어의 의미와 소리에 대한 민감성, 언어의 구조와 언어가 사용될 수 있는 다양한 방법에 대한 능력	문필가, 광고 문학작가, 언론인, 법률가
음악적 지능 (musical intelligence)	소리로 만들어진 것의 의미를 이해하고, 교류하고 창작하는 능력	작곡가, 지휘자, 연주자, 또한 음향학자, 음향 기술자
논리-수학적 지능(logical-mathematical intelligence)	추상적 추론으로 사물을 탐색하고 체계화하며, 사물을 조작하고 관계와 가능한 행위에 대해 가설을 세울 수 있는 능력	수학자, 컴퓨터 프로그래머, 재정분석자, 회계사, 공학자, 과학자

지능의 유형	설명	예
공간 지능 (spatial intelligence)	시각적, 공간적 정보를 지각하고 이러한 정보를 전환하며 수정하는 능력 그리고 구체적인 자료를 다시 보지 않고도 시각적 영상을 재구성하는 능력	엔지니어, 조각가, 지질학자, 건축가, 탐험가
운동기능 지능 (bodily-kinesthetic intelligence)	자신을 표현하고 목적을 달성하기 위해 신체를 기술적으로 사용하고, 문제해결이나 소산물의 창출을 위해 신체의 부분을 활용하는 능력	무용가, 등반가, 운동가, 체육인
개인내적 지능 (intrapersonal intelligence)	자신의 감정상태, 의도, 동기 등의 변별을 통한 깊은 자기 이해에 도달하는 능력, 즉 자신의 내면에 대한 이해, 자신을 변화시킬 수 있는 능력	자신의 내면을 정확하고 상세히 아는 자
대인관계 지능 (interpersonal intelligence)	타인의 행동, 동기, 감정을 이해하고 관계를 맺으며 적절하게 반응하는 능력	심리치료사, 교사, 영업사원
자연 지능 (natural intelligence)	다양한 동물, 식물을 알아보고 분류하는 능력과 물리적 세계의 차이점과 유사성을 인식하는 능력	생물학자

(2) Sternberg의 삼위일체 지능이론

Robert J. Sternberg(1949~)는 전통적인 지능의 개념에 실제적 지능의 개념을 포괄하는 지능의 삼위일체 지능이론(triarchic theory of intelligence)을 제시하였다. Sternberg는 종래 대부분의 지능이론이 지능의 근원을 개인, 행동, 상황 등의 일부로 보려고 했기 때문에 불완전한 이론이라는 것이다. 그리고 지능의 완전한 이론이 되기 위해서는 세 가지를 모두 고려해야 한다는 것이다. 삼위일체 지능이론은 지능을 세 가지 근원(요소, 경험, 상황)에 따라 요소 하위이론(모든 지적 행동에 기저하고 있는 정신과정과 전략을 명시한 이론), 경험 하위이론(지능과 지적 과제에 대한 경험의 양자 간의 관계를 명시한 이론), 상황 하위이론(특정한 사회·문화적 상황에서 지적인 것으로 여겨지는 행동의 내용을 명시한 이론)으로 구성한 종합적인 지능이론이다.

Sternberg는 '누구에게, 어느 곳에서(상황)', '언제(경험)', '어떻게(요소)'라는 체계적인 구성을 바탕으로 "지능이란 메타요소(meta components), 수행요소(performance components), 지식획득요소(knowledge acquisition components)의

기능에 따라 신기성에 대한 반응 혹은 정보처리의 자동화와 관련하는 경험의 연속선에서, 어떤 지역에서 상황적으로 적절한 행동을 방출하는 능력"이라 정의하고 있다.

Sternberg는 삼위일체 지능이론의 요소를 〈표 5-3〉과 같이 요약하고 있다. Sternberg는 최근에 성공지능이라는 개념을 제안했는데, '성공지능(successful intelligence)'이란 분석적, 창조적, 실용적이라는 세 측면의 생각을 잘하는 능력을 의미한다. 이들 세 측면은 서로 관련되어 있다. 문제를 해결하고 아이디어의 질을 판단하는 데에는 분석적 지능이 필요하고, 문제점과 아이디어를 훌륭하게 파악하는 데에는 창조적 지능이 필요하다. 일상생활에서 훌륭한 아이디어와 분석방식을 활용하려면 실천적 지능이 있어야 한다. 그는 한 개인의 성공지능은 분석적(analytic intelligence, 요소) · 창조적(creative intelligence, 경험) · 실용적(practical, 상황)이라는 세 측면의 지능이 균형을 이룰 때 가장 효과적이라고 주장한다.

표 5-3 | Sternberg의 삼위일체 지능이론의 요소

상황 하위이론	경험 하위이론	요소 하위이론
• 변화하는 환경에 적응하고 기회를 최적화하는 능력. • 상황적 지능은 구체적 상황에서 문제해결을 준비하는 개인의 능력을 다룬다. 예를 들면 어떤 학생은 공부하고 있는 동안 전화 수화기를 내려놓거나 방문 앞에 '방해하지 말 것'이라는 표지를 달아 놓는다. 왜냐하면 그들은 전화나 방문객에 의해 주위가 산만해질 것임을 알기 때문이다.	• 새로운 생각을 형성하고 관련되어 있지 않은 사실을 조합하는 능력. • 경험적 지능검사는 자동적으로 신기한 과제를 다루는 한 개인의 능력을 측정한다. • 한 가지 특정한 맥락 안에서 t를 포함하는 단어를 모두 기억하는 학습과 자동차 엔진의 문제점을 진단하는 것에서 그 예를 찾을 수 있다.	• 과정정보를 추상적으로 사고하고, 무엇이 필요하게 될지를 결정하는 능력. • 구성 요소적 지능의 요소를 측정하도록 사용될 수 있는 과제는 유추(analogies), 어휘(vocabulary), 삼단논법(syllogisms)이다.

4) 정서지능

(1) 정서지능의 정의

최근의 지능이론으로 정서지능(emotional intelligence: EQ)이라는 새로운 지능이론이 대두되었는데, 이 이론이 주목을 받게 된 계기는 1972년 미국 스탠퍼드대학교 Walter Mischel 교수가 '만족지연능력 실험(ability to delay gratification)'을 하면서부터이다. Mischel은 스탠퍼드대학교 부설 유아원의 미취학 아동을 대상으로 마시멜로 테스트를 통해서 아동기에 나타나는 만족지연능력과 자제력을 가능케 하는 인지 메커니즘에 대한 현대적이고 과학적인 분석의 길을 열었다. 그의 연구는 심리학 분야의 사고를 변모시켰고 사회적 행동과 자제력의 개인차 연구에 지대한 영향을 끼쳤다(Mischel, 1986). 그리고 정서지능(emotional intelligence)에 대한 체계적인 이론을 최초로 세운 학자는 예일대학 Peter Salovey 교수와 뉴햄프셔대학 John Mayer 교수(1990)이고, 정서지능을 대중화시키는 데 크게 공헌한 학자는 미국의 심리학자 Daniel Goleman(1998)이다. Mayer와 Salovey(1997)는 지금까지 산만하게 흩어져 있던 정서지능 관련 연구를 종합하고 Howard Gardner의 다중지능이론(multiple intelligence)에서 제시한 여덟 가지 지능의 범주 중에서 여섯 번째와 일곱 번째로 다루고 있는 대인관계지능(interpersonal intelligence)과 개인내적(자성) 지능(intrapersonal intelligence)을 묶어서 체계적인 모형을 제시하였다.

Mayer와 Salovey는 정서지능이란 정서를 정확히 지각하고 평가하며 표현하는 능력, 사고를 촉진할 수 있도록 정서를 생성할 수 있는 능력, 정서와 정서 관련 지식을 이해할 수 있는 능력 그리고 정서적·지적 성장을 촉진시키기 위하여 정서를 적절히 조절할 수 있는 능력이라고 정의하고 있다.

(2) 정서지능의 구성요소

정서지능의 구성요소에 대해서 Salovey와 Mayer(1997)는 정서의 인식과 표현, 정서의 조절, 정서의 활용, 정서 반영적 조절 이렇게 네 가지를 제시하였다. 그리고 Goleman(1995)은 Mayer와 Salovey(1990)의 정서지능의 개념을 기초로 정서지능을 다섯 영역으로 나누고 있다. Goleman이 제시한 정서지능의 구성요소를 살펴보면 〈표 5-4〉와 같다.

정서지능은 자신의 정서를 잘 인식하고 적절하게 조절하는 능력과 공감과 감정이입을 통하여 타인의 정서를 잘 인식하고 적절하게 조절하는 능력에 초점을 맞추고 있다. 자신에 대한 일반적인 인식과 타인에 대한 평가는 사고과정을 거쳐 자신과 타인의 정서를 정확하게 지각, 평가, 표현하는 능력이다. 즉, 인식된 정서를 사고하고 이해하는 과정을 거쳐 정서적·지적 성숙을 증진시키기 위해 자신과 타인의 정서를 조절하는 능력과 관련된다고 할 수 있다.

표 5-4 | 정서지능의 구성요소

구성요소	내 용
자기인식(self-awareness)	자신이 느끼는 감정을 빨리 인식하고 알아차리는 능력으로 정서지능의 초석이다.
자기조절(self-management)	인식된 자신의 감정을 적절하게 처리하고 변화시키는 능력이다.
자기동기화(self-motivating)	어려움을 참아내고 자신의 성취를 위해 노력할 수 있는 능력이다.
감정이입(empathy)	타인이 느끼는 감정을 자신의 것처럼 느끼고 타인의 감정을 읽어내는 능력이다.
대인관계 기술(social skill)	인식한 타인의 감정에 적절하게 대처할 수 있는 정서표현 능력이다.

정서지능이 높은 사람은 다른 사람의 정서적 정보를 잘 파악하고 잘 표현할 뿐만 아니라, 감정이입을 잘하여 의욕을 잃고 의기소침한 사람을 보면 격려해 주는 경우처럼 파악된 정보에 따라 적절하게 행동하는 것이다. 또한 정서지능이 높은 사람은 즐거울 때는 일을 창조적으로 잘할 수 있고, 침울할 때는 신중해야 하는 과제를 잘할 수 있다는 것을 인식하여 이를 적절히 활용할 뿐만 아니라 정서를 통해 어려운 과제를 지속적으로 수행할 수 있게 된다(정윤진, 2003).

5) 지능의 측정

지능은 지능검사로 측정되는데, 지능검사(intelligence test)는 인지적 기능의 현재 수준에 대한 일반적인 특징을 측정함으로써 가까운 미래의 학업성취도를 예측하거나 측정 대상자의 다양한 인지 속성을 파악하는 데 사용되는 측정기법이다. 지능검사의 점수는 일정한 공식에 의해 계산되며, 이러한 점수를 '지능지수 점수' 또는 IQ 점수(IQ score)라고 한다.

지능검사는 1860년대 영국의 Sir Francis Galton(1822~1911)과 미국의 James McKeen Cattell(1860~1944) 그리고 프랑스의 Alfred Binet(1857~1911) 등에 의해서 체계화되었다.

체계적인 지능검사의 개발은 Binet-Simon에 의해서 이루어졌으며, Standford-Binet 검사, Kodae-Binet Scale, Army Alpha-Beta Test 검사, Wechsler 개인지능검사 등이 지속적으로 수정 발전하게 되었다(오윤선, 정순례, 2017).

(1) Standford-Binet Scale

Standford-Binet Scale은 1916년에 Standford 대학의 Lewis Madison Terman(1877~1956)이 Binet-Simon 검사를 미국에서 사용하기 위해서 개정 표준화 작업을 통해 만든 도구이다.

이 검사는 지능지수를 정신연령(mental age: MA)과 생활연령(chronological age: CA)으로 비교하여 공식화((intelligence quotient: IQ=MA/CA×100)하였다. 이후 1937년에 두 가지 동형검사(L형, M형)로 개정되어 Standford-Binet 개정판(2판)이 발표되었다. 2판에서는 비율 IQ 점수를 없애고 각 연령별로 평균 100, 표준편차 16인 표준점수를 계산하였다. 1960년에 개정판(3판)이 다시 개발되었고, 1972년에는 미국 전집을 대표할 수 있는 규준(norm)을 만들기 위해 재표준화 과정을 거쳤다. 그리고 1986년에 인지심리학의 이론적 발달과 새로운 연구결과를 적용한 Standford 교육학자들이 참여하여 Standford-Binet 지능검사 4판(Thorndike, chapter 2, 심리검사의 기원과 발달역사 Hagan, Sattler, 1986a, 1986b)이 나왔다. 4판의 특징은 초기판의 장점을 살리고 개인지능검사로서 이전 판과의 연속성을 유지하면서 네 가지 다양한 인지영역(언어추리, 추상적·시각적 추리, 수량추리, 단기기억)을 포함하는 15개의 소검사로 구성하였다.

(2) Kodae-Binet Scale

『*Kodae-Binet Scale*』은 『*Standford-Binet Scale*(2판)』(1937)을 모델로 하여 1970년에 고려대학교 행동과학연구소의 전용신이 한국판으로 표준화한 것이다. 그리고

K-Binet 1970년 판의 표집 부족 결점을 보완하기 위해서 1971년에 개정판이 나왔다. 1971년 판은 이전 판과 검사내용은 같으나 결과로 얻어진 비율 IQ를 편차 IQ로 변환했다는 점에서 차이가 있다. K-Binet의 특징은 수검자의 성격, 대인행동의 태도, 의사표현 등을 관찰함으로써 수검자의 결함이 어디에 있는지, 어떤 면이 탁월한지를 알아낼 수 있는 개인지능검사이다. 그리고 이 검사의 수검자 연령은 만 4세 이상 만 15세 미만을 대상으로 한다.

(3) 집단검사

지능검사가 개인용으로만 개발되어 적용하는 과정에서 1912년 Standford 대학의 Arthur Sinton Otis(1886~1964)가 최초로 집단지능검사(Otis self-administration test of intelligence)를 개발하였다(Otis, 1939). 1917년에 미국 육군성은 제1차 세계대전을 계기로 징집된 병사들의 적절한 배치를 위해서 대규모 집단검사의 필요성을 느끼고 국민연구위원회와 미국심리학회에 의뢰하였다. 이 위원회에는 수석위원 Robert Mearns Yerkes(1876~1956), Lewis Madison Terman(1877~1956), Henry Herbert Goddard(1866~1957) 등 여러 사람이 참가하였다. 이 검사는 두 가지 형식이 있는데, 육군의 명칭을 따서 'Army alpha test', 와 'Army beta test'라고 한다. 알파 검사는 Otis의 검사를 그대로 옮긴 언어적 검사로 영어를 읽고 쓸 줄 아는 사람을 위한 것이며, 베타검사는 문맹이거나 영어를 못하는 사람을 위한 것으로 비언어적 검사이다. 알파검사는 구어와 문어 양쪽의 지식을 보고 구두 지시를 올바로 따를 수 있는 능력, 수학문제 풀기, 실용적 판단을 증명하기, 동의어와 반대어를 사용하기, 수열을 완성하기, 유추하기 등으로 이루어져 있다. 베타검사는 영어에 대한 지식에 영향을 받지 않는 것이지만 내용은 유사하다. 베타검사는 수신호를 사용하여 실시하고, 실시되는 과제는 미로 찾기, 조각그림문제, 계산하기, 숫자와 기호를 연결하기, 기하학적 구성문제 등으로 이루어져 있다. 알파검사와 베타검사는 언어성 집단검사와 비언어성 집단검사로 나누어지는데, 오늘날 일반적으로 집단지능검사의 경우 실제로 두 개의 하위검사(언어와 비언어검사)별로 채점한다.

한편, 미국 교육계에서도 집단지능검사의 필요성을 느껴 1920년 Army alpha test와 거의 동시에 Terman, Thorndike, Yerkes에 의해 국민지능검사(national intelligence test)가 만들어졌다. 일반적으로 교육기관에서는 개인지능검사보다는 집단지능검사가 더 널리 사용되고 있다.

(4) Wechsler 검사

Wechsler 개인지능검사는 뉴욕의 벨레뷰 병원에서 근무하던 David Wechsler가 성인에게 적합한 지능검사가 필요하다고 생각하여 1939년에 웩슬러-벨레뷰 지능검사(Wechsler-Belleveu intelligence scale: WBIS)를 개발하였다. Wechsler-Bellevue 지능검사는 1955년에 『웩슬러 성인지능검사(*Wechsler adult intelligence scale: WAIS*)』로 개정되었고 WAIS는 다시 1981년에 WAIS-R로 개정되었다(Wechsler, 1981).

『한국 웩슬러 지능검사(*Korean Wechsler intelligence scale: KWIS*)』는 WAIS(1955)를 바탕으로 전용신, 서봉연, 이창우(1963)가 한국판으로 표준화한 것이며, 최근에는 『웩슬러 지능검사 개정 4판(*WAIS-IV; Wechsler*)』(2008)이 K-WAIS-IV(황순택, 김지혜, 박광배, 최진영, 홍상황, 2013)으로 표준화 작업이 되어 사용되고 있다. Wechsler 개인지능검사는 성인용뿐만 아니라 1949년에 『아동용 지능검사(*Wechsler intelligence scale for children: WISC*)』라는 이름으로 출판되었고, 1967년에는 『4세부터 6세 반까지의 취학 전 아동용 지능검사(*Wechsler preschool and primary scale of intelligence: WPPSI*)』가 출판되었다. 그리고 1974년에 WISC-R 개정 증보판이 나왔고, 1991년에는 WISC-III이 출판되었다(Wechsler, 1991).

2. 창의성

1) 창의성의 의미

창의성이 인간의 중요한 지적 특성으로 이해되어 왔지만, 학문적 관심의 중심

영역에 들어온 것은 그리 오래되지 않았다. 창의성이 학문적 관심의 중심 영역에 들어온 것은 Joy Paul Guilford(1897~1987)의 영향이라고 할 수 있다.

Guilford는 1950년 미국심리학회(American psychological association) 회장 취임연설에서 창의적인 과정(process), 창의적인 산물(product), 창의적인 사람(person)의 중요성과 경험적 연구의 필요성을 제시하고, 심리학이 창의성 연구를 주도해야 한다고 제안했다. 그는 창의성을 지능구조모형에서 창의력을 확산적 사고와 동일시하여 "새롭고 신기한 것을 창출하는 능력"이라고 정의했다(서미옥, 2014). 1950년 이래로 창의성에 대한 연구가 많아질수록 더 많은 개념이 난무하게 되었고 창의성이라는 용어는 지역과 시대에 따라 다르게 해석되었다. 창의성에 대해서 Maslow(1954)는 "특별한 재능의 창의성은 사회적으로 새로운 가치를 갖는 여부이고, 자기실현의 창의성은 개인에게 있어서 새로운 가치 여부"라고 하였다. 또한 Torrance(1957)는 "창의성이란 곤란한 문제를 인식하고 그것을 해결하기 위하여 아이디어를 내고 가설을 세우고 검증하며 그 결과를 전달하는 과정"이라고 했으며, Gallagher(1975)는 "새로운 아이디어나 산물을 창출하거나 기존 아이디어나 산물을 독창적으로 재생산하는 정신과정"이라고 했다. 그리고 Sternberg(1994)는 "새롭고 문제 상황에 적절한 것을 만들 수 있는 능력"이라고 했고, De Bono(1990)는 "새로운 아이디어, 방법, 관점 등을 모색하는 사고"라고 했으며, Csikszentmihalyi와 Wolfe(2009)는 "어떤 주어진 체제(system) 내에서 독창적으로 가치가 있으며 실천할 수 있는 사고 또는 산물"이라고 하였다.

여러 학자의 의견을 종합해 보면, 넓은 의미에서 창의성은 새로운 어떤 것을 생산하는 행동 또는 정신 과정으로 볼 수 있다. 여기서 새롭다는 의미는 일상적인 것이 아니라 기발하고 신기하며 독창적이기 때문에 쉽게 일반인이 수용하기 어려운 것일 수 있다(신명희 외, 2010). 그리고 좁은 의미의 창의성은 새로운 관계를 지각하고 기발한 아이디어를 생성하며 새로운 관점에서 사고하는 능력이라고 할 수 있다(임정훈 외, 2014).

결국 창의성은 '새롭고 적절하며 유용한 것을 생각하고 만드는 능력'(임정훈 외, 2014)의 개념이 포함된다. 따라서 창의성은 신기성(新奇性, novelty)과 유용성(有用

性, usefulness)이 창의성의 판단 준거가 된다.

최근에 창의성을 연구하는 학자들은 산출물을 생성하는 능력과 창의적 산출물에 대해 사회적으로 인정하는 것을 창의성 평가의 주요 준거로 삼고 있다. 그래서 최근 창의성을 연구하는 많은 학자는 개인의 특성과 환경, 사회적인 체제 등 복합적인 요소를 포함하여 정의되어야 한다는 데 의견을 모으고 있다(김이영, 2016).

2) 창의성의 구성요인

Guilford(1967)는 창의성의 구성요인으로 유창성, 융통성, 독창성, 정교성, 민감성의 다섯 가지를 제시하였고, Perkins(1988)는 잠재력, 계획, 가치라는 세 수준으로 분류하고 있다.

창의성 연구의 초기에는 구성요소를 인지적 요인에 초점을 두었으나 최근에는 인지적 요인 이외에 창의적 동기나 태도, 성향도 중요하다고 보고 있다. 창의성의 인지적 구성요인과 성향적 구성요인을 구분하여 정리하면 다음과 같다.

(1) 인지적 구성요인

① 유창성

유창성(fluency)은 특정한 문제 상황에서 가능한 한 많은 아이디어를 산출하거나 양적인 측면으로 제한된 시간 안에 다양한 반응을 생성할 수 있는 능력이다. 여기서 아이디어는 질보다 양이 중요하다. 유창하게 아이디어들을 생산할 수록 그 가운데 유용하고 효과적인 아이디어가 포함되어 있을 가능성은 더 커질 것이다(조규판 외, 2016). 유창성은 간단한 그림이나 도형을 이용해 여러 가지 사물을 연상하는 도형 유창성(figural fluency), 지각되는 기호나 문자로부터 단어를 풍성하게 산출하는 언어 유창성(word fluency), 지각되는 자극이나 문제에 대한 관계를 찾아 이를 규정하는 개념이나 아이디어를 풍부하게 하는 개념화 유창성(ideational fluency), 주어진 조건에서 풍부하고 자유로운 표현을 하는 표현 유창성(expressional fluency) 등이 포함된다(이신동 외, 2015).

② 융통성

융통성(flexibility)은 고정적인 사고에서 벗어나 변화하는 상황에 잘 적응할 수 있도록 현상을 변화시키는 능력이다. 융통성은 아이디어 산출의 양적 측면보다는 질적으로 다양한 관점에서 해결하는 능력을 말한다. 융통성 있는 사고를 하는 사람들은 주어진 내용과 일반적으로 상상할 수 없는 것을 강제로 결합해서 특이한 아이디어를 생산하는 능력을 갖고 있다.

③ 독창성

독창성(originality)은 기존에 이미 있었던 것에서 탈피하여 새롭고 독특한 아이디어로 남들이 생각하지 못한 답을 도출하는 능력이다. 단순히 기존 지식을 통합하거나 재구성하는 것이 아니라 새롭고 특이한 반응을 생성하는 능력을 말한다. 독창성 점수는 다른 사람들에게도 똑같은 과제를 하게 한 다음 다른 이들의 반응에는 없는 아이디어의 수로 계산한다. 일반적으로 독창성은 의외의 가능성을 창출할 수 있는 밑바탕이 되며 깜짝 놀랄 만한 시선을 끌 수 있는 능력이 있다.

④ 정교성

정교성(elaboration)은 다듬어지지 않은 기존의 아이디어를 보다 세심하게 발전시킬 수 있는 능력이다. 그리고 정교성은 문제를 세분화하거나 문제의 의미를 명백하게 파악하고 결함을 보완할 수 있는 능력을 말한다. 정교성의 점수는 기본적인 아이디어를 보다 재미있고 완전한 것으로 다듬고 확대시켜 세부적 내용을 채워 넣는 수로 계산한다.

(2) 성향적 구성요인

① 민감성

민감성(sensitivity)은 주변의 상황 변화를 재빠르게 파악하면서 동시에 관련 없는 자극의 영향을 받지 않고 문제를 있는 그대로 지각할 수 있는 능력이다. 민감성은 어떤 도구의 결정을 말하도록 하는 검사로 조사된다.

② 개방성

개방성(openness)은 경험에 제한 없이 새로운 경험이나 생각을 기꺼이 수용하려는 능력으로 다양한 경험을 받아들이고 한계나 제한으로부터 벗어나 모든 가능성을 수용하려는 성향이나 태도다(이신동 외, 2015). 그리고 개방성은 개인의 심리 및 경험의 다양성과 관련된 것으로 지능, 상상력, 고정관념의 타파, 심미적인 것에 대한 관심, 다양성에 대한 욕구, 품위 등과 관련된 특질을 포함한다. 개방적인 성향을 가진 사람일수록 융통성이 높아 창의적 사고가 가능하다.

③ 인내심

인내심(patience)은 불확실함을 견디며 끝까지 포기하지 않는 성향이나 태도로 자신이 성취하고자 하는 일에 전념하여 몰두하는 것을 의미한다. 어려운 상황이나 문제를 피하지 않고 과제가 해결될 때까지 끝까지 포기하지 않는 태도에서 창의적 사고가 가능하고 새로운 발전에 이르게 된다.

④ 모험심

모험심(adventure)은 위험을 무릅쓰고 하고 싶은 것을 하려는 성향이며, 새로운 상황을 회피하기보다 불확실한 결과에 도전의식을 갖고 부딪히는 성향이다. 모험심은 문제 상황에 봉착했을 때 좌절하지 않고 도전할 수 있게 하는 원동력이 되며 창의적 사고의 기회를 높여준다.

3) 창의성 개발기법

(1) brain storming

Alex Faickney Osborn(1888~1966)이 개발한 brain storming은 창의적인 사고를 증진시키기 위한 대표적인 기법이다. brain storming의 특징은 집단원들의 자유로운 토의를 통해 가능한 한 다양한 아이디어를 많이 산출하는 것이 목적이다. 따라서 산출되는 아이디어에 대해 토의가 끝날 때까지 서로의 아이디어에 대해서 비판이나 평가를 금지한다(Osborn, 1963). brain storming의 주요 원리는 다음과 같다. 첫째, 다다익선(多多益善)이다. 아이디어가 많으면 많을수록 우수한 아이디어가 나올 확률이 높으므로 가능하면 많은 아이디어를 질적 수준에 관계없이 내놓도록 격려한다. 둘째, 자유분방이다. 어떤 아이디어라도 거리낌 없이 내놓을 수 있도록 자유분방한 분위기를 조성해야 한다. 셋째, 비판금지이다. 아이디어에 대한 비판은 아이디어의 산출을 억제할 수 있기 때문에 아이디어에 대해 일절 비판하지 말아야 한다. 넷째, 결합권장이다. 아이디어를 결합하고 수정하여 참신한 아이디어를 구성한다.

brain storming은 처음에는 도저히 해결할 수 없다고 생각했던 문제를 풀 수 있고, 참여자도 그 과정에서 창의적 아이디어에 대한 영감을 얻을 수 있다는 장점이 있다. brain storming 과정에는 언어능력이 매우 중요하다. 참여자가 언어능력이 부족해서 생각을 자유롭게 표현하기 어려우면 brain writing 기법을 적용할 수 있다.

(2) brain writing

brain writing은 독일 프랑크푸르트의 Battelle Institute에서 개발한 기법으로 창의성의 유창성을 키우는 비언어적 방식으로 참가자들은 주어진 주제, 문제, 이슈에 대한 자기 아이디어를 종이에 기록하게 한다. 이 기법은 brain storming의 기본 규칙을 따르지만 참가자들의 성향이 내성적일 경우 다른 사람 앞에서 자신의 생각 말하기를 꺼리는 경우에 사용할 수 있다.

(3) six thinking hats

육색사고모자(six thinking hats)는 영국 심리학자 De Bono(1985)가 창의성을 계발하기 위한 프로그램으로 인간의 사고 유형을 여섯 가지 모자로 비유하였다. De Bono에 따르면, 사고를 하는 데 어려움을 겪는 주된 이유는 감정, 정보, 논리, 희망, 창의적 사고 등 한 번에 여러 가지를 동시에 고려하기 때문이라는 것이다. 따라서 De Bono가 개발한 이 방법은 여섯 가지 색깔의 모자가 각각 나타내는 사고자 역할을 통해 한 번에 한 가지의 사고만 하도록 함으로써 창의력 사고를 촉진하려는 방법이다. 모자 색깔에 따른 사고 특징은 〈표 5-5〉와 같다.

육색사고모자 활동방법은 6명을 한 조로 구성하여 여섯 가지 색깔의 모자를 한 색깔 당 한 명에게 나누어 주고 어떤 유형의 사고를 해야 하는지 설명해 준다. 그리고 다음 주제에 대해서는 자신이 맡은 색깔에 해당되는 사고만 하도록 한다. 이 활동을 통해서 사고를 단순하되 명확하게 하도록 하고, 자신의 자아를 잊고 다른 역할을 통해서 다른 생각을 할 수 있게 하며, 자신의 사고를 통제할 수 있는 경험을 제공할 수 있다.

표 5-5 | 육색사고모자 색깔과 사고유형

모자색깔	사고유형
하얀색	중립적이고 객관적인 사고와 사실, 자료, 정보
빨간색	직관에 의한 감정이나 느낌
검은색	부정적인 견해나 의견
노란색	긍정적인 시각, 가능한 이유나 방법제시
초록색	창의성과 새로운 아이디어, 대안과 가설제시
파란색	조절 및 통제, 요약, 결론, 판단

(4) PMI

PMI(plus minus interesting) 기법은 De Bono(1985)가 개발한 CoRT(cognitive research trust) 프로그램 속의 사고기법이며, 이 기법의 목적은 제안된 해결방안 중에서 어느 것이 최선책인지를 결정할 수 있도록 돕는 것이다. PMI는 어떤 상황에 대해 긍정적인 측면(plus), 부정적인 측면(minus), 주목할 만한 가치가 있지만 중립적인 측면(interesting)을 차례로 생각하도록 함으로써 사고의 방향을 유도하는 기법이다. PMI 기법은 육색사고모자 기법과 마찬가지로 수평적 사고를 촉진시키기 위해 개발되었다(이신동 외, 2012).

(5) mind map

mind map은 1971년에 영국의 심리학자 Tony Buzan이 개발한 사고기법으로 '생각의 지도' 또는 '생각 그물'이라고도 하는데, 이는 생각난 것을 종이에 적어놓는 것에서 발전되어 확장된 개인적인 brain storming이라고 볼 수 있다.

mind map은 '중심체로부터 사방으로 뻗어나간다.'는 의미를 지닌 방사사고의 표현(radiant thinking)이며 이미지와 핵심단어, 색과 부호를 사용하여 좌우 뇌의 기능을 유기적으로 연결함으로써 두뇌의 기능을 최대한 발휘할 수 있는 사고력 중심의 두뇌계발 프로그램이다. 구체적으로 mind map은 마음속의 지도를 그리듯 글자와 기호와 그림을 사용하며 생각을 표현하고 인식하는 방법이다. 그뿐만 아니라 mind map을 활용하는 필기는 단순히 받아 적기만 하는 것이 아니라 머릿속으로 생각하면서 학습하는 것을 의미한다. mind map은 상상(이미지)과 언어의 연상 작용에 의한 시각적 노트 작성법이다.

mind map을 작성하는 방법으로는 중심 이미지 만들기 → 주가지 만들기 → 부가지 만들기 → 세부가지 만들기 순으로 한다.

(6) attribute listing

속성열거법(attribute listing)은 Crawford(1954)가 창안한 기법으로 어떤 대상(형태, 사물, 아이디어, 방법, 과제 등)이나 시스템의 중요한 속성을 나열한 다음 그 속성을 수정하거나 개선하기 위한 방안을 제시하는 방법이다. 이 방법을 이용하면 각 대상의 속성을 분석하면서 개선-수정-탐색의 과정을 거치게 된다. 속성열거법은 첫째, 대상의 주요 속성 열거하기 둘째, 속성을 변경시킬 수 있는 방법 열거하기 셋째, 한 대상의 속성을 다른 대상의 속성으로 변경하는 데 이용하기 등으로 이루어져 있다(문은식 외, 2015).

(7) synetics

synetics는 Gordon(1961)이 개발한 것으로 당연하게 생각하고 있던 대상이나 요소를 이상한 것으로 파악하거나, 반대로 이상하게 여기던 것을 친숙한 것으로 받아들이는 경험을 통해 사고의 민감성을 높이는 기법이다. synetics에서의 핵심 포인트는 유추적인 사고이다. 일반적으로 널리 사용하고 있는 유추방법으로는 환상적 유추(fantasy analogy), 직접적 유추(direct analogy), 상징적 유추(symbolic analogy), 개인적 유추(personal analogy)가 있다.

환상적 유추는 모든 아이디어를 비난하지 않고 받아들이면서 다른 사람의 아이디어를 토대로 자신의 아이디어를 발달시키는 것이다. 그리고 직접적 유추는 실제생활 내에서 유사한 문제를 찾아보도록 하는 것이며, 상징적 유추는 두 대상 간의 관계를 기술하는 과정에서 상징을 활용하는 유추로 문제를 기술하는 데 물리적이고 비인격적인 이미지를 떠올리게 하는 것이다. 개인적 유추는 의인화된 유추라고도 하는데, 실제 문제 상황에서 어떤 느낌이 들고 어떻게 해야 하는지를 상상함으로써 문제해결의 아이디어를 유추하는 방법이다.

(8) SCAMPER

SCAMPER는 Eberle(1971)에 의해 만들어진 사고기법으로 brain storming을 보완하기 위해서 고안되었다. SCAMPER는 brain storming보다는 원인별로 더 구체적으로 생각하도록 유도하는 체크리스트로 구성되어 있으며, 다양한 문제해결 방안이나 해결책 탐색에 유용하다. SCAMPER의 명칭은 열 가지 사고항목인 대치(substitute), 결합(combine), 적용(adapt), 수정(modify), 확대(magnify), 축소(minify), 다른 용도(put to uses), 제거(eliminate), 재배치(rearrange), 전도(reverse)의 첫 번째 철자를 따서 만들어진 이름이다.

SCAMPER의 항목과 내용을 살펴보면 〈표 5-6〉과 같다.

표 5-6 | SCAMPER 사고항목

구분	항목	내용
S	대체하기(substitute)	• 누구로 대치할 수 있는가? • 무엇으로 대체할 수 있는가?
C	결합하기(combine)	• 분류하는 것, 조화를 이루게 하는 것은 무엇인가? • 무엇을 기준으로 결합할 수 있는가?
A	적용하기(adapt)	• 어떻게 하면 조건이나 목적에 맞도록 조절할 수 있는가?

구분	항목	내용
M	수정하기(modify)	• 새롭게 고안되었는가? 다른 면에서 확대시킬 수 있는가? 다른 변화가 가능한 무엇이 있는가?
	확대하기(magnify)	• 확대시킬 수 있는 것은 무엇인가?
	축소하기(minify)	• 작게, 가볍게, 짧게 할 수 있는 방법은 무엇인가?
P	다른 용도(put to oher use)	• 다른 용도로 사용할 수는 없는가? • 다른 장소에 사용할 가능성은 없는가?
E	제거하기(eliminate)	• 줄일 것은 무엇인가? • 다른 형태의 배열이나 양식은 어떠한가?
R	재배치하기(rearrange)	• 어떻게 하면 돌리거나 원래의 위치와 반대되는 곳에 놓을 수 있나? • 다른 형태의 배열이나 양식은 어떠한가?
	전도하기(reverse)	• 어떻게 하면 형식, 순서, 구성을 바꿀 수 있는가? • 원인과 결과를 앞과 뒤로 바꾸면 어떻게 될까?

4) 창의성의 검사(측정)

창의성은 어떻게 측정할 수 있을까? 창의성의 개념 정의가 접근방법과 연구 분야에 따라 다양하듯이 창의성을 측정하는 검사 또한 다양한 형태로 구성된다. 일반적으로 창의성 검사는 창의성을 발휘하기 위해 필요하다고 생각되는 능력을 평정하는 창의적 인지능력에 관한 검사, 개인의 성격과 태도를 측정하는 창의적 인성에 대한 검사, 창의적 산물을 만들도록 요구하고 그 결과물을 통해 평가하는 창의적 산물에 관한 검사로 분류된다. 이에 따라 세 부류의 창의성 검사를 살펴보면 다음과 같다.

(1) TTCT 창의적 인지능력검사

TTCT(torrance test of creative thinking)는 Guilford의 '확산적 사고'의 개념을 배경으로 Torrance(1966)가 개발한 대표적인 인지능력검사이다. TTCT는 확산적 사고를 유창성, 유연성(혹은 융통성), 독창성, 정교성의 하위요소로 측정하며 도형검사와 언어검사로 구성되어 있다. 이 검사는 유치원에서부터 대학생, 성인에 이르기까지 사용할 수 있으며, 언어검사 7문항과 도형검사 3문항으로 구성되어 있다.

언어검사는 그림을 보면서 답하는 것으로 '그림 속의 장면에 대해 질문하기', '그림 속의 장면이 일어나게 된 원인 이야기하기', '결과 이야기하기'와 같은 문항으로 이루어져 있으며, 도형검사는 '그림 구성하기', '도형 완성하기', '평행선 완성하기' 문항으로 이루어져 있다(신종호 외, 2015).

TTCT 검사는 지난 30년간 꾸준히 연구되고 개정이 이루어져서 전 세계적으로 가장 많이 사용되고 있는 도구이며, 한국어판은 김영채 외(2002)에 의해서 표준화 작업이 실시되어 사용되고 있다.

(2) CPS 창의적 인성검사

CPS(creative personality scale)는 Gough와 Heilbrun(1983)이 개발한 '형용사 체크리스트(adjective check list: ACL)' 300개 가운데서 창의성과 관련된 프로파일을 제시하는 30개의 문항으로 구성되어 있다. 이러한 CPS는 '유능한', '통찰력이 있는', '발명적인', '관습에 얽매이지 않는' 등과 같은 18개의 정적 문항과 '평범한', '보수적인', '관습적인' 등과 같은 12개의 부적 문항으로 이루어져 있다(이신동 외, 2012).

(3) CAT 창의적 산물검사

Amabile(1982)에 의해 개발된 '합의적인 평정기법(concensual assessment technique: CAT)'은 피검사자에게 창의적 산물을 만들게 하고 전문가가 창의성 정도를 평가하는 것이다. CAT는 피험자의 산출물에 대해 해당 영역의 적절한 평가자가 독립적이고 주관적으로 판단하는 평가방법이다(전경원, 2005). 예를 들어, 예술적인 창의성을 알아보기 위해 콜라주(두꺼운 종이 위에 다양한 색종이를 오려붙이도록 함)를 만들도록 한 후 이 분야의 전문가인 심리학자, 미술교사, 미술가 등에게 5점 척도로 평가하도록 한다.

3. 인지양식

1) 인지양식의 개념

인지양식(cognitive style)이란 개인이 사물이나 정보를 지각하고 문제를 해결할 때 선호하는 전략 혹은 방법을 의미한다. 인지양식은 문제를 해결하는 데 필요한 능력은 아니지만 특정한 과제를 수행할 때 선호하는 전략의 사용과 밀접하게 연관되므로 수행의 질에 영향을 미친다. 이와 같이 인지양식은 개인의 능력상의 차이가 아니라 개인이 사물을 지각하고 인지하는 독특한 방식이다.

Witkin 등(1977)과 Messick(1976)에 의한 인지양식의 특성을 살펴보면, 첫째, 인지양식은 인지 과정의 내용보다는 형태를 말하며 지각, 사고, 문제해결, 학습 등에서의 개인차를 의미한다. 둘째, 인지양식은 상반되는 몇 개의 특성으로 이루어진 다면적 차원이다. 이는 인지양식이 지각, 사고의 지적인 특징뿐만 아니라 비지적인 성격적 특성과도 관계가 있음을 말한다. 셋째, 개인차가 있으나 공통된 특징을 가진 개인들의 어떤 특성으로 구분할 수 있다. 넷째, 인지양식은 본질에서 능력과는 구별되는 인성적 특성의 개념이다. 다섯째, 인지양식은 양극성이 있으며 어느 한 쪽이 다른 한 쪽에 비교하여 좋거나 나쁜 것이 없는 가치중립적인 개념이다.

2) 인지양식의 유형

인지양식의 유형은 매우 다양하다. 왜냐하면, 인지양식을 연구하는 학자마다 관점과 분류기준이 다르고, 같은 특성을 내포하고 있는 인지양식을 표현하는 방식에서도 서로 다르기 때문이다. 다양한 인지양식 가운데 교육과 관련하여 대표적인 것으로 Witkin의 장독립형 대(VS.) 장의존형 인지양식과 Kagan(1964)의 충동형 대(VS.) 사려형 인지양식이 있다.

(1) 장독립형과 장의존형

Witkin(1977)은 구름 속에서 비행기가 거꾸로 날고 있는데도 어떤 조종사가 그 사실을 전혀 인식하지 못한다는 사실에 주목하고 전체적인 장(field)에서 구성요소를 분리하는 과정을 밝히기 위한 연구를 하였다. 그 결과 Witkin, Moore, Goodenough와 Cox(1977)는 사람에 따라 정보처리 양식이 다르다는 사실을 발견하였고 주어진 상황에서 정보를 받아들이는 독특한 양식에 따라 개인차가 있음을 확인하였다. 그리고 이를 각각 장독립형(field independent)과 장의존형(field dependent)으로 분류하였다. 장독립형과 장의존형은 인지과정에서 정보나 자극에 대한 심리적 분화(psychological differentiation) 정도를 나타내는 지표로 전체적인 장의 구조가 그 속에 포함된 자극을 지각하는 데 영향을 주는 정도를 의미한다.

장독립형과 장의존형 인지양식을 판별하기 위해 Witkin 등(1962)이 개발한 잠입도형검사(embeded figures test: EFT)가 널리 사용된다. 잠입도형검사는 여러 개의 선으로 이루어진 도형에서 특정한 모양을 찾는 것으로 되어 있다. 장의존형은 장독립형에 비해 숨겨진 도형을 잘 찾지 못하거나 찾는데 비교적 시간이 많이 걸린다.

장독립적 인지양식을 가진 학습자는 장의 영향을 별로 받지 않는다. 즉, 그들은 배경에 관계없이 정보를 독립적으로 분리하여 지각한다. 주변 상황으로부터 자신을 잘 분리하며 독립적이고 비사교적이며 추상적인 것에 대해 더 많은 관심을 가진다. 그러므로 수학이나 물리 같은 추상적인 괴목에 관심을 가지고 사람 간의 상호작용을 덜 강조하는 천문학이나 공학과 관련된 직업을 선호한다.

장독립적인 경우는 개인 내적인 분석을 요구하는 상황에 잘 적응하므로 수학자, 과학자, 건축자, 기술자 등과 같은 이론적이고 분석적인 일에 대한 흥미를 요하는 직업을 선택하는 경향이 있다.

장의존적 인지양식을 가진 학습자는 사물을 지각할 때 장의 영향을 받고 전체적인 특징을 지각하는 반응을 보인다. 그들은 상황 속에서 한 측면에 집중하여 세부적인 사항을 선택적으로 변별하는 것에 어려움을 느낀다. 사회적 정보에 의존하고 다른 사람의 감정에 민감하며 대인관계가 원만하다. 그러므로 사람들과

관계있는 사회과학과 같은 학문이나 가르치는 직업을 선호한다.

장의존적 경우는 사회적 상황 안에서 주어지는 틀에 보다 잘 순응하므로 대인관계적인 측면에서 유리하다. 이에 Witkin 등(1977)은 장의존적인 사람들이 사회사업가, 목사, 상담가, 교사, 정치인 등과 같은 사회적 기술이 요구되는 직업을 선택하는 경향이 있다고 하였다.

장독립성과 장의존성의 차이를 살펴보면 〈표 5-7〉과 같다.

표 5-7 | 장독립성과 장의존성의 차이

구분	장독립성	장의존성
정보처리 방식	• 분석적 처리	• 전체적 처리
구조화 정도	• 새로운 구조를 부여하여 재조직함 • 구조의 영향을 거의 받지 않음 • 비구조화된 과제 수행 용이	• 장에 새로운 구조를 부여하지 않음 • 구조의 영향을 많이 받음 • 비구조화된 과제 수행 곤란
지향성	• 내부 단서 중시 • 개인 내부 지향	• 외부 단서(사회적 정보) 중시 • 타인의 비판에 민감
대인관계	• 대인관계에 무관심	• 대인관계 중시
교수방식	• 외부의 지도 없이 스스로 문제를 해결할 수 있는 수업선호 • 상호작용이나 토론수업	• 문제해결방식을 분명하게 가르치는 수업 방식 선호 • 강의
선호 교과	• 물리	• 사회
선호 직업	• 기술자, 외과의사 등	• 교사, 목사, 카운슬러 등

(2) 충동형과 사려형

Kagan(1964)은 문제를 해결하기 위한 가설을 설정하고 그 가설의 타당성을 검증하는 과정에서 나타나는 반응의 정확성과 반응 속도를 기준으로 인지양식을 충동형(impulsiveness)과 사려형(reflectiveness)으로 구분하고 있다.

충동형과 사려형으로 구분되는 인지양식은 주로 MFF(matching familiar figures) 검사로 판별한다. 이 검사는 반응잠복(response latency)과 반응오류

(response error)를 살펴보는 것으로 이루어져 있다. 반응잠복은 반응할 때까지 걸리는 시간을 의미하며 반응오류는 반응할 때 드러나는 정확성을 가리키는 말이다. 일반적으로 충동형은 사려형보다 반응잠복이 더 짧고, 사려형은 충동형보다 반응오류가 낮은 경향이 있다. 따라서 MFF검사에서 답을 선택하는 데 걸리는 시간이 짧고 오답 수가 많으면 충동형으로 판별되며 시간이 오래 걸리고 오답 수가 적으면 사려형으로 판별된다.

충동형 인지양식을 가진 학습자는 문제를 해결할 때 생각나는 대로 답하려는 경향이 있어 정보를 빠르게 처리하지만 많은 실수를 하며 가능한 모든 대안에 대해 탐색하지 않는 경향이 있다. 반면에 사려형 인지양식을 가진 학습자는 문제를 해결할 때 대안을 탐색하고 여러 측면에서 검토하여 적절한 답을 구하는 경향이 있어 정보를 늦게 처리하는 경향이 있지만 과제 수행에 실수가 적고 반응하기 전에 모든 대안을 검토하는 경향이 있다.

충동형 인지양식을 가진 학습자는 문제해결 과정을 말로 먼저 표현하는 방법을 통해 충동성을 수정할 수 있다(Sternber & Williams, 2002). 또한 사지선다형의 문제를 풀 때 오답이라고 생각하는 것에 연필로 먼저 표시하는 방법을 사용하여 충동성을 수정할 수 있다. 사려형의 학습자는 까다로운 문제에 부딪혔을 때 한 문제를 너무 오랫동안 생각하다가 다른 문제를 놓치는 경우가 생길 수 있으므로 과제를 시간 내에 완성할 수 있도록 어려운 문제는 건너뛰게 하는 전략을 가르쳐야 한다.

3) 인지양식의 활용

인지양식은 학습방법, 교수방법, 학생-교사 상호작용, 전공 및 직업선택에 영향을 주는 것으로 알려져 있다. 그렇지만 장독립성과 장의존성 중 어느 인지양식이 더 바람직하다고 할 수 없다. 왜냐하면 인지양식은 적응적 가치가 서로 다르기 때문이다. 장독립성은 복잡한 상황을 분석하고 혼란스러운 상황에서 정보를 추출하는 데는 능하지만 사회적 기술이 미숙하다. 반면 장의존성은 다른 사람과 관계를 형성하고 대인관계에 관심이 많지만 분석능력은 상대적으로 낮다. 그러므로 장독립성이 적합한 상황과 장의존성이 적합한 상황은 서로 다르다.

한편 교사의 인지양식과 학생의 인지양식을 일치시키는 것이 바람직한가 아니면 상치시키는 것이 바람직한가에 대한 문제는 상당한 논란의 여지가 있다.

(1) 교사와 학생의 인지양식을 일치시켜야 한다는 입장

교사와 학생의 인지양식이 일치되면 학생의 학업성적이 향상된다. 교사와 학생의 인지양식이 일치하면 서로 긍정적으로 평가하고 의사소통이 원활하다. 장독립적인 교사는 장독립적인 학생의 성적이 우수하다고 평가하고 장의존적인 교사는 장의존적인 학생의 성적이 우수하다고 평가한다(James, 1973). 따라서 학업성취도를 높이려면 교사의 인지양식이나 수업방법을 학생의 인지양식과 일치시켜야 한다.

(2) 교사와 학생의 인지양식을 상치시켜야 한다는 입장

교사와 학생의 인지양식을 일치시켜야 한다는 주장과 달리 학생의 인지양식과 상치되는 수업방법을 의도적으로 제시하여 학생이 균형 있게 성장할 수 있도록 자극해야 한다는 주장도 상당한 설득력을 갖고 있다. 예컨대, 장의존적인 학생에게 장독립적인 사고를 촉진할 수 있는 교육환경을 제공하는 것이 바람직하다는 것이다. 앞에서 언급한 바와 같이 인지양식의 각 차원은 상황에 따라 적응적인 가치가 다르기 때문에 양극단의 긍정적인 특성을 효과적으로 활용할 수 있는 소위 '만능 학생(versatile learner)'(Park, 1976), 수렴적 사고와 확산적 사고에 모두 능한 '올 라운드 학생(all-rounders)'(Hudson, 1968), 장의존성과 장독립성의 장점을 모두 갖춘 '양인지적 학생(bi-cognitive learner)'(Ramirez & Castaned, 1974)이 특정 방식으로만 사고할 수 있는 학생보다 더 바람직하다는 주장이다. 이러한 주장은 좌뇌와 우뇌의 기능이 균형 있게 발달할수록 바람직하다는 견해와 일맥상통한다(권대훈, 2012).

특수학습자

학습자들의 효과적인 학업성취를 위해서는 정상분포의 양극단에 속한 특수한 학습자(exceptional learner)에 대한 이해가 필요하다. 왜냐하면 일반적인 교육내용과 수업방법으로는 특수학습자를 효과적으로 지도하는 데 한계가 따르기 때문이다.

Ormrod(2003)는 일반 아동과는 달리 정상분포에서 평균보다 현저하게 높은 능력을 나타내는 아동은 영재 아동이라 하며, 반대로 매우 능력이 낮은 아동은 특수 욕구를 지닌 아동으로 분류하여 이들 모두를 특수학습자라는 용어를 사용한다. 우리나라 상애 아동의 출현율은 전체 학령기 인구의 2.71%이며, 영재는 일반적으로 2% 내외로 출현율을 추정하고 있다(방선욱 외, 2012).

1. 영 재

1) 영재의 개념

영재를 정의하는 기준은 시대나 학자에 따라 매우 다양하다. 영재에 대한 초기 연구자들은 영재의 정의에 대해서 심리학자들이 개발한 지능검사에서 높은 점수를 얻은 아동을 영재 아동이라고 보았다(Terman, 1925). 이는 영재에 대한 개념을 지적 능력에 초점을 두고 학문적 영역에 우수성을 보이는 경우로 본 것이다. 하지만 영재성은 지적 능력 하나로 구성되어 있는 것이 아니라 여러 요인으로 구성되어 있으므로 1970년 후반부터 영재의 정의에 창의성, 기억력, 동기, 사회적 기능, 운동기능, 미적 감각 등 다양한 요인을 포함시키게 되었다(McClellan, 1985).

미국 교육부(United States of office of education: USOE, 1978)는 Marland (1972)가 의회에 제출한 보고서를 바탕으로 1978년에 영재의 정의를 다음과 같이 내렸다. "영재아 또는 재능아란 뛰어난 능력을 갖고 있어서 훌륭한 성취를 보일 가능성이 있다고 판별된 아동으로서, 그 자신과 사회에 기여하기 위하여 정규 교육과정이 제공하는 것 이상의 변별적인 특별 교육 프로그램이나 도움을 필요로 하는 아동이다." 뛰어난 성취를 할 수 있는 아동은 일반 지적 능력(general intellectual ability), 특수 학문 적성(specific academic aptitude), 창의적이고 생산적인 사고(creative and productive thinking), 지도력(leadership ability), 시각 및 공연 예술(visual and performing arts), 정신운동능력(psychomtor ability) 등에서 한 분야 또는 여러 분야에서 이미 성취를 나타내거나 성취할 잠재 능력이 있는 아동이다.

그리고 우리나라 「영재교육진흥법」(법률 제13939호, 시행 2016. 5. 4)에 따르면 "영재란 재능이 뛰어난 사람으로서 타고난 잠재력을 계발하기 위하여 특별한 교육이 필요한 사람을 말한다."라고 정의하고 있다.

현재까지 영재교육학계에서 가장 널리 받아들여지고 있는 영재에 대한 정의는 미국 국립영재교육연구소의 소장이자 코네티컷 대학 교수인 Joseph F. Renzulli (1986)의 세 고리 정의이다. 그에 따르면, '영재성'은 평균 이상의 일반 혹은 특수 능력, 높은 수준의 과제 집착력, 높은 수준의 창의성 이 세 가지가 역동적으로 상호작용하여 나타나는 능력이다. 영재아는 이러한 특성을 소유하고 있거나 장차 발달시킬 가능성이 있는 아동으로 가치 있는 분야에 특성을 적용하는 아동이다(구자억 외, 2002). Renzulli는 [그림 6-1]에 나타난 세 가지 영역에서 모두 상위

15% 안에 들면서, 그중 한 가지 분야에서는 상위 2% 안에 들면 영재로 볼 수 있다고 하였다.

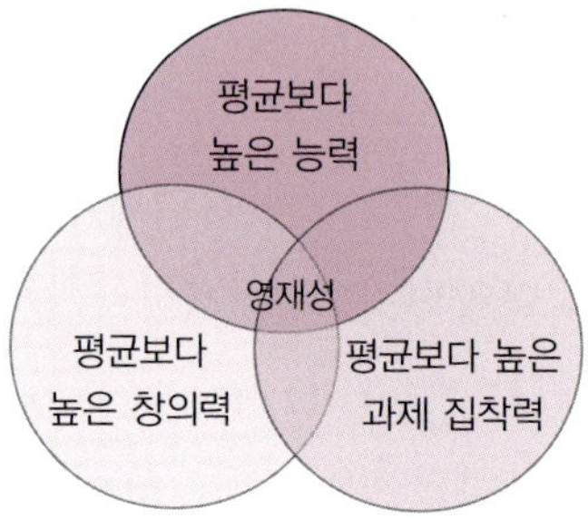

[그림 6-1] Renzulli의 세 고리 모형

2) 영재의 판별

영재아동에게 적절한 교육을 제공하기 위해서는 영재아동의 판별이 선행되어야 한다. Terman(1925)은 영재아동이 일반 아동과 비교하였을 때 특별히 대인관계나 정서적으로 문제를 보이지 않고 오히려 정서적으로 안정적임을 주장하였다. 하지만 Hollingworth(1942)는 IQ가 특별히 높은 탁월한 영재는 일반 아동과는 행동이나 사고방식에 있어 차이가 많이 나기 때문에 사회적 적응이 어렵다고 주장하였다(이경화 외 역, 2009). 판별은 영재교육의 성패를 가르는 가장 중대한 변수이므로 성공적인 영재교육의 결과를 얻기 위해서 판별 오류를 최소화해야 한다. 따라서 판별의 도구는 신뢰도와 타당도가 높아야 하며, 판별 절차도 체계적으로 이루어져야 한다.

Renzulli(1982)는 기존의 영재 판별 및 선발의 부작용을 줄이기 위한 방법으로 "지적 혹은 학업적 잠재력의 측정은 1차 판별 목적으로만 사용되거나 최소한의 수행 수준을 설정하기 위해서만 사용되어야 하며 창의적 사고, 과거 성취의 평가, 창의적 산물의 평가라는 지표가 더 많이 사용되어야 한다."고 제안하였다.

Davis와 Rimm(2001)은 영재를 판별할 때 고려해야 할 기본 원칙으로 첫째, 일관성이 있어야 한다. 둘째, 여러 가지 정보를 수집하여 활용해야 한다. 셋째, 포괄성의 철학에 입각해서 판별을 실시해야 한다. 넷째, 다단계에 걸쳐 판별해야 한다. 다섯째, 판별 대상의 수준과 연령을 고려하여 실시해야 한다. 여섯째, 가급적 조기부터 영재판별을 실시해야 한다. 일곱째, 충분히 수준 높은 검사를 사용해야 한다. 여덟째, 판별은 지속적으로 수행되어야 하며 영재판별 시에 얻어진 정보는 지속적으로 활용되어야 한다(임정훈 외, 2014).

이외에도 영재판별을 위한 방법으로 여러 시험결과를 합산하여 반영하는 매트릭스의 사용이나, 아동의 활동 결과물을 누적하여 기록한 포트폴리오에 의한 평가 등 대안적인 평가 방법이 소개되고 있다(이경화 외 역, 2009; 김명숙 외 역, 2010).

우리나라에서는 영재교육에 대한 세계적인 흐름에 발맞춰 2009년 교육과학기술부에서 영재교육대상자의 선발방식을 기존의 지필시험에서 교사 관찰·추천 제도를 도입하겠다고 밝히고 2010년 시범·적용하였다. 이후 2011년부터 본격적으로 영재교육 현장에 적용되었다(한국교육개발원, 2011). 단순한 시험결과뿐만 아니라 아동의 평소 학교생활을 전반적으로 알고 있는 교사의 관찰결과를 토대로 하여 '숨어 있는 영재'를 발굴하고자 하는 것이 교사 관찰·추천 제도의 의도이다(류지영, 정현철, 2010).

3) 영재교육

영재교육이란 「영재교육진흥법」 제2조 제2항에 의하면 '영재를 대상으로 각 개인의 능력과 소질에 맞는 교육 내용과 방법으로 실시하는 교육'이다.

태생적으로 영재성을 갖추고 있다고 할지라도 계발하지 않으면 영재성이 사장되기 때문에 영재성은 계발을 위한 인적 물리적 교육환경이 뒷받침될 때 그 진가를 발휘할 수 있다(Gagne, 1991). 따라서 대부분의 선진국들은 1970년대부터 고급 두뇌 자원의 계발에 관심을 갖고 국가적 차원의 영재교육을 실시하여 왔다. 즉, 영재의 조기 발굴과 영재학교, 영재학습, 월반, 조기 입학과 조기 졸업, 영재교육센터 등을 통한 체계적이고 집중적인 교육으로 다양한 재능과 영재성을 최대한 계발시키는 데 주력하고 있다.

우리나라는 2000년도에 「영재교육진흥법」이 제정·공포되면서 영재교육 시행을 위한 법적 기반이 마련되고 본격적인 영재교육이 이루어지게 되었다. 그리고 2002년에 「영재교육진흥법」 제15조 및 「영재교육진흥법」 시행령 제38조에 의거하여 한국교육개발원 영재교육연구원이 국가 영재교육원으로 지정되면서 영재교육이 활성화되었다.

우리나라 영재교육기관은 영재학교, 영재교육원, 영재학급으로 구성되어 있으며, 영재교육 종합데이터베이스(gifted education database: GED)에서 영재교육에 관련된 자료를 종합적으로 관리하고 있다(문은식 외, 2015). 이 가운데 학교에서 이루어지는 영재 아동을 위한 프로그램을 살펴보면, 학습촉진 프로그램(acceleration program), 심화학습 프로그램(enrichment program), 영재 아동 집단 구성을 통한 지도 형태로 이루어지고 있다(방선욱 외, 2012).

2. 학습장애

1) 학습장애의 개념이해

지능이 낮지도 않고 부모 또한 교육적으로 방치한 것도 아님에도 불구하고 어느 특정 영역에서 매우 심각한 학습문제를 보이는 아동을 가리켜서 일명 '학습장애(learning disabilities: LD)'라고 부른다.

학습장애라는 용어가 통일되기 진에는 학습장애에 대해서 원인적 정의로 1950년부터 미세뇌장애(minimal brain dysfunction: MBD), 신경학적 장애, 발달성 실어증 등으로 쓰였다. 증상적 정의로는 지각장애, 교육장애, 언어장애, 독서장애 등의 용어로 사용되었다. 그리고 1960년대 초반에는 뇌손상, 독서장애, 교육장애, 다동증후군, 언어장애, 학습곤란, 미세뇌손상, 미세뇌기능장애, 학습문제아, 독서문제아, 심리언어장애, 정신신경학적장애, 학습지체, 스트레스증후군, 학습부진 등 많은 연구자에 의해 다양한 부분에서 여러 가지 용어로 사용되어 왔다. 이렇게 다양한 용어는 1963년 Samuel Kirk에 의해서 학습장애로 통일하여 규정되었다. 그리고 1963년에 학습장애아 협회가 창설되면서 그 의미가 정착되었고, 1975

년에 미국 상·하원 의원에서 전 장애아 교육법이 통과되면서 법률적으로 공인되었다.

학습장애에 관한 국제합동위원회(national joint committee on learning disabilities: NJCLD)의 정의에 따르면 학습장애란 듣기, 말하기, 읽기, 쓰기, 추론하기, 수학적 능력을 습득하고 사용하기에 심각한 장애가 나타나는 이질적인 장애군을 통틀어 일컫는 말이다.

우리나라 「특수교육진흥법」(1994)에서는 학습장애에 대한 정의를 '셈하기, 말하기, 읽기, 쓰기 등 특정한 분야에서 학습상 장애를 지니는 자'라고 하였다. 교육단체에 의한 정의(교육개발원)로는 "학습장애는 여러 다양한 장애그룹을 지칭하는 포괄적인 용어로써 듣기, 말하기, 읽기, 쓰기, 논리적 사고나 산수 능력을 습득하거나 사용하는 데 심한 어려움을 보이는 경우를 말한다."라고 하였다.

종합적으로 볼 때 학습장애는 지능발달 장애가 없고 감각기관에도 문제가 없음에도 불구하고 듣기, 말하기, 읽기, 쓰기, 계산하기 등의 특정 능력이 학습에 현저한 곤란을 보이는 것을 의미한다. 다시 말해서, 학습장애는 다양한 인지능력 중에서 어떤 한정된 영역에서만 발달이 느리거나 결손이 있는 경우를 말한다. 예를 들어, 기억력이나 공간능력 등은 정상적으로 발달하면서도 글을 읽는 분야의 발달만 뒤처진다든지, 다른 것은 다 잘하는 데 숫자를 사용하는 능력만 떨어지는 경우이다.

2) 학습장애의 특성 및 유병률

(1) 특성

지능이 낮은 아동과는 달리 학습장애 아동은 평균이나 평균 이상의 지능을 가지고 있다. 따라서 이들은 지적인 잠재력이 크고 또 어떤 영역에서는 우수한 능력을 보이기도 한다. 그럼에도 불구하고 일부 학과목이나 과목 전반에 걸쳐서 실패하게 된다. 게다가 학습장애 아동은 이런 실패를 예민하게 받아들일 만한 지적 능력이 있기 때문에 지능이 낮은 아동보다 비교적 큰 상처를 받는다.

또한 부모나 교사도 아동이 어떤 면에서는 똑똑해 보이기 때문에 이들이 학업 성적이 저조한 것을 이상하게 생각하고, 대개는 아기가 '게으르기 때문'이라고 오해하여 야단치는 경우가 많다. 그러나 이러한 대처는 아동의 마음에 상처만 주고 어른들에 대한 불만만 쌓이게 만들어 오히려 비행문제를 유발하기도 한다. 이처럼 학습장애는 성인기의 장애보다 삶 전체에 미치는 영향력이 크기 때문에 조기에 발견해서 교정하도록 도와주는 것이 중요하다.

임상 현장에서 보면 학습장애 아동은 단지 특정한 영역에만 능력이 뒤떨어지기 때문에 좋은 지도자를 만나서 집중적인 훈련이나 교정을 받을 때 상당한 수준으로 개선되는 것을 볼 수 있다. 그러므로 학습장애는 지능이 낮은 아동보다 학습효과에 있어서 훨씬 희망적이라고 볼 수 있다. 발명왕 에디슨, 상대성 원리를 발견하여 현대 물리학의 아버지가 된 아인슈타인, 세계적인 대부호(大富豪) 록펠러 등도 학습장애가 있었지만 장애를 극복하고 자신이 가진 재능을 살려 성공을 거둔 인물의 예이다.

(2) 학습장애의 유병률

학습장애의 유병률에 관한 많은 연구는 읽기장애, 산술장애, 쓰기장애를 각각 구분하지 않고 전체적인 학습장애의 유병률에 초점을 맞추고 있기 때문에 각 영역의 유병률을 밝히는 것은 쉽지 않다. 읽기장애는 단독적이든지 산술장애와 쓰기장애와 함께 나타나든지 간에 대략 학습장애의 5분의 4에 해당한다. 그리고 산술장애만의 유병률(즉, 다른 학습장애와 동반되어 발견되지 않는 경우)은 학습장애의 다섯 가지 사례 가운데 한 가지 사례 정도라고 평가되어 왔다.

3) 학습장애의 원인

학습장애의 원인으로는 유전적 소인, 뇌손상, 중독, 감염증, 방사선 그 외의 물리적 요인, 알레르기, 영양장애, 환경장애의 부적성, 정서적 스트레스 등의 요인이 중복되어 발생하는 것으로 알려져 있다. 그러나 크게는 다음 세 가지를 학습장애의 주요 원인으로 들 수 있다.

(1) 뇌손상에 의한 요인

출생 전후의 외상이나 생화학적 또는 영양학적 요인에 의한 뇌손상이 인지처리 과정의 결함을 초래하여 학습장애를 유발할 수 있다는 주장이다. 임신기간 동안에 급격하게 발달하는 태아의 뇌는 손상을 입기 쉽다. 임신 중 산모의 약물 복용, 남용, 니코틴, 알코올중독, 산모의 당뇨병으로 인한 고농도 혈당 등이 태아의 뇌 발달에 해로운 영향을 줄 수 있다. 또한 탯줄이 태아의 목에 감기거나 뇌로의 혈액공급 부족으로 인한 산소공급의 일시적 차단, 장시간 지연출산 등 출산 시 여러 가지 합병증도 영향을 주어 뇌손상을 입게 된다. 이러한 미세한 뇌손상이 나중에 특정한 학습기능에 어려움을 유발할 수 있다.

(2) 유전적 요인

학습장애에 대한 취약성은 상당 부분 유전된다는 근거들이 보고되고 있다. 스웨덴에서 이루어진 한 가계 연구(Hallgren, 1950)에 따르면, 읽기장애로 진단을 받은 사람의 친척 중에 읽기장애나 쓰기장애를 지닌 사람이 많다는 것이다. 쌍생아나 입양아 연구에서 보면 20~30%의 학습장애 아동에게서 유전적인 경향이 발견된다는 보고가 있다.

(3) 환경적 요인

가정을 비롯한 교육환경은 아동의 학습과정에 영향을 미치고, 이는 아동의 뇌기능에 영향을 미칠 수 있다. 불화가 심하고 아동을 신체적 또는 심리적으로 학대하는 가정환경에서 아동은 불안에 휩싸여 지적 잠재력을 발휘하지 못하고 학습저하를 나타낸다. 또는 아동의 학습저하는 부모로부터 꾸중이나 처벌을 유도하여 아동의 불안을 증대시켜 학습기능을 더욱 저하시키는 악순환을 초래한다. 학습장애는 부모의 교육수준, 특히 엄마의 교육수준과 매우 높은 상관이 있는 것으로 보고되고 있다. 교육수준이 낮은 엄마가 자녀에게 적절한 교육을 제공하지 못하거나 잘못된 교육방법을 사용하는 것이 학습장애를 유발할 수 있다. 교사의 잘못된 교육방법도 학습장애를 유발하는 원인이 될 수 있다.

4) 학습장애 아동교육

(1) 심리적인 안정과 지지

학습장애를 가지고 있는 아동은 전반적으로 항상 실패와 꾸중 속에 살아서 자신감이 없고, 자신을 스스로 높이는 자존감 또한 낮다. 그러므로 이러한 아동의 마음을 다루어 줄 때에는 자신감과 자존감을 높여주는 방법이 가장 좋다고 할 것이다. 이러한 방법으로는 해당 아동이 쉽게 성취할 수 있는 과제물부터 시작하여 자신감을 키워주는 것이 중요하다. 그리고 실패는 자신의 잘못이 아니라 자신의 능력을 제대로 활용하지 못했기 때문이라는 것을 깨닫게 해 주어야 한다. 배우는 것에 대한 자신감을 갖도록 격려와 칭찬을 아끼지 않는 것 또한 중요하다.

(2) 생활지침 제공

학습장애 아동은 스스로 계획을 세워 공부하지 못하기 때문에 부모나 선생님들이 정리하고 계획하는 기술을 가르쳐 주어야 한다. 매일 사용하는 책, 과제물, 외출복 등을 놓는 장소를 정해서 쉽게 찾도록 하는 것부터 과제에 필요한 준비목록을 제공하는 것, 시간표 짜는 것, 과제물 확인과 포켓 홀더에 자료를 정리하게 한다. 그리고 주의력 향상을 위한 지침과 듣기 능력 지침을 주고 확인한다. 좀 더 개별적으로 학습장애를 돕기 위해서는 교과과정을 조절하여 학습자가 흥미를 느낄 수 있는 내용과 자료를 준비하는 것이 필요하고, 무엇보다 시간 관리를 잘하도록 해야 할 것이다. 학습장애 아농을 둔 부모는 자녀가 할 수 없는 것을 강조하기보다 잘하는 것을 발견하여 강점을 키워주도록 해야 한다. 될 수 있는 한집안에서의 일상은 단순화하고 이야기는 직접적이고 긍정적으로 하며, 다른 사람과 더불어 사는 방법을 배울 수 있도록 도와주고 자녀가 스스로 중요한 존재임을 알게 해야 한다.

(3) 전문치료

학습장애 정도가 심한 아동을 위해서는 전문치료가 요구되며, 학습장애의 효율적인 치료를 위해서는 치료자의 역할이 중요하다. 치료자가 갖추어야 할 덕목 가운데는 아동을 사랑하는 마음과 라포(rapport)의 형성기술, 책임공유, 치료과정의 구조화, 정직성, 성공경험, 흥미제공 등이 요구된다.

3. 정서행동장애: ADHD

1) ADHD의 개념이해

주의력결핍 및 과잉행동장애(attention deficit hyperactivity disorder: ADHD)란 아동이 지속적으로 주의력이 부족하고 산만하여 과다활동 및 충동성을 보이는 상태를 말한다. 즉, 행동, 충동, 주의를 조절하는 데 어려움이 있는 것을 특징으로 하는 신경학적 상태를 말한다.

ADHD라는 용어가 사용된 것은 1980년대 중반부터이다. 그전에는 '미세뇌기능장애(minimal brain dysfunction: MBD)'라는 용어를 사용했는데, 이는 1950년대 뇌의 미세한 손상으로 인해서 통제 불가능한 정도로 돌아다니고, 충동적으로 행동하며, 주의집중을 하는 데 어려움을 겪는 아동을 진단하는 용어였다. 그러나 1970년대 미세뇌기능장애가 있는 아동은 장애가 있는 것으로 간주되지 않고 단지 문제가 있는 아동으로 여겨졌다. 이때는 활동수준을 조절하는 데 어려움이 있는 아동에 대해 '과잉운동 반응장애(hyperkinetic reaction disorder: HRD)'라는 진단을 했었다. 이후 1980년대 중반쯤에 이르러 '미세뇌기능장애'라는 용어는 더 이상 의학적 진단으로써 사용되지 않고 미세뇌기능장애와 관련된 증상을 보이는 사람들은 '주의력결핍 및 과잉행동장애(attention deficit hyperactivity disorder: ADHD)', '주의력결핍장애(attention deficit disorder: ADD)'라는 용어가 처음 공식화되었다. 그리고 1990년대 초반부터는 과잉행동과 주의력 문제를 동시에 가지고 있는 아동이 많다는 연구 결과가 밝혀지기 시작했다. 그러나 진단적 절차에 따르면, ADHD와 ADD를 동시에 가지고 있다고 진단할 수 없으므로, 이 두 가지 증상 모두에 해당되는 아동을 어떻게 볼 것인가에 대한 의문들이 일기 시작하였다. 이후 혼란이 일어나 미국정신의학회(American psychiatric association: APA)

에서 '주의력결핍장애(ADD)'라는 용어는 사용하지 않기로 하고 '주의력결핍 및 과잉행동장애(ADHD)'라는 새 진단명을 사용하게 되었다.

주의력결핍 및 과잉행동장애(ADHD)는 네 가지 특정 상태를 포함하는 포괄적 용어이다. 첫 번째 상태는 주의력결핍 우세형(ADHD-I), 두 번째 상태는 과잉행동 충동 우세형(ADHD-HI), 세 번째 상태는 복합형(ADHD-C), 네 번째 상태는 ADHD-NOS 또는 달리 분류되지 않는 형(not otherwise specified)이다. 이 중에서 55% 정도가 복합형(ADHD-C)이고, 27%가 주의력결핍 우세형(ADHD-I)이며, 나머지 18% 정도가 과잉행동 충동 우세형(ADHD-HI)이다.

2) ADHD의 증상과 유병률

(1) ADHD의 증상

ADHD의 주요 증상은 끊임없이 말을 하며 방황하거나 계속 안절부절못하고 아주 불안해 보이며 일반적으로 욕구불만을 잘 견디지 못한다. 또한 이런 아동은 다른 아동을 때리고 괴롭히며 타인에게 간섭하는 버릇이 있다. 또한 정서변화가 심하고 분노표출이 과격하며 좌절을 견디는 능력이 약하며, 인내와 끈기를 요구하는 학습과제 수행에 약하기 때문에 학업부진이 될 가능성이 높다. 그리고 이런 행동은 아동에게 불안증, 우울증, 정신분열증, 자폐증 및 상황에 따른 스트레스를 일으킬 수 있다. 이런 문제로 또래와의 관계와 사회적인 적응에 심각한 문제를 일으키며, 그 결과 낮은 자존감 등의 정서적 부적응을 초래할 수 있다. 이런 관계의 악화는 후에 반항장애, 품행장애로 발전될 가능성도 있다.

(2) ADHD의 유병률

1990년대 중반 이래 주의력결핍 및 과잉행동장애로 밝혀진 아동의 숫자는 300% 가량 폭발적으로 증가했다. 행동장애의 발생빈도를 살펴보면, 미국의 경우 학령기 아동의 3~7%이며(DSM-5), 남아가 여아에 비하여 4~9배 정도 더 많은 것으로 나타났다. 우리나라의 경우 한국보건연구원의 조사결과에 따르면, 10세 이하 아동의 8.6%가 ADHD 문제를 가진 것으로 밝혀졌다. 이는 일반학교 저학년 학급당 약

3~4명의 아동이 행동치료사 및 부모, 교사의 관심과 중재를 필요로 하고 있음을 의미한다.

주의력결핍 및 과잉행동장애는 지속적인 주의력 산만(inattention) 및 과다활동(hyperactivity), 충동성(impulsivity)을 나타내며 다른 문제와 동반질환으로 나타나는 경우가 많다. 연구에 의하면, ADHD 단독으로 발생하는 경우는 31.8%인데 비해, 도전적 반항장애와 함께 발생하는 경우는 39.9%이고 불안장애는 38.7%이다. 그리고 품행장애는 14.3%, 우울증 등 기분장애는 3.8%, 틱장애는 10.9%가 함께 발생한다는 보고가 있다.

3) ADHD의 진단기준

ADHD의 가장 보편적인 진단기준으로는 미국정신의학회에서 정한 DSM-5 기준(criteria)을 따른다. 그리고 부모와의 임상 면담, ADHD 아동의 직접적 관찰, 지능검사, 학습태도나 성취관련 검사, 시·지각 발달관련 검사 그리고 행동특성에 관한 여러 가지 평정척도 등에 의하여 수집된 다양한 자료를 통합적으로 해석함으로써 이루어진다. 또한 부모 및 교사 설문조사, 참고자료 검토, 인지검사, 의학적 검사 및 평가, 심리검사 등이 사용된다.

4) ADHD의 원인

ADHD의 발병은 다양한 원인에 의해 기인된다는 것이 학자들의 일치된 견해이다. 지금까지 연구된 결과에 의하면 유전적 요인, 뇌손상, 전전두엽(prefrontal lobe)의 신경해부학적 인자의 문제, 도파민(dopamine)과 노르아드레날린(nor-adrenaline)의 기능장애에 의한 신경생화학적 문제, 신경생리학적 문제로 노르아드레날린계 청반(locus ceruleus)의 기능장애가 생겨 아드레날린계의 억제가 실패하여 과다 경계(hyper vigilance)가 발생하여 생긴다는 견해가 있다. 그리고 독감 등의 후유증으로 생기는 뇌염이 있은 후에 ADHD와 유사한 증세를 보이는 경우가 많다고 보고되고 있으며, 혈중의 납 농도가 높을수록 행동 및 인지기능의 장애가 많다고 보고되고 있다. 또한 임산부의 음주는 태아의 뇌 발달을 방해하여 출생 후 아동이 ADHD 증상을 보일 가능성이 높은 것으로 나타나고 있다.

종합적으로 볼 때, ADHD의 증상은 대뇌의 전두부의 기능 이상에 의한 것이라고 생각되나, 어떤 경우에는 이러한 기능장애가 유전적인 경우도 있고, 다른 경우에는 출산 전이나 출산 과정에서의 미세한 뇌손상이 원인이 될 수 있다. 그리고 출산 후 특히 생후 1년 동안의 뇌손상, 납중독 등의 결과로 기능장애가 생기는 경우도 있다. 또한 이 질환은 사회심리적인 요인의 상호작용으로도 발생하기 때문에 생물학적 취약성에서만 비롯된다고 할 수 없다. 특별히 ADHD 청소년이 일반적인 청소년에 비해 문제행동이 많이 나타나는 이유 가운데는 부모와 자녀관계가 원만하지 않은 경우가 더 많고, 주변으로부터의 부정적인 평가, 학업성취에 있어서의 좌절 경험이 더 많기 때문으로 보인다.

5) ADHD의 치료와 교육

ADHD라는 진단을 받았을 때 부모들이 흔히 느끼는 감정은 분노, 슬픔, 수용적 태도로 구분된다. 모든 부모는 자기 자녀에게는 아무것도 잘못된 것이 없다고 말해주기를 바란다. 자녀가 ADHD라고 진단을 받으면 자책하거나 자기 자신에게 화를 내는 경우도 있고, 대부분의 부모는 자녀에게 장애가 있다는 사실에 직면하면 슬퍼하지만, 가장 바람직한 반응은 자녀가 ADHD라는 사실을 알았을 때 수용하는 자세이다. 부모가 자녀의 ADHD 사실을 수용하게 되면 자녀를 돕기 위해 어떤 방법이 최선인지를 알고자 살망하게 된다.

ADHD 자녀를 둔 부모는 다른 부모들보다 더욱 자녀의 자아존중감을 북돋아 주어야 하며, 자녀가 어느 방면에 재능이 있는지를 찾으려는 노력을 해야 한다. ADHD인 자녀를 돕는 가장 기초적인 것 중 하나는 이 장애에 대한 최근의 정보를 알아보는 것이다. 그리고 ADHD에 대해 잘 알고 신뢰할 수 있는 전문가에게 자문을 구하는 것이 유익하다. 또한 ADHD의 자녀를 치료하기 위해서는 장애에 대한 관점을 바꾸고 치료에 적극 협조하면서 바람직한 교육방식을 익혀나가야 할 것이다.

ADHD 아동의 치료 방법은 정도와 양상에 따라 다양하며, 다음과 같은 종합적인 치료 방법이 요구된다.

(1) 약물치료

ADHD의 가장 일반적인 치료 방법으로는 약물치료가 있다. 약물은 중추신경계를 자극하여 ADHD의 많은 파괴적인 행동을 감소시키고, 주의력결핍이나 과잉행동을 완화시키는 데 효과가 있다. ADHD의 치료 약물로는 리탈린(ritaline)과 덱시드린(dexedrine), 페몰린(pemoline) 등이 있다. 미국 식품의약국(the U. S. food and drug administration: FDA)에서는 3세 이상일 때 덱시드린을, 6세 이상일 때에는 리탈린의 상용을 승인하고 있다. 이외에도 불안장애나 우울장애가 함께 있는 경우와 틱장애가 있어서 리탈린 같은 중추신경 자극제를 사용할 수 없는 경우에는 항우울제를 사용하는 경우도 있다. 약물을 사용하면 지나친 활동량이 줄어들고, 학업과 학업에서의 수행 변화와 사회적 행동변화에 도움이 된다. ADHD 치료제는 거의 경구 복용하며, 혈관으로 흡수되어 빠르고 쉽게 뇌로 침투하지만 24시간 이내에 신체에서 제거된다. 약을 복용한 후 30~45분이면 약 효과가 나타나고 3~4시간 동안 지속된다. 약물을 사용함에 있어서 나타나는 부작용으로는 두통, 위통, 오심, 식욕부진, 불면증, 근심, 과민성, 잘 우는 것 등이 있지만 이 같은 경우는 그다지 많지 않은 것으로 보고되고 있다.

(2) 심리사회학적인 치료

ADHD 아동의 치료는 약물치료를 통해 많은 효과를 거두지만, 심리사회학적인 측면을 병행해서 다루어 줄 때, ADHD 증상이 더 많이 개선되고 있음이 여러 연구에서 밝혀지고 있다. ADHD를 위한 심리치료는 행동치료, 인지치료, 바람직한 의사소통방식의 교육 등이 있다. 그리고 환경치료로 주변 환경을 차분하게 만들어 주는 것 또한 중요하다. 하지만 이러한 방법은 한 번 교육이나 치료로 실행되기 어렵기 때문에 꾸준히 실천해야만 서서히 그 효과가 나타난다.

(3) 지지집단 활용

ADHD는 현대사회에 흔한 질병으로 대두되었다. 이 질병을 위해서 많은 의학자와 심리치료자가 의학적 약물치료와 심리사회적 치료를 통한 상호보완적인 효과를 끊임없이 추구하고 있다. 하지만 모든 질병이 그렇듯이 치료효과를 얻기까지는 힘든 과정이 요구된다.

『리틀 몬스터(*The little Monster*)』라는 책을 쓴 Robert Jergen은 ADHD를 평생 가지고 있으면서 피나는 노력으로 공부하여 위스콘신(Wisconsin) 대학의 특수교육과 교수가 되었다(Robert Jergen, 2004).

ADHD 아동을 위한 가족구성원의 이해와 지역사회 공동체와 학교가 이들의 특성을 잘 이해하고 도와주어야 할 것이다.

4. 품행장애

1) 품행장애의 개념이해

품행장애(conduct disorder)는 반사회적, 공격적, 도전적 행위를 반복적, 지속적으로 행하여 사회적, 학업적, 직업적 기능에 중대한 지장을 초래하는 장애를 의미한다. 사회적으로 용납되지 않은 행동을 지속하는 것이 품행장애의 주된 증상으로 비행, 공격성이 동반된다. 가족뿐만 아니라 대인관계 전반에서 나타날 수 있으며 학교, 사회에서도 나타난다. 심리적 관점으로는 품행장애로 보지만 사회적으로는 일탈행동(misbehavior, deviant behavior), 법률적으로는 청소년 비행(juvenile delinquency)에 해당된다. 대한민국에서는 연령에 따라 14~20세에 형법법령에 저촉되는 행위를 했을 때는 범죄행위, 12~14세는 촉법행위라고 한다. 범죄는 아니지만 범죄를 저지를 우려가 있다고 인정되는 행위를 우범행위로 규정한다. 품행장애는 1950년대에 '청소년 비행'이라는 용어로 청소년기에 나타나는 행동장애로 간주되었고, 1990년대에 와서야 품행장애(conduct disorder)라는 용어를 사용하였다.

2) 품행장애의 행동특성과 유병률

(1) 품행장애 아동 및 청소년의 행동특성

① 타인과의 공감대 결여

품행장애가 있는 아동·청소년의 행동 양상은 대개 집, 학교, 지역사회와 같은 다양한 장면에서 나타나는데, 이러한 증세가 있는 아동·청소년은 다른 사람과의 공감대가 없고 다른 사람의 감정, 소망, 안정에 관심이 없다. 특히 애매모호한 상황에서 다른 사람의 의도를 실제보다 적대적이고 위협적인 것으로 오해하며, 이에 따라 공격적으로 반응하며 자신이 정당하고 합리적이라고 느낀다.

② 죄책감 결여

품행장애 아동·청소년은 냉담하며 죄책감이나 자책감이 결여되어 있다. 이들은 죄책감을 표현함으로써 처벌을 줄이거나 처벌을 모면할 수 있음을 알기 때문에 그들이 표현하고 있는 죄의식이 진실한 것인지 아닌지를 평가하는 것은 어렵다.

③ 자신감 부족

품행장애 아동·청소년은 남에게 '강인한 인상'을 주고자 하지만 흔히 자신감이 부족한 상태에 있다. 이들은 인내력이 부족하고 자극받기 쉬운 과민한 상태에 있으며 폭발적인 기질과 무모함이 흔히 동반되어 나타난다.

④ 무모하고 위험한 행동 동반

품행장애 아동·청소년은 학교 휴학 또는 퇴학, 성병, 예기치 않은 임신, 싸움으로 인한 신체적 손상, 흡연, 불법약물 사용 등의 무모하고 위험을 초래하는 행동이 동반되고 특히 불법약물을 사용할 경우 품행장애가 지속될 위험성이 있다.

⑤ 학습장애와 더불어 중복장애 동반

품행장애자는 평균 이하의 지능이 동반되기도 하고, 학업수행 특히 독서나 다른 언어적 기술이 나이와 지적 능력에 비해 기대되는 수준보다 흔히 낮다. 따라서 품행장애는 학습장애와 더불어 불안장애, 기분장애, 물질관련장애 가운데 한 가지 이상의 장애를 동반하기도 한다.

⑥ 품행장애와 성인기의 반사회적 행동과의 연관성

소년원에서 출소한 청소년을 대상으로 한 9년간의 추적 연구에서 94%가 성인기에 범법 기록을 가지고 있으며, 그중 73%는 난폭한 범죄를 저질렀고, 10%만이 고등학교를 졸업하였다고 한다. 품행장애로 진단된 9,945명의 아동을 대상으로 한 미국 필라델피아에서 시행된 연구에서는 18세까지 35%가 체포된 경험이 있으며, 이 중 6%는 반복적인 범죄를 저질렀는데 이 6%가 행한 범죄행위의 숫자가 전체 연구 대상이 행한 비행 행동의 50%를 차지하였다(오윤선, 2010). 역학 연구(Robins et al., 1991)의 결과 아동 · 청소년의 품행장애가 성인기의 정신장애 즉 반사회적 인격, 약물남용, 조증, 정신분열증, 강박장애와 연관성이 매우 높음을 보여준다. 만 6세 이전에 여덟 가지 이상의 심한 품행 문제를 보이는 경우는 71%, 6~12세 사이에 시작하는 경우는 53%, 12세 이후에 시작하는 경우는 48%가 성인기에 반사회적 행동을 보인다고 한다. 그리고 6세 이전에 다섯~일곱 가지의 중등도의 품행 문제를 보이는 경우는 24%, 6~12세 사이에 시작한 경우는 16%, 12세 이후에 시작한 경우는 10%가 성인기에 반사회적 행동을 보인다고 한다. 세네 가지의 경도의 품행 문제를 보이는 경우에는 6세 이전에 시작하면 3.2%, 6~12세 사이에 시작하면 1.9%, 12세 이후에 시작하면 0.9%가 성인기에 반사회적 행동을 보인다.

(2) 품행장애의 유병률

품행장애의 유병률은 지난 10여 년 사이에 계속 증가되었고 시골보다는 도시에서 더 높았다. 유병률은 표본 집단의 성질과 조사방법에 따라 다양하며, 18세 이하의 남자는 유병률이 6~16%였고 여자는 2~9%였다. 품행장애는 아동 및 청소년을 위한 정신보건기관의 외래 및 입원상황에서 가장 흔히 진단되는 장애 가운데 하나이다.

3) 품행장애의 진단기준

DSM-5에 따른 품행장애의 진단기준은 다음과 같다.

① 품행장애의 증상은 다른 사람의 기본적 권리를 침해하거나 나이에 적합한 사회적 규범이나 규칙을 위반하는 행동을 지속적이고 반복적으로 나타내는 것이다(진단기준 A). 이런 행동들은 4개의 주된 행동 군으로 나누어지는데, 다른 사람이나 동물에게 신체적인 해를 가하거나 위협을 가하는 공격적 행동(진단기준 A1-A7), 재산상의 손실이나 손상을 가하는 비공격적 행동(진단기준 A8-A9), 사기 또는 절도(진단기준 A10-A12), 심각한 규칙 위반(진단기준 A13-A15)이다. 이 가운데서 세 가지 이상의 특징적 행동이 지난 12개월 동안 있어 왔고, 적어도 한 가지 행동이 지난 6개월 동안 있어야 한다.

② 행동장애가 사회적, 학업적 또는 직업적 기능에 있어서 임상적으로 현저한 손상을 초래한다(진단기준 B).

③ 품행장애는 18세 이상의 경우에도 진단내려질 수 있지만, 반사회성 인격장애의 진단기준을 충족시키지 않는 경우에 한해서만 품행장애가 진단내려진다(진단기준 C).

4) 품행장애의 원인

(1) 가족환경 및 유전적 요인

반사회적 인격장애를 가지거나 알코올과 같은 물질을 남용하는 부모의 자녀에게서 품행장애가 발생할 위험성이 높다. 그리고 품행장애 아동·청소년의 가족에서 반사회적 성격, 물질남용, 기분장애, 정신분열증, 학습장애와 기타 행동문제가 많다고 보고되고 있다. 특히 품행장애를 가진 아동·청소년의 아버지나 남자 친척에서 반사회적 행동의 빈도가 높다고 한다. 이러한 소견은 품행장애가 가족환경 및 유전적인 요인이 있음을 시사한다.

(2) 신경심리학적 결함과 경련성 질환

품행장애 아동·청소년은 정상에 비해 신경학적 증세, 신경심리학적 결함(특히 부주의)과 경련성 질환을 가지는 경우가 많이 보고된다. 공격적 행동의 정도는 신체적 학대의 과거력, 두부 및 안면 손상, 신경학적 이상소견, 주의력결핍 과잉행동장애, 출산 시의 문제와 상관관계가 있다고 한다. 극단적으로 난폭한 청소년의 경우 심각한 학습과 의사소통의 문제가 있으며 약 20%에서 간질을 가지고 있고 (정상인은 1% 이하), 60%에서는 정신병적 증세가 있다는 보고도 있다.

(3) 피부전도성 이상 및 심장박동수와 혈압 이상

지속적이고 심각한 공격적 행동을 보이는 품행장애는 피부전도성의 이상과 연관이 있고, 이 피부전도성의 이상은 충동조절에 중요한 기능을 담당하는 뇌의 전전두엽(prefrontal cortex) 구조와 관련되어 나타나는 것으로 보고되고 있다. 또한 심장박동수와 혈압과도 관련이 있는데, 비사회화된 품행장애에서 대조군에 비해 평상시에 낮은 수축기 혈압을 보인다는 연구 결과도 있다.

(4) 신경전달물질 이상 및 기타 요인

신경전달물질(catecholamine, serotonin)의 이상, 남성호르몬(testosterone)의 과다 분비, 뇌파 이상, 부모의 거부와 무관심, 가혹하고 일관성 없는 양육방식, 신체적 학대나 성적 학대, 지도의 결여, 어린 시절 수용시설에서의 생활, 보호자의 잦은 교체, 대가족의 크기, 비행 친구와의 섭촉, 가속의 정신 병리의 요인으로 발생한다. 특히 부모가 반사회적 인격 장애를 가지거나 알코올 중독인 경우 그 자녀에게서 발생할 위험성이 높다.

5) 품행장애의 치료와 교육

품행장애의 치료는 아동의 품행장애의 증상과 심각성의 정도에 따라서 가족에 대한 중재, 사회적 지지의 제공, 개인이나 가족의 정신 병리에 대한 정신치료, 약물치료 등 다양하게 이루어지고 있다. 치료 장소는 가정, 학교, 병원(외래, 입원, 주간치료센터), 기숙학교, 특수한 비행 프로그램, 교도시설 등 매우 다양하다. 치료적 접근 방법도 다양해서 개인 혹은 집단치료, 행동치료, 부모교육, 인지치료 그리고 약물치료 등 치료자의 품행장애에 대한 개념에 따라 시행되고 있다. 극소수의 품행장애에서는 한 가지의 치료 방법이 결정적으로 중요할 수도 있겠지만, 대부분의 경우에는 다양한 치료방법을 동시에 사용하여 치료해야 효과를 볼 수가 있다.

치료의 시작부터 끝까지 필수적인 사항은 첫째, 바람직하지 못한 행동을 억제하고 견제해 주는 구조(틀)를 확고히 하며 둘째, 안전과 치료 환경을 동시에 제공해 주는 효과적인 한계를 설정하는 것이다. 가정 안에서의 한계 설정은 부모 간의 갈등, 부모의 부재, 일관성 없는 훈육, 애매하거나 낮은 기대, 부모의 우울 등에 의해 방해받는 경우가 많다. 한계를 새로이 수립하거나 고쳐 나가는 것은 부모상담, 부모치료, 가정에서의 지도 관찰, 학교에서의 주기적 감독, 법률 기관의 이용 등을 통해 이루어질 수 있다. 우선 해당 아동·청소년의 '행동이 얼마나 위험한가?' 그리고 '환경적 인자가 얼마나 아동의 품행문제에 기여하는가?'라는 관점에서 아동·청소년을 집에서 다니며 치료를 할 것인가, 아니면 가족으로부터 격리시켜서 치료할 것인지를 결정해야 한다. 아동·청소년 품행장애를 위한 치료적 접근에는 다음과 같은 다양한 방법이 있다.

(1) 약물치료

아직까지 품행장애에 선택적인 치료효과를 보이는 약물은 없다. 하지만 품행장애 청소년들 중 충동적이거나 공격적인 행동으로 자신이나 타인에게 위험한 경우, 주의력 집중이 안 되어 치료에 협조하기가 어려운 경우, 우울증 등 다른 정신장애가 동반되는 경우에 약물치료가 매우 효과적이다.

(2) 행동치료

품행장애 치료에서 많이 사용하고 있는 행동치료는 문제행동을 목표 증상으로 하여 직접적으로 교정하고 훈련시키는 기법이다. 이는 모델링(modeling), 재강화(reinforcement), 연습(practice), 역할수행(role playing)과 같은 직접적인 수련을 통해 새로운 행동양식을 습득하게 하는 방법이다. 가정이나 학교와 같은 문제행동이 실제로 발생하는 상황을 놓고 훈련이 이루어진다. 전통적인 카운슬링에 비해 문제행동을 줄이는 데 2배 이상의 효과가 있다고 보고되었고, 가장 효과적인 치료법의 하나로 인정받고 있으며 여러 치료 현장에서 가장 많이 이용되고 있다.

(3) 인지행동치료

행동치료적 기법과 아울러 자기조절 및 문제해결능력에 대한 인지적 훈련을 동시에 시행하는 인지행동치료가 있다. 이 기법은 분노조절, 충동조절 및 의사소통능력 증진에 효과적이다.

(4) 정신치료

치료자와의 새로운 대인관계를 경험하면서 자신의 행동에 대한 통찰을 제공하고, 행동의 새로운 양식을 탐색함으로써 올바른 감정적 경험을 하는 개인 정신치료와 동병상련의 관점에서 서로 간에 긍정적인 나눔을 촉진하고, 사회적 기술을 증진시키는 효과를 가지게 하는 집단정신치료가 있다.

(5) 입원치료 및 다양한 심리기법

다른 치료법을 사용하는 과정에서 어려움을 겪는 경우와 가정 등의 환경적인 영향을 많이 받는 경우 그리고 위험성이 높은 품행 문제를 보이는 경우에 입원치료를 고려할 수 있다. 마음을 잘 열지 않는 아동·청소년들의 경우 그림, 붓글씨, 종이 공작과 같은 미술요법, 음악요법, 심리극 등을 통하여 자신의 숨은 감정을 표현하고 승화시킬 수 있는 기회를 제공해 줄 수 있다.

(6) 가족치료

개인이 아닌 가족에 초점을 둔 치료 방법으로는 부모가 바람직한 행동에 주의를 기울이지 않거나 비행에 대해 지나치게 가혹한 처벌을 줌으로써 결과적으로 자녀는 여러 가지 비행을 저지르게 된다. 그 결과 부모의 관심을 얻게 되는 악순환이 반복되는 경우가 많으므로 부모 훈련을 실시한다. 이 방법은 부모가 가정에서 아동·청소년의 행동을 변화시키기 위한 훈련을 받는 것이다. 자녀를 다루고 대화하는 기술을 지침서나 비디오를 이용하여 익히게 된다. 품행장애의 가족은 가족구성원끼리 서로 지지적이지 못하고 희생양이 생기거나 한 구성원이 고립되는 경우가 많으므로 가족 상호 간의 긍정적인 재강화를 촉진시키고, 명쾌한 의사소통을 확립시키는 기술과 문제발생 시에 서로 간에 건설적으로 타협하도록 도와준다.

(7) 예방활동

품행장애를 치료하는 것도 중요하지만 무엇보다 소아마비 예방접종을 시행해서 소아마비를 예방하는 것과 같이 아동을 대상으로 품행장애 발생의 위험인자를 줄이고, 회복인자를 증진시켜주는 예방활동이 중요하다. 특히 범죄의 발생을 막는 것을 목표로 한다면 사춘기 이후는 너무 늦으므로 조기에 중재해야 한다. 다시 말해, 초등학교 저학년을 대상으로 한 문제행동 아동의 조기발견 중재가 효과적이다.

Educational Psychology

4

교수 및 학습이해

PART 4

EDUCATIONAL PSYCHOLOGY

행동주의

CHAPTER 7

1. 학습의 이해

1) 학습의 의미

인간의 모든 행동은 학습과 관련되어 있다. 그렇기 때문에 인간의 행동을 이해하기 위해서는 인간의 태도, 습관, 신념, 언어, 목적, 성격, 적용, 부적응, 지각 등 심리학적 학습의 의미를 먼저 이해하여야 한다. 첫째, 학습은 꼭 학교 교실에서만 이루어지는 것이 아니라 일상생활에서 시간과 장소를 가리지 않고 끊임없이 이루어지고 있다. 둘째, 학습에 대한 자극에 대하여 정확한 반응을 하여야만 인정받는 것은 아니다. 셋째, 학습은 반드시 깊은 사고나 의식적 노력의 결과로 이루어지는 것이 아니다. 운동을 할 때, 틀린 방법을 모른 채로 계속할 수 있겠으나 코치가 틀린 것을 지적해 주면 그때서야 비로소 알게 된다. 끝으로 학습은 태도, 정서 등 모든 행동에 영향을 준다.

현대 심리학의 경향에 있어서 크게 각광을 받고 있는 연구 분야는 '학습(learning)에 관한 연구'이다. 이는 학습의 문제가 가장 중요한 시대적 과제가 되고 있기 때문이다.

학습이란 인간이 그때그때 환경에 적응하여 가는 발달과정의 한 측면이라고 볼 수 있다. 어떤 환경에 직면했을 때 지금까지 사용해 왔던 행동패턴으로 적응이 불가능하면 새로운 적응방식을 찾아 행동하게 된다. 이 새로운 적응방식이 그와 유사한 환경에 직면했을 때, 보다 원만하게 적응할 수 있도록 도움을 주었다면 여기에서 학습이 성립되는 것이다. 이러한 행동이 반복되면서 신속히 그리고 효과적으로 행동하게 되어 그 상황에 보다 훌륭하게 적응해 가는 것이다. 그러므로 학습은 일정한 지식과 기술, 태도를 습득한 종전의 경험을 기초로 하여 다음 행동을 새로운 상황에 적응시켜 가는 진보적 과정이다.

학습에 대한 정의는 학자에 따라 그리고 그들의 접근에 따라 표현을 달리하고 있으나 보편적으로 세 가지로 분류가 가능하다.

첫째, 학습은 행동의 변용이다.
둘째, 학습은 자극과 반응의 결합이다.
셋째, 학습은 장의 재체제화 또는 인지과정과 인지구조의 재체제화이다.

Gates(1950)는 위에서 제시한 세 가지 관점을 광의로 종합하여 "학습이란 경험이나 훈련에 의해서 이루어지는 행동의 변용이며 그것은 비교적 영속적이고 진보적이며 바람직한 행동의 변용"이라고 정의했다.

광의의 학습은 경험의 결과로 행동에 어떤 변화가 발생한 것을 말하고 있는 것이다. 즉, 일련의 경험에 의한 행동의 변화야말로 학습의 본질이라고 할 수 있으며 변화라는 용어 이외에도 변용, 개선, 획득 그리고 취득이라는 말도 학습의 개념에 포함시킬 수 있다. 따라서 학습이란 학습자의 선천적 경험이나 훈련에 의한 행동의 변화, 변용, 개선, 획득 혹은 취득이라 할 수 있다. 또한 사실과 사실 사이의 관계를 규명하고 인지의 구조가 변한다든지 장애를 제거하여 문제해결의 능력이나 이해를 얻는 것도 학습에 의존하는 것이다(Guthrie, 1962).

2) 학습의 요인

학습이라는 행동은 몇 가지 조건적 요인들에 의해서 좌우되는데, 그것은 곧 학습의 주체자 즉, 학습자의 주체적 조건과 객관적, 환경적 조건의 두 요인이다. Lewin은 인간의 행동을 B=f(P·E)라고 표현한 바 있다. 즉, 인간의 행동 값은 매개변수 f의 욕구 P와 환경 E에서의 함숫값이라는 것으로 설명한 것이다. 학습 역시 행동이기 때문에 Lewin의 함수 B=f(P·E) 즉, 학습의 조건은 학습자와 학습 환경과의 역동적인 상호작용에 의해서 효과적인 학습이 달성된다는 표현이 가능하다.

여러 가지 학습조건 가운데서 학습자의 조건으로서 생리적 요인과 심리적 요인 그리고 학습환경의 조건으로서 물리적 요인과 사회적 요인 등 네 가지 요인에 대해서 살펴보면 다음과 같다.

(1) 생리적 요인

생리적 요인(physiological factor)은 인간의 건강을 유지하고 성장을 조장하는 데에 필수적인 조건이다. 또한 학습활동을 원활하게 성취시키는 데도 중요한 요인이 된다. Hull은 "궁극적으로 행동과학은 생리학에서 연구되어야 한다."고 했으며, "현재 알려져 있는 바와 같은 신경계통의 미세한 해부학적, 생리학적 설명과 전체적 행동의 합리적으로 적절한 학설을 구성하는 데 있어서 불가결한 것과의 사이에 있는 갭(gap)을 초월할 수 없다."고 했다. 그리고 형태심리학파의 제창자 중 한 사람인 Köhler(1925)도 "모든 심리적 현상의 설명은 궁극적으로는 신경생리학적 과정으로 환원함으로써 이루어져야 한다."고 독자적인 입장을 고수하고 있다.

여기서 알 수 있는 사실은 학습 성과의 성공 여부는 학습 주체인 학습자 자신의 신체적·생리적 요인에 달려 있다는 것이다. 신체적·생리적 기능의 장애 즉, 선천적 허약 체질, 각종 질병, 신체적 결함, 근시, 원시, 난시, 편안 등 청각장애 및 심한 난청이 있다. 그리고 내분비선 기능의 하나인 갑상선 호르몬의 기능 저하도 지적 발육과 대사기능을 저하시켜 학습활동의 저해요인이 되고 있다.

앞에서 살펴본 바와 같이 신체의 제반 생리적 기능으로 감각기능, 신경계통, 호흡기능, 내분비기능, 소화 및 배설기능 등의 정상적 유지와 발육상태는 정상적 학습 작용을 발휘하는 데 필수불가결의 조건이다. 이러한 일련의 사실로 추론해 볼 때 학습기제와 신경기제는 매우 중요한 관계라는 것을 부정할 수 없다(Hilgrad, 1962).

(2) 심리적 요인

심리적 요인(psychological factor)이라 함은 학습자의 지적 요인과 정서적 요인을 포함해서 말한다. 학습이 정상적으로 이루어지게 되는 요인은 학습자의 모든 지적 활동과 정의적 상태인데, 학습자의 지능을—지능이란 잠재된 선천적 능력이든 후천적으로 습득된 능력이든 간에 심리적 요인에서뿐 아니라 모든 학습의 조건 가운데서 가장 근저가 되고 핵심이 되는 것이다—비롯하여 학습자의 학습 정도 및 경험의 유무, 학습동기, 학습습관, 흥미, 태도, 가치관, 성격, 적성, 감정 및 정서 상태, 의지 및 노력 등 심리적 준비성을 가리킨다. 특히 정의적 요인 중에서 학습효과를 규정하는 데 가장 중요한 것은 학습태도와 학습동기이다.

(3) 물리적 요인

물리적 요인(physical factor)이란 학습 환경의 한 요인이며 학습자와 학습과정에 영향을 주는 조건으로서 학습효과를 충분히 발휘할 수도 있고 억제할 수도 있다. 또한 학습 의욕을 증진시킬 수도 있고, 저해할 수도 있는 것이다. 물리적 요인을 좀 더 구체적으로 살펴보면 교실의 크기 및 구조, 채광, 명도, 교실 내의 채색, 온도, 습도, 소음, 책상의 높이와 구조, 각종 교구 학습보조자료, 시설 및 설비, 교실 공간의 배치·배열 등이다. 이 물리적 요인은 학습의 시기와 장소, 학습 내용과 능력, 교사의 지도 방법에 따라서 적절하게 활용함이 매우 중요한 것이다.

이 물리적 요인 중에서 몇 가지 조건을 제시하고 학습효과와의 연관성 여부를 살펴보면 다음과 같다.

① 명도: 명도는 직접적으로는 시각기능을 돕고, 간접적으로는 정신신경계와 정서적 반응과도 관계가 깊다. 조명의 문제는 학교에서뿐 아니라 가정에서, 나아가서는 기업방면에서까지 사무 및 작업환경 조건으로서 작업능률 향상, 생산 제품의 질적 향상, 각종 사고의 예방 등에 크게 영향을 미친다는 사실을 여러 가지 실험이 이를 증명하고 있다. 작업이나 학습에 가장 적합한 명도는 광선의 반사면과 분산도에 관해서도 고려할 필요가 있다.

② 온도 및 습도: 모든 학습능률이나 작업 향상에는 가장 알맞은 온도와 습도 조건이 따라야 한다. 즉, 실내 온도가 너무 높거나 너무 낮으면 효율적인 학습효과는 기대할 수 없다. 학습작업에 적합한 온도는 학습자의 건강상태, 연령, 계절, 지역 및 국민성 등에 따라서 일정치 않다. 또한 습도에 있어서 불쾌지수가 75에 달하면 학습자의 50% 이상이 불쾌함을 느끼고, 79~80이 되면 누구나 불쾌함을 느끼고, 85 이상이 되면 견디기 힘들다고 한다.

③ 채색: 학습환경에 대하여 적절한 채색조건은 학습자의 심리적·정서적 안정감을 주어서 학습능률의 증진을 동반하는 데 불가결의 조건이 된다.

(4) 사회적 요인

사회적 학습환경을 구성하여 학습활동에 영향을 주는 요인에는 교사와 학급 동료들과의 관계로 인한 학급활동에 직접 도움이 되는 직접적 요인과 부모를 위시한 가족성원과 지역사회의 문화적·경제적 조건, 인적 자원 등의 간접적 요인이 있다.

교사는 학생들의 학습활동을 계획하고 준비하며 지도하는 지도자이다. 그들의 풍부한 학식과 효과적인 지도방법, 교사로서의 인품 및 자질, 정열적인 교육애, 투철한 교사관, 건전한 정신건강 등은 모두 학생의 학습의욕과 능률을 올리는 데 절대적인 조건이 된다. 여기에 학급 집단의 온화하고 부드러운 정서적 분위기는 학생들의 건전한 인격 형성의 한 요인이기도 하다. 그리고 이러한 학급환경 못지않게 학습효과에 영향을 주는 것은 가정 및 지역사회 환경이다.

가족 환경의 조건으로는 부모의 공존 여부, 조부모의 동거 여부, 형제 및 자매 수, 출생순위, 독자 등의 가족 구성과 부모의 직업, 교육수준, 가정환경의 문화적·경제적 조건, 가풍, 도덕적 행동규범, 따뜻한 가정의 분위기, 형제자매 간의 우애, 부모의 교육적 관심도, 자녀의 양육 및 훈련방법 등으로 학습 활동뿐만 아니라 인격형성에도 결정적인 요소가 된다. 또한 학생은 지역사회의 문화적 영향을 크게 받는다.

2. 행동주의 학습이론

행동주의 학습이론은 미국 심리학자인 John B. Watson(1878~1958)에 의해 주창되었다.

Watson은 인간의 외현적인 행동(overt behavior)을 관찰하여 그러한 행동을 일으킨 구체적인 자극을 알아낸다면 행동의 이유를 설명할 수 있을 뿐만 아니라 특정한 조건에서 인간의 행동을 예측할 수 있다고 주장하였다. 따라서 행동주의 학습이론의 근본적인 학습원리는 자극(stimulus)과 반응(response) 간의 결합이다. 자극이란 '학습자가 환경으로부터 받는 모든 것'이며, 반응은 '자극의 결과로 나타나는 행동'을 지칭한다. 이러한 '자극–반응 결합'이 학습이라는 주장은 행동주의 심리학자들의 공통적인 견해이다. 행동주의 학습이론은 S-R 연합이론으로 불린다. 대표적인 학습이론으로는 Pavlov의 고전적 조건화, Thorndike의 도구적 조건화, Skinner의 조작적 조건화이다. 각각의 학습이론들에 대해 자세하게 살펴보면 다음과 같다.

1) 고전적 조건형성

(1) Pavlov의 조건형성이론 개요

고전적 조건형성(classical conditioning)은 Ivan Pavlov(1849~1936)에 의해 체계화된 이론이다. 그는 러시아의 상트페테르부르크(Saint Petersburg) 군의학교 생리학 교수이자 노벨 생물학상 수상자(1904)로서 처음에는 개의 소화 기능에 관심을 가지고 개가 침을 흘리는 원인과 다른 것들을 결합시킬 수 있는가에 대해 대뇌기능과 타액분비 반응을 생리학적 입장에서 실험했다. 이 실험의 결과가 심리학계에 영향을 주어, 특히 미국의 행동주의 심리학에—Pavlov의 실험결과 나온 이론이 미국에 건너가 Watson의 행동주의와 결합하여 조건형성설(theory of conditioning)이라고 불리게 되었다. 이 이론은 새로운 행동의 성립을 조건과 반응에 의하여 설명하고 있다. 즉, 반응의 대상이 전혀 다른 것일지라도 어떠한 일정한 훈련을 받으면 동일한 반응이나 새로운 행동의 변화를 동반할 수 있다는 이론이다—지대한 공헌을 했다. 그래서 Pavlov의 실험 결과는 바로 행동주의 심리학의 기본적 이론의 기제가 되었다.

Pavlov는 개를 대상으로 하여 타액분비 상황을 체크했는데, 그는 이 실험을 통하여 '조건반사의 개념'을 유출했다. 개에게 음식물이 주어지면 침방울이 개의 뺨에 있는 도관을 통해 집합되며 그 전체량은 회전 먹이통에 침이 움직이는 장치로 기록된다. 개는 방음된 방에 있고 실험자는 조건자극(conditional stimulus: CS)과 무조건자극(unconditioned stimulus: UCS)의 배열을 조종하고 개의 반응을 자동 전자장치로 기록하였다.

Pavlov는 개의 소화 작용을 연구하였는데 개가 음식을 입에 넣기도 전에 음식 접시만 보아도 침을 흘리고, 심지어는 사람이 음식 접시를 가지고 오는 소리만 듣고도 타액을 분비한다는 데에서 착안하여 연구를 시작했다. 그리고 [그림 7-1]과 같은 장치를 하고 벨(bell) 소리를 약 30초 동안 들려준 후 음식물을 주었는데, 이러한 과정을 5~10분 간격으로 6~10회씩 매일 또는 격일로 여러 번 계속하였다. 이러한 과정을 거친 후에는 음식을 주지 않고 벨소리만 들려주어도 타액을 분비시키게 되었다. 처음에는 벨소리를 듣고도 침을 흘리지 않았으나 실험이 중복됨에 따라 벨소리만 들어도 자극이 타액을 분비하는 반응(response)을 수반하여 새로운 자극-반응(S-R)의 결합이 형성된 것이다. 이러한 현상을 조건형성(conditioning)이라고 부른다.

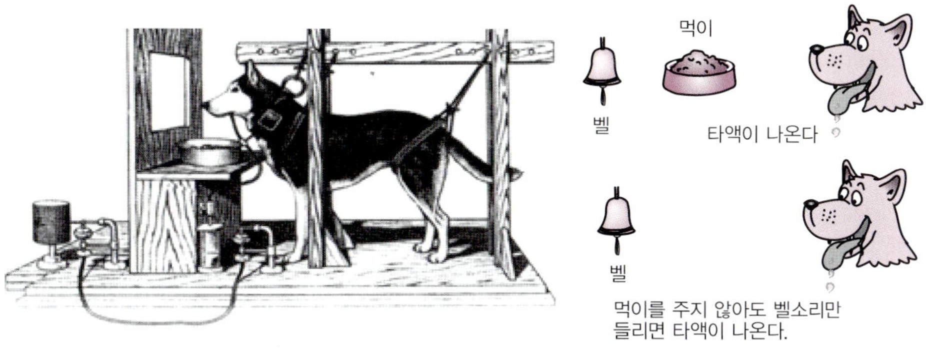

[그림 7-1] Pavlov식 조건형성 실험실 배치

Pavlov의 실험을 통한 고전적 조건형성과정(classical conditioning process)을 체계화하면 〈표 7-1〉과 같다.

표 7-1 | 고전적 조건형성과정

1단계: 조건형성 전	NS(중립자극): 종소리 → 무반응 또는 무관반응 UCS(무조건 자극): 고기 → UCR(무조건반응): 타액
2단계: 조건형성 중	NS(중립자극): 종소리 + UCS(무조건자극): 고기 → UCR(무조건반응): 타액
3단계: 조건형성 후	CS(조건자극): 종소리 → CR(조건반응): 타액

위의 Pavlov의 고전적 조건형성을 이루는 내용과 구성요소를 구체적으로 살펴보면 다음과 같다.

첫째, 무조건자극(unconditioned stimulus: UCS): 유기체로 하여금 학습 없이도 반응을 유발하는 자극이다. 학습 없이도 개로 하여금 타액을 분비하도록 하는 먹이(고기)가 무조건자극에 해당된다.

둘째, 무조건반응(unconditioned response: UCR): 무조건자극이 일어날 때 언제나 유기체에서 일어나는 반응으로 타액이 여기에 해당된다.

셋째, 중립자극(neutral stimulus: NS): 의도한 반응을 일으키지 못하는 자극으로 조건형성 전단계의 종소리가 여기에 해당된다.

넷째, 조건자극(conditioned stimulus: CS): 무조건자극과 중립자극의 결합으로 조건형성이 된 이후 정서적, 생리적 반응을 일으키는 자극으로 조건형성 후 단계의 종소리가 여기에 해당된다.

다섯째, 조건반응(conditioned response: CR): 조건자극에 의해 유도되는 학습된 반응을 의미한다. 조건자극에 따른 조건반응으로서의 타액은 무조건반응의 타액이 아니다. 왜냐하면 종소리와 연결되어서 일어난 반응이기 때문이다.

(2) 고전적 조건형성의 주요 현상

① 소거

소거(extinction)는 무조건자극을 주지 않고 조건자극만 반복해서 제시할 때 조건반응이 점차 감소하는 현상을 가리킨다. 즉, 조건형성이 풀어져 조건자극이 다시 중성자극으로 돌아가는 것을 말한다. Pavlov의 개 실험에서 조건자극인 종소리만 들려주고 계속해서 음식을 제공하지 않는다면 개는 조건자극인 종소리를 듣고도 타액을 흘리지 않게 된다는 것이다.

② 자발적 회복

자발적 회복(spontaneous recovery)은 소거절차 이후 무조건자극과 연합시키지 않은 채 다시 조건화된 자극을 제시하였을 경우 재훈련을 하지 않아도 조건화된 반응이 나타나는 것을 말한다. Pavlov의 실험에서 소거절차가 이루어진 후에도 음식물과 연합시키지 않은 채 다시 종소리만 반복적으로 개에게 들려주었을 때, 소거되었던 종소리에 침을 흘리는 반응이 재훈련 없이 다시 나타났다. 이때 반응의 강도는 전의 절반 정도밖에 되지 않으나, 자발적 회복은 학습이란 영원히 소멸되는 것이 아님을 시사해 주고 있다.

③ 자극일반화

자극일반화(stimulus generalization)는 원래 조건자극이 아닌 유사한 다른 자극에 동일한 조건반응이 나타나는 것을 말한다. 바로 '자라 보고 놀란 가슴 솥뚜껑 보고 놀란다.'라는 우리 속담이 가지는 의미와 같다. 갈치구이를 먹다가 목에 가시가 걸린 적이 있는 아동이 식사 때마다 생선을 피하려는 모습을 예로 들 수 있다.

④ 변별

변별(discrimination)은 원래 조건자극에만 조건반응을 나타내고 다른 자극에는 조건반응을 나타내지 않는 현상을 일컫는다. 다시 말해서, 변별은 자극들 간의 차이를 구별하는 것으로 일반화된 최초의 조건자극과 유사한 자극을 구분하여 반응하는 것을 의미한다. Pavlov의 실험에서 개에게 짧은 종소리를 제시할 때마다 고기를 주고, 긴 종소리를 제시할 때마다 고기를 주지 않을 경우 개가 짧은 종소리에만 타액을 분비하고, 긴 종소리에서는 타액을 분비하지 않은 것이 변별의 예이다.

(3) 고전적 조건형성의 기본적 학습원리

① 시간의 원리(principle of the time)

무조건자극과 조건자극이 있어야 하고 이 양자를 일정한 양식으로 반복해 줌으로써 자극, 반응, 강화의 세 요소가 결합되어 조건형성이 일어난다. 조건자극을 무조건자극보다 먼저 부여하면 조건형성이 전혀 발생하지 않든지, 혹 발생한다 하더라도 매우 지연되고 또한 불안정하게 형성된다. 조건자극과 무조건자극을 동시에 부여하면 보편적으로 조건형성이 이루어지는데, 다만 여러 번 반복해야 할 것이 요구된다. 조건자극은 무조건자극보다 조건형성이 잘 이루어진다. 조건자극과 무조건자극을 제시하는 가장 적당한 시간 간격은 약 0.5초가량이고 5초 이상 지연되면 조건반응은 형성되기 어렵다.

② 강도의 원리(the intensity principle)

조건반사적인 행동이 형성되려면, 첫 번째 반응보다 그 다음번 반응이 더 강해야만 바람직한 결과를 얻게 된다는 이론이다. 이것은 자극의 강도가 일정하거나 또는 먼저 제시한 자극보다 더 강한 것일수록 효과가 크다는 의미와 동일하다.

③ 일관성의 원리(the consistency principle)

조건반응형성이 이루어지려면 조건자극이 일관성 있게 주어져야 효과가 일어난다는 이론이다. 만약 자극의 형태가 바뀔 경우 결과를 가져오기 어렵다고 볼 수 있다.

개의 실험에서 조건반응의 형성을 위해 조건자극을 가할 때, 만일 이 조건자극을 한 번은 벨소리로, 한 번은 나팔소리로, 한 번은 버저 소리 등으로 자주 바꾼다면 혼돈만 발생하며, 조건반응은 이루어지지 않아 바라던 효과를 거둘 수 없게 된다. Pavlov의 실험에서는 오직 벨소리만을 사용했기 때문에 효과를 거둘 수 있었다.

④ 계속성의 원리(principle of the continuity)

자극과 반응(S-R)과의 관계가 반복되는 횟수가 많으면 많을수록 효과가 있다는 원리이며, 반복연습이 필요하다는 뜻으로 시행착오설에 있어서 연습의 법칙이나 빈도의 법칙과 같은 것이다. Pavlov의 실험에서도 약 50회의 벨소리를 계속해서 개에게 들려준 후 효과를 거두었던 것이다.

2) 도구적 조건형성

(1) Thorndike의 시행착오 학습이론 개요

Edward Lee Thorndike(1874~1949)가 주장한 시행착오 학습(trial and error learning)은 일정한 자극상태에 놓여 있을 때 문제를 해결하기 위해서 여러 가지 다양한 반응을 시도해 보는 가운데 우연히 성공하게 되는 것으로 이러한 과정을 되풀이하는 동안에 자극상태(S)와 반응(R) 간에 결합이 이루어져 문제를 해결하는 데 소요되는 시간이 감소되고 그 방법이 개선되는 것을 말한다.

Thorndike는 하버드 대학의 William James(1842~1910) 문하에서 심리학을 공부한 후 콜롬비아 대학에서 심리학을 연구하였다. Thorndike의 박사학위 논문이었던 「동물의 지능: 동물에 있어서의 연합과정의 실험적 연구」는 심리학에 있어서 최초의 동물실험이었다.

Thorndike는 학습의 기본 형식을 시행착오에 의한 연합적 학습으로 설명하고 있는데, 실패하는 무효동작이 점차 배제되고 성공하는 유효동작이 완성되는 것은 이 사이에 기계적인 연합이 성립되기 때문이라고 생각했던 것이다. Thorndike는 굶주린 고양이를 문이 닫혀 있는 문제상자에다 가두어 놓고, 문제상자 밖으로 고양이가 볼 수 있는 곳에 생선을 놓아두어 그 생선을 먹기 위해 밖으로 나가려고 애쓰는 과정이 어떠한가를 연구하였다([그림 7-2]). 처음에는 고양이가 음식 있는 쪽을 향해 튀어나오려고도 하고 창살 사이로 발, 입, 목 등을 내밀어 보기도 하고, 이리저리 충돌하면서 여러 가지 시행을 해 보다가 우연히 빗장을 밟아 문이 열리게 되어 생선을 먹게 되었다. 이러한 과정을 여러 번 반복한 결과 불필요한 무효동작이 점차적으로 감소되고 곧장 문을 열고 나오는 시간이 단축되었다.

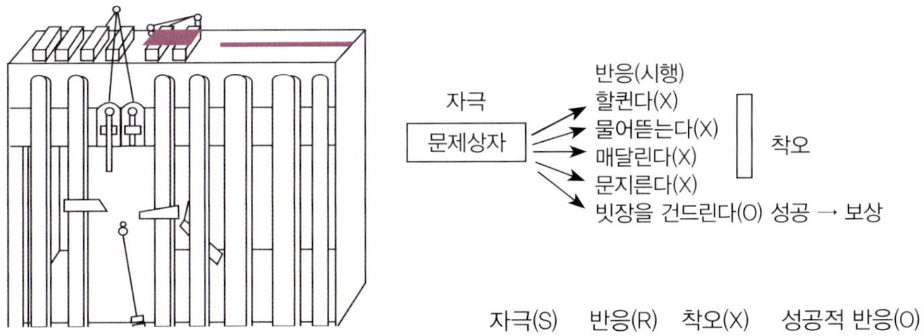

[그림 7-2] 문제상자

Thorndike는 또한 미로를 만들어 출발점에 굶주린 쥐를 놓고 먹이가 있는 출구까지 어떻게 찾아 나가는가를 관찰하여 성공할 때까지의 쥐의 행동과 소요되는 시간에 대한 실험을 하였다([그림 7-3]).

Thorndike는 문제상자와 미로실험을—미로실험(maze experiment)에서 처음에는 막힌 골목을 수차례 헤매거나 혹은 되돌아오다가 결국 옳은 길을 찾아 그 길로 나가 먹이를 찾게 되었다. 이러한 과정을 수차례에 걸쳐 반복한 결과 막힌 골목에 들어가는 빈도가 적어지고 올바른 목표를 찾아가는 시간이 단축되어 결국 한 번의 실수도 없이 곧장 출구로 나가는 길을 알게 된다는 것이다—통한 동물실험을 가지고 학습이란 시행착오의 과정을 거치는 가운데 선택되고 결합되는 것이라고 보았다.

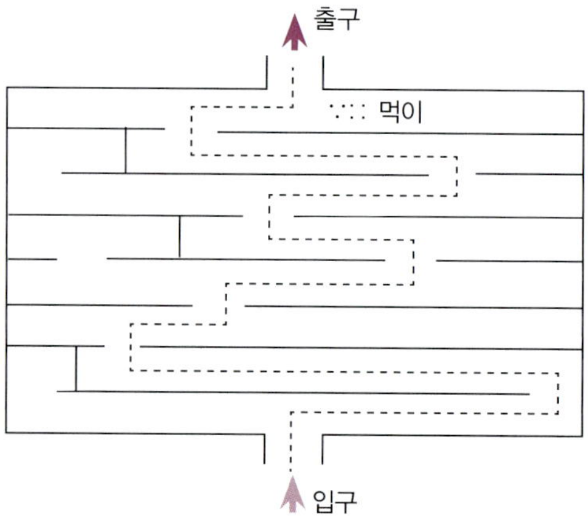

[그림 7-3] 미로실험

다시 말해서, 동물이 처음에는 어떠한 자극상태(S) 즉, 문제 장면에 처했을 경우에 실패하는 무효동작을 빈번히 행했으나 그러한 행동이 반복됨에 따라서 어떠한 시기부터는 실패하는 무효의 동작은 급격히 감소하고 성공하는 유효동작만을 신속하고 정확하게 나타낸다는 것이다. 시행과 착오를 반복하는 가운데 우연적인 성공에 도달한다는 것이다. 그래서 시행과 착오에 의하여 성공하는 유효동작을 발견한다는 의미에서 이러한 일련의 과정을 시행과 성공이라고 부르기도 한다.

Thorndike 미로실험의 시행착오설의 입장에서 보면 시행과 착오의 결합이 어떻게 강화되는가 하는 것이 학습을 보다 유효하고 효과적으로 유도할 수 있는 열쇠가 될 수 있다.

(2) 시행착오 학습이론 주요개념

① 효과의 법칙(law of effect)

효과의 법칙은 결과의 법칙이라고도 불린다. 학습의 과정과 그 결과가 만족스러운 상태에 도달하게 되면 결합이 한층 더 강화되어 학습이 견고하게 되며, 상대적으로 불만족스러운 경우에는 결합이 약화된다는 것이다. 조건이 동일한 경우 만족의 결과를 주는 반응은 고정되고 그렇지 못한 반응은 폐기된다는 것이다. 즉, 어떠한 반응이든지 하나의 결과를 수반하기 마련이지만 그것이 얼마나 만족스러운 것이냐 또는 불만족스러운 것이냐에 따라 학습이 결정된다. 따라서 만족스러운 상태나 불만족스러운 상태가 크면 클수록 그 결합은 강화되는 방향으로 혹은 약화되는 방향으로 증대한다.

Thorndike는 전자를 만족의 법칙, 후자를 불만족의 법칙이라고 명명했으나 후에 불만족의 법칙은 철회하였다.

② 연습의 법칙(law of exercise)

연습의 법칙은 빈도의 법칙이라고도 하는데 자극과 반응의 결합이 빈번히 반복되는 경우 그 결합이 강화된다는 것이다. 사용의 법칙은 연습하면 결합이 강화되는 것이고 불사용의 법칙은 연습하지 않으면 결합이 약화된다는 것이다. 즉, 학습은 연습에 의하여 강화되고 연습에 의하여 효과가 높아진다. 그러므로 학습이 잘 되게 하기 위해서는 반복연습이 필요한 것이다. 군대의 훈련이 바로 이러한 반복연습을 통한 강화를 유발시키고 효과를 보려는 단순한 패턴을 취하고 있다.

Ebinghaus(1966)의 기억과 망각에 관한 곡선은 상술한 바와 같은 연습의 법칙에 관한 설명이다. 즉, 학업성적에 있어서의 학습곡선은 사용의 법칙을 양적으로 표시한 것이고 망각곡선은 불사용의 법칙을 표시한 것이다([그림 7-4]).

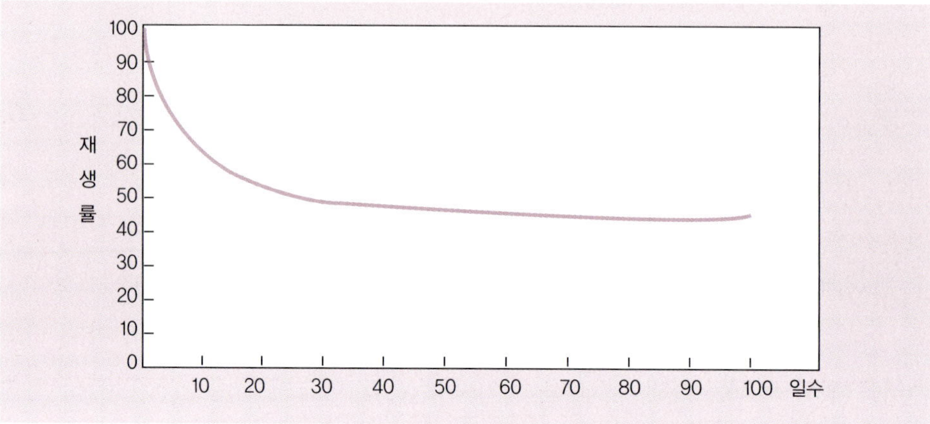

[그림 7-4] 기억과 망각에 관한 곡선

③ 준비성의 법칙(law of readiness)

새로운 사실과 지식을 습득하기 위해서는 준비를 충분히 하고 있을수록 결합이 용이하게 된다. 즉, 어떠한 행동단위는 행동할 준비가 갖추어져 있을 때 비로소 만족하게 행동할 수 있으며, 반대로 어떠한 행동단위가 행동할 준비를 갖추고 있지 못할 때는 실패를 수반하게 된다는 것이다. 이 준비성의 법칙은 Thorndike에 의해 발견된 것인데 여기에서 의미하는 준비성의 개념은 학습을 수행할 준비를 위한 준비도를 의미하는 것이지 성숙도를 의미하는 것은 아니다. 오늘날에 와서는 준비성 속에 성숙문제가 강조되어 성숙의 정도가 학습에 있어서 중대한 문제로 대두되었다.

Thorndike의 이론은 형태심리학(gestalt psychology)에서 비난하고 있는 바와 같이 처음에 여러 가지의 시행적 반응이 발생하여 그중에 한 가지 반응이 우연히 성공하게 되면 이에 대한 반응이 고정되고 다른 반응들은 폐기되므로 새로운 행동이 성립된다고 하는 기계론적 이론이 기초가 되고 있다. 다시 말해서 S-R 이론에서의 학습은 관찰될 수 있는 행동의 변화이지만, 형태심리학에서 학습은 눈에 보일 수도 있고 보이지 않을 수도 있는 지각 또는 인식의 발달이고 재구성이라는 것이다. 이러한 차이는 두 이론이 다른 인간관을 가지고 있기 때문이다.

Gates(1942)에 의하면 자극-반응(S-R)적인 심리학자들은 실제적이든 편의적이든 인간을 충동적이며 기계적인 동물로 간주하지만 형태적인 심리학자들은 인간을 주로 지혜로운 호모사피엔스(Homo-sapiens)로 보기 때문이라는 것이다.

그러나 학습자의 태도, 의지 등의 내적 조건, 즉 주체적 조건도 결코 무시할 수 없는 것이다. 이에 대해 Thorndike도 후에 수정을 가한 바 있다. 그러나 문제점이 분명히 존재한다고 해서 배척할 필요는 없다고 본다. 왜냐하면 결합설이나 시행착오설 모두 일면의 진리를 지니고 있기 때문이다.

3) Skinner의 조작적 조건형성

(1) Skinner의 조작적 조건형성 학습이론 개요

Burrhus Frederic Skinner(1904~1990)는 조작적 조건형성(operant conditioning) 원리에 입각한 학습연구를 창안하여 새로운 이론을 발전시켰다. 그는 스키너 상자(Skinner box)를 제작하여 이것을 가지고 쥐와 비둘기를 실험대상으로 학습 실험을 한 바 있다([그림 7-5]).

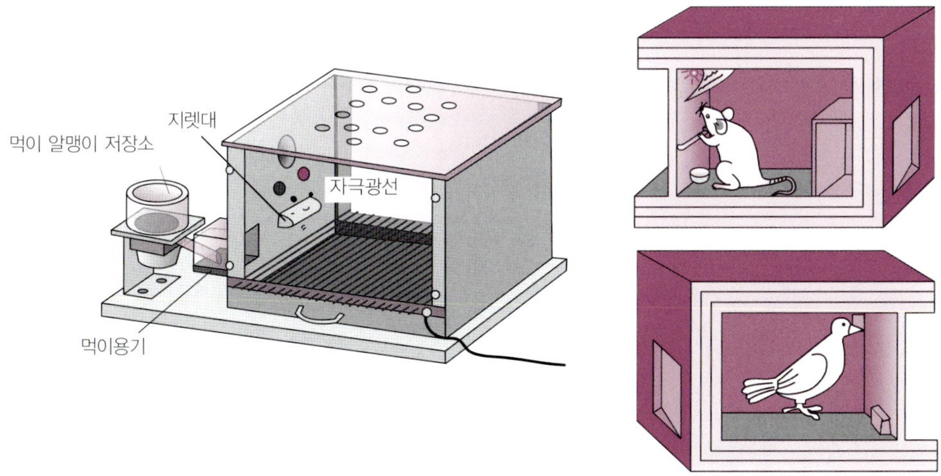

[그림 7-5] Skinner box

스키너 상자 속에는 위에 작은 전구가 달려 있고 지렛대와 먹이통이 있다. 여기에 굶주린 쥐를 집어넣으면 여러 가지 행동을 하게 되는데 실험상자 속의 한쪽 벽에 있는 지렛대를 누르게 되면 먹이접시 위의 음식물이 떨어지게 되어 있다. 이것은 쥐가 강화를 얻도록 조작할 수 있는 장치이다. 쥐는 이리저리 왔다 갔다 하다가 지렛대를 발견하고 그 위에 발을 얹고 우연히 음식물을 얻게 되는데, 그 후부터는 쥐가 계속적으로 지렛대를 눌러 음식물을 얻는 행동이 형성되는 것이다. 이것을 조작적 조건형성이라고 한다. 이 실험에서 지렛대는 조건자극이고 지렛대를 누르는 행동은 조건반응이 된다.

Skinner는 Pavlov의 고전적 조건형성을 S형 조건화라고 하고, 자신의 조작적 조건화를 R형 조건화라고 하였다. 여기서 S형 조건화라고 하는 것은 조건자극과 무조건자극이 근접되어 있어서 직접자극의 결합이 이루어지기 때문이며, R형 조건화는 강화(reinforcement)의 원리가 보다 지배적이기 때문이다. 즉, 먼저 주어진 자극과는 관계없이 의도적으로 작용하여 강화를 가져온다는 것을 의미하고 있다. 다시 말해서 조작적 조건형성은 Skinner의 실험에서와 같이 지렛대를 누르면 음식물이 나오게 만들어져 있는 실험상자 속에서 쥐가 능동적 행동을 취해 얻어진 조작행동 즉, 식욕을 만족시키는 수단이 되는 지렛대를 누르는 반응을 하게 되어 곧 지렛대를 누르는 능동적 행동에 익숙해지고 능동적 행동은 강화됨으로써 조건화가 성립되는 것으로 R(reinforcement, 즉 '강화'에서 나온 것)형 조건화라고 부른 것이다.

고전적 조건형성설과 조작적 조건형성설과의 근본적인 차이는 고전적 조건형성설에 있어서는 조건자극(conditioned stimulus: CS)이 무조건자극(unconditioned stimulus: US)이 되어 조건자극에 대해 수동적으로 반응하는 데 비해서 조작적 조건형성설에 있어서는 조건자극은 학습상태에 있어서 하나의 형식적인 의미만을 지니고 있을 뿐이며, 이에 대한 반응이 능동적으로 선택된 후에야 강화가 수반된다는 것이다.

(2) Skinner의 조작적 조건형성 학습이론 주요개념

① 강화

조작적 조건형성의 핵심은 행동에 수반되는 결과를 통제하여 행동을 변화시키는 데 있다. 행동에 수반되는 결과는 크게 강화와 처벌로 구분될 수 있으나 Skinner는 처벌보다 강화를 더 중시한다. 강화(reinforcement)는 어떤 행동을 한 뒤에 유기체가 원하는 자극을 제공하여 행동의 빈도수를 높이는 것을 말하며, 자극 제공과 제거에 따라서 정적강화와 부적강화로 분류한다.

정적강화(positive reinforcement)는 쾌자극의 제공으로 유기체를 강화시키는 것을 말한다. 교사가 학생들의 발표를 유도하기 위해 발표를 할 때마다 추가점수를 제공하거나 사탕을 하나씩 주는 것은 정적강화의 예가 된다. 발표라는 행동의 빈도수를 높이기 위해 추가점수나 사탕이라는 쾌자극을 제공함으로써 학생을 강화시킨 것이다.

부적강화(negative reinforcement)는 혐오자극의 제거로 유기체를 강화시키는 것을 말한다. 부적강화도 정적강화처럼 결과적으로 유기체가 유리하다고 느끼게끔 하는 것이지만 쾌자극을 제공하지 않고 혐오자극을 제거하는 것으로 강화한다는 점에서 차이가 있다. 화장실 청소를 하도록 되어 있는 아동에게 “오늘 수업에 열심히 참여하면 화장실 청소를 하지 않아도 좋다.”라고 이야기하여 아동이 수업에 열심히 참여하였다면, 화장실 청소라는 혐오자극을 제거함으로써 수업에 열심히 참여하는 행동을 증가시킨 것이 된다.

② 강화물

강화물(reinforcer)은 조작적 행동의 발생가능성을 증가시키는 자극을 의미하며 강화인(强化因)이라고 부르기도 한다. 강화물에는 일차적 강화물과 이차적 강화물로 나뉘는데, 일차적 강화물(primary reinforcer)은 유기체의 행동을 직접적으로 증가시킬 수 있는 강화물이다. 예를 들면 음식이나 물과 같은 것이 되겠는데, 당장 배고픈 유기체에게 음식으로 만족을 주는 것으로서 바로 다음 행동을 증가시킬 수 있다. 이차적 강화물(secondary reinforcer)은 유기체의 행동을 바로 증가시키지 못한다. 하지만 일차적 강화물과 연합하여 행동을 증가시킬 수 있는데 쿠폰이나 토큰 등이 이에 해당한다. 즉, 쿠폰이나 토큰으로도 유기체를 강화할 수 있지만 그것은 유기체를 직접 강화하는 것이 아니라 일차적 강화물과 교환할 수 있기 때문에 강화가 가능하다는 것이다. 이차적 강화물로서 가장 대표적인 것이 돈이다. 돈은 여러 종류의 일차적 강화물과 교환할 수 있기 때문에 일반화된 강화물이라고 부르기도 한다.

③ 강화계획

행동에 미치는 강화효과는 다양한 요인에 달려 있지만 가장 중요한 것 중의 하나가 강화계획(reinforcement schedule)이다. 강화계획이란 바람직한 행동을 보였을 때 주어지는 강화물의 적절한 시기와 방법에 대한 일종의 원칙을 의미한다. 강화계획은 계속적 강화계획(continuous reinforcement schedule)과 간헐적 강화계획(intermittent reinforcement schedule)으로 분류된다. 계속적 강화계획은 반응이 일어날 때마다 그 반응이 강화되는 상황을 의미하며, 간헐적 강화계획은 행동이 일단 학습되면 불규칙적이거나 간헐적으로 긍정적 강화를 사용하면서 행동을 유지시키는 것을 의미한다.

강화계획은 강화물이 제시되는 시간간격과 반응비율에 따라 간격계획(intervalschedule)과 비율계획(ratio schedule) 이 두 가지 유형으로 나누는데, 간격계획은 바람직한 행동이 일어나는 횟수와 상관없이 시간의 경과가 중요한 요인이다. 매 2주마다 용돈을 받는 것은 이에 해당된다고 하겠다. 비율계획은 시간의 경과에 상관없이 바람직한 행동이 발생한 횟수에 기초해 강화를 준다. 빈병 8개를 반환할 때마다 돈을 받는 경우가 이에 해당된다고 하겠다.

간격계획과 비율계획은 다시 각각 고정계획과 변동계획으로 나누는데 〈표 7-2〉와 같다.

첫째, 고정간격 강화계획(fixed interval schedule)은 일정한 시간 간격 후의 반응을 강화하는 것을 의미한다. 중간고사, 기말고사가 고정간격 강화계획의 예에 해당된다.

둘째, 변동간격 강화계획(variable interval schedule)은 강화가 주어지는 시간 간격의 평균은 일정하나 강화가 주어지는 시간 간격이 매번 다른 것을 의미한다.

셋째, 고정비율 강화계획(fixed ratio schedule)은 일정한 수의 반응을 한 뒤 강화를 주는 것을 의미한다. 스키너 상자의 쥐가 지렛대를 50번 누르면 매번 음식물로 강화를 받는 경우가 이에 해당된다고 하겠다.

넷째, 변동비율 강화계획(variable ratio schedule)은 일정한 수의 반응을 한 뒤에 강화가 주어지는 것은 확실하지만 강화받기 위한 행동의 기준 횟수가 일정하지 않은 것을 의미한다. 따라서 변동비율 강화계획이 4개의 간헐적 강화계획 중에서 가장 높고 꾸준한 반응률을 보이며 쉽게 소거되지 않는다.

표 7-2 | 강화계획

<table>
<tr><td rowspan="5">강화
계획</td><td colspan="3">계속적 강화: 모든 행동에 대해 강화를 받는 계획</td></tr>
<tr><td rowspan="4">간헐적 강화: 행동의 일부분에 대해 강화를 받는 계획</td><td rowspan="2">간격계획:
시간에 따라</td><td>고정간격계획: 일정한 간격 후 강화</td></tr>
<tr><td>변동간격계획: 변화된 간격 후 강화</td></tr>
<tr><td rowspan="2">비율계획:
빈도수에 따라</td><td>고정비율계획: 일정한 빈도수 후 강화</td></tr>
<tr><td>변동비율계획: 변화된 빈도수 후 강화</td></tr>
</table>

④ 처벌

처벌(punishment)은 특정한 행동을 약화시키거나 발생 빈도를 감소시키기 위해 처벌인(punisher)을 사용하는 과정을 의미한다. 즉, 처벌이란 그것을 받는 사람이 또다시 같은 방식으로 행동하는 경향을 줄이는 것이라는 가정하에서, 거북하고 위험하며 또는 원하지 않는 것을 행동목록에서 제거시키기 위해서 설계된 것이다(Skinner, 1971).

처벌의 유형에는 두 가지가 있는데, 제1종 처벌(punishment I)로 정적 처벌(positive punishment) 또는 제시형 처벌(presentation punishment)과 제2종 처벌(punishment II)인 부적 처벌(negative punishment) 또는 제거형 처벌(removal punishment)이 있다.

제1종 처벌인 정적 처벌은 행동 후 혐오자극을 제시하여 행동을 감소시키기 위한 방법이다. 제시형은 지각하는 학생에게 꾸중하거나 체벌을 하는 것인데, 자극의 성질에 따라서 체벌(physical punishment)과 상징적 처벌(예, 꾸중)로 구분할 수 있다.

제2종 처벌인 부적 처벌은 바람직하지 않은 행동을 할 때 좋아하는 것을 제거하거나 특권을 박탈하는 방법이다. 숙제를 하지 않은 대가를 치르게 하기 위해 아이가 좋아하는 게임기를 뺏어버림으로 특권을 상실하게 하는 것이 이에 속한다.

수업시간이나 교실에서 학생들이 잘못했을 때 교사가 줄 수 있는 처벌 방법 가운데는 타임아웃 기법, 반응대가, 포화법 등이 있다(Sternberg & Williams, 2009). 타임아웃(time-out)은 수업시간에 방해를 하는 학생을 교실 밖으로 고립시키고 학생으로서의 위치를 박탈하거나 급우의 관심을 제거하는 방법이다. 그리고 반응대가(response cost)는 바람직하지 않은 행동이 나타날 때마다 그에 대한 대가로 쉬는 시간을 없애는 것이다. 이와 반대로 포화법(saturation)은 바람직하지 못한 행동을 할 때 그 행동을 지속적으로 하게 함으로써 질리게 하는 행동이다.

⑤ Premack 원리

Premack 원리는 학습자에게 다양한 활동을 할 기회를 주고 관찰하여 각 행동의 발생빈도를 파악해서 낮은 빈도의 행동을 높은 빈도의 행동에 연결시켜 낮은 빈도의 행동을 하도록 만드는 것이다(Premack, 1965). 예를 들면 컴퓨터게임을 좋아하는 아이에게 일정한 양의 수학문제를 풀게 한 뒤에 컴퓨터게임을 하도록 허락하는 것이다. 이렇게 되면 컴퓨터게임은 수학문제를 풀게 하기 위한 강화인으로서 작용하게 되는 것이다. 그러나 컴퓨터게임을 먼저 한 뒤 수학공부를 시키면 효과가 없다. Premack 원리의 강화인은 어떤 긍정적 행동을 한 뒤에 제공해야 바른 효과를 얻을 수 있다.

3. 사회학습이론

1) Bandura의 사회학습이론 개요

20세기 초반 북미의 학자들은 행동주의 견해를 지지하였다. 그러나 세월이 흐름에 따라 행동주의 단독으로는 학습 효과를 완전하게 설명할 수 없음을 인식하게 되었다. 따라서 후기 행동주의자들은 인간의 행동을 단순하게 자극-반응의 관계로만 이해할 것이 아니라 유기체의 사고와 감정을 이해해야 한다는 인지주의에 관심을 가지게 되었다. 사회학습이론의 대표적인 이론가로 알려진 Albert Bandura(1925~현재)는 사회인지이론(social cognitive theory, 1986)에 바탕을 두고 사회학습이론(social learning theory)을 설명하였다. 사회학습이론은 행동주의 이론의 원리를 대부분 받아들였지만 행동에 대한 사고 그리고 사고에 대한 행동의 영향을 강조하면서 행동에 대한 단서와 내적 정신 과정들의 영향에 더 많이 초점을 맞추었다. Bandura에 의하면, 유기체는 다른 사람들로부터 직접강화를 받아서 행동을 습득하기도 하지만 다른 사람의 행동을 관찰함으로써 학습이 이루어진다고 하였다. 따라서 Bandura의 사회학습이론을 관찰학습(observational learning)이라고 부르기도 한다. 관찰학습은 다른 사람의 행동을 관찰하고서 따라 하기 위한 스스로 판단과정이 포함되는데, 이 판단의 요소가 관찰학습이 갖는 인지적 요소이다.

2) 사회학습이론의 원리

(1) Bandura의 관찰학습

Bandura는 인간의 행동을 설명하는 데 있어서 선행되는 조건형성에 인지적 중재를 포함시켜 체계적이고 통합적인 개념 모델을 제안했다. 인지적 중재는 인간의 사고과정에서 나타나는 실제적 상황과 행동의 상징적 표상을 의미한다. 인간행동이 고전적 및 조작적 조건형성 과정을 통해서보다는 모델이 하는 행동을 따라 함으로써 학습된다는 것을 발견하였다.

Bandura는 'Bobo 인형의 공격성 비디오'를 통한 연구로 학습과 실행 간의 구분을 잘 밝혀냈다. 이 실험에서 Bandura는 4세 아동에게 커다란 인형을 때리고 차는 모델이 등장하는 영화를 관찰하게 한 후 아동의 반응을 살펴보았다. Bandura는 정보를 줄 수 있다면 어떤 것도 모델이 될 수 있다고 하였는데, 이 실험의 경우에는 영화를 통해 공격성의 모델을 제시한 것이다. 그는 아동을 세 개의 집단으로 분류하고 공격성을 측정하였다. A 집단에는 공격성에 강화를 받은 모델을 제시하고, B 집단 아동들은 공격적 행동을 한 후 처벌을 받는 모델을 제시받았다. 그리고 C 집단은 공격성 때문에 처벌이나 강화를 받지 않는 중립적인 모델을 보았다. Bandura는 영화를 보여 준 후, 세 집단의 아동 전원에게 인형을 주고 공격성을 측정하였다. 그 결과, 공격성을 강화받은 모델의 영화를 본 아동(A 집단)이 가장 공격적이었으며, 공격적 행동을 처벌받는 모델의 영화를 본 아동(B 집단)의 공격성이 가장 덜 하였고, 중립적 모델에 노출된 아동(C 집단)의 공격성은 중간 정도였다. Bandura는 이 실험을 통해 직접적인 강화를 통한 학습 외에도 타인의 행동을 관찰하고 그것을 모방함으로써 이루어지는 학습도 가능하다고 주장했다. 다른 사람의 경험을 관찰한 것도 아동 자신의 행동에 영향을 준다는 것이다. 아동들은 모두 공격적인 반응을 학습했지만, 제시된 모델이 강화받느냐 처벌받느냐 등의 결과에 따라 모두 다르게 행동했다. 이러한 학습은 아동이 자신의 행동에 대해서 직접적인 강화를 받지 않아도 다른 사람이 보상 혹은 벌을 받는 것을 관찰함으로써 간접적으로 강화를 받기 때문에 이루어진다. 이러한 학습을 관찰학습이라고 하며 대리학습이라고도 한다.

(2) 관찰학습의 구성요소

Bandura가 제시하는 주요 이론적 개념은 모델링, 즉 관찰을 통한 학습의 개념으로서 모델형성의 영향력이 주로 정보적 기능을 통하여 학습을 불러일으킨다는 것이다. 이것은 학습에 대한 인지적 특성을 강조한 것이라고 볼 수 있다. 관찰학습은 다음과 같은 네 가지 관련 요인 '주의(attention)', '파지(retention)', '재생(reproduction)', '동기화(motivation)'에 의하여 이루어지며 이 중 한 과정이라도 빠지면 성공적인 모방이 이루어지지 않는다.

① 주의 단계

주의(attention)는 학습이 일어나는 1단계로서 학습자가 모델의 행동에 관심을 가지고 주의집중을 하는 단계이다. 모델이 유능하거나 매력적일 때 더욱 주의하는 경향이 있다.

② 파지 단계

파지(retention)는 관찰하는 모델의 행동을 기억하는 단계이다. 다른 사람의 행동을 관찰한 후 그대로 행동하려면 먼저 그 행동을 기억해야 한다.

③ 재생 단계

재생(reproduction)은 모델의 행동에 관한 상징적 표상을 행동으로 전환함으로써 능숙하게 행할 수 있도록 연습하는 단계이다. 자신의 행동을 수정하여 모델의 행동을 성공적으로 재생할 수 있어야 한다.

④ 동기화 단계

동기화(motivation)는 연습한 행동을 표출하기 위한 동기를 형성하는 단계이다. 관찰자가 모델의 행동을 정확하게 기억하고 운동능력을 지니게 되었다고 하더라도 유기체가 직접 행동하려는 동기가 없으면 실제 행동으로 나타나지 않게 된다. 이 동기화를 결정짓는 요인은 행동의 결과가 어떤 것이냐 하는 것인데, 모델에게 주어진 행동의 결과가 어떤 것이었느냐에 따라 동기화의 결과가 달라진다. 따라서 교사는 관찰자의 성공적인 관찰학습을 위해 바람직한 행동을 할 때마다 강화인을 제공해 줄 필요가 있다. 관찰학습 네 단계를 도식화하면 〈표 7-3〉과 같다.

표 7-3 | 관찰학습과정

모델행동	→	주의 단계	→	파지 단계	→	재생 단계	→	동기화 단계	→	동작수행
		모델특성 관찰자특성		상징적 부호화 인지적 조작 인지적 연습		신체능력 세부능력 수행능력 자기관찰 피드백		직접강화 대리강화 자기강화		

출처: 권대훈(2016).

(3) 사회학습이론의 주요개념

① 상호결정론

Bandura는 인간의 발달은 '능동적인' 개인이나 그 사람의 행동 그리고 환경 사이의 상호작용을 나타낸다는 상호결정론(reciprocal determinism) 개념을 제안했다. 그에 따르면 개인, 행동, 환경 사이의 관계는 양방향적(bidirectional)이다. 그러므로 개인(person, P), 행동(behavior, B), 환경(environment, E) 세 요소 중 어떤 것도 인간의 행동을 결정하는 다른 요인과 분리되어 설명될 수 없다고 했다. 이러한 세 요소의 상호작용은 [그림 7-6]과 같다.

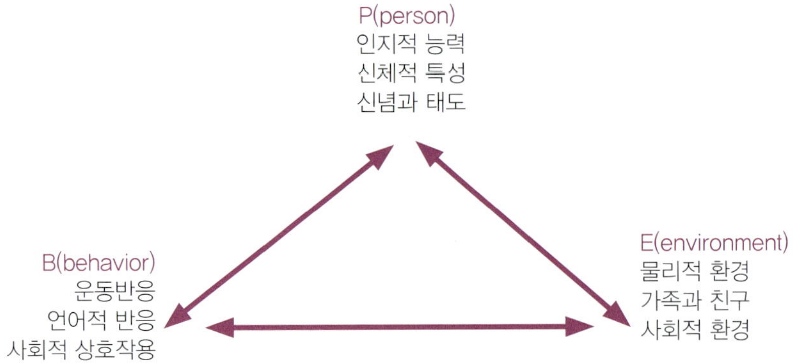

[그림 7-6] 3요인 상호결정론 모델

환경이 아동의 성격과 행동을 조성한다는 Watson이나 Skinner와 달리 Bandura는 개인, 행동, 환경 간의 관계는 아동이 경험하는 환경이 아동에게 영향을 미치고, 아동의 행동 또한 환경에 영향을 미치는 양방향성을 띤다고 말한다. 이러한 입장에서 아동을 볼 경우 아동은 수동적인 학습자가 아닌 자신의 성장과 발달에 영향을 미치는 환경 조성에 적극적으로 참여하는 학습자로 표현될 수 있다.

개인, 행동, 환경의 3요인 중 어느 하나가 다른 둘에 미치는 상호적 인과관계를 살펴보면 〈표 7-4〉와 같다.

표 7-4 | 3요인 상호적 인과관계

독립변인	종속변인	일반적인 예
1. 개인의 효과	환경	자기효능감은 활동의 선택과 선택의 결과, 접하는 특정 환경에 영향을 미친다.
	행동	주의집중, 파지, 운동재생 및 동기는 모델링하는 행동을 모방하는 정도에 영향을 미친다.
2. 행동의 효과	환경	특정 행동은 받게 되는 강화와 처벌의 양에 영향을 미친다.
	개인	성공과 실패는 장차 수행에 대한 기대에 영향을 미친다.
3. 환경의 효과	행동	강화와 처벌은 장차 행동에 영향을 미친다.
	개인	다른 사람들로부터 받는 피드백은 자기효능감에 영향을 미친다.

② 자기조절

자기조절(self-regulation)이란 목표를 달성하기 위해 자신의 사고, 감정, 행동을 체계적으로 관리하고 통제하는 것을 말한다(Zimmerman & Kitsantas, 1996). Bandura에 의하면 학습자는 자기조절을 통해서 외적 환경으로부터 들어온 자극을 수동적으로 반응하는 것이 아니라 자기 자신의 내적 표준에 의거하여 분석·판단하고 이에 대한 능동적이고 적절한 대응방식을 모색하는 능력을 지녔다고 한다. 이는 학습자가 자신의 성격에 따라 내적 표준을 발달시키고 이에 의해서 자신의 행동을 수정하고 판단하는 자기반응의 행동을 보인다는 것이다.

③ 자기효능감

자기효능감(self-efficacy)은 자신이 어떤 일을 잘해낼 수 있다는 개인적 신념으로서 어떤 행동을 모방할지를 결정하는 데 도움을 준다. 자신의 능력범위 내에 있는 활동은 시도하려 할 것이고, 자신의 능력을 벗어나는 과제나 활동은 회피하려 할 것이다. 어떤 사람의 행동을 모방할 것인지 아닌지의 여부는 자신의 능력에 대한 신념(자기효능감) 등에 달려 있다.

인지주의

CHAPTER 8

20세기 초 자극과 반응의 관계를 인간의 학습에 적용한 행동주의 학습이론은 미국을 중심으로 심리학계에 지대한 영향을 미치게 되었다. 하지만 20세기 중반에 접어들면서 행동주의 이론으로는 설명하기 힘든 인간의 사고과정과 행동에 대해서 인지심리학자들이 연구결과를 발표하면서 행동주의 영향은 급속하게 퇴조되었다. 학습에 대한 인지적 접근(cognitive approach)은 사고의 변화에 초점을 둔 이론으로 학습하는 동안 정보를 처리하고 표상하는 것의 기저가 되는 정신세계를 강조한다. 따라서 인지학습의 주요원리는 첫째, 학습자는 능동적인 존재라는 것이다. 행동주의 관점에서의 학습자는 환경에 반응하는 수동적인 존재이지만 인지주의 관점에서 학습자는 새로운 정보를 적극적으로 받아들이며 능동적으로 지식을 구성하는 존재로 본다. 둘째, 학습자는 자신의 다양한 경험을 토대로 다양한 학습 성과를 나타낸다. 행동주의자들은 백지설의 인간관을 가지고 있었기 때문에 인지과정을 중요시하지 않지만 인지주의 관점에서 학습자는 자신의 다양한 경험을 토대로 다양한 학습 성과를 나타낸다고 하였다. 셋째, 학습은 행동 잠재력을 포함한다. 행동주의는 학습을 직접 경험에 근거한 행동의 변화로 정의하였다면 인지주의에서 학습은 직접 경험을 뛰어넘는 행동 변화 그리고 행동 잠재력의 변화로 정의하였다. 즉, 변화의 과정이 내면적으로 이루어진다는 것이다.

인지주의 학습이론의 발전단계를 보면 인지주의적 관점의 토대가 된 Tolman의 목적적 행동주의와 형태주의 그리고 대표적인 인지주의 학습이론인 정보처리이론이라고 할 수 있다.

1. Tolman의 잠재적 학습이론

Watson의 행동주의에 실망을 느낀 Edward Tolman(1886~1959)은 행동주의와 인지이론을 통합하는 입장을 취하게 되었다. 그가 주장하는 목적적 행동주의(purposive behaviorism)는 객관적인 행동을 연구대상으로 한다는 점에서는 행동주의적 측면을 지니고 있으나, 행동의 목적지향성을 강조한다는 점에서는 인지이론적 측면을 지니고 있다.

Tolman의 아이디어는 Honzik(1930)와 함께 수행한 잠재적 학습(latent learning)에 관한 실험을 통해 잘 이해할 수 있다.

잠재적 학습이란 학습이 이루어졌지만 직접 관찰할 수 있는 행동으로 나타나지 않는 학습을 말한다. 잠재학습은 외적인 행동으로 즉시 전환되지 않은 학습을 의미하는 것으로서, Tolman과 Honzik(1930)는 미로를 만들어 쥐들이 출구를 찾아가도록 하는 실험을 통해서 잠재학습을 설명하였다. 미로 실험에서 쥐들을 세 집단으로 나누어 목표 지점에 도달하도록 학습시켰는데, A 집단의 쥐에게는 목표 지점에 도달해도 먹이를 주지 않았고, B 집단의 쥐에게는 목표 지점에 도달할 때마다 먹이를 주었다. C 집단의 쥐에게는 첫날부터 10일째까지는 목표지점에 도달해도 먹이를 주지 않다가 11일째 되는 날부터 먹이를 주었다. 세 집단의 실험결과는 [그림 8-1]과 같다. A집단의 수행은 약간 향상되고 오류가 크게 줄어들지 않았으며, B 집단의 수행은 꾸준히 향상되고 오류를 범하는 횟수가 줄었다. 이 두 집단의 결과는 행동주의의 강화이론으로 설명할 수 있다. Tolman이 가장 관심을 가졌던 C 집단은 10일까지는 A 집단과 비슷한 수행 정도를 보이다가 강화를 주기 시작한 11일째부터 수행이 급격하게 향상되고 오류를 범하는 횟수 또한 줄어들어 실험기간 동안 항상 강화를 받았던 B 집단보다 높은 수준의 수행을 보였다. 이는 강화를 받지 않은 행동이라도 잠재학습의 형태로 남아 있어 다음 학습에 영향을 미친다는 것이다. C 집단 쥐들의 머릿속에 미로의 어떤 지점을 통과하면 어떤 장소에 도달하고 그 이후에 강화가 주어지는지 그렇지 않은지에 관한 지도가 그려지는데, Tolman은 이를 인지도(cognitive map)라고 하였다. 인지도란 학습과정을 통해 환경적 특성과 구조를 그림이나 지도의 형태로 만든 정신적 표상을 의미한다.

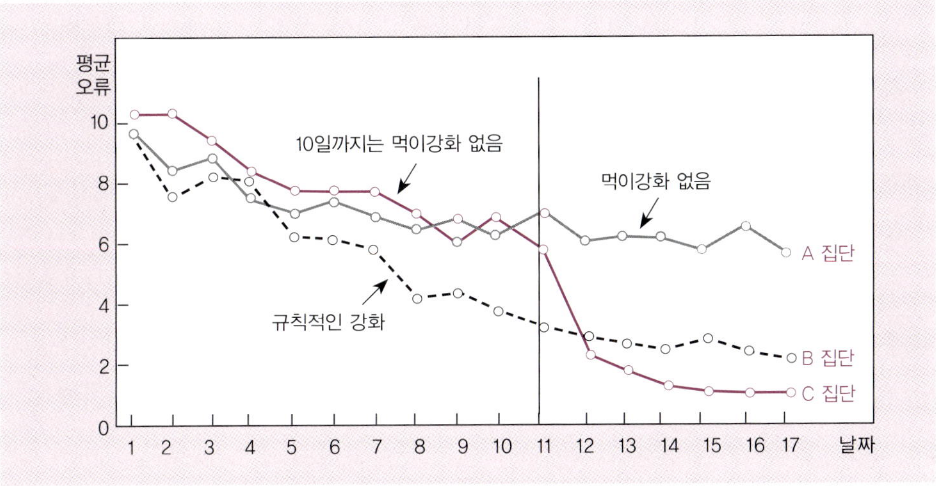

[그림 8-1] 세 집단 실험결과

출처: 김영채(2003).

2. 형태주의 심리학

독일에서 시작된 형태주의 심리학(gestalt psychology)은 Max Wertheimer (1880~943)에 의해서 주창되었고, Kurt Koffka(1886~1941)에 의해서 영향력 있는 많은 작품이 완성되었다. 그리고 Wolfgang Köhler(1887~1967)에 의해서 자

연과학 분야로 승격되었고, 문제해결연구에 적용시키면서 대중화되었다(Henle, 1987). 형태심리학은 Wertheimer가 입증한 파이현상(phi phenomenon)이라는 일종의 가현운동(apparent movement)에 근원을 둔다. 파이현상은 정지해 있는 물체를 움직이는 것으로 지각하는 일종의 운동착시현상이다.

형태주의 심리학의 학문적 배경은 독일 문화에 널리 보급되어 있던 전체주의(전체는 부분들의 합 이상이다)와 현상학(경험의 순수관찰) 그리고 생득론(심리적인 능력은 부분적으로는 유기체의 생득적 능력의 기능이다)의 세 가지 지적인 전통에서 영향을 많이 받았다.

Wertheimer는 인간에게 직접 부여된 전체적 구조와 성질을 형태라고 명명하여 게슈탈트(Gestalt)라는 말을 사용했는데, 이는 영어에서의 form, shape, configuration을 조합한 정도의 의미라고 할 수 있다. Kurt Lewin(1890~1947)은 1939년에 형태주의에 대해 "전체는 부분의 합이 아니다."라는 말로 그 의미를 잘 집약하였다.

형태주의는 독일에서 출발하였지만 Nazi의 박해를 피해서 Koffka와 Wertheimer가 1924년에 그리고 Köhler가 1934년에 미국으로 망명하게 되므로 형태주의 심리학이 미국에서 성행하게 되는 계기가 되었다. 독일의 심리학자 Lewin은 형태주의 심리학자 3인에는 속하지 않지만 그 또한 미국으로 이민을 가게 되었다. 그는 형태주의 심리학이 사회심리학 분야에 영향을 주게 했으며, 형태주의의 개념을 리더십 형태, 소그룹 행동의 원칙 그리고 사회 충돌을 해결하는 최고의 수단으로 활용하는 연구를 활성화시켰다.

한편 형태주의 심리학은 진체주의적 연구방향이 보호하며, 원자적이고 전체적인 접근을 구태여 둘로 나눔으로 잘못된 구분을 만들었다는 비평을 받아왔다. 하지만 구성주의를 비롯한 요소론적 심리학의 문제점을 보완하고, 인간이 세상을 어떻게 지각하는지에 대한 많은 지각적 연구를 바탕으로 인간의 심리와 행동을 전체적으로 볼 수 있는 계기를 제공하는 데 기여했다. 그리고 형태주의 심리학은 인간 심리와 행동에 의미 있는 단위를 연구대상으로 할 것을 주장함으로써 과학적 연구를 위해 인간의 심리와 행동을 무의미한 단위로 나누던 심리학의 풍토에 자극을 주었다. 그리고 인간의 사고, 사회적 행동을 설명하기 위해 논리적 방법과 과학적 방법을 사용하였다. 그뿐만 아니라 형태주의 심리학은 인간의 심리와 행동이 상대적인 것이며, 자극이나 요소도 상대적일 수 있음을 일깨워 주었고, 형태주의 사상과 연구업적은 이후 심리학의 흐름과 발전에 많은 기여를 했다.

1) Köhler의 통찰이론(insight theory)

인간은 어떤 문제에 부딪혔을 때 그 문제를 해결하면 '아하 경험(aha experience)'을 한다. '아하'는 문제에 대한 해답이 갑자기 떠오를 때, 저절로 소리 내는 기분 좋은 느낌이다. 통찰학습(insight learning)은 여러 가지 문제해결을 경험하면서 유사한 문제를 쉽게 해결할 수 있다.

독일의 심리학자 Wolfgang Köhler(1887~1967)는 학습이 형태적 파악으로서 통찰에 의해 이루어진다고 하였다. 그는 Koffka와 같이 Wertheimer의 제자로 형태심리학의 입장에서 학습을 인지적 구조(cognitive structure)의 변화 즉, 재조직화로 파악하는 것을 중시하고 인지의 원리가 내재되고 있는 새로운 이론을 전개시켰다.

Köhler는 학습에 대한 생각을 검증하기 위해 [그림 8-2]에서와 같이 침팬지를 이용한 실험을—Köhler는 26세 때(1913) 아프리카에 있는 유인원(apes) 연구소 소장으로 있으면서 유인원, 닭 등의 동물들을 사용하여 연구하였는데, 그는 침팬지를 이용한 문제해결 과정 실험에서 학습이론으로서의 통찰이론(insight theory)을 도출하였다—실시하였다. 그의 이론의 요지는 문제해결의 행동은 학습사태를 통찰함으로써 이루어진다는 것이다.

통찰이론에 있어서의 통찰은 학습의 장(field of learning)에 대한 학습자의 통찰과 그의 주관적인 '장의 구성(structure of the field)'에 의존하고 있다. 문제의 난이(難易)는 거의 지각의 문제에서부터 기인된다. 이것은 사실상 후에 Lewin이 이론화시킨 장이론(field theory)의 선구적인 역할을 한 것이다.

[그림 8-2]에서 보는 바와 같이 천정에 달려 있는 바나나를 따 먹기 위해서 그곳에 있는 모든 도구 사이의 연관성을 전체적인 관점에서 인식하고, 이 모든 도

구를 총동원하여 바나나를 따 먹기 위한 도구로 사용했다. 이것은 침팬지가 천정에 달려 있는 바나나와 문제해결을 위한 사태를 전체적인 관점에서 이해하고 분석하여 자신의 목표달성을 위한 행동과 결부시켜서 재구성 또는 재체제화(reorganization)하는 과정을 거치게 된다. 침팬지의 행동과정 속에는 목적과 수단, 전체와 부분의 관계 즉, 인지장(cognitive field)의 재체제화가 진행되고 있다는 사실과 동시에 인간과 마찬가지로 도구를 사용할 줄 아는 심리적 이해력이 나타남을 알 수 있다. 그래서 Köhler는 이러한 문제해결의 현상이 시·공간적으로 직접 연결되어 하나로 통합된 독자적 과정인 통찰에 의해서 이루어진다고 결론을 내렸다.

[그림 8-2] Köhler의 실험

2) Lewin의 장이론(field theory)

장이론은 독일 베를린 대학의 형태심리학파(gestalt psychologic schule)의 일원인 Kurt Lewin(1890~1947)에 의해 주창된 것이다. Lewin은 인간의 정서심리학(emotional psychology)의 연구에 일대 획기적인 전환점을 마련한 인물이다. 그는 1936년 Nazi의 유태계 배척으로 인해 미국으로 망명하여 코넬 대학과 아이오와 그리고 매사추세츠 공대(M.I.T)에서 위상심리학(topological psychology)을 강의하였다. 그의 대표적 저작은 『인성에 대한 동태적 이론』(1935) 등이 있다. 『위상론의 원리들』(1936), 『사회과학의 장이론』(1951) 등이 있다. 또한 그는 계속해서 집단역학에 지대한 관심을 두고 사회심리학 분야까지 자신의 연구 분야를 넓혀 나갔다(Lewin, 1946).

Lewin은 형태심리학의 창설에 기여한 사람으로 초기의 형태심리학적 원리에 입각한 기억과 동기의 역동적 연구를 시도했다. 그 후 그는 위상심리학을 발전시키고 인지적 구조(cognitive structure)라는 개념을 도입하여 장이론을 주장한 바 있다. 인지구조에 변화를 동반하는 힘은 '인지된 장' 그 자체에서 오는 것뿐만 아니라 개인의 욕구나 동기화(motivation)하는 유의성(attentiveness)의 관계에서 온다는 것이다. 따라서 개인의 행동은 단지 기술적이거나 현상적으로만 이해할 수 없으며 심리학적 생활공간의 올바른 기술과 분석을 통해서 개인행동의 본질적인 이해에 도달하게 된다고 하였다. 그래서 개인적 행동의 변화과정은 장에 대한 각자의 심리적 인지구조에 의해 발생한다고 했다.

일례를 들어보면 다음과 같은 것들이 있다. 승마장에 설치된 무수한 장애물은 승마자에게 하나의 위험한 심리적 장(psychological field)을 형성시킨다. 그래서 긴장하고 주의 깊은 행동의 장이 되지만 관람자들에게는 역으로 재미있고 스릴 있는 심리적 장이 되어 유쾌히 즐기는 행동의 장으로 느껴지는 것이다. 이것은 개인이 심리학적 환경에 둘러싸인 생활공간 속에 있고, 그 속에 있는 개인은 지각적 운동영역과 내적 영역으로 분화된다고 설명한다.

Lewin의 행동이론을 기초로 해서 볼 때 학습이란 자극과 반응의 관계라기보다는 인지대상인 지각의 장과 내적, 개인적 영역의 관계 즉, 인지구조의 성립 또는 인지구조의 변화라고 보는 것이다. 이러한 Lewin의 이론은 개인을 둘러싸고 개인의 행동에 역동적 힘을 가하는 객관적 및 외적인 힘으로서의 환경 혹은 생활공간만을 의미하는 것이 아니고 개인 자신도 장의 일분자가 되는 것이다. 이러한 의미의 장은 각각의 요인이 모인 단순한 결합체가 아니라 그것들이 또 그때에 '독자적인 의미를 갖는 결합체'라고 할 수 있다. 여기에서 집단역학(group-dynamics)의 문제를 발견할 수 있다.

Lewin의 장이론은 Köhler의 통찰이론과 공통의 면을 소유하여 양자 간에 상호관계가 깊음을 알 수 있다. Lewin은 학습이론을 완벽하게 체계화시키지는 않았으나 행동이 일어나는 변화의 종류에 대해서 심리학적 기술(psychological description)을 하고 그것을 동기, 인지적 구조, 분화, 체제화, 통합 등과 같은 구성개념에 귀착시킨다(Hall & Lindzey, 1940). 이러한 일련의 사실을 토대로 Lewin은 '학습이란 인지구조의 성립과 인지구조의 변화'라는 결론을 내렸다. 또 이러한 학습은 생활공간 영역의 분화와 많은 하부구조로서의 분절이 있고, 이 분절상호의 기능적 연관이 생겨서 어떠한 방법으로 목표에 용이하게 도달하는가를 이해하는 '인지구조의 변화'가 학습이라고 본 것이다. 이러한 과정을 민영순(1983)은 미분화적 생활공간들이 경험에 의하여 지식이 얻어지고 점차로 체제화되어 막연했던 영역들이 선명히 분화되어 '장의 인지구조'나 현실 수준 등이 정립됨으로써 객관성 있는 인지구조의 성립과 효과적인 문제해결에 타당한 인지구조의 변화가 이루어진다고 보았다.

통찰이론과 장이론은 학습의 장에 대한 '역학적 인지적 구조'를 설명하는 인지이론을 대표한다. 설명한 바와 같이 Lewin은 인지의 구조변화인 학습을 중시하고 재차 요구수준을 인위적으로 상승시킴으로써 학습상태를 활발하게 한다는 점을 시사하였다. 특히 Lewin은 자신의 학습이론을 종래의 여러 다른 학설과 같이 동물학습 실험을 기초로 하여 증명한 것이 아니라 독자적인 정의행동(emotional behavior)에 대한 실험에 의하여 제시하였다는 점이 특이한 사실이다.

3. 정보처리이론

정보처리이론(information processing theory)은 인간이 외부환경의 정보를 받아들이고 처리하여 특정한 의사결정을 하는 과정을 연구의 주된 내용으로 하는 인지심리학의 한 분야이다. 정보처리이론은 인간의 기억과정을 컴퓨터의 정보처리과정에 비유하여 우리의 머리 안에서 정보가 입력되어 출력되기까지 일어나는 모든 정신적인 사건을 정보처리의 용어로 설명한다.

19세기 말, 심리학자 William James(1890)는 인간의 기억은 잔상과 1차 기억, 2차 기억의 세 가지 요소로 구성되어 있다고 주장하였다. 20세기 초 행동주의가 중심이던 때에는 James의 모델이 인정을 받지 못하다가 1960년대에 인지주의가 출현하면서 다시 관심을 받게 되었다. 이때 심리학자 Richard Atkinson과 Richard Shiffrin(1968)이 James와 유사한 기억모델을 제안했으며, [그림 8-3]은 이들이 주장한 정보처리 모델이다.

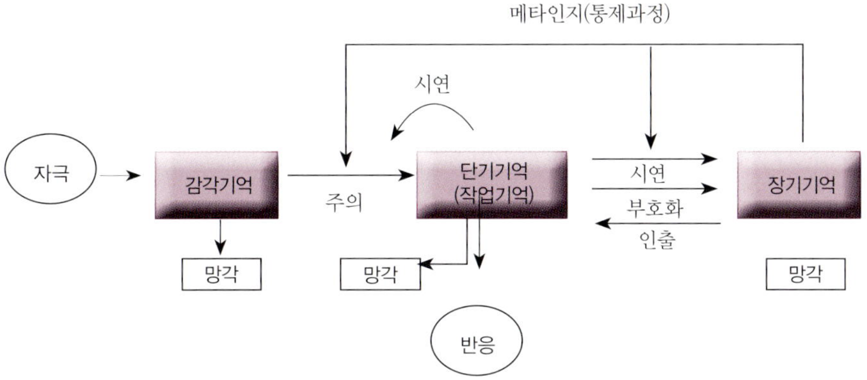

[그림 8-3] 정보처리모형

출처: 권대훈, 『교육심리학의 이론과 실제』(서울: 학지사, 2016), p. 232.

이들 모형의 공통점은 정보저장소가 세 군데라는 점이다. 그리고 이들은 정보저장소와 인지과정(정보처리과정)이라는 두 요소로 구분하여 살펴볼 수 있다.

1) 정보저장소

정보저장소(information store)는 우리가 흔히 자료를 보관하기 위해 사용하는 서류철이나 주소록 등으로 비유될 수 있다. 그리고 정보저장소를 컴퓨터에 비유하자면 주기억 장치나 하드드라이브에 해당하며 감각기억, 단기기억, 장기기억의 세 가지가 있다.

(1) 감각기억

감각기억(sensory memory) 혹은 감각등록기(sensory register)는 인간이 외부환경으로부터 눈이나 귀와 같은 감각기관을 통해 정보를 처음으로 저장하는 곳이다. 감각기억은 많은 양의 정보를 원래 모양 그대로 아주 정확하게 저장할 수 있지만 그 지속시간은 매우 짧다. 시각의 경우 정보가 감각기억에 유지되는 시간은 약 1/4초(250msec) 정도이고, 청각인 경우 약 4초 정도 정보를 저장한다고 알려져 있다.

감각기억은 정보를 감각된 형태 그대로 파지하므로 모든 감각기관에는 감각기억이 존재한다. 그 가운데 대표적인 형태는 시각적 정보를 시각적 형태로 파지하는 영상기억(iconic memory)과 청각정보를 청각적 형태로 파지하는 잔향기억(echoic memory)이다(권대훈, 2009).

감각기억은 정보를 저장할 수 있는 양에는 제한이 없지만 입력된 정보가 즉시 처리되지 않을 경우에는 즉각적으로 소멸되는 특징이 있다. 그 이유는 감각기억에 보관된 정보는 전혀 조직화되지 않은 것으로 사물이나 사건의 복사본에 불과하기 때문이다. 그리고 감각기관을 통해 들어온 정보 가운데 주의집중을 받아 선택된 자극과 정보는 다음의 기억저장소인 단기기억으로 전이된다.

(2) 단기기억

단기기억(short-term memory: STM)은 작업기억(working memory) 또는 작동기억이라 부르기도 하는데, 감각기관을 통해 들어온 제한된 양의 정보가 일시적으로 저장되는 곳이다. 즉, 우리가 주어진 짧은 시간 동안 의식하는 생각들은 이곳에 저장되는 것이다. 그러나 우리가 주어진 정보에 대해 생각하는 것을 멈추면 그 정보는 단기기억에서 사라지게 된다.

단기기억의 가장 큰 특징은 정보의 양과 지속시간에 제한이 있다는 점이다. 성인의 경우 보통 7±2개(5~9개)의 정보를 약 12초 동안 저장할 수 있는 것으로 알려져 있다. Miller(1956)는 7이라는 숫자가 단기기억 용량의 한계를 나타낸다고 보고 마법의 수(magic number)라고 불렀다(Miller, 1956).

이와 같은 단기기억의 제한된 용량범위는 학습에 어려움을 줄 수도 있다. 하지만 단기기억의 제한된 기억범위는 인지부하이론에서 주장한 청킹, 자동화, 이중처리를 통해 용량을 증가시킬 수 있다.

① 청킹(chunking, 군집화)은 정보의 개별적 단위를 보다 크고 유의미한 단위로 묶는 과정이다. 예를 들어 c, i, m, s, u라는 다섯 개의 철자를 music이라는 단어로 결집하는 과정이 청킹인 것이다. 이러한 의미덩이 짓기(chunking)를 통해 단기기억의 공간이 절약되며 제한된 7±2개의 저장용량은 7±2 청크(chunk)로 확장되는 것이다.

② 자동화(automaticity)는 정보나 기능을 특별한 자각이나 의식적인 노력 없이 수행할 수 있는 정신적 조작의 사용을 말한다. 기능습득의 초기단계에서 기능수행은 작동기억에 많은 부담을 주지만, 기능이 숙련되고 발달단계가 높아짐에 따라 그 부담이 줄어 자동화 단계에 이르면 특별한 노력 없이도 처리할 수 있다.

③ 이중처리(dual processing)는 시각과 청각의 두 구성요소가 단기기억 속에서 함께 정보를 처리하는 방식이다. 각각의 용량에는 한계가 있지만 시각과 청각은 독립적으로 작업하면서 동시에 공동으로 작업한다. 시각정보와 청각정보를 동시에 제시하는 것은 두 가지 경로로 기억해 정보를 보낸다는 점에서 중요하다.

연구에 의하면, 언어로 된 설명이 시각자료로 보충될 때 학생들이 더 많이 배운다고 한다. 시각적 과정은 청각적 과정을 보충하고, 청각적 과정은 시각적 과정을 보충해주기 때문이다.

(3) 장기기억

장기기억(long-term memory: LTM)은 무한한 정보를 영구적으로 저장할 수 있는 곳이다. 이곳의 정보는 결코 소실되지 않기 때문에 장기기억은 정보를 활성화하여 어떻게 인출할 것인가의 문제와 더 관련이 깊다. 이와 같이 많은 인지이론가들은 우리가 결코 장기기억에 있는 정보를 잊을 수 없다고 말한다. 단지 우리가 장기기억 속에 있는 정보를 찾을 수 있는 능력이 없을 뿐이다. 어쩌면 인간은 장기기억 안을 충분히 채울 만큼 오래 살지 못할지도 모른다. 장기기억에 저장된 구조화된 지식체계는 지식기반(knowledge base)이라고 부르며 지식과 도식의 두 유형으로 개념화한다. Recht와 Leslie(1988)는 새로운 정보를 이해하고 기억하는 데 있어서 지식의 역할이 중요하다는 것을 입증해 주는 연구를 하였다.

피험자로 독서능력이 우수한 중학생과 그렇지 못한 중학생을 선발했다. 그리고 이 학생들에게 야구에 관한 사전지식을 조사한 후, 독서능력과 야구지식은 상관이 없음을 결론지었다. 이들을 네 집단으로 분류하였는데, 독서능력이 뛰어나고 야구지식도 풍부한 학생, 독서능력은 뛰어나지만 야구지식은 빈약한 학생, 독서능력은 낮지만 야구지식은 풍부한 학생 그리고 마지막으로 독서능력도 낮고 야구지식도 빈약한 학생이다. 그런 후 이 모든 학생에게 야구 경기에 관한 문장을 읽게 한 후, 읽은 내용을 제대로 이해하고 기억하는지 검사를 실시하였다. 그 결과 독서능력은 뛰어나지만 야구지식이 빈약한 학생보다 독서 능력은 낮지만 야구 지식이 풍부한 학생이 더 많은 것을 기억했으며, 이들은 독서능력도 뛰어나고 야구지식도 풍부한 학생과 별반 차이가 나지 않았다. 그리고 독서능력도 낮고 야구에 대한 지식도 낮은 학생이 가장 적게 내용을 기억했다. 이러한 결과는 훌륭한 지식기반이 자료를 이해하고 기억하는 데 좋은 영향을 끼칠 수 있음을 알 수 있다.

지식은 장기기억에 저장되는 방식에 따라 서술적 지식, 절차적 지식, 조건적 지식으로 분류한다(Paris, Lipson, & Wixson, 1983).

① 서술적 지식(declarative knowledge)은 어떤 것이 사실이라는 것을 '아는 것(knowing what)'이다. 사실, 정의, 절차, 신념, 이론이나 의견, 시구나 노래 가사, 규칙과 명칭 등의 일상적인 의미에서의 지식은 보통 서술적 지식을 가리킨다. Gagne(1985)는 서술적 지식을 '언어적 정보(verbal information)'라고 불렀다. 서술적 지식의 예로는 도서관 개관 시간을 아는 것이나 문법의 규칙을 아는 것이다.

사실적 정보에 대한 기억을 나타내는 서술적 지식은 또다시 의미적 기억과 일화적 기억으로 나눌 수 있다. 의미적 기억(semantic memory)은 사실, 개념, 원리, 일반화, 규칙 등이 문제해결전략과 사고기술과 함께 저장되는 부분이다. 의미적 기억은 스키마타(schemata)라고 불리는 생각 혹은 관계들로 연결된 조직망으로 조직되어 있기 때문에 의미기억에 저장된 정보들은 서로 연관을 맺으며 체계적인 네트워크를 형성한다. 그리고 일화적 기억(episodic memory)은 주로 개인의 경험을 보유하는 곳으로 정보는 주로 이미지로 부호화되며, 그 경험을 한 시간과 장소를 기초로 하여 조직화된다. 일상기억이 의미가 없을 때는 종종 인출에 실패하게 되는데 이는 보다 최근에 발생한 정보로 인해 인출이 방해를 받기 때문이다.

일화적 기억은 개인적 경험의 기억, 어젯밤에 먹었던 저녁식사의 메뉴나 주말에 있었던 일을 기억할 때 장기 일화적 기억에 저장된 정보를 회상하는 것이다.

② 절차적 지식(procedural knowledge)은 과제를 수행하는 방법에 대한 지식인 과정지식(process knowledge)을 말한다. 다시 말해 절차적 지식은 어떻게 수행할지 '방법을 아는 것(know how)'이다. 절차적 지식을 나타내기 위해서는 행동을 해야 한다. 분수를 푸는 문제가 나왔을 때 규칙을 사용하여 통분을 한 뒤 옳은 답을 구하는 것이 절차적 지식이다. Gagne(1985)는 이런 지식을 '지적 기술'(intellectual skills)이라 불렀다.

운전하는 방법이나 워드 프로세서를 사용하는 방법, 자전거를 타는 능력은 절차상의 기억에 저장된 기술들이다. 즉, 육체적인 업무에 관련된 어떤 것을 어떻게 할 것인가를 회상하는 능력이다.

이 기억의 형태는 명백한 일련의 자극과 반응의 편성에 의해 저장된다. 오랜 시간 자전거를 타지 않았다 하더라도 자전거를 타자마자 그 자극이 반응을 불러일으키기 시작하는 것처럼 말이다. 또한 자전거가 왼쪽으로 기울면 우리는 본능적으로 균형을 유지하기 위하여 몸을 오른쪽으로 돌리게 된다.

③ 조건적 지식(conditional knowledge)은 목표를 달성하기 위해 서술적 지식과 절차적 지식을 선택하고 활용하는 지식을 말한다. 즉, 조건적 지식은 서술적 지식과 절차적 지식을 사용할 '시기와 이유를 아는 것(knowing why or knowing when)'이다. Robert(1985)는 이런 종류의 지식을 '인지적 전략(cognitive strategies)'이라고 불렀다.

예를 들어, 수학 시험을 볼 때 여러 문제 가운데 각 문제에 적합한 풀이 절차를 적용하기 위해서는 조건적 지식이 필요하다. 또한 책에 있는 단어들을 주의 깊게 모두 다 읽어야 하는지 대충 읽어도 되는지 판단하기 위해서도 조건적 지식이 필요하다. 대다수의 학생들은 사실을 알고 절차를 수행할 수 있지만, 막상 알고 있는 지식을 적절한 때에 적용하는 데에는 어려움을 겪는다. 조건적 지식은 언제 포기를 하고 다른 방법을 적용할 것인가, 언제 대충 읽고 언제 주의 깊게 읽을 것인가 등을 알고 판단하는 지식이다.

2) 인지과정(정보처리과정)

인지과정(cognitive processes)은 정보가 각각의 정보저장소로부터 다른 저장소로 이동하는 내부적이고 지적인 활동이다. 인지과정은 인지전략(cognitive strategies)이라고도 부르는데, 인지전략은 정보를 부호화, 저장, 인출하기 위해 사용하는 정신활동을 의미한다. 인지과정에는 주의, 지각, 시연, 부호화, 인출과 망각 등의 처리과정이 있다.

(1) 주의

주의(attention)는 감각기관을 통해 들어오는 수많은 자극과 정보 가운데 특정한 정보만을 선택하는 인지과정을 말한다. 즉, 주의의 가장 큰 특징은 선택성에 있다. 수많은 정보 중에서 지엽적인 것은 무시하고 중요 정보만을 선택하는 여과과정을 선택적 주의집중(selective attention)이라고 한다(권대훈, 2009).

예를 들어, 잔칫집에서 시끄러운 음악 소리와 여러 사람의 이야기 소리 가운데에서도 옆에서 내 얘기를 하는 사람의 목소리는 분명하게 선택되어 들린다. 주위에는 많은 자극들이 존재하고 또한 감각기억의 용량에 제한이 없다고는 하지만, 관심을 갖지 않고 주의집중을 하지 않으면 정보는 곧 유실되며 기억은 결코 일어나지 않는다.

(2) 지각

지각(perception)은 경험에 의미와 해석을 부여하는 과정으로 감각기관을 통해 들어온 정보를 조직하고 해석하는 것이다. 지각이 일어난 자극은 '객관적 실재'로서의 자극이 아니라 개인마다 다른 과거 경험의 정도에 따라 다르게 받아들여지는 '주관적 실재'로서의 자극이 된다. 일반적으로 자극을 잘못 지각하거나 그러한 지각이 장기기억으로 전달될 경우 그것을 제거하는 것은 상당히 어렵다.

(3) 시연

시연(rehearsal)은 정보를 있는 그대로 소리 내어 읽거나 속으로 반복하는 전략을 말한다.

그래서 이를 암송(暗誦)이라 부르기도 한다. 시연은 정보가 제시된 이후 여러 가지 방법을 통해 계속적으로 반복하는 것으로 단기기억 안에서 이루어지는 처리 과정이다. 정보는 시연을 통해 파지가 되기도 하며 충분한 반복과 시연을 통해 장기기억으로 전이가 되기도 한다.

(4) 부호화

부호화(encoding)란 새로운 정보를 장기기억 속에 이미 존재하고 있는 기존의 정보와 연결하여 단기기억에서 장기기억으로 이동시키는 과정을 말한다. 이것은 정보처리이론 가운데 가장 중요한 인지과정으로 새로운 정보가 장기기억 안으로 유의미한 부호화가 이루어져야 한다. 유의미한 부호화란 기계적인 암기와는 다르게 장기기억 속에 있는 하나의 생각과 다른 생각들이 연결되어 새로운 도식(스키마)이 구축되는 것이다.

개인마다 주어진 정보를 처리하는 단기기억의 용량에는 차이가 있다. 이러한 단기기억의 능력을 강화시킬 수 있는 방법 중 하나는 배경지식을 키우는 것이다. 인지의 세계는 '빈익빈 부익부'라고도 볼 수 있다. 인간은 가지고 있는 배경지식이 많으면 많을수록 새로운 정보를 조직하고 흡수하는 능력이 그렇지 못한 사람보다 앞선다.

(5) 인출

인출(retrieval)은 장기기억에서 정보를 찾는 탐색과정을 말하며, 부호화와 아주 밀접한 관계를 가지고 있다. 왜냐하면 부호화되지 않으면 효과적인 인출이 이루어질 수 없기 때문이다. 누구와 대화를 나누다 어떤 명칭이 생각날 듯 말 듯 입에서 맴돌기만 하고 결국에 기억에 실패한 경우가 있다. 이를 설단현상(tip-top-the-tongue)이라고 부르는데 이러한 현상은 장기기억에 존재하는 특정 정보에 정확하게 접근할 수 없을 때 일어난다. 따라서 인출의 성공과 실패는 이용가능성과 접근성에 달려 있다.

(6) 망각

망각(forgetting)이란 전에 경험하거나 학습한 것을 상기하거나 재생하는 능력이 일시적 또는 영속적으로 감퇴 및 상실되는 것을 의미한다. 감각기억에서의 망각은 감각등록기를 통해 투입되는 정보가 주의나 지각 등의 과정을 통해 즉시 처리되지 않을 경우 감각기억에 저장된 정보가 쇠퇴하기 때문에 일어난다. 단기기억에서의 망각은 시간과 용량의 제한 때문에 시연과 부호화 등의 의식적 처리가 이루어지지 않으면 다음의 기억저장고인 장기기억으로 넘어가지 못하고 쇠퇴하기 때문에 일어난다(조규판 외, 2016).

3) 메타인지과정

메타인지(초인지 또는 상위인지, meta-cognitive)는 정보처리에 기초를 두고 있는 인지발달 분야의 심리학적 구성개념으로 사고과정에 대한 지식을 의미하며 사고에 관한 사고(thinking about thinking), 혹은 인지에 관한 인지(cognition about cognitive)라고도 한다(Flavell, 1976). 또한 메타인지는 기억체계의 과정 전체를 지각하고 통제한다. 어떤 정보에 주의를 기울여야 하는지, 시연을 사용할 것인지 아니면 부호화 전략을 사용할 것인지, 어떠한 부호화 전략을 잘 활용하는지, 학습하는 데 얼마나 많은 시간이 필요한지 그리고 새로운 학습이 장기기억에 잘 저장되었는지를 확인하는 것 등이 모두 메타인지적인 활동이다. 이처럼 메타인지는 개인인지 전체를 계획(planning), 점검(monitoring) 평가(evaluation)하는 역할을 한다. 그뿐만 아니라 메타인지는 자기조절(self-regulation)과 동일한 의미로 사용되기도 한다. 자기조절이란 학습을 계획하고 성공을 관찰하고 적절한 때에 잘못을 바로잡는, 즉 학습의 과정을 관리하고 수정하는 전반적인 능력을 의미한다. 또한 메타인지는 자기 자신의 수행에 대해 깊이 숙고하는 능력을 말한다. 자기조절능력은 상당히 일찍 나타나는 것에 비해 자기반성능력은 늦게 발달한다.

메타인지적인 학습자가 그렇지 않은 학습자보다 학습 성취도가 높은 이유는 첫째, 메타인지적 학습자는 목표와 동기를 계획하고 통제하고 이끄는 방법을 안다. 둘째, 이들은 정보에 주의를 기울이고 변형하고 조직하며 재생하는 데 도움을 주는 여러 인지전략(시연, 정교화, 조직화)의 사용방법을 알고 익숙해져 있다. 셋째, 주의집중의 중요성을 지각하고 자신에게 효과적인 학습 환경을 조성한다(Kuhn & Dean, 2004). 따라서 학생에게 메타인지적 기법을 가르침으로써 성취도를 향상시킬 수 있다.

4. 학습의 전이

1) 전이의 의의 및 조건

학습의 전이(transfer of learning)란 어떠한 한 가지 내용을 학습한 결과 그 효과가 다른 내용의 학습에 직접적 또는 간접적으로 영향을 주는 것을 의미한다.

이와 같이 하나의 학습 효과가 또 다른 제2의 학습을 촉진시킬 때, 이것이 적극적 전이(positive transfer)이며, 또 다른 학습이 제2의 학습을 방해 또는 금지하는 경우를 소극적 전이(negative transfer)라고 하는데, 보편적으로 학습전이라 함은 적극적 전이를 말한다.

전이의 문제는 17세기 영국의 철학자인 John Locke(1632~1704)의 형식도야설(theory of formal discipline)에서 시작되었는데 이것은 능력심리학의 이론적 근거에 의한 것이다. 이 이론의 이론적 전제는 다음과 같다. 즉, 인간의 정신현상에는 수많은 정신능력이 존재하고 있으나, 이 모든 능력을 모두 훈련시킬 수 없기 때문에 어떤 특정한 한두 가지의 능력만 철저하게 훈련하고 연습하게 되면 그 외의 다른 모든 능력은 저절로 훈련이 된다는 것이다.

능력심리학의 이론적 근거를 예를 들어 서술해 보면 라틴어, 헬라어, 논리학, 과학, 철학 등을 학습하여 추리력이나 사고력, 판단력 등을 미리 학습해 두면 그것이 장차 자신의 생활에 도움을 주게 된다는 것이다. 그래서 이것을 일컬어 훈련주의라고 칭하는데, 이러한 주장은 19세기부터 발생한—17세기 후반 자연과학이 발달하면서부터 점차적으로 중시되기 시작했는데, Johann Friedrich Herbart(1776~1841)에 의해 확고해진 것으로서 지식이나 기술 습득에 의해 정신내용을 풍부하게 할 것을 그 목표로 삼는 것이다—실질도야설(theory of substantial discipline)의 강력한 배척을 받아 왔다. 그러면 학습 효과의 전이는 어떠한 경우에 잘 일어나는가? 전이를 잘 일으키게 하는 적극적 전이의 조건은 무엇인가? 그 조건들을 기술하면 다음과 같다.

첫째, 학습자의 학습방법과 요령의 습득이다. 즉, 교사가 '학생을 어떻게 가르칠 것인가?'보다는 '학생 스스로가 어떻게 배우는 것이 효과적인가?'라는 학습방법 및 요령을 미리 숙지시키는 것이 중요하다.

둘째, 미리 학습의 원리나 원칙을 체득하게 한다(교시의 방법).

셋째, 전이가 관계될 때의 학습자의 능력, 태도 특히 주의력의 집중 여부에 달려 있다.

넷째, 학습자의 경험이 완전히 자신 있는 것이 되었느냐 안 되었느냐의 여부가 중요하다.

다섯째, 전 학습 재료와 신 학습 재료와의 관계 정도 또는 양 학습 사이에 유사한 것이 많을수록 전이가 잘 일어난다. 학습지도에 있어서 교사는 하나의 학습이 다른 학습으로 전이가 되도록 학습 상호 간의 조건에 대해서 연구 지도할 뿐만 아니라, 나아가서는 학교에서의 학습이 실제의 일상 생활에까지 전이가 일어나도록 지도하는 것이 바람직하다.

2) 전이의 이론

전이현상(transfer phenomenon) 발생에 대한 심리학적 이론 중 대표적인 것을 살펴보면 다음과 같다.

(1) 동일요소설(theory of identical elements)

이것은 Thorndike가 주장한 이론인데, 전이는 제1의 학습과 제2의 학습과의 사이에 있는 동일한 요소가 상호의존하여 일어난다는 것이다(Thorndike, 1906). 다시 말하면 연습을 거듭해서 얻은 학습의 내용이나 그 방법은 새로이 학습할 때 이 요소(要因)들이 서로 결합을 하게 되어 전이가 일어난다는 것이다(연합적 전이의 법칙). 이 동일요소설은 그 후 여러 가지 비판과 논의가 되었으며, 특히 Gestalt 학파로부터 원자론적이라는 비난을 받았지만 많은 학자의 지지를 받게 되었다. 그 중에서 Gates(1950)와 Woodworth(1930)는 Thorndike가 말하는 요소는 사실상 두 학습 간의 공통된 구성분자에 지나지 않는다고 하여 이것을 동일구성분자론(theory of identical component)이라고 수정하였다.

(2) 일반화설(generalization theory)

이것은 Judd(1939)의 실험에 의해 규명된 이론이다. 그는 5, 6학년 아동을 실험대상으로 하여 통정군법을 이용하여 [그림 8-4]와 같은 실험을 하였다.

[그림 8-4] Judd의 전이실험

즉, 깊이 12inch의 물속에 막대기 같은 것을 집어넣고, 아동을 실험군과 통제군의 두 집단으로 구성하여 실험을 했다. 첫 번째는 양군 모두가 수중에서 광선굴절의 원리에 대해서는 다 같이 모르는 상태로 실험되었다. 그래서 그들에게 [그림 8-4]와 같은 다른 막대기 같은 것으로 A점(목적)을 맞추게 하였더니 대부분이 실제로 보이는 B점(점선으로 보이는 점)을 지적하여 맞추는 데 실패하였다.

두 번째는 실험군에 대해서만 광선이 물속에서 일어나는 굴절의 원리를 가르쳐 주고 통제군에 대해서는 가르쳐 주지 않고 표적을 수중 4inch로 바꾸어서 실험한 결과, 실험군은 굴절의 원리를 적용하여 표적을 맞히는 데 좋은 성적이 나왔다. 이에 반하여 통제군은 첫 번째 경우와 마찬가지로 시행착오를 되풀이하여 실험군에 비하여 표적을 맞히는 데 훨씬 뒤떨어졌다. 그리고 Judd의 실험 이후 Hendrickson과 Schroeder(1941)는 동일한 실험에서 막대기 대신 공기총으로 쏘는 실험을 했는데, Judd의 결과와 비슷한 결과를 나타냈다(Judd, 1939). 앞에서 제시한 바와 같이 전이는 한 장면에서 나타난 일반적 원리의 이해가 지식을 배우는 데 용이하다는 사실이 방증되고 있다.

(3) 형태이조설(gestalt transfer theory)

이 이론은 형태심리학파에서 입증한 학설이다. 이것은 먼저 경험할 때의 형태(구조)가 새로운 경험에 있어서의 형태(구조)와 비슷할 때에 먼저 경험한 형태가 일종의 위상적인 이동을 가져온다는 것이다. Lewin의 장이론(field theory)의 입장에서 설명한다면 경험에 있어 심리학적으로 인지된 장이 새로운 경험에서의 심리학적으로 인지된 장으로 위상적인 이동반응을 일으킨다는 것이다. 실제로 학습과정에 있어서 심리학적인 장의 이동 또는 위상의 변화과정에 대해서 학습자를 관찰하거나 질문을 통해서 곧 그러한 사실을 찾아볼 수가 있다.

이상 세 가지 전이의 현상에 관한 이론을 들었는데, 그 어느 것이 옳고 그르다 말하기는 어렵다. 각 이론마다 실험이나 깊은 이론적 근거에 입각해서 주장하는 것인 만큼 모두 합리성 있는 학설이라 할 수 있다.

하지만 학습이나 연습의 전이현상이 자동적이고 저절로 일어나는 것이 아니라, 학습자가 학습을 전개하는 데 스스로의 노력이 반드시 필요하다. 즉, 학습자에게는 현재의 학습이 다음의 학습에 적용될 수 있고 도움이 된다는 자각이 있어야 하고, 또한 이것이 전이효과를 촉진하게 된다는 사실을 시사해 주어야 한다. 이러한 측면에서 볼 때 교사는 학생에게 그러한 방향으로 적극적으로 지도해 줘야만 보다 바람직한 전이효과를 기대할 수 있다.

구성주의

CHAPTER 9

1. 구성주의 의미와 특징

구성주의는 전통적인 객관주의(objectivism) 관점인 행동주의와 인지주의 인식론에 대한 비판으로 등장하게 되었다. 구성주의는 학습자 스스로 지식을 구성한다는 점을 강조한 철학적 견해 즉, 인식론적 가정을 제시하는 하나의 주관적 패러다임이다. Duffy(1992)는 구성주의가 어떤 완료된 형태로서가 아니라 지속적으로 진행해 나간다는 의미를 강조하면서 구성주의를 '앎의 이론'이라고 했다. 구성주의에서는 객관적 실재를 부정하고 개체가 자신의 삶의 맥락 속에서 환경과 상호작용하면서 구성된 시식을 다시 자기의 삶에 적용할 때 자기에게 유용한 지식이라고 본다. 이런 의미에서 보면 구성주의는 단순한 인식론을 넘어서 존재론적인 색채까지 띠고 있다고 할 수 있다(한순미, 1999).

구성주의는 단순히 사고의 발달단계와 구조를 규명하려는 이론이나, 강화를 통해 학습된 행동들을 고립시키려는 이론이라기보다는 개념에 대한 이해와 구조가 어떻게 생겨나는지를 설명하려는 학습심리 이론이다. 이러한 구성주의에서는 믿을 만한 행위 안에서 인식의 경험을 '설치'하는 것을 강조한다. 즉, 중요한 것은 각자가 공동의 현실성보다는 그들 자신의 해석과 이해 정도를 중요시한다는 것이다(Duffy & David, 1992).

구성주의는 최근에 부각되었지만 완전히 새로운 견해가 아니라 Dewey, Piaget, Vygotsky, Bruner와 같은 학자들이 지속적으로 강조해 온 관점이다. 오늘날 구성주의가 등장하게 된 배경은 산업화 사회에서 정보 사회로의 변화와 정보처리이론에 대한 비판, 사회문화적 인지발달이론에 대한 관심과 전통적인 학교교육 방식에 대한 우려 등에서 비롯되었다.

구성주의자들이 강조하는 기본 가정과 교수-학습에서의 지식관을 종합하면(조영남, 1998) 첫째, 지식은 사람들의 마음속에서만 존재한다. 둘째, 사람들이 사물에 부여하는 의미나 해석은 자신의 지식에 근거한다. 셋째, 지식은 환경과의 상호작용을 통해 구성된다. 넷째, 지식은 결코 완벽할 수 없으며 이해의 적합성과 사회적 협상을 통해 진전된다. 다섯째, 일상적인 지식은 일상적인 두뇌와 신체로부터 도출된다. 여섯째, 지식은 지각과 행위를 통해 구성된다. 일곱째, 지식의 구성은 시간과 정열을 요구한다. 여덟째, 지식은 맥락 지향적이다. 이러한 지식관에 비추어 학습은 구성적 과정을 촉진하고 전이가 잘 일어날 수 있도록 풍부하고 다양한 실제 세계의 맥락 속에서 이루어져야 한다.

2. 구성주의 유형

구성주의는 지식을 구성하는 요인에 따라 인지적 구성주의와 사회적 구성주의로 구분된다. Piaget의 이론을 중심으로 한 인지적 구성주의(cognitive constructivism)와 Vygotsky의 이론을 중심으로 한 사회적 구성주의(social constructivism)로 구분하여 설명하면 다음과 같다(이명숙, 1998).

1) 인지적 구성주의

최초 발생학적 인식론자인 Piaget의 이론에 기초한 인지적 구성주의에서의 주요 관심은 개개인의 인지적 구조의 변화와 활동에 있으며, 절대 지식을 부정하고 모든 지식은 개인에 의해 스스로 구성한다고 본다. 급진적 구성주의(radical constructivism) 혹은 내성적 구성주의(endogenous constructivism)라고도 불리는 인지적 구성주의는 기존의 지식과 새로이 받아들여야 할 지식과의 사이에서 일어나는 동화(assimilation)와 조절(accommodation)의 과정을 통해 반성적 사고가 일어날 때 학습이 이루어진다고 본다. '동화'는 항상 새로운 경험을 이미 존재하고 있는 감각운동 혹은 개념구조에 조화시키는 것으로 자기 자신의 논리적 구조나 이해력을 토대로 경험을 조직해 가는 것이다(Glasersfeld, 1993). 즉, 전체 체계의 한 부분으로서 자신의 자율성을 보존하려는 것이다. '조절'은 반성적 통합적인 행동이며, 자신의 자아를 변화시키고 인지적인 평형을 이룰 수 있도록 도와주는 역할을 한다(Fosnot, 1996). 개인의 적응은 동화와 조절에 의하여 이루어지며 이 두 기능의 상보적 진전에 의한 '평형화' 과정에 따라 이전의 구조와는 질적으로 서로 다른 인지구조가 형성된다고 한다.

여기에서 '평형화' 개념은 '구성 과정'으로 이해되며, 지식 발달의 이해를 위한 기초를 제공한다. 즉, 평형화는 인지 발달을 움직이는 힘이며 자기-조절적이고 동화와 조절의 균형을 맞추는 상보적 과정이며, 조직 구조를 위계적이게 하는 발달의 기초를 제공한다(이명숙, 1998). 즉, 인지 발달은 동화와 조절의 과정을 거치면서 환경에 적응하려는 끊임없는 노력이라 할 수 있다.

인지적 구성주의의 중심은 내면화의 과정이라 할 수 있는데, Piaget는 외적 실체에서부터 점차 자율적인 내적 기능을 구성할 수 있는 발달적 경향성에 관심을 가졌다. 이러한 관심은 내적 심리적 실체가 단순히 외적 지식의 변형 결과가 아니라 새로운 수준의 기능으로 인식된다는 것이다. Piaget는 감각-운동 지능에서 표상적 지능까지 내면화 과정에 대해 특별한 중요성을 부가하고 있으며, 이는 내면화의 과정과 내적 사고 구성을 이해하는 데 필수적인 것이며, 사고의 내면화 경향성은 발달을 통해 나타난다.

또한 Piaget는 환경에 대한 적응력과 행위의 생존력 중 어느 하나만으로는 실제적인 세계의 본질을 설명할 수 없다고 한다. 그는 우리가 보고 듣고 느끼는 감각 세계는 각자의 지각에 의한 결과이므로 인지하는 방식에 있어서도 자신만의 특성을 갖는다고 보고 지식은 행위와 그 행위를 한 주체의 반성에 의해 생겨난다고 설명한다(Fosnot, 1996). 즉, 행위는 환경 속에서 발생하여 그 자체로 독립성을 갖는 것이 아니라 유기체의 경험 세계를 구성하고 있는 구조들의 바탕이 되고 통제를 받는다는 것이다. 이러한 인지적 구성주의의 기본적인 원리는 다음과 같다(Glasersfeld, 1993).

첫째, 지식은 감각을 통하거나 의사소통에 의해 수동적으로 받아들여지는 것이 아니다.

둘째, 지식은 인식 주체에 의해서 능동적으로 구성된다.

셋째, 인식의 기능은 적응적이며 적합성 또는 존속가능성을 지향하는 경향을 지닌다.

넷째, 인식은 주체로 하여금 경험 세계를 조직하는 데 도움을 주는 것이며, 결코 객관적인 존재론적 실재를 발견하는 것을 돕는 것이 아니다.

2) 사회적 구성주의

사회적 구성주의는 Lev Semyonovich Vygotsky(1896~1934)의 사회문화적 인지발달이론에 근거하여 형성된 것으로 학습에 영향을 미치는 사회적인 요소에 관심을 갖는다. 즉, 실제적 상황에서의 인지 전개 과정에 관심을 두고 인지적 발달과 기능은 사회적 상호작용이 내면화되어 이루어지는 것으로 본다. 그러한 이유는 Vygotsky가 Marx와 Engels의 영향을 받은 변증법적 유물론자이며 실재론자이기 때문이다(한순미, 1999).

Vygotsky는 인간의 지식은 타고난 것이 아니라 형성되는 것이라고 보았으며 그 기원은 사회와 문화에 있다고 믿는다. 또한 발생영역에 있어 개체발생뿐 아니라 계통발생, 사회·문화적 발생, 미소발생까지 포함하는 것으로 파악한다. 계통발생은 진화를 통한 인류의 발달, 사회·문화적 발생은 역사를 통한 인간의 발달, 개체발생은 아동기와 성인기를 통한 개인의 발달, 미소발생은 단일 과제나 활동에 대한 아동이나 성인 능력의 발달을 의미한다(송선희, 2001).

Vygotsky는 '개인 간 정신기능'이 '개인 내 정신기능'으로 변화하는 과정에 대한 설명을 위해 '근접발달영역(zone of proximal development: ZDP)'이라는 개념을 사용하고 있다. 근접발달영역이란 문제해결에 의해 결정되는 실제적 발달 수준과 성인의 지도하에 또는 보다 능력 있는 동료들과의 협동을 통한 문제해결에 의해 결정되는 잠재적 발달수준과의 차이를 말한다(Vygotsky, 1978). 즉, 아동이 스스로 문제를 해결할 수는 없지만 성인이나 뛰어난 동료와 함께 학습하면 성공할 수 있는 영역을 의미한다.

이와 같이 Vygotsky는 인지발달이 아동과 어른 혹은 더 능력 있는 동료들과의 상호작용을 통해 이루어진다고 보았다. 근접발달영역에 속하는 아동에게는 구조화를 형성할 수 있는 단서를 제공하거나, 세부사항과 단계를 기록할 수 있도록 조력하고 꾸준히 시도하도록 격려하는 도움이 필요한데, 이러한 도움이나 격려는 성인이나 뛰어난 동료들로부터 제공될 수 있다는 것이다. 근접발달영역이 바로 가르침이 필요한 단계이며 진정한 학습이 가능한 단계라는 것이다. 근접발달영역은 아동의 인지발달이 사회적 상호작용의 결과로 발전한다는 사실을 강조하고 있으며, 아동의 인지발달에 교사나 성인이 적극적으로 도움을 줄 수 있는 이론적 근거를 제시하고 있다.

Vygotsky의 이론에 근거하는 사회적 구성주의는 지식 구성을 위한 사회적 상호작용의 중요성을 강조하고 있다. 이러한 사회적 구성주의에 따르면, 지식의 구성은 개인 내면의 인지적 작용과 함께 사회·문화적인 상호작용이 통합적으로 이루어지는 과정이라고 말할 수 있다(강인애, 1995).

3) 인지적 구성주의와 사회적 구성주의의 공통점과 차이점

인지적 구성주의와 사회적 구성주의의 공통점은 이들 모두 지식습득 과정을 감정이 아닌 객관적인 사실에 대한 관찰을 통해 정신 속에 형성되어 있는 전통적이고 행동과학적 입장에 의문을 제기하였다는 점이다.

인지적 구성주의와 사회적 구성주의의 차이점은 둘 다 지식이 구성되는 실체나 구조에 대해 설명하고 있으나 지식의 구성과정에서 인지적 구성주의는 사회·문화적인 상황변인을 배제한 채 인간의 개별적인 인지적 작용을 가장 중요한 요인으로 간주하였다. 그러나 사회적 구성주의는 지식의 구성에서 내적인 사고과정이 다양한 현상 구조 속에서 생물학적으로 작용하는 것이 아니라 사회적, 경제적, 역사적, 문화적으로 작용된다는 것이다. 인지적 구성주의에서 아동은 이미 형성된 지식을 수동적으로 수용하는 것이 아니다. 아동과 대상 그리고 아동과 다른 사람 사이의 상호작용의 내적 과정을 통하여 아동 스스로가 구성해 가는 것으로 설명하지만, 사회적 구성주의에서 지식은 한 사회 집단에 누적된 역사적-문화적 형태로 이미 존재하고 있다. 그러한 지식을 이미 획득한 다른 사람들과의 사회적 상호작용을 통하여 아동이 내적으로 재구성해 가는 과정이 지식의 구성과정이라고 하였다(한순미, 1999).

3. 구성주의 교수-학습 원리

구성주의 교수-학습의 중심은 구성의 주체자인 학습자에게 있으며, 교사는 학생이 학습 자료를 유의미하고 적합하게 잘 다룰 수 있도록 도와주는 역할을 수행한다. 구성주의자들이 강조하는 교수-학습의 주된 목적은 주어진 맥락 속에서 사고활동을 촉진함으로써 지식의 능동적 활용, 추론, 창의적·비판적 반성적 사고, 문제해결, 인지적 유연성 등을 함양하는 데 있다.

구성주의 교수-학습 원리에 대해서 Fosnot(1996)는 다섯 가지로, Martin과 Jacqueline(1993)는 네 가지 그리고 강인애(1997) 또한 다섯 가지로 제시하고 있다. 여러 학자의 구성주의 학습원칙과 세부내용을 종합적으로 정리하면 〈표 9-1〉과 같다.

표 9-1 | 구성주의 교수-학습 원리

구성주의 학습원칙	세부 내용
1. 학습에 대한 주인의식	• 학습자가 자기주도적으로 학습목표, 내용 및 평가에 참여한다. • 학습자에 의한 지식구성 및 공유할 수 있는 학습환경을 제공한다. • 학습자가 전체적으로 학습환경의 통제권을 지니고 있다. • 학습자는 지식구성의 주체이다. 교사는 학습자에게 자신의 지식 구성의 주인역할과 책임감을 알려줘야 하고 권력을 학습자에게 이양하여야 한다. Piaget는 인지의 능동성을 강조하고 Vygotsky도 발달은 개인 간으로부터 개인 내로 내면화하는 과정에서 인지의 능동적인 역할을 강조한다.
2. 자기성찰적 학습	• 메타인지의 습득 및 활용이 가능한 환경이다. • 학습자의 기존 지식과 개념을 활용할 수 있는 환경이다. • 주어진 과제해결을 위한 깊이 있는 사고와 탐색을 필요로 하는 환경이다.
3. 협동학습	• 학습자들이 서로 지식을 구성하고 공유할 수 있는 환경이다. • 개념과 내용에 대하여 다양한 관점과 시각이 자연스럽게 제시되고 받아들여진다. • 학습자들의 협동학습을 통한 실제적 과제 해결과정은 내면화를 통해서 발달을 이룰 수 있다. • 학습자들 간의 토론, 대화, 상호작용을 통해 성찰적 학습기회를 촉진한다. • 과제를 협동적으로 해결하는 과정에서 사고와 반성이 필요하고 다른 사람들과의 상호작용을 통해 다른 사람들의 의견과 부딪치게 되면서 반성적인 사고를 촉진한다.
4. 실제적 성격의 과제제시	• 통합 교과목적인 성격의 과제를 다룬다. • 특성 상황을 기반으로 하는 과제이어야 한다. • 실제적 평가이어야 한다. 과제성격 및 해결안을 제대로 평가할 수 있는 기준, 방법이어야 한다.
5. 교사로서의 역할: 촉진자, 동료 학습자	• 인지적 도제학습 환경을 제공한다. • 과정 중심적 평가이어야 한다. 학습자가 학습하는 과정에서 적당한 시기에 적당한 평가를 주어야 한다. • 실수나 오답에 대하여 관대하고 인내가 필요하다. • 학습지도는 인지적 측면과 정서적 측면이 동시에 고려되어야 한다.

출처: 임정훈 외(2008), 강인애(2002), Fosnot(1996), Martin & Jacqueline(1993).

4. 구성주의 학습 모델

학습자 중심의 교육환경을 강조하는 학습이론으로서의 구성주의는 구성주의 인식론과 교수-학습 원리를 토대로 다양한 학습 모델이 개발되었다. 각 모형은 나름의 지식형성과 습득에 대한 이해와 관점을 기반으로 실천적 활용안을 제시하고 있다. 다양한 학습 모델이 연구되어 사용되고 있지만 대표적인 모형에는 인지적 도제 모델, 상황학습 모델, 인지적 융통성 모델, 문제중심 학습 모델 등이 가장 많이 사용되고 있다(최은식, 2003). 각 모델들은 실생활의 상황적 특성을 반영할 수 있는 비구조화된 복잡한 과제를 대상으로 한다는 공통점을 가지고 있으나 실세계의 복잡성을 반영하는 방식에 있어서는 각 모형마다 차이가 있다.

1) 인지적 도제 모델

구성주의 학습 모델 중에 가장 널리 활용되고 인용되는 인지적 도제 모델(cognitive apprenticeship model)은 Collins, Brown, Holum(1991)에 의해서 제안되었다.

인지적 도제 모델은 지식이나 기술의 전통적인 전수방법이었던 전통적인 도제를 현대 사회에서 요구되는 교수방법의 형태로 변화시킨 것이다. 그리고 이 모델은 Vygotsky의 근접발달이론의 개념에 근거하고 있으며, Bruner와 Ausubel 같은 인지심리학자의 이론을 포함하고 있는 학습모형이다.

인지적 도제 모델은 교사(주인)와 학생(도제)이라는 두 축을 중심으로 어느 특정 사회집단에 참여하여 지속적으로 실제적 과제를 해결해 나가는 과정을 통해서 개념을 발전시켜 나가고 학습해 나가는 것을 말한다(강인애, 2003).

고전적 도제 모델에서는 물리적인 지식과 기능의 습득을 목표로 하는 반면에 인지적 도제 모델은 인지적인 지식과 기능의 습득을 목표로 한다는 점에서 차이가 있다. 또한 고전적 도제 모델에서와 달리 인지적 도제 모델에서 추구하는 기술과 지식은 단순히 '외부에서 관찰이 가능하고 정형화될 수 있는 과정'만으로는 충분히 습득될 수 없다고 본다. 즉, 인지적 도제 모델에서의 학습은 학습자가 전문가의 수행에 요구되는 다양한 기능을 확인하고 이들이 적용되는 조건을 발견하여 이를 내면화하는 과정을 통해 이루어진다. 이는 점차적으로 복잡한 과제, 상이한 문제해결 상황으로 학습이 계열화되는 것을 의미한다.

학습절차는 문제해결을 위하여 전문가가 구체적으로 시범을 보이는 모델링(modeling) 단계, 문제해결을 위한 인지적 틀을 제시하는 교수적 지원(scaffolding) 단계, 학습자가 스스로 문제해결을 할 수 있도록 도움을 점차 줄여가는 교수적 지원의 점차적 축소(fading) 단계의 세 가지 단계로 구성된다(방선욱, 2002).

모델링은 실제 과제의 문제해결 과정을 전문가가 시범과 설명을 통해 보여주고, 학습자가 그 과정을 관찰하는 것을 말한다. 모델링은 과제수행이 일어날 때 가장 효과적이며 학습자를 중요한 방법에 몰두하도록 유도한다(최정임, 1997). 교수적 지원은 문제해결을 위한 인지적 틀을 제시하여 학습에 도움을 주는 디딤돌 역할을 한다. 구조가 불완전한 동안 사용하는데, 학습자가 이미 알고 있는 것을 현재의 과제에 전이할 수 있도록 촉진시켜 주는 역할을 한다. 그리고 교수적 지원은 꼭 필요한 경우에만 제공하고 과제수행이 익숙해짐에 따라 점차적으로 축소되며 더 이상 필요가 없는 경우에는 제공하지 않는다. 또한 교수적 지원은 가능한 한 학습자의 근접발달영역(ZDP) 내에서 이루어지는 것이 바람직하다(Vygotsky, 1978). 시간이 지나면서 모델링과 교수적 지원은 점차 횟수가 줄어들어야 하고 학습자들이 숙련되면 완전히 제거되어야 한다.

인지적 도제 모델은 기존 교수-학습에서 경시되었던 현실과 유사한 상황에서의 학습, 실제적 과제수행 경험, 교사와 학생의 밀접한 상호작용, 협동학습 등을 중시한다. 또한 학습자가 실제 상황에서 교사가 과제를 수행하는 과정을 직접 관찰하고 이를 모방하여 수행하는 과정을 통해 특정 지식과 기능을 연마하는 과정으로 이루어진다.

2) 상황학습 모델

상황학습 모델(situated learning model)은 정착수업 또는 앵커드수업(anchored instruction)이라고 하는데, 이 모델은 밴드빌트 대학의 인지공학단(The cognition and technology group at vanderbilt university: CTGV, 1993)에서 미국 테네시주 내슈빌(Tennessee State, Nashville) 도시의 학교들과 협력해서 만든 학습 모델이다.

상황학습 모델은 수업을 시작할 때 실제적 문제상황을 수업매체를 이용하여 제시해 주고 가능한 해결방법 등을 강구해 보도록 함으로써 지식의 활용성 측면을 강조하고 학습자들의 학습동기를 유발시키는 데 도움을 주는 모델이다. 이 모델의 수업 단계는 거시적 문제상황을 앵커(anchor)를 통해 제시한 다음, 해결방안을 탐색하고 토론하는 단계를 거쳐 문제를 해결하는 단계로 진행된다(김종석, 김정겸, 2002). 즉, 교수매체를 활용하여 복잡한 학습상황을 설정하고 학습자가 문제상황에서 앵커(anchor)의 도움을 받아 지속적인 탐구활동을 해 나가도록 하는 교수방법이다(최은식, 2003). 여기에서는 학생들의 독립적이고 개인적인 인지적 성찰과정과 능력의 개발을 중요시한다. 그것은 학생들이 어떤 문제해결을 해 나가는 데 있어 문제형성의 과정부터 시작하여 문제해결과 평가에 이르는 전 과정에 주도권을 갖고 학습해나가는 학생 주도적 학습 모델이라고 집약할 수 있다(강인애, 1996).

상황학습 모델의 특징을 보면 다음과 같다(변영계 외, 2007).

① 상황학습은 통합교과적인 접근을 한다. 상황학습에서는 수학이나 과학과 같이 독립적인 학문적 단위를 중심으로 이루어지는 것이 아니라 수학, 과학, 역사, 문학 등과 같은 내용이 하나의 정착과제 속에서 통합되어 학습할 수 있도록 되어 있다.

② 상황학습은 다른 학습자를 도와서 모든 학습자가 단순 지식의 암기나 계산이 아닌 독립적인 사고가 가능하도록 하는 데 목적이 있다. 따라서 학습자 간 상호협력과 도움을 학습활동의 최우선 과제로 삼고 있다.

③ 상황학습은 수업의 효과를 극대화하기 위해 공학(상호작용적인 video disc)의 기능을 활용하고 있다.

3) 인지적 융통성 모델

Spiro, Coulson, Feltovich, Anderson(1988)에 의해서 제안된 인지적 융통성 모델은 초보적 지식과 고차적인 지식을 습득할 때의 교수-학습전략이 결코 같을 수 없다는 점을 기본적인 전제로 하며, 고차적인 지식은 비구조화되어 있으므로 실제 세계 복잡성의 속성에 초점을 두고 다양한 사례적 특수성을 고려하여 이해해야 한다는 주장에서 출발한다(송해덕, 1998).

인지적 융통성은 어떤 학습과제가 주어졌을 때 다양한 각도에서 바라보고 다양한 지식 범주를 검색하며, 상황과 맥락에 따라 융통성 있게 해결할 수 있는 능력을 의미한다(방선욱, 2002). 또한 여러 지식의 범주를 넘나들고 연결지으면서 다양한 방법으로 그리고 급격하게 변화해 가는 상황적 요구에 대한 대처능력을 말한다. 이런 능력은 그냥 얻어지는 것이 아니라 끊임없이 그리고 지속적으로 비정형화된 지식구조를 지닌 지식영역을 다루고, 혹은 복잡하고 비규칙성이 깃들인 고급 지식을 접하게 함으로써 자연적으로 '비순차적'이고 '다원적' 지식구조를 형성할 수 있게 하는 것이다(강인애, 1996). 즉, 즉흥적으로 자신의 지식을 재구성할 수 있는 능력을 의미한다.

이러한 인지적 융통성 모델의 원리는 네 가지로 요약될 수 있다. 첫째, 학습 활동은 다양한 내용의 제시가 있어야 한다. 둘째, 학습 자료는 너무 단순한 내용은 피하는 것이 좋고 정화에 따른 지식을 얻을 수 있는 것이어야 한다. 셋째, 수업은 반드시 사례에 근거를 두어야 하며 정보의 전달보다는 지식의 구성을 강조하여야 한다. 넷째, 지식요소는 단편적이지 않고 고도로 통합적이어야 한다(한국교원대학교 초등교육연구소, 1999).

결론적으로 인지적 융통성 모델은 전통적 교수-학습 패러다임에서 말하는 복잡한 지식의 단순화와 세분화라는 전제에 대한 대안으로 등장하였으며, 복잡하고 세분화될 수 없는 지식을 습득하고 상황과 문맥에 따라 효율적이고 유동적으로 대처할 수 있는 인지구조와 작용을 강조한다.

4) 문제중심학습 모델

문제중심학습(problem-based learning: PBL)은 구성주의적 학습관을 충실하게 반영하는 실천적 모형으로서 학습자들이 당면한 문제를 해결해나가는 과정과 결과를 통해 학습하는 수업모형이다. 문제중심 학습은 캐나다 의과대학 교수인 Barrows(1992)가 기존의 강의식과 암기식 수업이 의과대학 수업과 잘 맞지 않는다는 생각에 의학교육 모형을 만들면서 시작되었다.

구성주의적 학습 원칙을 충실히 반영한 문제중심 학습 모델은 학습자의 학습에 대한 흥미, 관심의 증가, 자기 주도적 학습자로서의 경험, 협동적 학습자의 태도를 기대한다. 즉, 교수 중심에서 학습자 중심으로의 변화를 특징으로 하는 교육환경을 말한다. 교사는 설명보다 문제를 제시하고, 학습자들이 그 문제를 인식하여 그것을 스스로 혹은 동료와의 토의를 통하여 합의해 나감으로써 해결해 나가도록 설계된 수업을 의미한다. 이러한 수업에서의 학습목표는 학습자로 하여금 어떤 문제나 과제에 대한 해결안 혹은 자신의 견해나 입장을 전개하여 제시하고 설명하며, 나아가 옹호할 수 있게 하는 것이다. 즉, 문제 사례를 제시하고 자기 주도적 학습단계와 소집단 학습단계를 거쳐 일반화와 반성단계로 진행되어 가며 경우에 따라서는 집단학습, 개별학습 다시 집단학습으로 진행되어 나아간다(김종석, 김정겸, 2002).

이러한 문제중심학습의 특징은 다음과 같은 세 가지로 요약될 수 있다(송해덕, 1998).

① 문제의 인식으로부터 학습을 시작한다. 이러한 경우에 학습자는 그들이 수집하는 정보들이 문제를 해결하기 위한 목적에서 이루어진다는 것을 보다 쉽게 인식할 수 있게 되어 자신이 왜 학습해야 하는지를 잘 알 수 있다는 이점이 있다.

② 비구조화된 문제를 사용한다. 비구조화된 문제는 현실세계의 복잡한 상황을 잘 반영해 줄 수 있으므로 이러한 문제의 활용은 문제중심 학습의 핵심적인 요소가 된다.

③ 자기 주도 학습능력을 강조한다. 문제중심 학습에서 학습자들은 자신이 직접 문제를 선정하고 동료들과의 협의를 통하여 문제의 해결책을 강구하게 된다. 그러므로 다른 어느 학습형태보다도 학습자들이 자신의 학습과정에 대해 계획을 세우고 관리하며 점검하고 통제할 수 있는 자기 주도 학습능력이 요구되며, 집단구성원 간의 토의를 통하여 자신의 관점과 타인의 관점을 비교하는 과정이 요구된다.

이와 같이 문제중심 학습에서의 문제해결 과정은 문제의 정의와 가설검증, 평가, 문제의 수정, 새로운 가설의 검증 등이 계속적으로 반복된다는 특징을 지니며, 다양한 연령층 집단에 적용이 가능한 보편적인 학습형태라고 할 수 있다.

학습동기

CHAPTER 10

1. 동기의 성격

1) 동기의 개념

동기(motivation)란 단어는 라틴어 '움직이다'라는 'movers'에서 유래되었으며, 인간의 행동을 일으키는 근원의 힘이라는 의미가 있다. 동기를 나타내는 용어로 욕구(need), 추동(drive), 동기(motive) 등이 있는데 이 중에서 욕구나 추동은 주로 생물학적 측면을 나타내고 동기는 인지적 측면을 포함하고 있다(김아영 외, 2007).

동기는 행동에 활력을 주며 어떤 목표를 향하도록 방향을 제시할 뿐만 아니라 목표달성을 위해 효과적인 행동을 하도록 강화한다. 동기의 개념에 대해서 학자마다 차이를 보이는데, Atkinson(1964)은 행위의 방향과 강도 및 지속에 대한 직접적인 영향이라고 정의하고, Young(1961)은 인간과 동물의 행위를 결정짓는 요인이라고 정의하였다. 또한 Lindsley(1957)는 어떤 목표를 지향하는 행동을 일으키고 방향을 잡아 주고 유지하는 힘의 총합이라고 하였다. 임규혁 외(2007)는 인간 행동 과정에서 행동의 활발성을 증감시키고 행동의 방향을 정해주는 심리적 요인으로서 개체의 행동을 특정한 목표로 이끌어 내는 내적 충동이라고 하였다. 이를 종합하면 동기란 행동의 원동력으로서 매우 복합적인 것이다. 이 원동력은 단순히 생물학적 욕구에 한정된 것이 아니라 사회환경과 상호작용을 통해서 발달하는 것, 즉 넓게는 자아실현의 욕구까지를 포함하는 것으로 볼 수 있다. 그리고 동기는 단순히 행동을 일으키는 것뿐만 아니라 그 행동을 일으키는 힘으로 활동의 방향까지를 부여하는 것이며, 그 방향의 선택 또는 결정은 후천적인 학습에 영향을 받는다고 할 수 있다(박형근 외, 2016).

2) 동기의 기능

동기는 개체로 하여금 주어진 일을 하게 하며 적당한 활동을 통하여 그것을 끝마치게 하는 그 개체의 어떠한 조건이다. 동기가 학습자의 행동에 어떠한 기능을 하게 하는가를 살펴보면 다음과 같다.

(1) 시발적 기능

시발적 기능(initiative function) 혹은 주도적 기능이란 동기가 행동을 촉발시키는 힘을 제공하여 행동하게끔 하는 것을 말한다. 그런데 거의 대부분의 동기유발 조건은 개체의 마음속에서 자발적으로 발생한다. 예를 들면, 근육이나 선의 반응을 유발시키는 기갈과 같은 생리적 조건이 그것이며, 이러한 내부의 생리적 조건과 외부의 환경으로부터 발생하는 자극이 서로 협동하여 적응행동을 발생케 하는 것이다. 그래서 시발적·주도적 기능은 동기가 행동을 유발한나는 측면에서 발생적 기능이라고도 한다.

(2) 지향적 기능

동기는 지향적 기능(directive function)을 가지고 있다. 즉, 행동의 방향을 수정(modification)하는 기능으로서 학습목표를 향하여 학습태도를 갖게 하는 것이다. 어떠한 목표설정은 강력한 동기유발(motivation)의 조건이며 이것은 학습자인 아동의 필요 및 욕구와도 불가분의 연관성을 맺고 있는 것이다. 학습활동에 있어서 학습의욕이 생겼다고 하는 것은 곧 학습목표가 무엇인가를 인식했다는 말이다. 그렇기 때문에 학습자가 학습동기를 유발시킨다는 것은 지향하고 도달할 수 있는 분명한 학습목표가 무엇인가를 먼저 알아야 한다.

(3) 강화적 기능

동기로 인하여 특정한 목표를 지향하는 행동이 발생하여, 이러한 행동의 결과가 개체의 욕구를 충족시켜 주는 경우에는 이후에 동일한 상황에 직면했을 때에는 이전과 같은 행동을 일으키게 된다. 그러나 이와는 달리 개체의 욕구를 충족시켜 주지 못하는 경우에는 소멸되어가는 경향이 있다. 이러한 선택적 행동을 일컬어 강화적 기능(reinforcement function)이라고 한다. 강화적 기능은 지향적 기능과도 매우 밀접한 관계를 형성하고 있다. 동기유발로 인하여 어떤 목표를 지향하는 행동이 일어나고 그 결과로 목표를 달성하는 바람직한 효과가 발생했다고 하면 재차 동일한 상태에 놓이게 될 때에 학습자는 동일하게 전과 같은 행동을 일으키게 된다. 상대적으로 목표달성을 지향하지 못한 행동은 오히려 배제되고 소거되는 것이다. 반복한다는 것은 단지 기계적 행동에 그치지 않고 반복하는 중에 옳은 반응을 서서히 선택하고 강화하여 습관으로 되는 것은 동기에 설명한 바와 같은 강화적 기능이 존재하기 때문이다.

(4) 조절적 기능

동기는 조절적 기능(adjusting function)을 수행한다. 선택된 목표 행동에 도달하기 위해서는 다양한 과정과 방법 또는 동작이 선택되고 수행되는데 이와 같은 과정에서 동기는 조절적 기능을 한다.

3) 동기의 종류

(1) 내재적 동기의 개념과 구성요소

내재적 동기(intrinsic motivation)는 자기 자신의 과업을 수행함으로써 얻는 즐거움이나 만족을 위한 것으로 행동 그 자체가 보상이 되고 즐거움이 되며 성취감을 주는 것이라고 할 수 있다(Ryan & Deci, 2000). 즉, 행위 자체에 내재되어 있는 흥미와 즐거움, 호기심, 주변 환경에 대한 자발적 관심 등으로 어떤 일에 몰입하는 경우 내재적으로 동기부여가 되어 있다고 한다. 따라서 내재적 동기는 특정한 행동을 통해 획득하는 기쁨과 본질적인 만족을 의미한다(Lin, 2007).

내재적 동기의 개념에 대해서 많은 학자들이 정의하고 있는데 Luthans(1989)에 따르면, 내재적 동기는 개개인들로 이루어진 조직 내에 존재하는 구성원들과 업무 사이의 직접적인 관계에서 발생하는 것으로, 주어진 업무를 수행하면서 얻는 성취감, 도전감, 신뢰감 등을 통해 노력으로 전이되는 상태라고 하였다. 그리고 Decharms(1968)는 내재적 동기를 어떤 과제를 학습하고 난 후의 기쁨이나 즐거움 같은 긍정적인 정서를 경험하는 것이라고 정의하였다. Koestne 외(1996)는 내재적 동기는 일의 자체를 재미있어 하고 행동에 있어서 일에 대한 만족을 이끌어 내는 것이라고 하였다.

여러 학자가 제시한 내재적 동기의 개념을 종합해 보면, 내재적 동기의 발생상황 측면에서는 활동과 경험, 행위 그 자체로 요약되었으며, 내재적 동기의 내포된 감정 측면에서는 기쁨, 즐거움, 흥미, 도전감, 욕구 등으로 정리할 수 있다. 그리고 내재적 동기의 구성요소로 즐거움, 도전, 성취감을 공통적으로 많이 사용하고 있다. 이는 직장인들을 관찰해 보면 일이 주는 즐거움이나 도전정신, 성취감 등으로 동기화될 수 있다.

(2) 외재적 동기의 개념과 구성요소

외재적 동기(extrinsic motivation)란 어떤 행동을 하는 동기가 그 행동과는 분명히 구분이 되는 다른 목적이 있는 경우를 의미하며, 외재적 동기는 특정성과를 얻기 위하여 도구적으로 수행된 행동에 적용되며 동기의 목적이 수단 지향적이다(Moon & Kim, 2001).

Rigby 외(1992)는 외재적 동기를 내적에서 오는 기쁨이나 호기심을 만족시키는 것과 같이 내적으로 보상받는 결과를 위한 것이 아니라, 행동을 통해 외부로부터 오는 보상의 결과를 얻기 위해 행동하고자 하는 욕구를 가지는 동기라고 정의하였다. 외재적 동기는 급여, 정년, 직장동료와의 관계, 조직의 가치, 목표 규칙을 포함한 업무환경 등의 직업 맥락과 관련된 요소를 포함하고 있다(Saleh & Hyde, 1969).

한편, Deci(1971)는 이러한 현상을 과잉정당화 효과로 해석하여 개인이 외재적 보상을 받게 되면, 본래 자신이 좋아서 한 일도 외재적 보상을 위해 한 일로 생각하게 되어 내적 동기가 감소되어 보상이 유발하는 외재적 동기가 내재적 동기에 부정적인 영향을 줄 수 있다고 하였다(이문정, 2012). 따라서 일 자체에서 동기 유발된 사람은 보상과 같이 원하는 결과를 얻거나 처벌과 같은 부정적 결과를 피하기 위해 행동한다. 즉, 어떤 일이 하기 싫지만 기업으로부터 좋은 평가를 받거나 성과급을 많이 받기 위해 열심히 일한다면 외재적으로 동기 유발된 상태라고 할 수 있다(고수일, 한주희, 2005).

외재적 동기의 개념에 대해서 학자들의 의견은 다양하지만 종합해서 정리하면, 외재적 동기는 행동이 지향하는 외재적 목표 즉, 성적, 보상, 진급 등에 의해 어떠한 과제를 수행하려고 할 때 발생하는 동기를 의미한다(Deci & Ryan, 1980). 외재적 동기의 구성요소에 대해서도 학자들의 의견은 다양하지만 외부의 인정, 보상, 승진 등을 공통적으로 많이 사용하고 있다.

2. 동기이론

1) 행동주의적 관점

행동주의자들은 심리학의 과학화에 강조점을 두고 인간의 관찰가능하고 측정가능한 외적 행동에 관심을 가져왔다. 하지만 반드시 관찰 가능한 행동만을 연구해야 한다는 원칙론적인 행동주의자들의 주장은 인간 행동을 이해하는 데 많은 제한점을 가져왔다. 왜냐하면 인간의 모든 행동을 기계적인 '자극-반응'의 연합만으로 설명하기에는 한계가 있기 때문이다. 따라서 전통적인 행동주의의 기계적인 행동 이해에 대한 보완적인 연구로서 신행동주의(neo-behaviorism) 이론이 나타났다(김청자, 장선철, 2006).

신행동주의의 대표 학자인 Clark Hull(1884~1952)은 사람들의 모든 행동이 욕구나 충동에 의해 긴장을 감소시키는 방향으로 진행된다는 충동감소이론(drive reduction theory)을 제안하였다. 충동감소이론에서는 인간의 활동량을 증가시키는 내적 욕구 상태인 충동(drive)이라는 개념을 일차적 충동(primary drive)과 이차적 충동(secondary drive)으로 구분하여 설명한다. 일차적 충동은 근원적인 충동으로 배고픔이나 목마름과 같은 생물학적 욕구에 의해 자극되는 것이며, 이차적 충동은 획득적인 충동으로 취미활동하기와 운동 등과 같이 일차적 충동과의 연합과정에서 발생하는 충동이다. 이차적 충동은 일차적 충동이 만족되었을 때의 인간 행동을 설명한다. 따라서 이차적 충동은 생존에 필요한 일차적 충동을 넘어서는 것이며 일차적 충동과의 결합을 통해 형성된다(송인섭 외, 2013).

신행동주의의 충동감소이론은 인간의 다양한 행동 원인을 이해하려는 동기 연구에 많은 영향을 미쳤다. 특히 강화에 의해 동기가 유발된다는 사실은 교육현장에 중요한 시사점을 제공한다. 첫째, 강화(스티커, 성적, 칭찬)에 의한 동기유발은 보상받기를 기대하면서 공부하기를 원하는 초등학생들에게 효과적이다. 둘째, 강화에 의한 동기유발은 보다 신속한 행동변화를 유도하고자 하는 경우에 효과적이다.

이러한 효과성에도 불구하고 행동주의적 동기이론에 대한 비판도 있다. 첫째, 강화에 의한 동기유발은 내재 동기와 흥미를 저하시키는 경향이 있다. 외적 보상만을 원하는 학생들은 공부하는 그 자체보다는 보상을 얻는 것에만 관심을 두게 될 것이다. 둘째, 많은 사람들 앞에서의 꾸중이나 낮은 성적에 대한 벌은 긍정적인 행동을 하도록 동기화시킬 수도 있지만 학습을 방해하는 불안과 소외의 원인이 될 수 있다. 최선을 다했음에도 불구하고 수행 수준이 낮은 학생에게는 가능한 벌을 주어서는 안 된다(문은식 외, 2015).

2) 인지주의적 관점

동기에 대한 인지주의 관점에서는 인간을 능동적이고 적극적으로 사고하는 이성적인 존재로 본다. 따라서 인지주의적 관점에서는 외재적 동기보다는 '신념, 기대, 귀인'에 기초한 내재적 동기의 중요성을 강조하고 있다. 구체적으로 설명하자면 학생이 자기의 과제수행 수준에 대해 가지고 있는 기대 수준과 자기 스스로가 과제를 수행할 수 있는 능력을 가지고 있다고 믿는 자기효능감 그리고 자신이 수행한 과제의 성공과 실패의 원인을 설명하는 '귀인 신념'에 따라 동기유발이 이루어진다고 보고 있다.

(1) 기대이론

기대이론(expectancy theory)은 성취하기 위한 개인의 노력은 보상에 대한 그들의 기대에 달려 있다는 믿음을 기초로 한 동기이론이다. Atkinson(1980)은 기대이론에 대해서 다음과 같은 공식을 기초로 발달시켰다.

기대이론

동기(M) = 인식된 성공 가능성(PS) × 성공의 유인가(IS)

이 공식을 기대모델(expectancy model) 또는 기대-가치모델(expectancy-value model)이라고 하는 이유는 이것이 보상에 대한 개인의 기대에 크게 의존하고 있기 때문이다.

Atkinson(1964)은 기대-가치이론(expectancy-value theory)에서 동기의 강도는 행동의 결과로 얻어지는 기대와 이에 대해 개인이 가지고 있는 정서(자부심, 수치심)에 따라 달라진다고 본다. Atkinson의 일차적 목표는 사람들이 성취과제에 접근할 것인지 혹은 회피할 것인지를 예측하는 데 있다. 우선 과제에 접근하려는 경향을 성공추구동기(motive for success: MS)라고 하는데 이는 성공을 위해서 노력하는 비교적 안정된 특성을 의미한다. 이와는 반대로 성취과제로부터 벗어나거나 멀리하려는 특성을 실패회피동기(motive to avoid failure: MAF)라고 하는데 이 역시 무의식적이고 안정적인 특성을 가지고 있다.

Atkinson의 주장에 따르면, 이 두 가지 안정적 동기(성공추구동기, 실패회피동기)에서 나타나는 개인차는 부모의 양육태도 및 행동에 따라 다르게 나타날 수 있다. 성취 상황에서 일어나는 정서적 연합(성취의 자부심과 실패의 수치심)은 아동 초기에 형성되지만 이는 이후 성취맥락 안에서 지속적으로 영향을 끼치게 된다.

Atkinson은 성공추구동기와 실패회피동기를 무의식적인 것이라고 하면서도 한편으로는 성취 상황에서의 행동은 특별한 상황에 관한 의식적인 신념에 영향을 받는다고 주장하였다.

성취과제를 지향하도록 하는 데는 '성공 가능성 지각(perceived probability of success: PS)'과 '성공 유인가'(incentive value of success: IS)'가 있다. '기대 × 가치이론'에 따르면, 특정한 과제를 수행할 때 성공할 수 있을 것이라고 기대하는 사람은 그렇지 않은 사람에 비해 주어진 과제에 적극적인 자세를 보인다. 그뿐만 아니라 성공 가능성이 높은 과제(쉬운 과제)에서 성공할 때보다 성공 가능성이 낮은 과제(어려운 과제)를 성공했을 때 더 큰 자부심과 성취감을 경험하게 된다. 따라서 어려운 과목의 'A+'가 쉬운 과목의 'A+'에 비해 유인가가 높다.

또한 성취 노력을 억제하는 데 '실패 가능성 지각(perception of the probability of failure: PF)'과 '실패 유인가(incentive value of failure: IF)'가 있다. 성공 가능성이 높은 과제(아주 쉬운 과제)에서 실패했을 경우에는 수치심을 그게 느끼나 아주 어려운 과제를 실패한 경우에는 수치심을 덜 느끼게 된다.

과제에 접근하고 과제를 회피하려는 두 가지 동기 경향성은 상반된 힘으로 나타난다. 성취활동에 접근하거나 회피하려는 결과지향성(the resultant tendency to approach or avoid an achievement activity: TA)은 과제에 접근하려는 경향의 강도(TS)에서 과제를 회피하려는 경향의 강도(TAF)를 뺀 것이다. Atkinson은 이런 요소를 다음과 같은 공식으로 표현하였다.

기대 X 가치이론

$$TA = TS - TAF$$
$$TA = (MS \times PS \times IS) - (MAF \times PF \times IF)$$

위의 '기대×가치' 이론의 교육적 시사점은 교사가 학생에게 내는 과제의 경우 너무 쉽지도 너무 어렵지도 않아야 한다는 것이고, 성공에 대한 경험을 모든 학생이 쉽게 이룰 수는 없지만 성공할 수 있는 범위 내에 있어야 한다는 점이다.

(2) 귀인이론

귀인(attribution)은 행동과 그 결과를 유발한 원인을 추리하는 과정이다. Bernard Weiner(1986)의 귀인이론(attribution theory)은 귀인이 동기에 큰 영향을 준다고 가정한다. 따라서 귀인이론은 학교에서 학생들이 그들의 성공과 실패를 어떻게 설명하는가에 대해 체계적으로 이해하고자 하는 것이며, 사람들이 자신의 성공과 실패의 원인을 알고자 하는 특성을 강조한다.

Weiner는 이러한 요인을 분석하여 사람들이 자신의 실패나 성공의 원인으로 가장 많이 귀인하는 요소를 능력(ability), 노력(effort), 학습과제의 난이도(task difficulty), 운(luck) 이렇게 네 가지 요소라고 하였으며 지각된 성공과 실패의 원인들을 원인소재(locus of causality), 안정성(stability), 통제가능성(controllability)이라는 세 가지 차원의 모형으로 기준을 분류하였다.

① 원인소재

원인소재(locus of causality)는 원인의 장소, 즉 성·패 의 원인을 학습자 자신(내부)에서 찾느냐 아니면 환경(외부)에서 찾느냐의 문제로 흔히 내·외적 차원으로 특징지어진다. 예컨대, 능력과 노력은 학습자 자신에게서 발생된 것이므로 내적 차원으로 분류되는 데 반하여 학습과제의 난이도와 운은 학습자의 외부에서 발생된 것이기 때문에 외적 차원으로 분류된다.

② 안정성

안정성(stability)이란 찾아진 원인이 시간이 경과하거나 상황이 바뀌어도 변함 없는 안정적인 요인이냐 아니면 상황에 따라 수시로 변할 수 있는 불안정한 요인이냐의 문제로서 안정적·불안정적 차원으로 특징지어진다. 예컨대, 능력과 학습 과제의 성질은 시간과 상황이 바뀌어도 크게 변화하지 않기 때문에 안정적 차원으로 분류된다. 그러나 노력과 운은 상황에 따라 변할 수 있기 때문에 불안정한 차원으로 분류된다.

③ 통제가능성

통제가능성(controllability)이란 찾아낸 원인들이 학습자의 의지에 의해 통제될 수 있느냐 없느냐의 문제로서 통제가능과 통제불가능 차원으로 분류된다. 예컨대, 노력은 학습자의 의지에 따라 통제되므로 통제가능한 차원으로 분류되는 데 반해 능력, 과제 난이도, 운은 의지와는 무관한 것이기 때문에 통제불가능한 차원으로 분류된다.

이와 같이 귀인요소들과 각 차원이 시사하는 바는 무엇보다 노력이라는 요인이 학업성취도 향상과 동기유발을 성공적으로 이끌어 준다는 점이다. 즉, 능력이나 과제난이도는 통제불가능한 요인이기에 과제의 실패 원인으로서 개선이 어렵지만 교사나 성인의 적절한 지도 혹은 학습자 스스로가 내적 귀인이면서 통제 가능하고 불안정한 차원의 노력으로 돌린다면 학습자는 보다 성공적 학습수행을 할 수 있다(방선욱 외, 2012).

Weiner가 제시한 성공과 실패의 원인으로 가장 많이 귀인하는 네 가지 요소와 지각된 성공과 실패의 원인 세 가지 차원의 모형에 대해서 정리하면 〈표 10-1〉과 같다.

표 10-1 | 귀인이론과 각 차원과의 관계

귀인 \ 차원	원인소재	안정성	통제가능성
능력	내적	안정적	통제불가
노력	내적	불안정적	통제불가
운	내적	불안정적	통제불가
과제의 난이도	내적	안정적	통제불가

(3) 자기효능감이론

자기효능감이론(self efficacy theory)을 체계적으로 제시한 Bandura(1977)는 자기효능감을 특정한 목표달성을 위해 필요한 행동을 조직화하고 지속적으로 수행할 수 있는 개인의 능력에 대한 판단으로 정의한다.

자기효능감은 자신감(self-confidence), 자기조절효능감(self-regulatory efficacy), 과제난이도 선호(ask-difficulty preference) 등 세 가지 하위요소로 구성된다(Bandura, 1986). 자신감은 자신의 가치와 능력에 대한 스스로의 확신 정도를 나타내며, 주어진 과제의 수행을 위해 필요한 행동을 취할 수 있는지에 대한 스스로의 판단이다. 자신감은 인지적 판단과정을 통해 성립되며 정서반응으로 표출된다.

자기조절효능감은 자신이 과제수행을 위해 행하는 활동을 스스로 관찰하고 판단하며, 적절한 반응을 행하는 등의 자기조절을 효율적으로 행할 수 있는가의 기대를 의미한다. 과제난이도 호감은 도전적이고 모험적인 과제에 대한 선호도를 의미하며, 높은 과제난이도에 호감을 가진 사람은 도전적인 과제를 회피하지 않고 이를 과감히 선택하여 끈기 있게 지속적으로 수행해 간다. 자기효능감은 실제성취경험(performance accomplishment), 대리경험(vicarious experience), 언어적 설득(verbal persuasion)과 정서적 상태(emotional arousal) 등의 정보에 의해 형성된다. 구체적으로 자기효능감은 어떤 일에 대한 성취경험이 있을수록 증가되는데, 여러 분야에서 성공을 경험한 사람은 긍정적인 자기효능감을 발달시켜 강한 자기효능감을 보유하게 된다. 다른 사람이 하는 행위와 그 결과에 대해 관찰할 수 있는 기회를 갖는 것 또한 자기효능감을 증진시키며, 모델이 되는 사람의 속성이 관찰자와 유사하고 다양한 모델에 의한 대리경험이 많을수록 자기효능감이 증가된다. 다른 사람의 격려나 칭찬 등 긍정적인 '언어적 설득'에 의해서도 자기효능감은 높아지며, 언어적 설득을 시도하는 사람에 대한 신뢰감이 클수록 자기효능감은 높아진다. 마지막으로 문제 상황에서 느껴지는 정서적인 상태도 자기효능감에 영향을 미치는데, 문제 상황에 직면하였을 때 정서적인 불안이나 긴장을 늘 느낄수록 자기효능감은 높아진다(Bandura & Nenlove, 1968).

Collins(1982)는 높은 자기효능감을 가진 학생이 낮은 자기효능감을 가진 학생에 비해 실제 자기능력보다 높은 성취를 가져왔다는 연구결과를 토대로 교사가 학생에게 높은 자기효능감을 갖게 함을 강조하고 있다. Dembo와 Gibson(1985)은 자기효능감이 교사의 수행에도 영향을 주는데 자신의 능력에 신뢰감을 느끼고 있는 교사와 그렇지 않은 교사가 학생의 학업성취에 상이한 영향을 미친다는 연구결과를 통해 실제 학급에서 보다 바람직한 수행을 유도하는 교사의 태도를 강조한다. 따라서 자기효능감은 성취행동에 큰 영향을 미치는 것으로 알려져 있다. 자기효능감 수준이 높을수록 학습활동에 적극적으로 참여하고 더 많이 노력하며, 지속성이 높고 효과적인 학습전략을 사용하고 스트레스와 불안을 효과적으로 통제한다. 결국 자기효능감이 높을수록 성취도가 높은 것으로 나타났다(방성욱 외, 2012).

3) 인본주의적 관점

인본주의 관점은 건전한 인간자체를 대상으로 삼고 있으며, 인간을 성장가능의 잠재력을 가진 주체로 보고 행동주의와 정신분석학의 반발로 출발하였다. 인본주의의 대표학자인 Carl R. Rogers(1902~1987)와 Abraham H. Maslow(1908~1970)는 동기의 내적인 근원을 자아실현을 위한 개인의 욕구라고 설명한다. 자신의 잠재력을 실현하기 위한 생득적 욕구에 의해 사람들은 지속적으로 동기화된다는 것이다. 그러므로 인본주의적 관점에서 학습자를 동기화시키는 것은 그들이 보유하고 있는 유능감, 자존감, 자아실현 등의 내재적 자원을 격려해 주는 것을 의미한다.

Maslow는 사람들이 삶을 유지하기 위해 일차적 동기를 기본적 동기 그리고 자기를 완성하고자 하는 동기를 이차적, 고차원적 성장동기라고 했다. Maslow는 바로 이러한 인간의 고차원적인 동기를 메타동기(meta motive)라고 하였다. 메타동기에는 자기실현, 즉 자기완성의 욕구 이외에 알고 이해하고자 하는 이차적 욕구(need to know and to understand)도 포함된다.

Maslow는 욕구 강도에 따라 인간의 욕구를 생리적 욕구, 안전의 욕구, 소속과 사랑의 욕구, 자아존중의 욕구, 자아실현의 욕구로 구분해 사다리에 비유했다. 사다리를 오르기 위해서는 밑의 계단을 밟고 올라가야 하듯이 욕구도 하위 욕구가 충족되어야만 상위의 욕구가 발생할 수 있다고 보았다. Maslow는 만약 하위의 욕구가 동기에 얽매이는 삶을 산다면 결핍동기화(deficiency-motivation)된 삶이고, 상위의 욕구와 동기를 추구하는 삶을 산다면 메타동기화(meta-motivation)된 삶이라고 주장했다.

Maslow의 욕구위계를 구체적으로 살펴보면 [그림 10-1]과 같다.

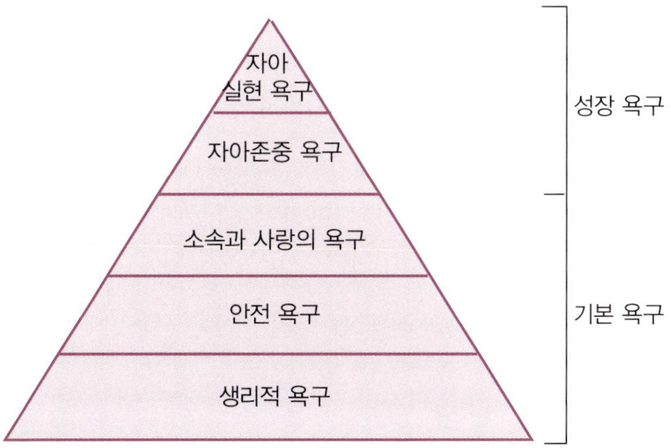

[그림 10-1] Maslow의 욕구위계

위의 [그림 10-1] Maslow 욕구위계설을 교육과 관련지어 생각해 볼 때, 하위단계의 욕구가 만족되어야 상위의 욕구를 기대할 수 있다는 것을 고려해야 한다. 일반적으로 교육현장에서 학생들에게 자아실현 또는 성장욕구를 강조하고 있지만, 먼저 학생의 안전욕구, 소속과 사랑의 욕구, 자아존중 욕구가 충족되었는지를 살펴야 하고 이것들이 충족되지 못했을 때 이들 욕구를 먼저 충족시키도록 도와주어야 할 것이다.

(1) 1단계: 생리적 욕구

인간의 욕구 중에서 가장 기본적이고 강하며 분명한 것은 생물학적 생존의 욕구이다. 음식, 물, 산소, 활동과 수면, 성, 추위와 더위로부터의 보호 그리고 감각적 자극에 대한 추구이다. 이러한 생리적 추구는 유기체의 생물학적 유지와 직접 관련되어 있고 이것이 만족되어야만 다음 동기로 옮겨갈 수 있다.

(2) 2단계: 안전 욕구

일단 생리적 욕구가 만족되면 개인은 새로운 안전 욕구에 관심을 갖게 된다. 이 동기가 생기는 중요한 이유는 개인이 환경 내에서 확실성, 정돈, 조직 및 예측성을 보장받고자 하기 때문이다. 안전 욕구는 상대적 무력감과 어른에 대한 의존 때문에 유아와 아동에게서 가장 많이 나타나는 보편적인 것이다.

안전 욕구는 어린 시절을 지나서까지 커다란 영향력을 가져서 부분적으로 철학 또는 종교와 관련된다. 종교와 철학은 개인이 자신의 세계를 구축하는 것을 돕고 거기에 소속된 사람들 전체를 의미 있는 하나로 만들어 안전감을 느끼게 한다. 이외에 안전 욕구는 개인이 전쟁, 범죄, 홍수, 지진, 폭동, 사회 조직의 해체와 그와 유사한 실질적 위기 사태에 직면했을 때 나타난다.

(3) 3단계: 소속과 사랑의 욕구

소속과 사랑의 욕구는 생리적 욕구와 안전 욕구가 충족되었을 때 나타난다. 이 욕구를 가진 개인은 다른 사람과의 애정적인 관계, 자기 가족 내에서의 위치와 준거집단들을 갈망한다. 사랑에 대한 욕구는 사랑을 받는 것뿐 아니라 주는 것 모두를 포함한다. 사랑을 받고 포용됨으로써 자기가 가치 있다는 건강한 기분을 갖게 된다. 그러므로 사랑받지 못하면 공허감, 무가치감, 적대감 등을 갖게 된다.

(4) 4단계: 자아존중 욕구

사랑받고 다른 사람을 사랑하는 욕구가 만족되면 자아존중 욕구가 생긴다. 자아존중 욕구는 자기 존중과 다른 사람으로부터 받는 존경으로 분류된다. 자기 존중은 능력, 신뢰감, 적합성, 성취, 존경, 자유 등을 포함한다. 개인은 누구나 자기가 가치 있다고 생각하는 것, 즉 업무를 해결하고 삶에 도전할 수 있다는 것을 아는 것이 필요하다. 다른 사람으로부터 받는 존경은 명성, 인정, 수용, 지위, 평판 등을 포함한다. 이 경우에 개인은 그가 할 수 있다는 것을 인정받을 수 있어야 한다. 즉, 자기의 능력이 다른 중요한 사람으로부터 인정받고 좋게 평가받기 때문에 자신이 가치 있는 사람이라는 느낌을 경험해야 되는 것이다.

자아존중 욕구의 충족은 자신감, 힘, 능력, 세상이 자기를 필요로 한다는 느낌을 갖게 한다. 이와 반대로 자아존중 욕구가 충족되지 못하면 열등의식, 어리석음, 약함, 무력감 등을 유발한다. 이와 같은 부정적인 면들은 근본적인 좌절감과 무용지물이라는 느낌, 삶의 욕구를 처리하는 데 있어서의 무력감 그리고 남과 비교하여 자기 비하를 초래한다.

Maslow는 건전한 자기 존중감은 명성, 지위 또는 아첨보다는 다른 사람들로부터 얻는 존경에 근거하는 것이라고 강조한다. 이러한 논쟁은 노력의 결과로 얻어지는 개인의 실제 능력에 근거하는 것이다.

(5) 5단계: 자아실현 욕구

이상의 네 가지 욕구가 모두 충분히 만족되면 자아실현 욕구가 나타난다. 자아실현이란 개인이 자기가 성취할 수 있는 것을 성취하려는 욕구로 설명되고 있다. 자아실현의 단계에 도달한 사람은 자기 자신의 능력, 재능, 잠재력을 충분히 발휘하기 위해서 노력한다. 자아실현은 자아 증진을 위한 개인의 갈망이며, 그가 잠재적으로 지닌 것을 실현하려는 욕구이다. 자아실현을 한다는 것은 자기가 원하는 종류의 사람이 되는 것, 즉 자신의 잠재력을 최고로 발휘하는 것이다.

자아실현은 반드시 창조적이거나 예술적 형태를 띨 필요는 없다. 부모, 운동선수, 학생, 교사, 노동자 등 모두는 각자가 맡은 바에 최선을 다함으로써 그들의 잠재력을 실현하는 것이다. 연구 결과에 의하면, 인간이 잠재력을 실현하려는 충동은 자연스럽고 필요한 것이며 다만 선택된 소수(인류의 1% 이하로 추정됨)만이 이를 달성할 수 있다고 한다. 이러한 현상은 불행하게도 많은 사람들은 그들의 잠재력에 대해서 모를 뿐 아니라, 그러한 잠재 능력이 존재한다는 것도 모르며 또 잠재 능력이 자아 증진을 가져다주는 보상을 이해하지 못하기 때문이라고 해석되고 있다. 흔히 사람들은 자신의 능력을 의심하며 자신감이 없어서 자아실현을 할 수 있는 기회를 놓치고 만다. 이외에 사회적 환경도 자아실현을 저해하는 요인이 된다.

3. 동기유발

동기유발(motivation)이란 어떤 행동의 근원이 되는 힘인 동기를 학습자에게 환기시키는 것을 말한다. 즉, 여기서 말하는 동기유발은 학습에 있어서 학습자가 하고자 하는 경향이 생기게 하고, 유목적이고 정력적으로 학습을 수행해 나가게 이끄는 것을 말한다. 그러나 학생들은 실제로 계획된 학습의 장에서는 동기가 강하게 유발되지 않을 때가 많다.

학습의 장에서 교사들이 흔히 범하는 잘못은 교사가 학생의 동기 그 자체를 일률적으로 만들 수 있다는 생각이다. 교사는 단지 학생이 접하는 사회 환경의 일부분의 역할을 할 뿐이다. 그러나 교사는 어떠한 사회 환경보다도 동기를 유발시키는 데 가장 유력한 위치에 있는 것이다. 학습에 작용하는 동기에는 성취동기(achievement motive)가 있고 성취동기를 유발시키는 데 필요한 내적 및 외적 동기가 있다.

1) 성취동기

성취동기(achievement motive)는 학습자가 그 학습에 대한 의욕을 가지고 학습활동을 전개하는 힘을 말한다. 성취동기를 처음 연구한 David C. McClelland(1917~1998)는 한 사회나 국가가 발전하는 것은 그 국민의 성취동기의 강약에 달려 있다는 연구결과를 발표했다. 성취동기가 강하면 강할수록 자본주의 사회에서는 보다 높은 가치의 인간상이 기대된다. 일시적 고통이 있더라도 물리치고, 근검절약하는 행동이 성취동기가 강한 사람의 행동강령이다. 실험에 의하면 성취동기가 강한 사람은 너무 쉽거나 너무 어려운 일은 하지 않는다. 그들이 노력하면 성공할 수 있는 그런 일을 택하여 노력함으로써 먼 미래에 만족을 얻을 수 있도록 한다.

성취동기는 성취가치를 어떻게 학습하느냐에 따라 개인차가 생긴다. 연구 결과 어릴 때부터 아이들이 자기통제를 하는 기술을 습득하게 하여 만족·지연을 경험하고, 또 성공이라는 성취를 했을 때 그들을 안아주고 어루만져 주어 보강해 줌으로써 성취동기가 강해진다고 한다.

2) 내적 및 외적 동기유발 방법

성취동기를 유발시키는 데는 크게 두 가지로 나누어 생각할 수 있다. 하나는 학습자 스스로가 자발적으로 학습하려는 의욕을 갖게 하는 내적 동기(intrinsic motivation)유발이고, 다른 하나는 학습자의 외부로부터 이루어진 외적 동기(extrinsic motivation)유발이다.

내적 동기는 자연적 동기라고도 하며 외적 동기는 인위적 동기라고도 한다. 내적 동기란 긴장의 해결이 학습과정 그 자체를 해결함으로써 가능해질 때 일어나는 활동경험으로, 활동 그 자체가 보수를 제공해 주는 것이다. 즉, 어떤 과제를 해결함으로 어느 정도의 만족과 쾌감을 누릴 수 있는 것을 말한다.

외적 동기는 그와 반대로 자신의 학습과제를 성취해야 할 이유가 외부에 있을 때의 동기로, 예를 들면 좋은 성적을 얻어야 할 이유가 부모를 즐겁게 하는 데 있다면 그것은 곧 외적 동기에 의한 학습의 수행인 것이다. 따라서 내적 동기와 외적 동기는 상호 관련이 있는 것이다.

내적 동기가 효과를 거두기 위해서는 그 학습자를 둘러싸고 있는 환경적인 조건이 조성되어 있어야 하며, 외적 동기 또한 학습자의 내적인 마음에서의 의욕이 작용해야만 비로소 효과를 거두게 되는 것이다. 즉, 외적 동기에 의해서 학습이 시작되었다 해도 그 작용에만 그치는 것이 아니라 그것을 내적 동기로 변용시켜야 한다. 그것은 동시에 학습자의 자발적인 욕구나 의욕에 의한 활동이 되기 때문이다.

학습현장에서 내적 동기와 외적 동기유발 방법을 구체적으로 제시하면 다음과 같다.

(1) 학습목표의 확인(confirmation of the learning goals)

목표를 뚜렷하게 인식시켜 주는 것은 학습동기를 유발시키는 데 크게 도움이 된다. 학습동기는 학습목표와 결부된 동기라고 할 수 있다. 그러므로 학습목표를 학생들에게 실감 있게 인식시키는 것이 무엇보다도 앞서야 한다. 특히 실제적인 학습동기는 학습의 목표를 개인적 욕구와 구체적이고 실제적인 것으로 결부시켜 주는 방법이기도 하다.

그리고 그 목표가 학생들이 당면한 문제해결과 결부되거나 또는 생활에 필요한 지식을 얻으려는 욕구 등과 결부되면 가장 생생하고 효과적인 학습동기가 되는 것이고, 그 목표가 명확해짐에 따라 학습의욕도 높아지는 것이다. 이와 같이 유발된 학습동기에 의한 학습은 일반적으로 외적인 칭찬을 필요로 하지 않는다.

따라서 학습자는 자기 자신에 의한 자기학습의 목표설정을 해야 하며, 이 자기학습의 목표설정에 대하여 교사는 그 학생의 성숙수준을 파악하여 적절한 지도를 하고 실패감을 갖지 않도록 도와주어야 한다.

(2) 학습흥미의 환기(ventilation of the learning interests)

흥미란 첫째, 주의와 관심이 어느 일정한 대상에 향하고 둘째, 그 대상에 대하여 쾌·불쾌의 정서적 반응이 일어나며 셋째, 쾌의 반응이 일어나는 대상에 대해서는 그에 접근하여 집착해 버리는 행동경향이라고 할 수 있다. 즉, 흥미란 어떤 특정 대상이나 활동에 적극적으로 접근하여 선택하고 추구하는 형태인 것이다.

학습자가 학습활동에 대해 흥미를 갖고 있는 경우 학습이 능률적이고 효과적으로 된다는 것은 두말할 여지도 없는 것이다. 즉, 학습자의 흥미에 부합된 학습과제일수록 학습 동기유발에 도움이 되는 것이다. 교사에게는 학습자의 흥미가 어디에 있는가를 발견하는 일이 학습지도나 성격발달에 첩경이 된다. 왜냐하면 흥미는 동기와 관계를 맺고 있기 때문이다. 흥미는 그 속에 동기를 핵심적인 요소로 잉태하고 있는 유인물이다. 그러므로 흥미는 학습의 동기를 촉매시키는 것에 가장 큰 비중을 갖는다. 오늘날에 있어서는 교육과정을 선택 조직하는 경우, 학습자의 흥미는 빠뜨릴 수 없는 요소로 고려되고 있다.

흥미발생의 주요한 조건은 다음과 같다.

① 학습자가 생활하는 환경에 따라 현저하게 다르다. 예를 들면 농촌과 도시, 부모의 생활 정도, 교사의 지도방법 혹은 계절 등에 따라 달라진다. 이와 같은 외적인 조건 이외에 학습자 자신에게 내재하는 조건의 영향도 크다. 지능과 정서의 폭에 따라 달라지기도 한다.
흥미는 학습자 자신의 심신발달에 따라 변화하는 것이므로 학습자의 흥미를 유도하고 계발하여 주는 것이 학습효과를 더 한층 높여 주는 결과를 가져온다. 따라서 학습자의 흥미를 충분히 파악함과 동시에 환경을 변화시켜 학습동기를 유발시킬 수 있다.
만족을 느낀 경험과 새로운 경험을 연결시켜 새로운 경험에 대한 흥미를 일으키게 하는 방법이다. 이런 경우 흥미의 연쇄반응을 일으킴으로써 차츰 그 학습에 흥미를 갖게 되어 좋은 학습효과를 맺는 것이다.

② 흥미는 학습효과를 올리는 점에서 중요할 뿐만 아니라 학습동기 유발로서도 중요하다. 실제로 학습흥미와 교과 성적과의 상관이 있다는 것은 확실하다. 학습자로 하여금 한 활동영역에 대해 흥미를 갖게 하려면 그 학습활동에서

얻은 경험이 만족스럽고 즐거운 것이어야 한다. 만족감이 없는데 흥미가 길러질 수는 없는 것이다. 주의 또한 흥미와 깊은 관계가 있다. 그러나 주의가 인식과정에 있어서의 현상이라면 흥미는 탐구 요구와 성취 요구의 활동을 가지고 목표와 문제해결로 향하게 하는 힘이 된다.

③ 흥미는 지식 및 능력과 연관이 있으며 특별히 경험의 소지인 준비도(readiness)는 흥미를 제약한다. 지식이나 능력이 월등한 학습자와 그렇지 못한 학습자의 흥미는 그 모양과 성질을 달리한다. 자기능력의 한계와 자기지식의 범위를 벗어난 문제에는 별다른 흥미를 갖지 않는다.
동기유발을 위해서는 학습자의 능력과 학습 작업의 곤란도와의 관계를 적절하게 결합시킴과 동시에 학습자의 흥미를 끌 수 있어야 한다. 즉, 학습자로 하여금 문제해결에서 오는 만족감을 체험시키는 것이 중요하다. 그렇게 하여 학습자가 현재 가지고 있는 흥미를 새로운 학습에 연결시켜 새로운 문제에 대해서도 흥미를 갖도록 지도하는 것이 필요하다.

(3) 학습결과의 확인(confirmation of the learning results)

교사가 학습의 결과를 학습자에게 알려주고 학습자는 그 결과를 스스로 평가하고 검토해 보는 일은 학습의욕을 높여주는 좋은 방법의 하나이다. 학습결과가 좋은 경우에는 어느 정도의 성취감을 맛볼 수 있기 때문에 더욱 그 학습을 강화하여 다음 학습에 대한 의욕을 일으키는 데 도움이 된다. 그러나 학습결과가 좋지 않은 경우에는 열등감을 갖게 되어 자신감을 잃게 되는 경우도 있다. 이러한 경우에는 적당한 방법으로 격려하여 다음 학습을 위해 의욕을 재환기시켜 주어야 한다.

(4) 상과 벌(rewards and punishment)

상과 벌의 효과에 대해서는 교육이라는 작용이 시작된 이후 줄곧 여러 가지 시비점이 되어 왔다. 종래부터 학습의 외적 동기유발의 수단으로 사용된 상벌은 학습자에게 학습의욕을 높여주기 위하여 학교나 가정에서 여러 가지 방법으로 사용되어 왔다.

Thompson(1945)은 초등학교 5학년 학생을 대상으로 성격검사를 실시하여 내향성(introvert)과 외향성(extrovert)을 나눠 놓고 일정한 작업을 시켜서 상벌의 영향을 조사한 바 있었다.

그 결과 내향성의 어린이는 벌보다는 상을 주는 편이 더 효과가 있었고, 외향성의 어린이는 상보다는 벌을 주는 편이 동기유발에 있어서 보다 효과적임을 알 수 있었다. 따라서 Thorndike의 효과의 법칙이나 Skinner의 강화 원리 등은 학습동기유발과 상벌과의 관계를 구체적으로 시사해 주는 것이라 하겠다. 그러나 상 때문에 너무나 경쟁의식이 높아지면 그 때문에 일어나는 성격의 왜곡이 큰 문제가 된다. 상과 벌은 어디까지나 목적이 아니고 수단인 것이다. 즉, 칭찬하고 상을 주는 일이 좋은 동기유발의 방법이긴 하지만 그것은 알맞게 조절되어야 하고 가능하면 과학적 방법에 의한 것이어야 한다. 상은 결코 단순히 상장이나 상품을 주는 것만을 의미하는 것은 아니다. 또한 벌도 분발의 계기로 좋은 동기유발이 되기도 하며 때로는 그와 같은 경우가 필요하고 효과도 크지만 되도록이면 성격발달면에서는 자제하는 것이 좋다. 벌은 원래 공포심을 가지게 하는 것이기 때문에 소극적이고 비민주적인 성격을 형성시키는 결과를 가져오기도 한다.

(5) 경쟁심과 협동심

경쟁심은 우월의 요구가 외적으로 표현된 것으로 그 내부에는 열등감의 극복이라는 것이 숨겨져 있다. 경쟁심의 적절한 활용은 학습동기유발에 도움을 주기도 하는데, 경쟁심에는 사회적인 조건이 크게 관계되어 있다. 무기명보다는 기명으로 하는 조사에 성의를 보이는 것을 예로 들 수 있다. 이와 같이 경쟁은 다른 사람이나 다른 집단에 이겨야 하겠다는 요구에 기인된 행동이기 때문에 우월감의 요구가 충족되고 성공감이 강화되면 학습의 목적의식과 결과파악이 명확하게 된다는 이점도 있다.

그러나 경쟁심은 승리나 목적을 위해서는 수단과 방법을 가리지 않는 이기주의나 영웅주의를 조장하게 되고, 실패의 결과는 더욱 심한 경쟁의식이나 혹은 초조감에 빠져 학습 본래의 목적을 상실할 우려가 있다.

경쟁심과 대조적인 것으로 협동심이 있다. 협동심은 개인을 초월하여 많은 사람이 공동의 목표를 향해서 노력하는 사회적 욕구인 소속감이나 사회적 승인 혹은 애정의 욕구가 작용한 결과이다. 경쟁심과 협동심에 의한 동기유발의 효과에 대하여 일반적으로 경쟁심이 협동심보다도 유효하다는 생각이 지배적이다. 그러나 협동에 의한 동기유발의 효과로서는 협동집단이 경쟁집단보다 응집력이 강하고 우호적 분위기이기 때문에 학습자는 상호 원조하여 집단의 생산성을 높이고 문제를 해결함으로써 만족감, 성취감, 책임감을 가지게 되는 점에서 민주적 방법인 것이다. 문제는 민주적 협동의 정신이 미숙한 경우, 책임회피와 학습의 능률저하를 초래한다는 것이다.

이와 같이 경쟁심과 협동심을 동기유발에 이용하는 경우 그 장단점을 중심으로 여러 가지 문제가 있다. 자신의 학습방법과 노력을 비교·경쟁하여 외적 동기유발로 학습의욕을 높인 후에 다른 사람의 성적을 객관적으로 인정하여 협동하는 태도를 기르는 것이 중요하다.

수업이론과 수업방법

CHAPTER 11

1. 수업이론

학교교육의 가장 핵심적인 활동은 교실에서 이루어지는 수업이다. 수업이란 수업목표로 설정한 행동변화(학습)가 일어나도록 학습자의 내적 상황에 맞게 그의 외적 상황과 조건을 설계하고 개발하는 과정이다(문은식 외, 2015).

수업이론에는 다양한 학자들의 견해가 있다. 이 가운데 수업이론의 본질을 간결하고 명료하면서도 설득력 있게 다룬 Bruner(1966)에 따르면, 수업이론은 단순히 학습과정을 기술한 것이 아니라 학습과제를 어떻게 하면 학습자가 가장 잘 배울 수 있을 것인가에 관심을 갖는 것이라고 한다. 그리고 Bruner는 수업이론이 어떻게 구성되어야 하는가에 대해서는 네 가지 준거로 학습에 대한 동기유발, 지식의 구조화 방법, 자료 제시 순서, 결과에 대한 보상과 벌의 활용으로 제시하였다. 수업준거 제시는 Reigeluth(1983)와 Gordon(1968)에 의해서도 이루어졌는데, Reigeluth는 수업준거를 방법(methods), 조건(conditions), 결과(outcomes)로 구성된다고 하였다. 그리고 수업이론의 준거와 관련하여 가장 대표적인 학자라고 볼 수 있는 Gordon은 아홉 가지로 제시하였다. 첫째, 수업이론은 일련의 공준(公準)

과 이에 포함된 용어의 정의를 포함해야 한다. 둘째, 수업이론과 그 세부 이론의 진술문은 그 경계와 한계를 명시하여야 한다. 셋째, 이론적 구성이 내적 일관성을 갖추어야 한다. 넷째, 수업이론은 실증적 자료와 일치하여야 한다. 다섯째, 수업이론은 가설을 생성할 수 있어야 한다. 여섯째, 수업이론은 자료를 넘어서는 일반화를 포함해야 한다. 일곱째, 수업이론은 입증 가능해야 한다. 여덟째, 수업이론은 반증 자료를 수집할 수 있는 방식으로 기술되어야 한다. 아홉째, 수업이론은 과거의 사건을 설명하고 미래의 사건을 예측할 수 있어야 한다. 수업이론에 관한 이 준거들은 현재 제시되고 있는 다양한 수업이론의 판단 준거로도 여전히 유효하다.

지금까지 많은 수업이론이 제시되었는데 가장 대표적인 Glaser의 수업이론, Bruner의 수업이론, Carroll의 학교학습 모형, Ausubel의 수업이론, Gagné의 수업이론 등이 있다. 이 이론들에 대해서 구체적으로 살펴보면 다음과 같다.

1) Glaser의 수업이론

Glaser(1962)의 수업이론은 교육공학적 입장에서 수업설계의 기초제공을 위해 제시한 것으로서 체계적이고 조직적이어서 수업과정의 일반이론 중에서 가장 많이 인용되고 있다. 교수활동에 대한 개념 체제를 모형으로 잘 나타내고 있다. 이 수업이론은 교사가 학생을 대상으로 교수활동을 하는 과정에서 각 단계별로 어떠한 활동을 해야 하는지를 개념화하여 제시한다. 교수활동을 유목적적이며 계획되고 의도된 활동의 연속이라고 가정할 때 교수과정은 무엇보다도 치밀하게 짜인 계획과 전략 및 예측을 포함해야 한다.

Glaser의 수업이론은 교수과정을 교사에 의한 연속적인 의사결정 과정으로 생각하여 수업과정을 하나의 체제로 파악하였으며 각 단계별 구성요소와 전개 절차를 다음 네 단계로 제시하였다.

Glaser의 수업이론 모형

수업목표 → 출발점 행동 → 수업절차 → 성취도 평가

feed back

Glaser의 수업이론 모형은 수업목표가 설정되면 곧바로 학습지도에 임하는 것이 아니라, 이 수업목표에 관련된 학습자들의 현재의 학습수준이 진단되고, 수업목표와 진단된 학습자의 현재3 학습수준 간의 격차를 없애기 위해서는 어떤 학습지도가 어디서부터 출발되어야 할 것인가에 관한 학습지도의 처방이 내려진다. 그리고 이러한 수업절차가 마무리되면 그 성취도를 확인하게 된다. 이러한 각 단계는 feed back에 의하여 유기적으로 서로 관련되어 있다. 따라서 여기에서의 성취도 평가는 다만 일련의 수업절차가 끝났다는 뜻에서 평가가 아니라 수업목표가 학습지도의 처방에 의하여 어느 정도나 실제로 달성되었는지가 평가되며 그 결과는 수업의 각 단계로 환류(feed back)되어 수업의 단계는 어떤 모양으로든 수정하게 된다. 이 모형은 전적으로 수업목표가 무엇이며 그것을 학습하는 학습자들의 출발점 행동이 어떠한가에 따라 좌우된다.

2) Bruner의 수업이론

Bruner(1966)의 수업이론은 학생들에게 지식이나 기술을 학습시키는 가장 효과적인 방법에 관한 일반적인 원리와 규칙을 제시해 주는 처방적·규범적 이론이라 할 수 있다. 따라서 Bruner는 수업이론에 포함시켜야 할 구성요소로 학습경향성, 지식구조, 학습의 계열성, 강화라는 네 가지 요소를 제시하였다.

(1) 학습경향성

학습경향성(predisposition to learning)은 학습하고자 하는 의욕 또는 경향을 뜻하는 것으로 문화의 특징, 동기체제 및 학습자의 개인적인 요인이 학습의 경향성을 결정하는 요인이 된다. 교수이론은 학습 일반에 관해서와 학습의 특수한 형태에 관해서 그리고 특정한 개인에게 가장 효과적으로 심어주는 경험에 관하여 분명히 기술해야 한다.

(2) 지식의 구조

Bruner는 지식구조(structure of knowledge)에 대해서 학습해야 할 수많은 정보를 몇 개의 기본개념이나 사실로 정형화한 것이라고 정의하고 있다. 즉, 지식의 구조란 어떤 한 학문을 구성하고 있는 가장 기본적인 사실, 개념, 원리, 법칙 등을 말한다.

학습자가 지식의 구조를 학습할 때 고려해야 할 사항으로 표현양식(mode of representation), 경제성(economy), 생성력(power)을 들 수 있으며 이는 학습자의 나이, 학습형태, 학습과제에 따라 달라진다(방선욱 외, 2012).

(3) 학습의 계열성

학습의 계열성(sequence)이란 학습과제를 제시해 주는 순서를 말한다. 즉, 학생들이 학습내용을 이해, 변형, 전이하는 데 도움이 될 수 있도록 학습과제를 순서대로 조직하여 제시하는 것을 의미한다. 학습과제를 조직할 때는 선행학습, 발달단계, 학습과제의 성실성, 개인차 등을 고려해야 한다.

(4) 강화

강화(reinforcement)는 학습자에게 보상을 줌으로써 바람직한 행동을 유지시키거나 바람직한 행동을 유발시키는 것을 목적으로 한다. Bruner는 강화를 외재적 보상에 의한 것과 내재적 보상에 의한 것으로 구분하고 내재적 보상에 의한 강화를 우위에 놓았다. 그리고 수업을 통해서 학습자 스스로 탐구하는 능력을 길러주는 것이 가장 중요하며 이러한 탐구능력은 학습자가 스스로 성취감을 느끼는 내적 보상에 의해서 더 잘 길러질 수 있다고 한다. Bruner는 위의 네 가지 요소를 가장 이상적으로 조직하는 방법이 발견학습이라고 하였다.

3) Carroll의 학교 학습모형

학교학습에 관한 연구는 무수히 많지만 교육의 전체를 포함하기보다는 한두 개의 요인에 국한된 것들이 대부분이었다. 이러한 상황에서 교육의 전과정을 포함하는 연구가 Caroll(1963)에 의해서 수행되었다. 그의 모형은 주로 인지적·기능적 학습을 위한 것이며, 정의적 학습까지는 미치지 못하고 있으므로 지금까지 학교학습 모형에 있어서 교육의 과정에 상호관련된 여러 측변을 종합적으로 검토하여, 학생들이 여러 해 동안에 거쳐 가는 교육의 과정을 포함할 수 있는 학교학습 모형을 만들었다.

Caroll은 학생들의 학습에 영향을 미치는 변인으로 다섯 가지를 들었고 다시 개인차 변인과 수업변인으로 분류하였다. 여기에서 개인차 변인으로는 a. 학습자의 적성, b. 학습자의 이해력, c. 학습자의 지구력, 수업변인으로는 d. 교수의 질, e. 학습기회이다.

Caroll은 이들 다섯 가지의 변인을 결합시켜 학습의 정도를 다음과 같은 공식으로 나타내고 있다.

Carroll의 학교학습 모형공식

$$\text{학습의 정도} = f\,\frac{\text{학습에 사용한 시간(학습기회 · 학습지속력)}}{\text{학습에 필요한 시간(적성 · 수업 이해력 · 수업의 질)}}$$

이 공식에서 f는 단순히 양변의 함수 관계를 나타낸다. 그리고 분자인(학습에 사용한 시간)은 학습기회와 학습지속력에 의해 결정되고, 분모인(학습에 필요한 시간)은 학습자의 적성과 수업 이해력 및 수업의 질에 의해서 결정된다. 따라서 학습에 필요한 시간을 전부 학습에 투입했다면 학습의 정도는 100%가 되고, 학습에 필요한 1/2을 학습에 사용했다면 학습의 정도는 50%가 되는 것이다. 즉, 학습의 정도는 이들 다섯 가지 변인의 상호관계에 따라 높아질 수도 있고 낮아질 수도 있다.

4) Ausubel의 수업이론

Ausubel(1963)은 인지적 수업과정에 초점을 두고 학교학습이 기계적 학습(rote learning)이 아닌 유의미 학습(meaningful learning)이 되도록 하는 설명적 수업이론을 제시하였다. Ausubel의 수업이론은 설명식 수업의 유의미성을 확보하기 위한 심리적 기제와 교수전략을 밝히는 데 초점을 두고 있으며 교수-학습이론에서 유의미 학습, 선행조직자, 수업모형 등을 강조했다.

(1) 유의미 학습

Ausubel은 유의미 학습을 설명하기 위하여 학습과제와 인지구조라는 두 변인을 제시하였다. 그는 학습내용이 학습자의 인지구조와 관련되어 학습되므로 교수-학습이론에서 학습내용을 학습자의 인지구조에 맞게 또는 관련되게 조직하여 제시해야 한다고 주장한다. 인간의 인지구조는 위계적인 구조를 이루고 있으며 학습할 지식이나 개념이 인지구조와 관련을 맺을 때 학습이 촉진된다는 것이다. 유의미 학습이 되려면 학습할 새로운 개념이나 학습과제가 학습자의 기존 인지구조와 관련을 맺어 정착되고, 그것이 학습자에게 새로운 심리적 의미를 부여해 주어야 하며 그렇게 함으로써 파지가 오래 지속된다는 것이다. 유의미한 학습이 이루어지기 위한 세 가지 조건은 첫째, 그 과제가 유의미해야 한다. 둘째, 과제를 의미 있게 학습하기 위해서는 학습자가 그 과제와 관련을 맺을 수 있는 정착지식을 소유하고 있어야 한다. 셋째, 학습에 필요한 조건으로는 학습자가 유의미 학습태세를 갖추고 있어야 한다.

(2) 선행조직자

Ausubel의 수업이론은 선행조직자 수업모형으로 구체화되었다. 학습자가 자신의 배경지식을 사용하여 새로운 정보를 효과적으로 학습할 수 있도록 돕는 방법으로 선행조직자를 제공하는 것이다. 즉, 선행조직자(advance organizer)는 인지구조를 강화하고 새로운 정보의 파지를 증진시키기 위한 수단이 된다. 선행조직자는 학습되어야 할 과제가 학습자의 인지구조에 있는 관련정착지식에 앞서서 제공되는 교사의 언어적 설명자료서, 학습과제보다 포괄성, 일반성, 추상성의 수준이 높아야만 학습과제를 효과적으로 포섭할 수 있다. 선행조직자는 기능에 따라 설명조직자와 비교조직자로 나눈다.

설명조직자(expository organizer)는 학습과제가 처음 접하는 자료이기 때문에 인지구조에 있는 관련정착지식과 학습되어야 할 과제 간에 전혀 유사성이 없는 경우, 개념의 정착근거지를 마련하기 위하여 학습자료와 관련된 학습 전에 미리 제시되는 보다 포괄적이고도 기본적인 주요 개념을 말한다. 비교조직자(comparative organizer)란 학습되어야 할 과제와 인지구조에 있는 관련정착지식 간에 상당한 유사성이 있는 경우, 학습과제와 관련정착지식 간의 유사성과 차이점을 분명히 하여 상호 간의 변별력을 증대시킬 목적으로 학습이 시작되기 전에 제시되는 자료를 말한다. 따라서 선행조직자는 새로운 학습을 관련시킬 적절한 정보가 학습자에게 없을 경우와 적절한 정보가 있기는 하지만 학습자에게 적절하게 재생되지 못할 경우에 이용하는 것이 효과적이라고 할 수 있다.

(3) 수업모형

Ausubel의 수업이론은 선행조직자 제시, 학습과제 및 자료 제시, 인지조직의 강화 등 3단계로 구성된다. 1단계인 선행조직자 제시는 수업목표를 분명히 하고 조직자를 제시하며, 2단계 학습과제 및 자료 제시는 학습자료를 제시하고 주의집중을 유지하며 학습자료의 논리적 조직 등으로 학습활동이 진행된다. 마지막 3단계인 인지조직의 강화는 새로운 학습과제를 학습자의 인지구조와 관련시키는 것이다. Ausubel의 선행조직자 수업모형은 〈표 11-1〉과 같다.

표 11-1 | Ausubel의 선행조직자 수업모형

단계		활동내용
1단계	선행조직자 제시	• 수업목표를 명확히 한다. • 선행조직자를 제시한다. • 학습자가 지니고 있는 사전 지식과 경험을 현재 수업내용과 연결지을 수 있도록 자극한다. • 학습의욕을 고취시킨다.
2단계	학습과제 및 자료 제시	• 학습과제의 구속성과 실사성을 분명히 한다. • 학습자료의 논리적 조직을 명확히 한다. • 자료의 제시 • 점진적 분화의 원리 적용
3단계	인지조직의 강화	• 적극적 수용학습의 조장 • 통합조정의 원리 이용하기 • 학습내용에 대한 비판적 접근 유도하기 • 학습내용 명료화하기

출처: 변영계(2005).

Ausubel의 수업모형에서 학습효과를 극대화하기 위해서 교사는 새로운 학습과제와 이전의 자료를 학습자가 구별할 수 있도록 도움을 주고 학습자의 인지구조를 이해하고 그에 맞는 학습과제를 조직하고 관련지어 학습자료를 제시해야 한다. 이때 수업의 도입단계에서 새로운 학습과제와 관련정착지식을 서로 연결시켜 주는 것이 선행조직자다.

Ausubel의 수업이론을 정리하면, 교사는 학습자의 새로운 학습과제의 의미를 명료화, 새로운 지식과 기존 시식의 조화 그리고 새로운 자료가 적합한 지식이 되도록 적극적 수용학습을 조장하고 교과목에 대해 비판적 접근을 할 수 있도록 도와주어야 한다(송인섭 외, 2013).

5) Gagné의 수업이론

(1) 기본개념

Gagné(1972)의 수업이론은 인간의 학습은 단순 정신능력에서 복잡한 고등 정신능력으로 발전하는 위계를 이루고 있으며, 한 단계의 학습은 다음 단계의 학습에 필수적인 선행요건이 된다는 학습위계에 기초를 두고 있다.

Gagné의 수업이론은 독립변인과 종속변인으로 나누어 설명할 수 있다. 독립변인은 다시 외적 조건과 내적 조건으로 구분된다. 그의 이론에서 학습자의 외적 조건은 강화, 접근, 연습(반복)이고 학습자의 내적 조건은 선행학습, 학습동기, 자아개념, 주의력 등이다. 종속변인은 학습력의 획득, 파지, 전이 등이 있다.

Gagné의 수업이론의 종속변인은 학습력의 획득이다. Gagné(1972)는 학습의 결과가 학습자의 서로 다른 특성과 구조, 학습자에 따른 상이한 조건과 성향 등에 따라 달라진다고 주장하면서 학습력 획득에 영향을 주는 주요변인으로 [그림 11-1]과 같이 지적 기능, 언어적 정보, 인지 전략, 운동 기능, 태도를 제시하였다.

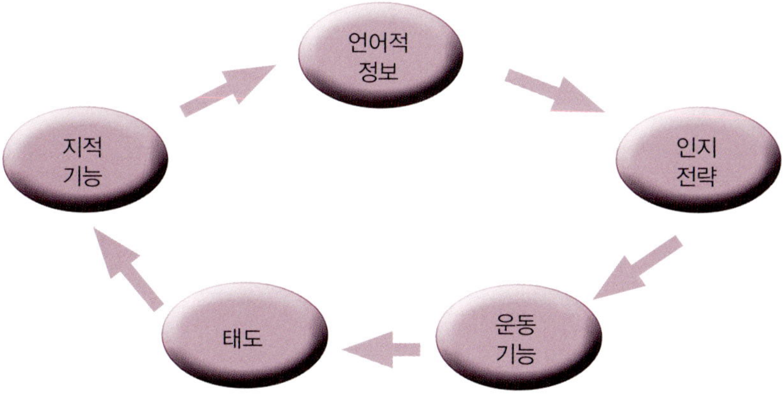

[그림 11-1] Gagné의 학습위계이론

Gagné의 학습위계이론에서 학습력 획득에 영향을 주는 주요변인 다섯 가지를 설명하면 다음과 같다.

① 지적 기능은 무엇을 안다는 것보다는 무엇을 할 수 있는지 그 방법을 아는 것으로 방법적 지식 혹은 절차적 지식이라 할 수 있다. 학습자는 학습을 위해 자신에게 맞는 인지 전략 즉, 독특한 내적 조건을 준비해야 한다.

② 언어적 정보는 인지적 영역 중 명제적 지식 혹은 선언적 지식으로 간주되며 자신의 생각을 진술하거나 말하는 능력이다. 언어적 정보는 어떤 대상이나 유목의 이름이나 학습내용을 요약하거나 사물과 사건의 관계에 대해 구술, 쓰기, 그림으로 정보를 재생하는 능력을 포함한다. 이러한 능력은 계속적인 학습을 위해 필요한 요소이다.

③ 인지 전략은 학습자가 자신의 학습, 기억, 감정, 사고를 지배하는 내부의 조직 기능으로 자신의 주의집중과 선택적 지각과정을 확인하고 새로운 정보를 부호화하고 인출하는 데 필요한 능력이라 할 수 있다. 인지 전략은 경험하지 않았던 문제를 자신의 지식과 기능을 활용하는 방법으로 비교적 많은 시간이 소요되며 점차적으로 발달한다.

④ 운동 기능은 단순한 부분적 운동반응에서 좀 더 복잡한 절차를 요하는 종합 운동 기능이 있다.

⑤ 태도는 개인의 활동이나 선택에 영향을 주는 내적 경향성을 지칭한다. 일반적으로 태도는 인지적, 정의적, 심동적 영역으로 구성된다. 인지적 영역은 어떤 대상에 대한 범주나 아이디어, 즉 사고를 의미하고 정의적 영역은 그 대상에 대한 정서적 감정을 의미하며 심동적 영역은 그 대상에 대한 의도된 행위를 시도하려는 것을 의미한다. 태도는 동기를 유발할 수 있는 힘이 있고 지속적인 상태라고 할 수 있다.

(2) 위계학습

Gagné는 학습에 영향을 주는 조건의 다섯 가지 요소 가운데 지적 기능을 강조하였다(Gagné, 1985). 이러한 지적 기능의 영역을 신호학습, 자극-반응학습, 연쇄학습, 언어연상학습, 다변별학습, 개념학습, 원리학습, 문제해결학습으로 나누고 이 요소들 간의 상호관계는 위계적 형태로 이루어져 있다고 하였다(Gagné, 1974). 즉, 모든 학습이 순차적으로 진행되어야 하므로 선행학습은 후속학습의 선행조건이 되며 선행요건의 충족 여하에 따라 학습에서 성패가 좌우된다는 것이다

(권낙원, 김동엽, 2006).

신호학습은 고전적 조건화에 의한 학습으로 제시되는 자극에 반응으로 학습되는 경우이다.

자극-반응학습은 조작적 조건에 의한 학습으로 학습자에 의해 능동적인 반응으로 학습되는 것이다. 연쇄학습은 어떤 순서에 따라 자극과 반응이 연결되어 이루어지는 학습 형태이다. 언어로 연결된 연상학습의 형태를 언어연상학습이라 하고, 영어를 공부할 때 철자는 다르지만 발음이 유사한 단어를 구별하는 것과 같이 대사의 차이점을 비교하여 구별하는 것을 다변별학습이라 한다. 다변별학습은 여러 자극 중 중요한 속성을 구분할 수 있는 것이며, 이것은 대상에 대한 정확한 지각에서 시작된다. 삼각형, 사각형, 오각형을 구분하는 것이 변별이라면, 이렇게 사물의 추상적인 속성을 기초로 공통된 개념을 이해하고 그것을 분류하는 것은 개념학습이다.

원리학습은 이미 학습한 여러 개의 규칙과 원리에 대한 학습이고, 문제해결학습은 여러 개의 원리 중에서 새로운 문제에 가장 적합한 방법을 찾아 문제를 해결하는 과정을 의미한다. 이 과정은 여러 가지 원리와 규칙을 적용하여 새로운 지식이나 원리를 습득하는 것이기 때문에 여덟 가지 유형 중 가장 고차원적인 학습단계라고 할 수 있다.

2. 수업방법

1) 강의법

강의법(lecture method)은 가장 오래된 전통적인 교수방법으로 지식이나 기술을 교사가 주로 언어를 통한 설명과 해설을 통해 학생에게 전달하는 수업방법이다. 강의법은 교사가 설명을 하거나 정보를 제시하는 형식으로 진행되는 일방적인 수업방법이다. 오늘날에도 가장 많이 사용되는 강의법은 그 중요성을 부인할 수 없으나, 결점으로는 학습자가 수동적이 된다는 것과 교사 본위의 주입식 수업이

되기 쉽고, 집단 수업의 형식을 취하므로 개인차를 고려하기 어렵다는 것이다. 이러한 결점에도 불구하고 다수의 학생에게 짧은 시간에 많은 양의 학습내용을 전달할 수 있는 장점을 살리면서, 교사는 강의를 사전에 철저히 계획하고 강의안을 작성하며 강의 중에 오디오, 비디오, OHP(overhead projector), 빔프로젝트 등의 시청각 기자재를 사용하여 활기 있는 강의를 진행하도록 하여야 한다. 교사는 강의안에 따라 진행하며 수업 도중에 다양한 질문을 하여 학습자의 주의를 환기시키고, 필요 이상의 해설을 피하며 학습자가 적극적이고 사고하며 학습에 능동적으로 참여하도록 유도해야 한다. 또한 교사 자신의 효과적인 교수법에 대해 부단히 연구해야 하며 학습자의 주의를 계속 끌도록 수업 진행을 빈틈없이 계획해야 한다.

2) 문답법

문답법(question and answer)은 질문법, 대화법, 반문법이라고도 하며, 교사의 질문과 학생의 대답에 의해 진행되는 교수-학습방법이다. 즉, 교사와 학생 간의 상호작용을 전제로 교사의 질문에 학습자가 대답하고 학습자의 질문에 교사가 대답하는 과정을 거치면서, 학습목표에 접근하는 방법으로 귀납적인 교수방법이라 할 수 있다. 문답법의 적절한 활용은 학습자의 흥미와 동기를 유발시킬 수 있으며, 중요한 학습내용에 주의를 집중시키고 심층적인 사고를 유도하면서 문제해결 능력을 기르게 한다. 따라서 문답법에서 사용하는 질문은 단순한 암기를 위한 시험문제 유형이 아니라, 학습내용이나 교재를 비교 판단하여 학습자 스스로 답을 찾아가도록 계획되어야 한다. 또한 문답법에서 사용되는 질문은 정확하고 간결해야 하며 질문의 목적이 뚜렷하여야 한다. 질문은 학습자의 경험과 지식 범위 내에서 이루어져야 하며 개인차에 대한 적응 여부도 고려되어야 한다. 즉, 개인차가 심한 학급 내에서 질문을 할 때는 어느 한 층에만 해당되는 질문은 피해야 되며, 모든 학생에게 응답의 기회가 균등하게 갈 수 있도록 노력해야 한다. 교사는 학습자의 질문에 대한 답을 책임 있게 완성된 문장으로 구연할 수 있어야 하며, 학습자가 쉽게 범할 수 있는 오류의 패턴을 정확히 파악하여야 한다.

3) 토의법

토의법(discussion)은 1915년 Parker가 문답법을 개선하여 회화법(conversational)이라고 부른 데서 연유한 것으로 학습자들 간의 상호작용을 통하여 정보나 아이디어, 의견 등을 나누기 위해 서로 이야기하거나 함께 문제를 해결해 나가는 탐구과정이다.

토의법은 오늘날에도 여러 교과 영역에서 자주 사용되는 학습활동 중의 한 가지로 학습자 자신만으로는 해결할 수 없는 문제에 직면했을 때, 서로 의견을 교환하고 집단 안에서 함께 생각하여 문제를 해결할 수 있도록 도와주는 기법이다. 학습자는 집단 사고의 과정에서 자유로이 의견을 표현하고, 타인의 의견을 받아들여 문제를 해결해 나가는 능력을 기르게 된다. 토의를 순조롭게 진행하려 할 때에 갖추어야 할 조건은 다음과 같다.

첫째, 구체적이고 사회적으로 의미 있는 문제나 과제를 처리해야 한다.

둘째, 실제적이고 구체적인 사실에 근거를 두지 않으면 흥미를 감소시키고 공론에 그치기 쉬우며, 학생들에게 무관심하고 무의미한 문제라면 토의는 진행될 수 없다.

셋째, 모든 학생이 참여하도록 해야 한다. 토의는 집단 사고를 근본적인 특성으로 하고 있기 때문에 모든 학생이 참여할 수 있도록 인원수 및 기회균등을 배려해야 한다.

넷째, 의견 차가 있더라도 상호 간의 의견을 존중하고 모든 사람이 옳다고 생각하는 결론을 받아들여야 한다. 토의는 문제 해결의 과정이기 때문에 최선의 결론으로 이끌어야 하며 이를 위해서는 서로의 의견을 존중해야 한다.

토의를 이끌어 나가는 유형에는 다음과 같은 것이 있다.

(1) 원탁식 토의(round table discussion)

10명 정도의 인원이 둘러앉아 자유롭게 토의를 하며 전원이 활발히 발언할 수 있는 방법이다.

(2) 배심토의(panel discussion)

토의할 문제에 대하여 대립된 견해를 가진 대표(배심원) 4~6명과 일반 청중으로 구성되어 배심원들의 토의를 청중은 들으면서 문제를 이해하고 비판하며 자기 나름대로 의견을 조성하는 방법이다.

(3) 공개토의(forum discussion)

이것은 한 사람 또는 몇 사람의 연사가 청중 앞에서 강연한 다음, 주제에 대한 질문을 중심으로 강사와 청중 사이에 질의응답이 벌어지는 방법이다.

(4) 세미나(seminar)

참가자 모두가 토의 주제 분야에 권위 있는 전문가나 연구가들로 구성된 소수 집단 형태이다. 세미나를 주도해 나갈 주제 발표자의 공식적인 발표에 대해 참가자들이 사전에 준비된 의견을 개진하거나 질의하는 방식으로 토의가 이루어진다.

세미나는 참가자들에게 특정 주제에 대한 전문적인 연수나 훈련의 기회를 제공해 주는 데 목적이 있다. 따라서 참가자 전원은 보고서 형식의 간단한 자료들을 상호 교환할 수 있어야 한다. 이 토의 방식은 참가자 전원이 해당 주제에 관련된 지식이나 정보를 체계적이고도 깊이 있게 토의할 수 있게 하는데, 이는 사전에 철저한 연구와 준비를 전제하는 것이다.

(5) 대화식 토의(dialogue discussion)

주제의 권위자나 전문가를 교실에 초빙하거나 전문가가 있는 현장에 가서 질의응답 형식으로 지식을 얻는 방법이다.

(6) 심포지엄(symposium)

몇 명의 연사가 같은 주제를 각기 다른 입장에서 자기의 의견을 발표하고 강연 내용도 사전에 청중에게 배부하여 알려주고, 강연 후에는 강사와 청중과의 질의응답을 활발히 진행하여 종합적으로 의견을 집약하는 방법이다.

4) 시범

시범(demonstration) 수업에서는 학습자에게 그들이 배워야 할 기술이나 절차를 실제 또는 실제에 근접한 사례를 관찰하게 한다. Bandura(1986)의 사회학습이론(social learning theory)에 근거하여 학습자는 다른 사람의 시범을 관찰함으로써 학습이 가능하게 된다. 시범수업은 학습자들이 범하게 될 불필요한 시행착오의 과정과 시간을 단축할 수 있게 하므로, 교사는 시범을 보이기 전에 시범 보일 기술이나 절차에 대해 완전한 이해와 연습을 하여 실수가 없도록 하는 것이 중요하다. 시범수업의 효과를 위해 시범 장면을 비디오나 필름으로 녹화한 후 재생시켜 여러 번 반복하여 보여 주면 학습자에게 도움이 될 수 있다. 또한 시범이 있은 후에는 학습자에게 실습할 수 있는 기회를 주고, 교사는 실습 장면을 관찰하면서 잘못된 것을 즉시 시정하는 것이 바람직하다. 시범수업은 기술적이고 신체적인 학습영역을 가르치고자 할 때 유용하며, 성공한 사람의 삶을 보여 주면서 그와 같은 삶의 태도를 형성하도록 하는 태도 영역에도 사용될 수 있다. 기업 연수에서 시범은 신입사원에게 선임자나 동료가 직접 업무를 수행하면서 보여주는 연수, 즉 on-the-job training에 많이 사용된다.

5) 문제해결법

문제해결법(problem discussion)은 학습자에게 문제를 던져주고 그것을 해결해 나가는 과정을 통해 학습이 이루어지게 하는 학습 방법이다. 학습자는 자신이 기존에 배운 내용이나 지식을 사용하여 주어진 문제를 파악하고 분석하여 문제의 해결책을 고안하고, 해결을 위한 자료를 모으며 학습을 진행하게 된다. 이를 단계별로 살펴보면 다음과 같다.

(1) 문제해결의 단계

① 1단계: 문제의 인식

학습자가 선택한 문제나 또는 학습자에게 선택시킨 문제에 대하여 자세히 검토하고, 그 본질을 정확하게 인식하는 것이 첫 단계이다. 즉, 문제에 대한 명확한 인식이 문제해결학습의 출발 단계이다.

② 2단계: 해결방안 연구

문제가 설정된 다음에는 그 성질에 따라서 각자가 맡아야 할 문제나 또는 분단별로 맡아야 할 문제를 어떤 방법이나 절차로 해결할 것인가를 연구해야 한다.

③ 3단계: 자료수집

문제해결을 위해 필요한 자료를 수집하여 연구하는 것인데 자료는 빠짐없이 수집하고, 수집된 자료는 검토의 과정을 거쳐야 한다.

④ 4단계: 해결의 실시

실제적인 활동이 전개되는 단계로 수집된 자료의 조사, 관찰, 실험, 비교 등의 활동이 전개되는 단계이다.

⑤ 5단계: 정리, 종합발표 및 결과검토

결과를 정리하여 발표하는 단계로 발표 형식은 구두, 보고서, 제작물 등 다양하게 할 수 있다. 교사는 발표에 대한 건설적인 비판과 지도를 하여야 하며, 여기서의 비판은 다음 학습문제로 발전하는 통로가 된다.

6) 시뮬레이션과 게임

(1) 시뮬레이션

시뮬레이션(simulation)은 학습자에게 실제와 유사한 상황을 제공하지만, 실제적인 위험 부담 없이 학습을 할 수 있는 환경을 의미한다. 시뮬레이션으로 학습을 하는 학습자는 실제와 유사한 학습 환경에서 다른 학습자와 상호작용을 하거나, 학급 환경 안에 있는 어떠한 기기와 도구를 가지고 환경과 상호작용을 하며 학습을 이끌어나간다.

시뮬레이션 학습의 장점에는 실제상황과 유사한 환경을 제공하는 것이고, 학습자의 위험 부담이 없는 것이며 실제 상황에서 중요한 부분만 집중적으로 학습할 수 있다는 것이다. 단점은 학습자를 실제 상황에 들어가게 하여 스스로 발견학습을 하는 방법이므로 강의식이나 시범보다는 학습 시간이 많이 걸린다는 것과 잘못된 설계는 설계상황이 너무 단순하게 표현하여 학습자에게 오개념을 형성하게 할 수 있다는 것이다.

(2) 게임

게임(game)은 시뮬레이션과 유사한 점이 많지만 다른 점은 실제상황과는 전혀 다른 상상의 세계에서도 게임은 가능하다는 것이다.

7) 협동학습

협동학습(cooperative learning)은 학습능력이 각기 다른 학생들이 동일한 학습목표를 향해 소집단 내에서 함께 학습하는 수업방법이다(Slavin, 1990). 협동학습은 학습자 간의 협력적인 상호작용을 촉진하기 위한 집단보상과 협동기술을 강조한다. 또한 전체는 개인을 위하여(all for one) 개인은 전체를 위하여(one for all)라는 태도를 갖게 하여, 집단 구성원의 성공적인 학습을 위하여 서로 격려하고 도움으로써 학습부진을 개선할 수 있다. 협동학습에는 두 가지 방법이 있는데 한 가지는 더불어 학습하는 모형이고 다른 한 가지 방법은 팀을 활용한 개별화 학습이 있다.

(1) 더불어 학습하는 모형(learning together model: LTM)

더불어 학습하기 위해서는 긍정적인 상호의존 관계를 형성하도록 하고, 서로 얼굴을 마주 보며 토론하는 상호작용이 필요하다. 그리고 개인이 각각 팀에 대한 책임을 지도록 하며, 상호 의존하는 방법과 소그룹에서 학습하는 방법을 먼저 교사가 지도하여야 한다.

(2) 팀을 활용한 개별화 학습(team-assisted individualization: TAI)

팀을 활용한 개별화학습을 하기 위해서는 팀형성이 중요하다. 그리고 교사의 소그룹수업, 개별학습, 팀학습, 팀점수와 보상 등을 유용하게 적용할 수 있다.

8) 발견학습

발견학습(discovery learning)은 학습자의 일상생활과 직접 관련 없는 학습내용을 기계적으로 암기하고 연습하는 전통적인 수용학습에 대한 불만에서 비롯되었다. 발견학습은 학습을 교수자가 최종적인 완결한 형태로 제시하는 것이 아니고, 학습자와 정보를 재구성하거나 기초 지식을 통합하거나 하여 해결을 발견하는 학습이라고 할 수 있으며, 학습자의 탐구적인 사고방법의 형성을 목표로 한다.

발견학습의 특징은 교재의 기본구조에 대한 철저한 학습을 강조하고, 학습효과의 전이를 중요시하여 학습결과보다 과정과 방법을 중요시한다. 그리고 학습자의 주체적인 학습을 강조한다. 발견학습 과정의 네 단계를 설명하면 다음과 같다.

첫째, 과제파악단계로 발견학습 과제를 학생에게 명확하게 파악시키는 것으로 문제의식을 갖고 구체적인 사실을 관찰한다.

둘째, 가설정 단계는 과제해결의 가설을 세우기 위하여 직관적 사고를 통해 결과에 대한 예측이나 가설을 착상한다.

셋째, 사설검증단계는 가설을 검증하기 위하여 논리적이고 분석적 사고에 의해 원리를 발견하고 가설검증을 통해 개념으로 정착한다.

넷째, 적용단계는 가설검증단계에서 추상적으로 성립된 개념을 현실상황에 적용시키는 지식의 전이 단계로 구성된다(방선욱 외, 2012).

9) 문제중심학습

문제중심학습(problem-based learning: PBL)은 실제적인 문제를 중심으로 수업상황을 구조화하는 교육적 접근이다. 문제중심학습은 학습자들이 소그룹 학습에 능동적으로 참여하여 문제를 협력적이고 자기주도적으로 해결하고 이를 통해 문제해결능력과 비판적 사고력을 기르도록 하는 교수-학습형태로서 '문제에 대한 이해와 문제해결을 위해 이루어지는 활동과정에서 산출되는 학습'으로 정의할 수 있다(한국교육개발원, 2008).

문제중심학습의 특징으로는 특정한 학문적 원리나 기술을 중심으로 강의를 조직하기보다 질문 혹은 문제추구(driving question or problem) 중심으로 수업을 조직한다. 문제중심학습은 실제상황에서의 탐구(authentic investigation)가 이루어지며, 학생들이 자신의 해결책을 설명하거나 표현하도록 가공물이나 전시회(production of artifacts and exhibits)와 같은 형식으로 생산물을 구성하도록 요구한다. 문제중심학습의 형식은 보고서, 물리적 모형, 비디오, 컴퓨터 프로그램 등 다양하다.

5

생활지도와 평가이해

PART 5

EDUCATIONAL PSYCHOLOGY

생활지도와 상담

CHAPTER 12

1. 생활지도

1) 생활지도의 의미

생활지도(guidance)란 'guide'에서 유래된 것으로 '인도하다, 지도하다, 조언하다'의 뜻을 가지고 있으며, 학생을 바람직한 방향으로 안내, 지도, 훈육 및 통제하는 것을 의미한다.

생활지도는 학습지도와 더불어 학교교육 활동의 양대 축으로 매우 중요한 교육영역이다. 우리나라에는 1957년에 생활지도가 도입되었는데, 그 당시의 생활지도는 단순히 훈육이나 체벌, 사건처리, 도덕과 같은 교육의 한 분야로 문제아 지도 위주의 교육으로 일관되어 왔다. 그런데 생활지도는 그 용어가 지닌 뜻이 다양하고 사람에 따라 다른 해석을 하고 있기 때문에 한마디로 정의를 내리기가 쉽지 않다. 먼저 미국의 생활지도 학자의 견해를 종합해서 열거해 보면 다음과 같다.

Arthur Jones(1960)는 생활지도를 "현명한 선택과 적응을 위해서 주어지는 조력"이라고 하였으며, Herman Peters(1967)는 "생활지도란 미숙하지만 성장도상의 학생에게 보다 나은 자신의 이해를 돕고, 개인선택의 의미를 생각하도록 하며, 최상의 학업촉진을 위한 창조력을 함양하며 개인차를 존중할 수 있도록 돕는 작용"이라고 정의를 내리고 있다. 그리고 Shertzer와 Stone(1981)은 "생활지도를 개인이 자기 자신과 자신의 세계를 이해할 수 있도록 도와주는 과정"이라고 하였다.

우리나라의 몇몇 학자의 생활지도에 대한 견해를 제시하면 다음과 같다.

황응연(1984)은 "생활지도 활동이 교육의 모든 다른 활동과 마찬가지로 학생 개인의 성장 발달을 극대화시키고, 잠재능력을 개발해서 현재는 물론 장차 어떠한 난관에 봉착하더라도 그것을 자신의 힘으로 유효적절하게 해결해 나가도록 힘을 길러 주는 일이다."라고 언급하였다. 그리고 일상생활에서 당면하는 문제, 즉 가정적, 교육적, 직업적, 신체적, 정서적, 성격적인 여러 문제를 자력으로 해결할 수 있도록 지도하기 위한 조직적인 활동이라고 하였다. 다시 말하면, 학생이 당면한 현실적인 문제를 교사나 부모 등 성인이 대신해 주는 것이 아니고, 그들 자신이 자기지도를 통해서 문제해결능력을 기르고 동시에 직접 그들이 당면한 각종 문제와 대결해서 이겨내도록 하는 데 있는 것이다.

박성수(1986)는 "생활지도란 인간 개개인의 인지적, 정의적, 신체적 특성과 잠재 가능성을 바르게 이해하고 발달시켜서 개인이 교육적, 직업적, 사회적, 심리적 발달을 가능성의 최고 수준까지 도달할 수 있도록 원조하는 즉, 자아실현을 원조하는 봉사활동"이라고 했다. 따라서 생활지도는 이런 봉사활동에 관한 학문적 이론과 실증적 연구의 총체로서, 이 봉사활동의 과정과 절차를 모두 가리키며 또한 그런 목적을 달성하기 위해서 제공하는 모든 교육적 경험을 포함한다.

이재창(1988)은 이상의 학자들이 공통으로 강조하는 점을 종합해서 "생활지도는 개인으로 하여금 자기 자신과 주위세계를 잘 이해해서 현명한 선택과 적응을 하여 건전한 사회의 일원으로서 성장 발달할 수 있도록 하는 일련의 지속적인 조력과정"이라고 하였다.

미국과 우리나라에서 주로 생활지도에 관한 연구와 관심을 가지고 노력하는 학자들의 공통적인 견해를 종합하여 김충기(1996)는 다음과 같이 정의하였다. "생활지도는 교육의 목적을 달성하기 위한 방법으로 학생이 일상생활에서 해결해야 할 여러 가지 문제를 자력으로 해결할 수 있도록 돕는다. 그리고 저마다 가지고 있는 흥미, 적성, 능력, 성격 등 인격적 특성과 잠재력을 이해하고 발견하도록 하여 이를 최대한 발전시켜 나간다. 또한 개인에게 합리적인 사고와 의사결정을 통하여 현명한 선택과 적응을 위해 조직적이고 체계적인 봉사가 이루어지며, 자유롭고 책임감 있는 민주사회의 육성과 자기지도 및 자아실현을 통해 행복한 삶의 추구가 가능하도록 지원해 주는 계속적인 과정이다."라고 하였다.

2) 생활지도의 필요성

오늘날 가족형태의 다양화, 다문화사회, 대중사회와 대중문화, 직업의 전문화 및 세분화, 개성중심의 인간교육, 인터넷 문화의 확산 및 SNS의 발달로 인한 '소통방식의 변화' 등은 학생들의 생활방식, 사고와 가치체계, 대인관계 등에 다양한 방식으로 영향을 미치고 있기 때문에 생활지도는 더욱 필요하게 되었다. 생활지도의 필요성을 종합적으로 정리하면 다음과 같다.

(1) 교육관 변화와 교육문제

현대에 이르러 절대 진리 추구를 목표로 삼던 전통적인 교육관이 보다 인간 중심적이고 사회적응 중심적인 교육관으로 바뀌었다. 그러므로 학생의 사회 적응능력을 길러주기 위한 전문적 활동을 펼칠 수 있는 생활지도 활동의 필요성이 더욱 높아졌다. 그뿐만 아니라 교육경쟁 및 생존경쟁이 치열해지면서 정서불안, 개인차의 심화 등의 교육문제가 대두됨으로써 생활지도가 더욱 절실해졌다.

(2) 직업세계의 변화

오늘날 급격한 과학기술의 발달로 인해 지식의 양이 폭발적으로 늘어났으며, 그 결과 사회의 산업체제가 대형화, 전문화, 세분화되는 현상을 가져왔다. 이렇게 변화된 직업세계를 이해하고 자신에게 적절한 직업이 무엇이며, 어느 분야가 자신의 능력이나 적성에 맞는지 알기 위해서는 다양한 정보에 접할 수 있는 기회를 가져야 한다. 따라서 진로교육과 관련된 다양한 프로그램의 개발은 생활지도의 중요 활동분야가 되고 있다.

(3) 사회양상의 급속한 변화

현대의 사회양상의 급속한 변화는 사회 구성원으로 하여금 적응력의 한계를 경험하게 만든다. 물질문화 속도에 상응하지 못한 정신문화 발달은 문화지체현상을 가져오게 하였고, 성장 세대들의 가치관 혼란을 일으키고 있다. 이와 더불어 정보화·국제화 사회에서 학생들이 슬기롭게 대처할 수 있도록 하기 위해서 생활지도가 더욱 필요하다.

(4) 개성화 및 유기적인 협력

오늘날 교육활동은 개인의 흥미, 적성, 능력 등의 개성을 중시하며 교육활동 또한 개인차를 존중하고 인정하는 방향으로 초점을 두고 있다. 그리고 현대사회에서는 학교와 가정, 지역사회 간의 상호협력이 요구되는데 이를 위해서 생활지도가 필요하다.

3) 생활지도의 목표

(1) 직접적인 목표

생활지도는 개인으로 하여금 주어진 여건이나 환경 속에서 자기를 발견하고 정상적인 학교교육을 통하여 진로지도교육 또는 진로교육, 직업교육, 개인적·사회적 적응을 통한 교육, 문제해결을 통한 교육 등 자신의 개성을 발견하고 능력과 흥미를 찾으며, 이와 같은 개성을 건설적으로 실현하여 성숙된 전인으로서 생활하게끔 도와주는 데 있다.

(2) 간접적인 목표

생활지도는 초등학교, 중·고등학교, 대학교를 막론하고 학생들에게 직접 봉사하는 활동 이외에도 교사나 학교 행정가, 학부모에게도 도움을 줌으로써 학생들의 복지 증진에 이바지하는 것이다.

(3) 종합적인 생활지도 목표

① 전인으로서 인간발달의 형성

전인교육이란 인간성의 어느 특정한 부분만이 아니라 전면적인 교육을 뜻한다. 전면적 교육이란 학생들의 지적인 발달, 사회적인 발달, 정서적인 발달, 신체적인 발달 및 도덕적인 발달을 두루 망라한다.

② 민주시민으로서의 육성

민주사회는 모든 개인의 능동적이고 창의적인 참여와 각 개인의 독특한 공헌을 자원으로 하여 그 자체를 계속 개조하고 개선하는 데 있다. 민주사회에 있어서 가장 큰 가치를 가지는 것은 개인의 인권존중이다. 모든 개인은 그가 나면서부터 지닌 성장가능성을 최대한으로 실현시키고, 자기의 일생을 행복하게 지낼 권리를 가졌다고 믿는 것이다. 그리고 전체적인 사회제도나 조직의 운영이 모든 개인의 기본 인권을 보장하도록 민주사회는 부단히 그 자체를 개선하여 나가는 것이다.

③ 학생 개인에 직결된 능력의 이해 및 발견

생활지도는 개인의 존엄성과 가치에 중요한 기초를 둔다. 생활지도는 자신을 발견할 뿐 아니라 이를 정확히 이해할 수 있어야 한다.

④ 현명한 선택과 적응

선택이 잘못 이루어지므로 말미암아 인생의 행복, 진로, 방향이 다르게 나타나게 된다. 현명한 선택이란 적응을 잘하는 것과도 상통한다. 따라서 생활지도를 통하여 개인이 가정과 학교 또는 사회의 일원으로 사회생활을 해 나가는 데 있어서, 잘 적응할 수 있는 방법과 선택방법을 이해하고 적용하여 건전한 생활을 누릴 수 있도록 하는 데 중요한 역할을 한다.

⑤ 문제해결능력의 신장

사람은 일생을 살아가는 동안에 나타나는 질병에 대한 걱정, 의식주의 해결,

학업성취와 부진의 문제, 교우관계, 결혼문제, 자녀지도에 대한 걱정, 가치관의 문제, 이데올로기의 문제 등 문제에 쌓여 있다고 보겠다. 생활지도는 이와 같은 문제를 발달단계에 따라 개인으로 하여금 당면한 문제를 다른 사람에게 의존하지 않고 혼자의 힘으로 자율적으로 처리하고 적응할 수 있도록 해결의 능력을 키워 주는 데 있다.

4) 생활지도의 원리

(1) 생활지도는 모든 학생을 그 대상으로 한다.

생활지도는 개인의 잠재가능성을 개발시키는 교육적인 활동의 일부이므로 그 대상도 문제아나 부적응아, 고립아 등 주로 상담을 필요로 하고 도움을 필요로 하는 학생을 모두 포함하고 정상적인 학생도 함께 생활지도의 대상이 되어야 한다. 현실적으로 교육현장에서는 생활지도의 의미와 필요성을 더욱 강조해야 할 필요가 있다. 많은 정상적인 아동이 자기의 소질과 능력, 적성, 흥미를 고려하여 앞으로 다가올 미래의 진로문제나 적응문제, 이성, 가치관, 가정의 문제, 대인관계, 교사와의 관계, 신앙의 문제 등 수많은 문제와 더불어 자기의 방향을 결정할 수 있는 기회를 마련하여 성장가능성을 찾도록 노력하는 길은 오직 생활지도를 통해서 이루어질 것이라는 생각과 관심을 갖도록 적극적인 지도를 하여야 할 것이다.

(2) 생활지도는 모든 연령층의 학생을 대상으로 한다.

일정한 연령층에 있는 학생들은 자신과 다른 사람에 관한 행동유형을 배우려 하고 지식을 얻으려고 한다. 이러한 학습을 획득하려는 과정이 계속되는 한 생활지도 역시 계속되어야 한다. 생활지도는 아동이 학교에 들어가기 이전부터 시작하여 졸업한 후에까지 계속되어야 한다. 그것은 하나의 교육단계에서 다른 교육의 단계 또한 한 학교에서 다른 학교로 이어지는 갭(gap)에 다리를 놓을 수 있는 정도가 되어야 한다. 다시 말하면, 생활지도의 대상이 어느 특정 학년만 해당되는 것이 아니고 초, 중·고등, 대학 등 연령에 관계없이 모든 연령층을 대상으로 하여야 한다는 뜻이다.

(3) 생활지도는 주로 개인의 존엄성과 개성발달에 초점을 둔다.

교육은 개성적 인간을 만들고 타고난 재능을 개발하는 과정이므로, 교육받지 못한 사람이 획일적이고 습관적 행위에 판단을 의뢰하는 것과는 달리 교육받은 사람은 남과 다른 차원에서 창의적, 자율적으로 문제를 해결하고 변화에 적응해 나가게 된다. 따라서 생활지도는 학생들에게 의미 있는 삶을 창조할 수 있도록 개인의 존엄성과 개성발달에 그 목표의 초점을 두어야 할 것이다.

(4) 생활지도는 강제가 아니고 협동적 방향으로 이루어져야 하며 학교교육계획의 통합된 일부가 되어야 한다.

학생들은 생활지도 활동에 강제로 응할 수 없다. 생활지도는 개인을 포함한 상호협력에 의하여 이루어지는 것이다. 생활지도는 외부적인 강제에 의하거나 협박에 좇아가는 것이라기보다는 동기나 자발적인 변화를 일으키는 데 달려 있다고 본다. 그리고 생활지도 활동은 학교계획 프로그램 속에 필수적인 것이 되어야 한다. 따라서 학교의 책임을 맡고 있는 학교행정가나 교사와 카운슬러는 학교행정의 뒷받침을 받아 원활한 활동을 전개시켜야 한다. 생활지도는 카운슬러를 중심으로 이루어지면서 학교 전 직원, 가정, 지역사회의 협동으로 이루어져 나가야 하며 모든 관심을 가져야 한다.

(5) 생활지도는 자아발견과 자기계발을 북돋아 주고 자율적인 지도능력을 기본으로 삼는다.

학생은 자기 자신만이 가지고 있는 양식과 행동유형을 선택할 자유와 권리를 가지고 있다. 그러므로 생활지도는 학생에게 자기 행동을 이해하도록 하고 변화를 가져오도록 작용시켜 돕는 역할을 해야 한다. 생활지도의 과정 속에서 계속적인 관여를 통하여 학생은 점차적으로 자아이해에 숙달되고, 자기의 재능계발과 자기의 문제해결에 이와 같은 지식을 적용할 줄 알게 된다. 생활지도는 민주주의라는 테두리를 벗어날 수 없다. 민주사회에서 요구하는 공민적 자질의 하나는 자율성이다. 이러한 자율성을 이룰 수 있도록 점진적 조언을 필요로 하며, 생활지도는 스스로 해결하는 능력을 키워주는 전문적인 지도로서 자율적인 방향을 모색하는 데 커다란 길잡이가 되도록 유도해야 한다.

(6) 생활지도는 치료나 교정보다 예방에 역점을 두어야 한다.

현대 의학이 초기에 있어서는 여러 가지 질병을 치료하는 데 치중하였으나, 최근에 와서는 점차로 예방치료에 역점을 두고 방향을 옮겨가듯이 생활지도도 처음에는 문제행동의 치료나 교정에 있고, 직업지도에 중점을 두고 지도하여 왔다. 그러나 앞으로의 생활지도의 방향은 이와 같이 문제에 부딪친 해결에만 치중할 것이 아니라 사전에 미리 방지할 수 있는 예방지도에 앞장서야 할 것이다.

생활지도의 효율적인 실시와 지도는 상담사뿐만 아니라 현직교사의 협력이 필요하다. 많은 학생에게 개별적인 상담이 어려운 현실을 감안하여 교사가 담당해야 할 영역이 넓어져야 한다. 또한 문제가 발생한 후에 지도하는 것보다 사고를 미연에 예방하는 것이 손쉽고 노력이 덜 소요될 것이다. 그러므로 앞으로의 생활지도는 치료보다는 예방이라는 슬로건을 앞세우고 철저한 생활지도 활동에 임할 때 문제해결은 쉽게 이루어질 것이다.

5) 생활지도의 영역

생활지도는 학생의 전인적인 인간 형성에 관심을 갖기 때문에 그 영역은 학생의 모든 생활과 관련되어 있으며, 사회의 변화에 따라 그 범위는 확대되어 왔다. 생활지도의 영역은 학자에 따라 여러 가지로 분류되고 있지만 현대사회에서 학생이 당면하고 있는 문제를 중심으로 그 주요영역과 내용을 살펴보면 다음과 같다.

(1) 학업지도

학업지도(educational guidance)는 학생에게 자신의 개성, 흥미, 능력에 부합되는 활동을 전개하는 데 필요한 정보나 자료를 제공함으로써 학생 개개인의 가능성을 최대한으로 계발하도록 돕는 활동이다. 이 영역에서는 학교생활에 적응하는 데 도움을 주는 오리엔테이션, 교육정보 제공, 전공과목, 상급학교, 특별활동의 선택 등을 위한 상담, 학습습관, 학습방법의 지도, 졸업 후의 추수지도(追隨指導), 학습부진아와 우수자 지도, 태도의 지도 및 학습방법에 대한 지도가 포함된다.

(2) 직업지도

직업지도(vocational guidance)는 학생으로 하여금 장래직업의 선정, 준비, 도입을 지도하는 과정을 말한다. 학생의 직업결정에 도움을 주기 위해서 직업에 관한 정보를 제공하고 적성검사, 직업교육, 직업상담 등을 통하여 각종 직업에 대한 탐색적 경험을 갖도록 하게 한다.

(3) 인성지도

인성지도(personality guidance)는 성격지도 또는 인격지도라고도 하는데, 개인의 건전한 인성발달을 도모하기 위한 지도활동을 말한다. 건전한 인성형성을 위한 인성지도는 심리적 문제 요소인 욕구불만, 지나친 우월감과 열등감, 공격적 태도, 정서불안, 불건전한 습관과 태도 등 개인의 심리적 발달에 미치는 제반 상황을 지도하는 것이다.

(4) 사회성 지도

사회성 지도(social guidance)는 학생이 집단 속에서 원만한 인간관계를 유지할 수 있도록 의사전달의 합리적인 방법, 다양한 교우관계, 이성문제, 가족문제, 대인관계문제 등을 중심으로 실시되는 매우 중요한 생활지도 영역이다.

(5) 건강지도

건강지도(health guidance)는 학생에게 신체적 발달유지와 증진을 위한 조언과 조력을 통해서 최적의 건강상태를 유지하며 건전하게 성장할 수 있도록 하는 것이다. 건강지도 활동은 건강에 관한 지식이나 정보제공, 각종 질병, 위생, 신체결함이나 신체장애 등 각종 건강과 관련된 문제지도 등으로 구성된다.

(6) 여가선용 지도

여가선용 지도(leisure-time guidance)는 개개인이 학교나 사회에서 여가를 효율적으로 이용함으로써 교양을 풍성하게 하고 신체적으로나 정신적으로 새로운 활력을 얻도록 지도하고 조언하는 것이다. 여가지도활동으로는 취미, 오락활동, 놀이활동, 적당한 여가활동의 선택, 여가활동의 숙련을 위한 지도 등이 이루어진다.

(7) 성에 관한 지도

성에 관한 지도(sexuality guidance)는 남성 및 여성 간의 심리적 관계와 육체적인 관계를 건강하게 갖도록 지도하는 활동이다. 최근 성 문제가 이슈화되면서 성에 관한 생활지도의 요구 증대, 성교육, 양성평등교육, 성폭력, 성희롱 예방교육, 성 상담에 관한 지도 등이 포함된다.

6) 생활지도의 활동

생활지도가 이루어지는 전 과정은 일반적으로 학생조사활동, 정보제공활동, 상담활동, 정치활동, 추후활동 이 다섯 단계로 구성된다. 이러한 생활지도활동(guidance service) 영역을 각 단계별로 살펴보면 다음과 같다.

(1) 학생조사활동(student inventory service)

학생조사활동은 학생이해 또는 학생평가활동이라고도 한다. 간단히 표현하면 학생의 인적 사항을 과학적이고 객관적으로 파악하는 활동을 의미한다. 따라서 학생조사활동은 학생의 개별성을 찾는 자료제공과 이를 통해서 얻어진 정보는 학생의 인지적·정의적 발달을 촉진시키기 위한 교육적 경험을 형성하는 기초자료가 된다.

학생조사활동의 주요 목적은 학생이 자신을 이해하고 의미 있는 의사결정을 내릴 수 있도록 학생에 관한 정보를 수집하는 것이다. 사실 학생들은 자신의 능력이나 자질, 장·단점 등을 알지 못하고 있는 경우가 허다하다. 학생 자신에 관한 바른 정보를 제공함으로써 학생이 자신을 이해하고 자신을 위한 결정을 스스로 내리며 이에 따라 행동을 하게 하는 것은 바람직한 일이다.

(2) 정보제공활동(information service)

현대사회는 정보사회라 할 수 있다. 이는 현대사회에서 정보가 차지하는 비중의 중요성을 단적으로 말해주고 있다. 개인, 조직, 사회 나아가 국가가 존립하기 위해서는 폭증하는 정보를 바로 수집해서 적절히 활용해야 한다.

생활지도도 마찬가지다. 학생을 위해 봉사하기 위해서는 우선 학생 자신에 관한 정보를 학생이해활동, 즉 학생조사활동을 통해서 얻어야 하고 또 학생을 위한 학생 위주의 환경에 대한 정보도 필요하게 된다. 따라서 정보활동이란 학생이 바라고 원하는 각종 정보 및 자료를 제공하여 학생의 개인적 발달과 사회에 현명하게 적응할 수 있도록 돕기 위하여 제공되는 활동이다.

학생이 현명하게 적응하고 선택하기 위해서는 교과목을 포함한 모든 교육활동과 사회생활을 영위하고 미래 사회에 원만히 적응할 수 있도록 하기 위해서는 다양한 정보에 밝아야 한다. 그러므로 정보활동은 학생에게 필요불가분의 요소로서 마땅히 정확하고 신속하게 제공되어야 한다. 학생에게 제공되는 정보는 크게 세 가지로 나누어 교육정보(educational information), 직업정보(occupational information) 개인·사회적 정보(personal-social information)로 구분할 수 있다.

(3) 상담활동(counseling service)

상담활동은 생활지도활동 중에서 가장 핵심적이며 중추적인 활동이라고 볼 수 있다. 결국 대부분의 생활지도활동은 상담활동을 통해서 이루어진다고 할 수 있다. 상담활동은 생활지도나 인간발달 프로그램의 중추가 되는 것이지만 개념상으로는 특정한 기술뿐만 아니라 다른 사람과 더불어 생활하는 철학이라고 할 수 있다(Pietrofesa, 1980).

(4) 정치활동(placement service)

정치활동을 배치활동이라고도 하는데 한마디로 적재적소에 알맞게 배치하는 활동인 것이다. 인간의 생활은 끊임없이 새로운 환경을 맞이하게 되며, 이러한 환경을 어떻게 현명하게 적응하고 선택하면서 살아갈 것인가에 큰 문제가 야기된다. 어떻게 보면 선택의 연속이요 결정의 연속이라고도 할 수 있다. 학교에 입학하면서부터 졸업할 때까지 수많은 복잡한 과정을 겪게 된다.

특히 학교에서의 정치활동은 취업지도, 구직 알선지도, 진학지도, 진급지도, 교과지도, 선택지도, 제반적 지도 등에 있어서 자신과 진로를 정확하게 이해하여 자기 자신의 배치를 현명하게 선택하는 데 조력하는 것이다.

이와 같은 정치활동은 학교, 학과선택이나 특별활동의 선택, 홈룸(home room) 활동이나 서클활동의 부서 같은 교육적 배치와 직장의 알선이나 직업선택과 진로선택, 구직 알선 같은 직업적 배치활동으로 나누어진다. 또한 개인발달을 위한 정치활동은 개인의 전인적 발달을 위한 것으로 집단경험, 의사결정경험 등 다양한 역할을 수행해 볼 수 있는 활동 기회를 가질 수 있게 돕는 것이다. 환경적 정치활동은 학생 자신의 환경과 현저하게 다른 환경에서 생활할 수 있는 기회를 갖도록 하는 것이다. 생애정치활동은 대체로 직업적 선택과 결정에 관련된 진로교육이나 진로지도와 관련된 내용이다.

이러한 정치활동이 효과적으로 이루어지기 위해서는 상담을 전문으로 하는 상담사뿐만 아니라 전체 교직원이 분담하여 배치활동에 노력해야 할 것이다. 그러나 활동의 능력에 한계가 있으므로 가능하면 지역사회 자원인사와 상호제휴 협력하여 보다 조직적이고 종합적인 계획을 수립하고 실천하는 것이 효과적이다. 이렇게 하려면 상담실 내에 정치센터를 두어 운영하는 것도 바람직하다.

(5) 추후활동(follow-up service)

추후지도활동 또는 사후지도란 정치활동의 결과 학생들이 적재적소에 잘 적응하고 수학이나 취업 및 직무수행, 진학과정에서의 적응상태를 보살피며 부적응에 대한 조력과 보다 나은 적응활동을 위해 재배치하는 조직적인 봉사활동이다. 즉, 사후의 점검을 위한 일련의 활동이다. 만약 부적응의 경우 그 원인이 무엇이며, 왜 어디에 있는가를 재확인하고 재분석을 통하여 끝까지 원만한 적응생활을 잘할 수 있도록 재배치하거나 배려하는 것이다.

추후활동은 학생들의 인적 사항 파악, 각종 정보 제공, 상담 실시, 적재적소의 배치 등 상담활동의 종결과정으로 학생이 학교생활이나 사회생활, 직업생활 등에서 낙오자가 생기지 않도록 보살펴 주는 활동이다. 그런데 우리의 현실은 대부분 정치활동 수준에서 끝내 버리고 사후점검을 하지 못하는 경우가 많다.

2. 상담

1) 상담의 의미

상담(counseling)이란 용어는 라틴어의 'consulere'에서 유래된 것으로서 그 의미는 고려하다(to consider), 조언을 받다(to ask counsel) 그리고 조언을 구하다(to ask counsel of) 등의 의미를 가진다. 이러한 의미 외에도 현대적 의미의 상담은 심리치료, 태도변화, 행동수정, 의사결정, 문제해결, 정보제공 등 전문적 기법에 의한 새로운 기능들을 보유하고 있다(김계현 외, 2000).

동양에서 사용하고 있는 한자의 상담(相談)이란 의미를 찾아보면, 먼저 나무 목(木)과 눈목(目)으로 이루어진 '서로 상(相)'은 두 그루의 나무가 눈을 맞대고 마주한다는 뜻으로 쓰이는 낱말이다. 또한 말씀 언(言)과 태울 염(炎)이란 두 글자로 조합된 '이야기 담(談)'은 마치 활활 타오르는 불과 같이 서로 말을 주고받는다는 의미를 지닌 낱말이다. 따라서 글자 그대로 풀이하면 상담이란 두 사람이 마주 보고 열심히 대화를 나누는 행위다. 두 사람이 마주 보고 나누는 대화 가운데 한 사람은 도움을 받기 위해, 다른 한 사람은 도움을 주기 위해 대화를 나누는 조력적 면담을 의미한다.

상담의 정의는 학자에 따라 다소 차이가 있지만 대표적인 몇몇 학자의 정의를 살펴보면 다음과 같다.

"상담이란 한 학생이 전문적인 도움을 받아 자기가 가진 한 가지 또는 여러 가지 문제를 해결하기 위하여 시작하는 하나의 개방적이고 면대면(face to face)의 문제해결 장면이다."(Glanz. 1974).

"상담이란 내담자로 하여금 어떤 문제를 해결하도록 돕거나 또한 그의 능력을 보다 효과적으로 활용하는 방법을 발견하도록 돕거나 혹은 중요한 생의 결정을 하도록 돕는 목적으로 이루어지는 상담자와 내담자 사이의 일대일(1:1)의 상호작용이다."(Osipow, 1980).

"상담은 도움을 필요로 하는 사람(내담자)과 전문적 훈련을 받은 사람(상담자) 사이의 대면관계에서 생활과제의 해결과 사고(행동 및 감정)측면의 인간성장을 위하여 노력하는 학습과정이다."(이장호, 1982).

"상담이란 내담자와 상담자 간에 수용적이고 구조화된 관계를 형성하고, 이 관계 속에서 내담자가 자기 자신과 환경에 대하여 의미 있는 이해를 증진하도록 함으로써 내담자 스스로가 효율적으로 의사결정을 하고 여러 심리적인 특성을 긍정적인 방향으로 변화시키도록 원조하여 결과적으로 내담자의 성장과 발전을 촉진하는 심리적인 협력의 과정이다."(박성수, 1986).

위와 같은 정의를 종합해 보면, 상담이란 도움을 필요로 하는 개인, 즉 내담자와 전문적 훈련을 쌓은 상담자 사이의 일대일 관계에서 목적 있는 대화를 전개하는 조력의 과정으로, 라포(rapport)를 통하여 여러 가지 당면한 문제와 더불어 의사소통이 이루어져 내담자의 성장발전을 촉진하고 사회에 잘 적응하도록 돕는 심리적인 상호작용의 관계이다. 결국 내담자의 자기성장을 궁극적인 목적으로 하여 개인을 조력하는 과정이다. 그러므로 도움을 필요로 하는 개인 즉, 내담자와 전문적 훈련을 쌓아 조력자로서의 자격을 갖춘 상담자 사이에서 이루어지는 조력의 과정이다.

2) 상담과 심리치료의 차이

사실 인간의 문제는 개인차가 있고 다양하며 복잡하다. 인간의 문제를 해결하고 도우며 치료하는 과정은 주로 상담과 심리치료(psychotherapy)에서 이루어진다.

학교 생활지도활동의 주요 영역을 차지하는 상담은 심리치료와는 어떠한 차이가 있는가? 두 활동은 모두 개인의 행동상의 장애와 적응상의 문제를 해결하도록 도와주는 전문적인 원조관계라는 점에서는 공통점이 있다.

Rogers(1977)는 상담과 심리치료를 동의어로 사용하고 있지만 Wolberg(1977)는 이 개념을 구별하고 있다. 즉, 심리치료는 정서적인 성질의 문제를 치료하는 한 형태로서 내담자의 징후를 제거하고 행동장애를 완화하여 적극적인 인성발달을 기하도록 하는 전문적인 관계를 의도적으로 형성하는 것이라고 한다. 그러나 학교상담사는 정신질환을 포함한 모든 적응문제를 다룰 수 없으므로 상담과 심리치료는 어느 정도 구분 짓는 것이 필요하다.

Brammer와 Shostrum(1993)은 양자의 관계를 다음과 같이 구분 짓고 있다. '상담'은 교육적, 직업적, 지지적, 상황적이며 문제해결적인 동시에 현재 의식적인 인식(conscious awareness)의 성질을 띠고 있다. 그리고 정상적인 것을 강조하므로 짧은 기간이 소요된다. 그러나 '심리치료'는 특정한 의미에서 재구성적이고 심층분석적이며 무의식적인 것에 초점을 두고 있다. 신경질적이거나 심한 정서적 문제에 역점을 두고 있으므로 장기간이 소요된다.

심리치료의 대표적인 정의는 증상을 제거, 수정, 완화하고 장애행동을 조정하며 긍정적인 성격발달을 증진시킬 목적으로 훈련된 사람이 환자와의 전문적인 관계를 의도적으로 형성하여 정서적 문제를 심리학적 방법으로 치료하는 것이다(Wolberg, 1977). 그러나 상담과 심리치료의 특징을 서로 비교하면 〈표 12-1〉과 같다.

양자는 상담의 대상, 장소, 형태, 문제의식, 방법, 자료, 시간, 전문가, 기타 비용에 따라 다른 특징을 지니고 있다.

표 12-1 | 상담과 심리치료의 비교

	상담	심리치료
대상	정상적인 학생, 내담자	개인환자, 내부적 갈등
장소	학교, 지역사회, 봉사기관	환자가정, 병원, 진료기관
형태	교육적, 상황적 문제해결, 의식내용의 자각에 주력	재구성적, 심층분석적 문제해결, 무의식적 동기의 자각(통찰)에 역점
문제의식	당면한 문제의 선택, 결정 그리고 해결, 적응문제	신경증 같은 정서적인 장애나 심각한 이상행동에 관여하여 인성의 변화 촉진
방법	일시적인 욕구불만이나 갈등의 해결, 면접 중 조언	성격장애자의 치료와 교정
자료	현재적, 의식적 자료	과거의 역사적 사실과 무의식적 자료
시간	단시간 소요, 1~20회	장시간 소요, 20~100회
전 문 가	카운슬러, 상담심리 전문가	정신과의사, 임상심리 전문가
기타비용	무료	유료

위와 같은 차이점이 있으나 현실적으로 상담과 심리치료는 필요에 따라 혼용하고 있다. 따라서 앞으로는 차이점을 강조하지 않고 학교나 병원 또는 일반사회에서 흔히 쓰고 있는 상담을 중심으로 전개하고자 한다.

3) 상담의 목표

상담은 내담자로 하여금 자신의 이해를 증진시키고 의사결정을 할 수 있게 하여 결과적으로 보다 나은 성장과 발달을 촉진할 수 있도록 하는 정교한 심리적인 과정임을 앞에서 밝혔다. 여기에서 보면 상담의 목표는 인간의 성장과 발달을 촉진하는 것이다. 상담은 단순한 대화가 아니기 때문에 상담자와 내담자가 일대일의 상담관계를 형성하고 뚜렷한 목표를 세우고 상담에 임하여야 할 것이다.

상담의 목표는 일반적으로 Shertzer와 Stone(1979)이 강조하고 있는 바를 소개하고자 한다.

(1) 행동의 변화를 촉진한다.

상담은 내담자의 보다 생산적이고 행복한 생활을 영위하며 만족한 삶을 누리는 데 도움이 되는 행동을 형성하거나 증가시키는 것을 목적으로 한다. 타인과의 관계, 가족상황, 학업성취, 직업상의 적응, 일상생활습관 등과 같이 어떠한 영역에 관련된 행동변화가 필요한가를 촉진할 수 있어야 한다. Rogers는 상담의 결과로 위협을 덜 느끼고 불안을 덜 느끼며 이상적인 자아와 자각된 사이에 조화를 이루어야 한다고 지적하고 있다.

(2) 적극적인 정신건강의 증진

상담은 정신질환의 원인이 되는 여러 가지 병리적인 요소를 제거하거나 수정하여야 할 문제를 제시하여 여러 가지의 고민이나 부적응행동을 정상적인 방향(행동)으로 치료해 줌으로써 적극적인 정신건강을 유지하는 데 초점을 둔다. 정신적으로 건강한 사람은 책임감이 있고 독립적이며 인격적으로 성숙하다. 정신건강의 문제를 중심으로 생각하는 입장에서는 정신건강의 문제영역을 상황적인 문제, 성격적인 문제, 신경증의 문제, 정신병의 문제 등으로 구별하는 경향이 있다. 이러한 입장은 일상생활에서 학생들이 경험하는 욕구좌절이나 갈등을 현명하게 현실적으로 다루는 능력을 기를 수 있게 하고 건전한 성격을 발전시키기 위한 활동을 중심으로 이루어져야 한다.

(3) 문제의 해결

상담은 학생이 당면한 문제를 하나하나 해결하여 나가는 데 초점을 둔다. 복잡하고 격변하는 산업사회로 옮겨감에 따라 학생이 부딪치는 문제는 다양하고 복잡하다. 즉, 신체적, 교육적, 가정적, 직업적, 사회적, 경제적, 도덕적, 종교적, 이성적 문제, 교우관계, 진로, 가치관의 갈등, 이데올로기 등 학생의 당면한 문제를 현명하게 자기 이해와 통찰, 자기지도와 자아 현실에 이르도록 목적이 뚜렷한 전문적 대화로 개인을 돕는 데 있다.

(4) 내담자의 잠재적 촉진

상담은 내담자의 사고, 결정, 잠재력을 효율적으로 증진하는 데 목적이 있어야 한다. Blocher는 효율적 인간은 경제적, 심리적, 신체적 모험을 구안하고 정력을 투자하기 위하여 자신을 헌신할 수 있으며, 문제를 인지하고 해결할 수 있는 능력과 독창적이고 창조적인 인간행동을 통제할 수 있고 좌절과 적개심 그리고 애매성에 대하여 적합한 반응을 할 수 있다고 한다. 이러한 견해는 결국 생산적 사고를 증진하고 적응적인 인간관계를 형성하고 다양한 문제상황을 효과적으로 대처하는 능력을 기르는 것에 두는 것이다.

(5) 의사결정의 능력 함양

상담은 개인이 선택하고 결정하기 위하여 필요한 정보(교육, 직업, 개인, 사회적)를 제공하고 의사결정에 개입하는 정보적 문제나 심리적인 특성을 확인하고 분석하며 장애가 되는 측면을 극복하도록 한다. 인간은 누구나 문제상황에 직면하였을 때 적절히 현명한 선택과 적응을 위한 의사 결정이 요구된다. 상담에서 선택과 결정의 필요를 내담자가 인식하여 이에 요구되는 정보를 수집, 평가하는 긍정적이고 정서적인 태도를 함양할 것을 강조하게 된다. 즉, 미래에 직면하게 될 선택이나 결정을 합리적으로 또한 효율적으로 할 수 있도록 원조하는 것이다. 순간의 선택이 일생을 좌우하는 경우가 많으므로 선택, 즉 의사결정능력은 상담의 목표 중 매우 중요한 것으로 간주된다.

4) 상담의 기본 원리

(1) 개별화의 원리

상담자는 내담자 각자의 개성과 개인차를 고려하여 상담에 임하여야 한다. 상담에서 개별화의 원리는 학생 개개인의 욕구와 발달 특성 및 상황 등을 고려하여 각 개인을 이해하고 보다 나은 적응을 위해 조력하는 것을 말한다. 이는 상담방법 또한 개인의 차이에 따라 달라져야 함을 의미한다. 상담에서 개별화 원리를 적용하기 위해서는 다음과 같은 전제가 요구된다.

① 상담자는 내담자에 대한 편견이나 선입관으로부터 벗어나야 한다.
② 내담자의 행동 유형과 원리에 대해 전문적으로 이해하려고 해야 한다.
③ 내담자의 말을 경청하고 세밀히 관찰해야 한다.
④ 내담자의 보조에 맞추어 진행할 수 있어야 한다.
⑤ 내담자의 감정변화를 민감하게 포착해야 한다.
⑥ 내담자와 견해차가 있을 때는 적절한 선택을 해야 한다.

(2) 의도적 감정표현의 원리

의도적 감정표현의 원리는 내담자의 감정을 솔직하게 표현하도록 상담자가 모든 노력을 기울여야 한다는 것이다. 내담자가 자신의 문제와 관련된 감정이나 상담 과정에서 느낀 감정을 솔직하게 표현할 수 있을 때 상담은 성공할 가능성이 높아진다. 따라서 상담자는 온화한 상담 분위기를 조성하여 내담자로 하여금 자신의 감정이 부정적이든 긍정적이든 자유롭게 표현할 수 있도록 해야 한다. 그리고 상담자는 내담자의 감정표현을 비난하거나 낙심시키는 행동을 하지 않고 끝까지 인내심을 가지고 경청하고 격려해야 한다. 이와 같이 의도적 감정을 표현하도록 하기 위해 갖추어야 할 조건은 다음과 같다.

① 압력이나 긴장으로부터 내담자를 완화시켜 준다.
② 내담자의 문제점을 이해할 수 있도록 도와준다.
③ 허용적인 태도를 조성하기 위해 내담자의 감정표현을 경청한다.
④ 내담자의 감징표현을 적극적으로 지지하고 격려한다.
⑤ 비현실적인 보장이나 초기에 지나치게 성급한 직면과 해석을 삼간다.

(3) 통제된 정서관여의 원리

상담자는 통제된 정서를 유지한 채 내담자의 정서표현에 민감하게 반응하고 적극적으로 관여하는 자세를 가져야 한다. 상담은 대부분 정서적인 면에 관련되어 있으므로 상담자는 내담자에게 그 감정을 말로 표현할 수 있도록 지지하여야 한다. 그리고 내담자의 정서 변화에 민감하게 반응하고 이해해야 하며, 적절한 대응책을 위한 준비를 하고 적극적인 태도로 관여해야 한다.

(4) 수용의 원리

수용의 원리는 내담자의 존엄성과 인격의 가치를 존중하며 그들의 강점과 약점, 바람직한 성격과 그렇지 않은 성격, 긍정적 감정과 부정적 감정, 건설적 또는 파괴적 행동 등을 있는 그대로 이해하고 따뜻하게 받아들이는 태도를 의미한다.

하지만 이것은 내담자의 말을 모두 다 동의하고 받아들이는 것과는 다르다. 상담자가 내담자의 의견에 동의하지 않는 것과 내담자를 거부하는 것은 다르다. 내담자의 의견에는 동의하지 않지만 내담자를 하나의 인격체로 존중할 수는 있다. 상담자가 내담자의 의견에 동의하지 않을 때는 동의하지 않는다는 사실을 분명히 전달하되 온화한 음성과 자세로 표현하여 내담자를 인격적으로 수용하고 있음을 전달해야 한다(박옥임 외, 2013).

상담자가 권위적이거나 강압적인 태도를 취하면 내담자와 상담관계를 유지하기 어렵다. 따라서 상담자는 내담자에게 따뜻하고 명랑하고 친절하게 대해 주고 내담자를 수용하는 자세를 지녀야 한다. 만약 내담자의 의견에 동의하지 못할 일이 있더라도 동의하지 않는다는 점은 분명하게 전달하면서 그것을 표현하는 말이나 자세는 온화해야 한다.

(5) 비심판적 태도의 원리

비심판적 태도란 내담자의 행위에 대하여 상담자가 판단이나 비판을 하지 않는다는 것을 의미한다. 상담자는 내담자의 행동과 태도, 가치관 등을 평가할 때 객관적이고 중립적인 자세를 유지해야 한다. 특히 내담자에게 잘못이나 책임성 유무를 따지는 등 심판적인 태도를 가지지 않도록 가치중립적인 태도를 취해야 한다.

문제를 가진 내담자는 죄책감, 열등감, 불만감, 고독감 등을 가지고 있기 때문에 타인의 비판에 예민하며 그들 자신을 방어하여 안전을 추구하려고 한다. 따라서 상담자는 객관적으로 내담자의 행동, 태도, 가치관 등을 평가해야 한다. 이때 어떠한 문제에 대하여 나쁘다거나 책임져야 한다는 등의 과격한 표현을 해서는 안 된다. 비판적 태도의 원리가 지켜지려면 다음과 같은 자세가 필요하다.

① 상담자가 선입관의 지배를 받아서는 안 된다.
② 내담자의 보조에 맞추어 상담을 진행해야 하며, 내담자의 발언을 자주 가로막고 성급하게 결론으로 이끌어서는 안 된다.
③ 내담자를 어떠한 유형의 틀로 집어넣으려는 태도를 버려야 한다.
④ 내담자가 상담자에 대하여 적의와 같은 부정적 감정표현을 할 수 있다는 것을 상담자는 알고 있어야 한다.

(6) 자기결정의 원리

자기결정의 원리란 어떤 경우이든 상담에서 내담자가 선택하고 결정한다는 것을 의미한다. 상담자는 내담자가 자신의 가치와 존엄성을 인지하고 스스로 자기 결정권을 가지며 문제해결책을 선택하여 의사결정을 할 수 있도록 지도해야 한다. 이를 위해서 상담자는 다음과 같은 원칙을 지켜야 한다.

① 내담자가 자기수용을 할 수 있도록 도와주어야 한다.
② 내담자의 잠재능력, 즉 장점과 능력을 발견하고 활용함으로써 인격적 발전을 도모할 수 있도록 자극해 주어야 한다.
③ 내담자가 자기결정을 할 수 있도록 수용적 테도나 심리적 지지를 보내는 등 상담자는 적절한 분위기를 조성해 주어야 한다.
④ 내담자가 자신의 문제를 해결해 나갈 수 있도록 돕고 보조하는 역할을 해야 한다.
⑤ 상담자는 내담자를 강제적으로 설득해서는 안 된다.

(7) 비밀보장의 원리

비밀보장이란 상담 과정에 있었던 모든 사항을 다른 사람이 알지 못하도록 하는 것을 의미한다. 상담자는 상담 과정에서 얻은 정보를 공개해서는 안 된다는 직업적·윤리적 규정과 의무를 수행해야 한다. 이와 같은 원칙은 상담자와 내담자 간의 신뢰형성에 중요한 요인으로 작용한다. 따라서 상담자는 내담자의 사생활과 개인적인 문제 보호를 위해 상담 내용은 물론 내담자가 상담을 받았다는 것조차 비밀로 해야 한다. 상담에 대한 비밀이 유지되지 않는다면 내담자는 자신의 문제를 솔직하게 밝히지 않는다. 그리고 상담 과정에서 오고 간 이야기는 내담자의 입장에서는 극히 사적인 문제이다. 이러한 비밀보장이 철저하게 보장되어야만 내담자는 상담자를 신뢰하고 상담을 성공적으로 이끌 수 있게 된다.

하지만 예외적인 경우 상담에서 내담자의 정보를 공개해야 하는 부득이한 경우도 있다. 내담자가 자신이나 타인을 해칠 위험이 있는 경우, 아동학대나 성폭력 등 범죄에 대한 내용을 알게 된 경우, 내담자의 보호자 요청이 있는 경우(내담자가 아동일 경우), 내담자가 용인한 경우, 법원이 공개를 명한 경우, 상담자가 수습기간에 슈퍼바이저의 지도를 받고 있는 경우 등은 예외적으로 공개할 수도 있다.

5) 상담의 유형

(1) 상담방식에 따른 분류

① 대면상담

대면상담은 여러 유형의 상담 중에서 가장 일반적이고 전통적으로 실시해 오던 상담진행 방식이다. 대면상담이란 상담자와 내담자가 직접 만나서 얼굴을 맞대고 언어로 대화하며 내담자의 성장과 발달을 도와주는 과정이다.

대면상담에서 상담자는 대화를 통해 내담자를 이해하며 변화시킨다. 즉, 대화는 내담자를 이해시키는 핵심수단이며 문제를 해결하고 성장을 촉진시키는 가장 유력한 상담 도구라고 할 수 있다. 이 방법은 상담자가 내담자를 직접 만나서 관찰할 수 있기 때문에 내담자가 스스로 보고하는 내용 이외에도 여러 가지 중요한 정보들을 상담에 활용할 수 있다는 이점을 지닌다. 예를 들어, 어떤 내담자는 '아무렇지도 않다.'라고 말하면서 얼굴은 붉어지고 눈물을 글썽이는 경우가 있다. 이러한 언어적 정보와 비언어적 정보 간의 불일치는 얼굴을 직접 대면하지 않고는 확인할 수 없는 일이다.

하지만 대화 이외의 다양한 다른 수단을 통해 진행하는 경우도 있는데 놀이치료, 음악치료, 미술치료, 무용, 연극 등을 상담의 주요 방법으로 활용하기도 한다(이장호, 2001). 현재 한국 청소년들은 1:1 면접상담(09~18시)을 원하는 경우 전국 198개 청소년상담복지센터를 통해 거주지와 가까운 곳에서 전문상담사의 상담을 받을 수 있다.

② 매체상담

매체상담은 커뮤니케이션의 발달과 함께 송신자와 수신자 사이에 메시지(message)를 전달하는 매개체의 방법론적인 측면이 포함된 광범위한 개념이다. 매체상담은 전화, 인터넷 그리고 신문, 잡지, 라디오, 텔레비전, 영화 등의 매스미디어를 매개체로 하여 상담을 진행한다. 그 종류로는 전화상담과 사이버상담이 대표적인 매체상담으로 활용되고 있다.

a. 전화상담

전화상담은 상담자와 내담자가 전화로 상담을 진행하는데 한국의 많은 상담기관에서 활용하고 있다. 특히 한국청소년상담원을 비롯하여 전국 시·도, 군·구에 있는 청소년상담복지센터에서 청소년 관련 문제를 전화로 상담하는 '헬프콜! 청소년전화 1388'을 운영하고 있다. 전화상담은 여러 가지 장점을 가지고 있는데, 내담자가 도움이 필요한 경우 언제든지 상담이 가능하기 때문에 접근성이 높다는 장점이 있다. 또한 전화상담은 필요할 때 상담실을 직접 찾아가지 않아도 상담이 가능하기 때문에 위기상황의 내담자들에게 특히 도움이 된다. 또 전화 상담의 중요한 장점은 익명성이다. 물론 대면상담에서도 내담자의 개인 신상에 대한 정보는 철저하게 비밀보장이 되지만 신분이 노출되지 않으면서도 도움을 받고자 할 경우에는 전화상담이 적절하다고 볼 수 있다.

전화상담은 여러 장점에도 불구하고 몇 가지 한계점이 있다. 내담자가 자발적으로 전화를 걸어야만 상담이 시작되기 때문에 여기에는 내담자의 적극성과 동기가 요구된다. 또한 전화상담은 내담자가 다시 전화를 걸지 않는 한 상담이 지속되기 어려워 일회성으로 끝나기 쉽다. 따라서 전화상담은 자살, 가출, 폭력 등의 위기개입, 진로, 성, 학업 등에 대한 각종 정보제공이나 특정요구와 문제, 면접상담의 보조 기능을 하게 된다.

b. 사이버상담

사이버상담은 의사소통의 매개수단으로 컴퓨터 및 스마트폰을 활용하여 인터넷이라는 공간에서 상담이 이루어지는 것을 말한다. 사이버상담은 원거리상담, 온라인상담, PC통신상담, 웹상담 등의 용어로 사용된다. 오늘날처럼 인터넷을 많이 이용하는 청소년에게 사이버상담은 매우 유용한 상담적 접근방법이라고 할 수 있다. 사이버상담은 다른 상담에 비해 접근성과 내담자의 객관화, 익명성, 과정의 용이함 등 여러 가지 특징을 가진다. 구체적으로 살펴보면 다음과 같다.

첫째, 시간이나 공간적 제약으로부터 자유롭기 때문에 접근성이 용이하다는 점이다. 전화상담과 마찬가지로 사이버상담도 언제, 어디서나 상담이 가능하다. 전화상담에 비해 한 가지 이점이 있다면, 사이버상담에서는 내담자와 상담자가 서로 다른 시간에도 상담이 가능하다는 점이다. 내담자는 자신이 원하는 시간에 상담을 신청할 수 있고 멀리 떨어진 지역에서도 자유롭게 상담을 신청할 수 있다. 상담자 역시 의뢰된 상담내용을 자신에게 편리한 시간에 확인하고 답변해 줄 수 있다.

둘째, 내담자의 마음을 객관적으로 정리해 볼 수 있는 기회를 제공하기도 한다. 사이버상담에서는 내담자 자신의 문제를 문자로 표현하는 과정에서 스스로의 문제와 심정에 대해 객관적으로 정리해 볼 수 있는 기회를 가질 수 있다.

셋째, 익명성으로 상담 과정에 자신을 밝히기 힘들어하는 내담자의 부담을 줄일 수 있다는 점이다. 내담자 자신에 대한 정보를 원하는 정도만 드러낼 수 있고 익명성이 보장되기 때문에 두려워하거나 걱정하지 않고 자신을 공개할 수 있다. 하지만 상담 진행과정에 관련된 중요한 신상정보까지도 감추는 경우에는 효과적인 상담에 방해가 되기도 한다. 사이버상담에서는 신체적 특징, 인상, 용모 등이 전혀 제시되지 않으며, 사회적 지위나 권위를 나타내는 사회적 단서 역시 제한되기 때문에 상대의 권위에 영향을 받지 않고 이야기 내용에만 집중할 수 있다. 그리고 온라인상에서 사람들은 타인에게 우호적인 경향성을 보이기도 한다. 이는 개인의 사회적 조건들, 예를 들면 사회적 지위, 연령, 종교, 학벌, 재산 등에 대한 정보가 제한되어 있기 때문에 쉽게 친밀해질 수 있다.

넷째, 대면상담에 비해 상담의 신청과 종결이 쉽게 이루어진다. 관계에 대한 어떤 강제력이 없기 때문에 언제든지 쉽게 상담을 신청하고 또한 그만두고 싶을 때 자유롭게 종결할 수 있다는 장점이 있다. 그러나 이러한 유동성은 효과적인 상담의 한계점이 될 수도 있다. 대다수의 내담자는 자신에게 필요한 간단한 정보나 조언만을 원하는 경우가 많다. 이러한 경우에는 충분한 시간 동안 진행되었을 때 얻을 수 있는 중요한 상담적 효과를 경험하지 못하고 종결하게 된다. 보다 깊이 있는 자기 이해와 문제에 대한 정확한 통찰을 위해서는 내담자가 좌절과 저항을 극복해 가는 과정이 필요한데, 이러한 과정은 단기간에 이루어지기 쉽지 않다.

사이버상담은 앞에서 열거한 여러 장점에도 불구하고 몇몇 제한점을 가지고 있다. 면접상담과 달리 문자로만 의사소통이 가능하기 때문에 내담자의 특징적인 비언어적 단서들, 예를 들면 외모, 목소리, 행동, 몸짓, 자세 등 상담에서의 중요한 정보를 얻을 수 없기 때문에 상담 진행과정 중 활용 가능한 단서들이 제한적일 수 있다. 그러므로 내용 전달에 있어서 도움 받고 싶은 사연을 충분히 전달하기에는 면접상담에 비해 미흡한 점이 있다. 말로 표현하는 것에 비해 내담자가 원하는 내용을 분명하고 정확하게 문자로는 모두 표현하지 못하는 경우가 많기 때문이다. 상담자 입장에서도 깊은 정서적 체험을 이끌어 내기 어렵고 공감과 조언 위주의 상담에 그쳐서 본래 상담의 깊이와 장점을 충분히 나타낼 수는 없다.

(2) 상담형태에 따른 분류

① 개인상담

개인상담이란 개인이 일상생활에서 당면한 심리적·정서적인 어려움을 전문적인 상담자와 1:1 관계를 통해 자신의 문제를 제시하고 함께 풀어가는 상담 과정이다. 개인상담은 내담자의 필요와 상황에 따라 다양한 상담기법을 활용할 수도 있다. 또 내담자의 언어적 표현뿐만 아니라 비언어적 메시지와 그 밖의 상황에 대한 관찰을 가능케 하므로 효율적 상담이 될 수 있다. 따라서 개인상담은 도움을 주고자 하는 상담자와 도움을 받고자 하는 내담자의 개인 대 개인의 관계에서 이루어지는 학습지향적인 과정이다. 그리고 전문적인 지식과 기술을 가지고 있는 상담자가 내담자로 하여금 자기 자신과 환경에 대한 이해를 증진시키고 합리적이고 효율적인 의사결정을 내리거나 행동양식을 증진시킬 수 있도록 도와주는 것이라 할 수 있다. 개인상담은 내담자가 직접 자신의 문제를 상담자 앞에서 노출해야 하는 부담이 있고 상담자 또한 내담자의 기대에 만족할 만한 상담을 해야 한다는 부담이 따르기도 한다. 개인상담의 특징을 살펴보면 다음과 같다.

첫째, 개인상담은 비밀이 보장되고 인간적인 접촉과 심층적인 이해가 이루어지는 상황에서 상담자가 내담자를 만남으로써 이루어진다.

둘째, 개인상담은 내담자에게 무엇이 잘못되었다고 말해주기보다는 내담자 스스로 문제를 깨닫도록 도와주는 것이다.

셋째, 개인상담은 상담자의 입장이 아니라 내담자의 입장에서 문제를 보고 해결책을 모색하는 것으로 문제해결을 위한 결정은 내담자에게 주어진다.

넷째, 개인상담은 언어적인 표현을 중심으로 이루어지며 감정, 태도, 사고 등의 내용이 언어화될 수 있도록 한다.

다섯째, 개인상담은 단순한 정보제공이나 사교적 대화충고, 훈화 등과는 달리 장기간에 걸쳐 상담목표가 이루어질 때까지 계속된다.

개인상담의 궁극적인 목표는 내담자의 성장과 발달을 돕고 새로운 학습이 이루어질 수 있도록 하는 것이다. 개인상담은 인간에 대한 이해와 사랑 그리고 인도주의적인 태도를 갖춘 상담자에 의해서 성공을 거둘 수 있다. 따라서 상담자는 인간에 대한 성숙한 태도와 내면세계에 대한 민감한 이해가 요구된다.

② 집단상담

집단상담은 한 명 또는 그 이상의 상담자와 여러 명의 내담자가 함께 모여 일정 기간 동안 정기적으로 만나면서 참여자의 관심사에 대하여 각자의 느낌, 반응, 행동, 생각들을 대화로 서로 교환하는 상담이다. 즉, 집단상담은 집단의 응집력과 치료적 분위기를 통해 상호이해를 촉진함으로써 긍정적 변화를 모색하는 목적을 가진 집단 활동이다.

또 집단상담은 개인상담과는 달리 집단원들 간의 역동적인 상호작용을 치료적으로 활용할 수 있다. 여기서 내담자가 다른 참여자로부터 도움을 받을 뿐만 아니라 도움을 제공하는 경험도 가능하다는 특징이 있다. 집단상담의 한 형태로서 내담자가 한가족이거나 혹은 가족적 접근방법을 통하여 개인의 내면세계를 이해하기 위한 가족상담도 있다. 특히 내담자가 타인 이해능력이 부족하고 타인의 시선에 민감한 반응을 보일 경우에 개인상담보다 집단상담이 유용하다. 또한 다른 사람들에 대한 배려와 존중감이 필요한 내담자, 타인과의 대화를 포함한 사회적 기술의 습득이 필요한 내담자, 대인관계에서 자신감이 필요한 내담자나 자기 공개에 대해 지나친 위협을 느끼는 내담자 등에게 사용될 수 있다. 내담자는 타인을 대하는 바람직한 태도나 행동반응을 집단 내에서 시도하고 그 결과를 확인해 볼 수 있다(오윤선, 2007).

학생이 또래와 함께 조화를 이루며 다양한 사회적 기술을 습득할 수 있는 집단치료 프로그램에 참여하는 것은, 그 자체만으로도 타인들과 어울리며 흥미와 활력을 얻게 되는 효과를 나타내기도 한다. 비슷한 시기에 거의 동일한 어려움을 겪는 학생과 함께 상호 간의 대화 속에서 자기 혼자만 겪고 있는 어려움이 아니라는 위로와 함께 실제적이고 경험적인 조언과 지지를 얻을 수 있다. 이들이 서로에게 주는 위로와 격려는 전문상담사들이 주는 것과는 또 다른 것으로서 서로의 입장을 존중하고 공감하며 지지하는 데 기대 이상의 시너지 효과(synergy effect)를 발휘하게 된다.

6) 상담과정

(1) 초기단계

① 초기면접

내담자가 자발적 혹은 비자발적으로 상담을 하기 위해서 상담실을 방문하거나 전화로 상담을 의뢰하면 초기면접(initial interview)을 실시하게 된다. 사람에게 첫 인상이나 첫 만남이 중요하듯이 상담에서 첫 면접은 매우 중요하다. 초기면접을 통해서 내담자에 대한 평가와 치료목표가 이루어지기 때문에 이 과정은 상담에서 매우 중요한 단계이다.

② 화제의 유도와 주제 확인

내담자를 우선 편안하게 해 줌으로써 문제에 접근하도록 하는 과정을 화제의 유도라고 한다. 즉, 화제의 유도라는 것은 서로 편안한 상태에서 내담자가 말문을 열 수 있도록 해야 하는 것이다. 화제의 유도에서 다루어질 내용은 특정한 형태가 없이 매우 다양하다. 여기서 내용은 아무런 고민 없이 바로 자신의 생각을 간단하게 답변할 수 있는 가벼운 것이어야 한다. 가벼운 내용을 다루는 화제의 유도는 너무 긴 것은 좋지 않으며 일반적으로 3~5분이 가장 적합하다. 그리고 상담을 본격적으로 시작하기 전에 먼저 상담자는 내담자가 어떤 문제를 가지고 상담을 하러 왔는지에 대해서 주제 확인을 위한 간략한 질문이 있어야 한다. 그 후 상담자는 상담의 방향을 모색할 수 있게 된다.

③ 공감적 경청과 내담자 정보수집

초기면접에서 반드시 해야 하는 두 가지 작업 중 첫 번째는 공감적 경청(empathy listening)이다. 공감적 경청이란 내담자의 말을 잘 듣고 수용적으로 이해하는 것이다. 이 작업을 통해서 내담자와 상담자 사이에 치료적이고 신뢰적 관계인 라포(rapport)를 안정되게 만들어 갈 수 있게 된다. 여기서는 관계 자체가 치유적인 의미를 가지므로 상담은 첫 면접의 순간부터 치유가 시작된다고 할 수 있다. 두 번째는 내담자를 평가하고 상담목표를 설정하기 위해서 내담자에 관한 정보를 수집하는 것이다. 정확한 내담자 평가를 위해서는 내담자 정보수집이 잘 이루어져야 한다. 내담자 평가 후에는 어떤 상담기법을 적용할 것인지를 상담 초반에 결정하는 것이 중요하다.

하지만 상담자가 내담자를 평가하는 것보다 더 중요한 것은 내담자와 상담자 사이의 공감적이고 신뢰적인 관계 형성이라는 사실을 잊어서는 안 된다. 즉, 첫 면접(혹은 상담의뢰를 위한 첫 전화 접촉)부터 상담자와 내담자가 인격적으로 만난다는 사실이 무엇보다 중요하다. 그 개념이 익숙지 않은 초보 상담자의 경우 초기 면담에서 정확하게 정보를 수집하기 위해 형사나 탐정과 같은 태도를 취하기가 쉽다. 즉, 내담자의 감정은 개의치 않고 문제를 구체적으로 정확하게 알아내기 위해 지나치게 캐묻는 식의 질문을 하기도 한다. 하지만 그러한 질문은 내담자와의 공감적이고 신뢰적인 관계와 치유적인 접근을 방해하거나 차단하게 된다는 것을 명심해야 한다.

④ 상담의 구조화

상담의 구조화(structure)는 상담자와 내담자 간의 상담관계를 명료화하고 방향성을 설정하는 데 도움을 주며, 상담자와 내담자의 권리, 역할, 책무 등을 보호하여 궁극적으로 상담을 성공적으로 이끄는 데 도움을 준다. 상담자는 내담자가 삶의 새로운 방향을 모색하도록 돕기 위해 건설적인 지침을 제공하며, 구조화 내용에 대해 내담자와 함께 지속적으로 협상할 필요가 있다. 상담자는 내담자와 합의를 통해서 상담목표 정하기, 상담 기간 및 시간 합의, 내담자 행동 및 역할에 대한 지침 등을 정한다. 상남은 상담자와 내담자의 계약관계로 유지되며 상담목표와 계획에 대한 합의(치료적 분열, 치료동맹)를 통해 상담을 하면서 내담자는 경험적 자아(병리적 자아)와는 다른 관찰적 자아를 가지게 된다. 이때 내담자의 관찰적 자아와 상담자의 관찰적 자아 간에 치료적 동맹을 맺게 된다.

(2) 해결단계

① 저항

저항(resistance)이란 의식적으로는 자신의 문제를 해결하기 원하면서도 해결하는 과정에서 일어나는 부담감으로 인해 무의식중에 상담의 진행과 문제해결에 대한 노력을 피하려는 행동을 의미한다. 내담자의 저항은 초기상담의 시작부터 상담의 목표를 달성하여 종결하는 단계까지 언제든지 나타날 수 있다. 상담자는 이러한 저항을 인식하고 내담자가 그것을 잘 극복하면서 상담이 진행될 수 있도록 각별한 관심을 가져야 한다.

저항을 해결하는 방법에 대해 Sigmund Freud는 "내용은 나중에 다루고 과정을 우선적으로 잘 관찰하고 다루어야 한다(Process first, content later)."고 말했다(이만홍, 황지연, 2007). 즉, 내담자의 이야기 내용보다는 그 이야기가 전개되어 나가는 과정에 어떤 문제가 없는지 잘 살피고 그것을 해결한다면 저항이 줄어들고 더욱 의미 있는 내용이 점점 드러나게 된다는 것이다.

② 전이

전이(transference)는 내담자가 자신과 정서적으로 중요했던 인물과의 관계에서 가졌던 감정반응을 상담자에게 전치(displacement)시켜서 표현하는 것을 의미한다. 상담자와 내담자 사이에 현실적 관계와는 다른 전이관계가 형성되면 내담자가 상담자에게 애정을 주는 사람, 강력한 권위자, 이상적인 전능자, 경쟁자 등으로 왜곡되어 느껴지고 또한 거기에 대해 반응하게 된다. 그리고 전이관계에서 내담자는 자신이 과거에 가진 정서적인 경험들을 현재의 상담자에게서 충족하려 하거나 과거의 갈등상황을 상담자와의 관계에서 늦게나마 극복하고 숙달하려고 반복하게 된다.

상담자는 내담자가 가지고 온 문제 자체만을 다루는 것이 아니고 상담 중의 어떤 현상도 내담자와의 관계에 초점을 맞춰서 다루므로, 내담자가 문제의 근본에 놓인 역동적인 측면을 해결하려 한다. 이때 전이반응은 내담자의 역동을 보여주고 해결할 수 있는 가장 중요한 통로가 되는 현상이다. 왜냐하면 전이는 내담자의 역동이 형성되던 그 시절의 재현이며, 특히 성장 과정에서 의미 있는 타자에게 느꼈던 좌절, 분노, 원망 등을 상담자에게 그대로 반복하기 때문이다. 그러므로 전이반응을 잘 살펴보게 되면 내담자의 좌절이나 상처 혹은 핵심적인 문제가 무엇인가를 현실적으로 분명하게 이해할 수 있다.

③ 반영

반영(reflection)은 내담자의 말과 행동에서 표현된 기본적인 감정, 생각 및 태도를 상담자가 다른 참신한 말로 부언해 주는 것이다. 이는 내담자의 자기 이해를 도와줄 뿐만 아니라 내담자로 하여금 자신이 상담자에게 이해 받고 있다는 인식을 갖게 한다.

감정의 반영은 내담자의 진술과 관련된 감정에 대한 명확한 주의와 함께 내담자의 표현을 부연하는 것으로 상담에서 성공적인 치료적 관계를 만드는 데 필수적이다. 그런데 상담자가 고정관념적인 반영을 사용하거나 청소년이 이야기한 것을 그대로 계속해서 '앵무새처럼 되풀이'할 경우 내담자는 자기의 말이 어딘가 잘못되지 않았나 생각하거나 상담자의 그러한 반복에 지겨움을 느끼기 쉽다(박옥임 외, 2013). 따라서 반영은 내담자가 한 말을 그대로 반복하는 대신 내담자의 마음속 깊은 내면적 감정을 정확히 파악하여 다른 표현을 통해 전달해 주어야 한다.

④ 명료화

명료화(clarification)란 자아의 경계가 열려서 논리적으로 자신의 콤플렉스를 이해해가는 과정을 의미한다. 즉, 명료화는 내담자가 무의식적이었거나 마음속에 어렴풋이 알고 있었던 사건과 그에 얽힌 감정을 보다 분명히 알도록 만드는 것이다. 이를 위해서 상담자는 먼저 내담자가 의식하지 못하고 있는 무의식적이거나 전의식적인 현상에 주의를 기울이게 만드는 직면을 통해서 명료화를 시키기도 한다. 따라서 상담자는 내담자의 핵심역동에 대한 궁극적인 해석은 뒤로 미루고, 예전 기억에 묻힌 과거의 사건을 반복하여 되돌아보며 여기에 연결된 감정을 구체적으로 명료화하는 작업을 해야 한다.

⑤ 직면

직면(confrontation)은 내담자가 스스로 책임을 질 수 있도록 돕는 상담과정의 일부분으로 내담자가 표현한 정서, 행동, 생각 사이의 불일치한 점들을 내담자와 함께 의논하는 것이라고 할 수 있다(박옥임 외, 2013). 다시 말해서, 직면은 내담자가 모르고 있거나 인정하기를 거부하는 생각과 느낌에 대해서 내담자가 스스로 문제에 직접 대면하도록 하는 기법이다.

직면은 내담자의 변화와 성장을 증진시킬 수도 있지만, 반면에 내담자에게 심리적인 위협과 상처를 줄 수도 있다. 따라서 직면 기술은 철저히 내담자를 위한 목적으로 활용되어야 한다. 직면을 통하여 모순된 언행을 지적하는 일, 직면에 대한 내담자의 반응을 분석하는 일은 모두 내담자를 새로운 통찰로 이끌어 바람직한 변화를 유도하는 수단으로 활용되어야 한다. 상담자의 분노를 표출하거나 뚜렷한 목적 없이 직면기술을 사용하는 것은 절대 금해야 한다.

⑥ 해석

해석(interpretation)은 내담자가 자신의 문제를 새로운 각도에서 이해하도록 그의 생활 경험과 행동의 의미를 설명해 주는 것이다(김환, 이장호, 2008). 따라서 내담자는 해석을 통해 과거의 생각과는 다른 각도에서 자신의 행동과 내면세계를 이해할 수 있게 된다. 해석을 하는 데 있어 가장 중요한 것은 시기의 문제다. 해석의 적절한 시기는 내담자가 받아들일 준비가 되었을 때, 혹은 내담자가 거의 깨닫고도 확실하게 개념화하지 못했을 때이다.

⑦ 통찰

통찰(insight)은 내담자가 자신의 무의식적인 영역에 대한 의식화를 통해 인식의 폭을 넓히는 것을 의미한다. 통찰은 지적 통찰(intellectual insight)과 정서적 통찰(emotional insight)로 구분한다. 지적 통찰은 자신에 대하여 지적이고 논리적인 깨달음을 얻는 것으로서 피상적인 통찰을 의미한다. 그리고 정서적 통찰은 정서적인 반응을 수반하는 깊이 있는 통찰을 의미한다. 따라서 상담에서 중요시하며 추구하게 되는 통찰은 감정적인 이해를 동반하는 정서적인 통찰을 의미한다.

이러한 통찰이 없이는 진정한 치유가 일어나지 않는다. 그러므로 자신의 문제에 대해서 한 번 깨닫는 것만으로 문제가 다 치유되었다고 할 수 없으며, 그렇게 알게 되었다 해도 몇 번이고 반복해서 같은 문제에 맞닥뜨리게 해야 한다. 그리고는 마침내 그 문제에 얽힌 자신의 감정을 깊이 느끼게 되면서 그동안 알고 있던 사실에 대한 정서적인 이해가 체험될 때에야 비로소 치료가 이루어진다.

⑧ 훈습

훈습(working through)은 중심적 갈등을 내담자가 반복해서 이야기하고 상담자가 이를 반복해서 해석하는 과정이다. 갈등의 본질에 대한 한두 번의 통찰경험만으로는 변화가 이루어지지 않는다. 전이의 분석은 여러 번에 걸쳐서 여러 가지 방식으로 지속되어야 하는데 이러한 통찰이 계속 반복되고 정교화되며 확대되는 과정이 바로 훈습이다. 내담자는 이러한 반복 과정을 통하여 자신의 방어와 동기가 무엇인가를 의식하게 된다. 특히 주된 저항이나 방어는 한 번의 해석이나 한 번의 면접으로 해결되지 않으며 역동적 변화는 여러 주, 여러 달의 훈습 과정을 거쳐 나타날 수 있다(오윤선, 2009). 그러므로 상담자는 내담자의 삶이 변화되도록 지속적인 도움을 줄 수 있어야 한다.

(3) 종결단계

종결(termination)은 상담의 전체 과정 중 다른 부분과는 확실히 구분되는 중요한 단계이다. 한동안 신뢰하며 자신의 모든 어려움을 드러내 놓고 의지하던 상담자와의 관계를 끝내는 것은 내담자에게 중요한 일이기에 어떤 청소년 내담자에게는 그것이 생애 처음 경험해 보는 관계의 긍정적인 분리가 되기도 한다. 이러한 관계의 종결은 결코 간단한 것이 아니라서 이에 따른 상실감이나 불안감 또는 욕구의 포기로 인한 좌절감 등이 일어날 수 있다. 그런 감정을 어떻게 다루며 극복하도록 돕느냐 하는 것은 지금까지 진행되어 온 상담의 최종 결과에 커다란 영향을 주게 된다.

그러므로 상담자는 종결단계에 대한 중요성을 과소평가해서는 안 된다. 왜냐하면 분리의 경험이 어떻게 해결되느냐에 따라 내담자가 미래의 삶에서 상실과 관계의 분리를 잘할 수 있는지에 영향을 주기 때문이다. 이것은 동시에 내담자가 혼자서도 잘해낼 수 있다는 자신감과 독립의 느낌을 갖고 상담을 떠날 수 있을 것인가를 결정할 수 있게 한다. 결국 종결의 단계를 어떻게 다루느냐에 따라 상담 과정에서 이루었던 효과가 증폭되거나 반대로 상담 과정 전부를 무효로 만들 수도 있다.

종결의 시기는 여러 가능성이 있을 수 있는데 첫째, 내담자가 직접 종결에 대한 주제를 말하고 이를 다루기 원하는 경우이다. 둘째, 내담자가 자신의 문제가 어느 정도 해결되었음을 반복적으로 보고하는 경우이다. 셋째, 내담자는 개인적인 일을 이유로 들면서 전화로 상담을 연기하거나 생략하기를 제안하기도 한다. 넷째, 내담자는 자기 문제를 스스로 진단하고 해석하는 등 상담자가 자기에게 보였던 특징적 행동을 스스로 시도해 보인다. 다섯째, 종결과 관련하여 정서의 변화가 나타난다. 이렇게 내담자의 처음 문제가 해결되고 미래의 비슷한 경향의 문제에 직면하여 대처할 자신감과 능력이 생겼을 때 자연스럽게 종결하면 된다. 그렇지만 자연스럽고 만족할 만한 종결이란 사실상 드물어서 처음에 기대했던 해결 및 행동 변화와 상담 과정에서 도달한 한계와의 타협점에서 이루어진다고 볼 수 있다(박옥임 외, 2013).

7) 상담이론

상담은 과학적 이론의 근거에서 이루어지고 있는 학문적 체계이다. 따라서 상담자가 되고자 하는 사람은 상담이론을 체계적으로 이해하는 것을 가장 우선 과제로 삼아야 한다.

상담이론은 상담에 관련된 다양한 정보와 단편적인 지식을 종합하고 체계화하도록 한다. 상담이론은 단순하지 않고 다양하고 제각기 다른 배경과 특징을 가진 많은 이론이 있다. 다양한 상담이론 가운데 대표적인 상담이론을 중심으로 간략히 소개하면 다음과 같다.

(1) 정신분석적 상담

오스트리아의 정신의학자였던 Sigmund Freud(1856~1939)에 의해 시작된 정신분석적 상담은 신체 중심의 의학에서 정신의학이 분화되어 나오는 데 지대한 영향을 미쳤으며, 임상 및 체계적인 상담심리 이론의 시발점이 되었다. 따라서 Freud 이후에 발달한 대다수의 상담이론은 정신분석을 바탕으로 보다 진전된 이론들이거나 이것을 비판하면서 태동하였다고 해도 과언이 아닐 것이다. 따라서 정신분석만큼 전 일류의 문명에 광범위하고 깊게 영향을 미친 이론은 거의 없다고 할 수 있다.

① 주요 개념이해

a. 인간관

Freud의 정신분석학에서는 인간을 결정론과 무의식적 정신과정이라는 두 가지 개념을 기본적 가설로 설정하고 있다. Freud는 개인을 현재 상황에서 자신의 행위를 결정하고 그에 따른 책임을 질 수 있는 주체자로 보는 관점이 아니라 과거 생활 경험에 의해, 특히 출생에서부터 5세 사이의 어린 시절에 경험한 무의식 속에 잠재해 있는 심리적이고 성적인 사건에 의하여 결정되는 존재로 보았다. 그러므로 Freud의 인간론은 결정론적이고 비합리적인 관점이라고 말할 수 있다.

b. 지형학적 모형

Freud는 인간의 마음을 지형학적 모형(topographic model)으로 설명하였다. 이 모형에 의하면 인간의 마음은 의식(conscious), 전의식(preconscious), 무의식(unconscious)으로 구분된다. 의식은 어떤 순간에 우리가 알거나 느낄 수 있는 모든 경험과 감각을 말한다. 그리고 전의식은 의식과 무의식의 영역을 연결해 주는 문지기 역할을 한다. 무의식은 전혀 의식되지 않지만 사람들의 행동을 결정하는 주된 원인이 된다. 인간의 모든 생활경험은 잠시 동안만 의식 세계에 있을 뿐 대부분 무의식으로 들어가 잠재하게 된다.

c. 성격 구조적 모형

Freud의 성격 구조적 모형은 원초아(Id), 자아(ego), 초자아(superego)로 구분된다. 원초아는 심리적 에너지의 원천으로서, '쾌락원칙'에 따라 본능적 욕구를 충족시키기 위하여 맹목적이고 충동적으로 작용한다. 자아는 외부의 현실과 초자아의 제한을 고려하여 원초아의 욕구를 표현하고 만족시키는 정신기제이다. 초자아는 세 가지 성격구조 중 마지막에 발달하는 체계로서 사회규범과 행동기준이 내면화된 것이다. 초자아는 아동이 부모나 선생님과 같은 기성세대와의 상호작용을 통해 옳고 그름, 선과 악, 도덕과 비도덕을 분별할 수 있게 될 때에 비로소 형성된다.

② 주요 기법

a. 자유연상

자유연상(free association)은 정신분석상담의 가장 핵심이 되는 기법이다. 자유연상은 어떤 대상과 관련하여 아무런 형식 없이 마음에 떠오르는 생각, 감정, 기억들을 아무런 수정도 가하지 않고 자유롭게 이야기하도록 하는 것이다.

b. 꿈의 분석

꿈의 분석(dream analysis)은 자유연상과 마찬가지로 내담자의 무의식 세계에 접근할 수 있는 또 하나의 방법이다. Freud는 꿈을 무의식으로 가는 왕도라고 표현하고 수면 중에 내담자의 방어기제가 약화되어 억압된 욕망과 갈등이 의식의 표면으로 보다 쉽게 떠오른다고 하였다.

c. 전이

전이(transference)는 내담자가 상담상황에 대해 가지고 있는 일종의 왜곡이다. 이는 과거에 의미 있는 관계를 맺고 있었던 인물에 소망이나 기대 또는 감정 등이 치료적 관계 속에서 무의식적으로 상담자에게 투사되어 반복되는 것을 말한다.

d. 저항

저항(resistance)이란 상담진행을 방해하고 현재 상태를 유지하려는 의식적·무의식적 생각, 태도, 행동을 의미한다. 저항의 원인은 상담과정에서 위협을 주는 불쾌한 감정, 즉 분노, 죄의식, 수치심, 모욕감, 격분, 두려움 등이다.

e. 해석

해석(interpretation)은 자유연상, 꿈, 저항, 전이 등을 분석하고 그 속에 담긴 행동상의 의미를 객관적으로 규명해서 내담자에게 원인을 지적하고 설명하는 기법이다.

③ 공헌 및 제한점

정신분석은 상담의 심리학적 패러다임을 열어주는 역할을 하였다. 특히 인간의 심리적 갈등과 문제에 대한 무의식의 역할을 정립하여 내담자가 가지고 있는 현재의 행동과 증상의 원인이 어떻게 과거와 연결되어 있는지 이해하는 개념적인 틀을 제공해 주고 있다. 따라서 인간의 정신건강을 돕는 상담 및 심리치료에 있어서 대부분의 이론은 Freud의 이론에서 출발하여 확장되거나, Freud의 이론을 반대하는 입장에서 인간에 대한 이해와 심리적 문제를 정립하였다.

하지만 Freud의 이론은 성적 억압이 심했던 19세기 말 유럽 상류층의 신경증 환자들의 경험을 중심으로 성립되었다. 그러므로 그 시대의 문화적 배경을 간과하고 보편적인 인간이해로 개념화시키기에는 많은 한계를 지니고 있다. 또 무의식을 의식화시켜 심리적 갈등을 해소시키고 인격의 변화를 이루고자 하는 정신분석 상담은 이론과 방법 면에서 많은 제한과 논란의 여지를 가지고 있다. 특히 오이디푸스 콤플렉스와 성욕에 바탕을 둔 이론정립은 지나치게 추론적이며 인간에 대한 전인적인 이해를 간과하는 경향이 있다고 할 수 있다.

(2) 행동치료 상담

행동치료란 개인의 행동적 성장과 발달을 촉진시키고 부적응적 행동을 치료적으로 변화시키거나 바람직한 방향으로 개선시키기 위한 특수한 절차와 기법을 의미한다. 행동치료의 이론은 1950년 후반부터 인간행동에 대한 과학적 견해를 기초로 실험심리학자들이 인간의 행동변화를 목적으로 개발한 학습이론인 동시에 과학적인 치료법이다.

① 주요 개념이해

a. 인간관

초기의 행동주의자들은 과학적 법칙성에 의해 인간의 행동을 설명할 수 있다고 보았다. 즉, 인간의 행동이 자연현상과 마찬가지로 일정한 법칙성을 가지고 있다고 가정하였다. 그래서 그들은 행동에 영향을 줄 수 있는 변인과 이 변인을 통제하는 법칙을 밝혀낼 수 있다면 인간의 행동도 예언하고 수정할 수 있다고 보았다. 이와 같이 초기의 행동주의 학자들의 인간관은 기계론적이고 결정론적인 입장이었다(강경미, 2011).

그러나 시간이 지남에 따라 행동주의자 중에서 인간의 자유와 의지적 선택을 강조하는 경향이 늘어났다. 행동주의적 접근에 있어 1970년대 초반 사회학습이론의 창시자인 Bandura의 인간관을 보면, "인간의 행동은 부분적으로나마 환경을 창조할 수 있고 환경도 인간의 행동에 영향을 미칠 수 있다. 그리고 인간은 자기를 조절(regulation)할 수 있는 능력이 있으며 환경에 영향을 줄 수도 있고 받을 수도 있는 인간은 자기를 지도할 수 있는 능력이 있다."라고 설명하였다.

b. 강화와 소거

강화(强化, reinforcement)는 어떤 요인에 의해 자극과 반응 사이의 특정 관계를 강하게 만드는 현상으로, 선행된 반응의 강도를 높이거나 재발확률을 증대시키는 환경적 사상을 뜻한다. 그리고 소거(消去, extinction)는 강화의 제거로 유기체의 반응이 더 이상 나타나지 않는 현상이다.

c. 강화계획

강화계획(schedule of reinforcement)은 반응이 일어날 때마다 강화를 제공할 것인지 아니면 어떤 특정한 시간의 경과나 행동 빈도 이후의 반응에 대해서만 강화를 제공할 것인지를 계획하는 것이다.

d. 일반화와 변별

일반화(generalization)는 특정한 대상에 대한 사고나 연구의 결과를 그것과 유사한 대상에 적용하는 것으로 여러 개체가 가지고 있는 공통된 특성을 부각시켜 한 개념이나 법칙을 성립시키는 과정 혹은 그 결과로 얻어진 진술을 의미한다. 그리고 변별(discrimination)은 제시된 둘 이상의 자극에 대하여 피험자가 서로 다른 반응을 보이는 것을 말한다. 변별할 수 있는 최소의 자극 차이를 변별력이라고 한다.

② 주요 기법

a. 체계적 둔감법

체계적 둔감법은 고전적 조건형성 원리에 근거하고 있으며, 내담자가 불안을 느낀다고 하는 상황을 이완과 짝을 지어서 불안을 일으키는 상황에 대해 단계적으로 둔감해지도록 하는 기법이다. 이는 불안관련 장애 특히 공포증에 대해 효과적이고 효율적인 치료법이다.

b. 모델링 기법

모델링 기법은 내담자가 다른 사람의 바람직한 행동을 관찰해서 학습한 것을 수행하는 것이다. 이 기법에서 중요한 것은 내담자가 '모델이 행동을 수행하는 방법을 배우고 행동을 학습한 결과로서 모델에게 무엇이 주어지는가'를 아는 것이다.

c. 자기표현 훈련

자기표현 훈련은 고전적 조건형성에 근거한 것으로 상대방의 입장에서 느낀 바를 서로 이야기하면서 치료자는 내담자가 보다 효과적으로 자기표현을 할 수 있도록 돕는 기법이다.

d. 토큰법

토큰법은 칭찬이나 다른 무형의 강화인자를 쓸 수 없을 때 직접적으로 강화인자를 쓰는 대신에 후에 내담자가 원하는 다양한 물건과 교환할 수 있는 토큰을 보상으로 제공하는 것이다.

e. 타임-아웃(time-out)

타임-아웃은 내담자의 긍정적 강화를 받을 기회를 박탈시키는 것이다. 세심한 모니터링이 요구되는 약한 혐오기법으로 10분 이내 정도로 짧은 시간을 설정하여 이용하는 것이 효과적이다.

f. 혐오치료

바람직하지 않는 행동을 부정적 경험과 연합시켜 행동변화가 일어나게 하는 방법이다. 주로 알코올중독, 약물중독, 동성애, 의상도착증 등과 같이 개인적으로나 사회적으로 용납되기 어려운 이상행동을 치료대상으로 하여 바람직하지 못한 습관에 대하여 혐오조건화를 형성시키는 것이다.

③ 공헌 및 제한점

행동치료상담은 책임성 있는 상담을 위한 기초자료와 정확한 측정을 근거로 하는 상담기법이라 할 수 있다. 따라서 다른 어떤 상담이론과 접근법보다도 경험적 연구를 통한 치료 성과와 평가를 강조하고 있다. 하지만 행동치료 상담 역시 다른 상담방법과 마찬가지로 나름대로의 한계점을 지니고 있다. 행동치료 상담에 대한 가장 일반적인 비판은 인간의 행동을 너무 기계적인 방식으로 볼 수 있다는 점이다.

(3) 인간중심상담

심리학의 제3세력이라고 하는 인간중심상담은 1940년대 초에 Carl Ransom Rogers(1902~1987)가 인본주의 철학이론에 기초해서 발전된 이론이다. 로저스(Rogers)는 정신분석상담이 인간의 본능적 욕구를 지나치게 강조하면서 상담자가 진단적이고 해석적이며 지시적인 태도를 취하는 데 대하여 반대하였다. 이어서 행동주의 이론이 인간의 행동 자극반응을 지나치게 단순화하는 측면을 비판했다. 그는 이 두 이론을 대체할 수 있는 새로운 이론으로서 인본주의에 기반을 둔 비지시적인 인간중심상담을 주창하였다.

① 주요 개념이해

a. 인간관

Rogers는 개인마다 각각 현실을 달리 지각하고 그 사람의 주관적인 경험이 행동을 지배한다고 믿었다. 다시 말해서 인간은 외부현실보다는 오히려 내부적인 경험에 의해 좌우된다는 것이다. 개인을 이해하는 유일한 방법은 그들의 개인적인 세계에 들어가서 그들의 내적 참조 체계를 이해하는 것이다. Rogers에 따르면, 인간은 각자가 타고난 청사진을 갖고 있으며 그들의 잠재력을 달성하려는 타고난 자성능력이 있어 어떤 역경에서도 금방 회복할 수 있다.

b. 성격이론

Rogers는 개인의 발달에 영향을 미치는 주변의 환경을 중요시했다. 즉, 인간의 문제는 개인의 내부 역동보다는 대인간의 관계 속에 있다고 보았다. 인생에 대한 Rogers의 학문적 관심과 실존주의적 철학이 그의 성격이론을 만드는 원동력이 되었다. Rogers의 성격이론의 중요한 구성개념은 유기체와 현상학적 장(phenomenal field), 자기개념, 자아실현 경향성, 가치의 조건화 등이다.

② 주요 기법

a. 공감

공감은 내용을 내담자에게 반영하는 것 이상의 것이며, 상담자가 일상적으로 사용하는 인위적인 기법 그 이상의 것이다. 공감은 '내담자의 내담자에 대한' 깊고 주관적인 이해이다. 또 공감은 내담자에 대한 인간적인 동일시이다. 상담자는 내담자의 감정과 비슷하게 느낌으로써 내담자의 주관적인 세계를 공유할 수 있게 된다.

b. 무조건적인 긍정적 관심

상담자의 두 번째 태도는 내담자를 한 인간으로서 깊고 순수한 관심과 배려로 상대하는 것이다. 관심이 내담자의 감정, 사고, 행동에 대해 좋다거나 혹은 나쁘다는 평가나 판단에 의해 오염되지 않는다는 점에서 무조건적이다.

c. 일치성

Rogers(1951)는 세 가지의 상담 기법 중에 일치성이 가장 중요하다고 주장했다. 일치성이란 상담자의 진실성을 말하는 것으로서 상담자가 상담 시간에 순수하고 통합되어 있고 진솔하다는 것을 의미한다. 따라서 일치성은 상담자가 내담자와의 관계에서 나타나는 반응이 순간순간 그가 내적으로 경험하고 느끼는 바와 합치되는 상태를 말한다. 일치에 대한 Rogers의 개념은 완전하게 자기실현을 이룬 상담자만이 상담에서 효과적일 수 있다는 의미가 아니다. 상담자도 인간이기 때문에, 상담자가 완전히 솔직해지기를 기대할 수는 없다. 인간중심 모델은 단지 상담자들이 내담자와의 관계에서 일치한다면 상담과정은 더욱 잘 진행될 것이라고 가정한다.

③ 공헌 및 제한점

Rogers의 인간중심상담의 공헌점은 다음과 같다. 첫째, 인도주의적 입장에 근거한 그의 신념은 인간을 보다 긍정적으로 바라볼 수 있는 여유를 갖게 했으며 특히 물질문명의 비인간화 사회에 인간의 존재가치에 대한 긍정적인 안목을 주었다. 둘째, 상담의 대중성에 긍정적인 공헌을 하였다. 셋째, 다른 상담방법에 비해 상담자들이 스스로 상담의 개인적 스타일을 개발해 나갈 수 있는 융통성을 주고 있다. 넷째, 상담자와 내담자와의 관계의 친밀성을 강조함으로써 상담자 자신이 치료적 도구가 될 뿐만 아니라 상담관계 자체가 치료의 수단이 될 수 있다는 입장을 제시하고 있다. 다섯째, Rogers는 상담자와 내담자 간의 상담관계 안에서 동등한 위치를 강조하였으며 내담자 자신의 문제를 스스로 해결해 나가도록 자기 결정권을 내담자에게 두도록 하였다. 여섯째, 상담자의 태도와 자질 그리고 상담관계의 기본적 기법(micro-skill)의 중요성을 일깨워주고 있다. 마지막으로, Rogers는 상담자와 내담자 사이에 일어난 기분이나 반응 또는 대화를 상담 대화록에 재생시킴으로써 상담에 결정적인 공헌을 하였다.

반면에 인간중심상담 이론의 제한점으로는 지나치게 현상학에 근거하고 있다는 것이다. 그리고 내담자의 내면세계 중 정서적인 요인을 지나치게 강조한 반면에 지적이고 인지적인 요인을 소홀히 하는 경향이 있다는 것이다. 그뿐만 아니라 인간중심상담은 내담자를 무조건 지지하는 내담자중심의 상담이기 때문에 상담자로 하여금 자신의 정체성과 독특성을 상실하게 할 수도 있다는 우려가 있다.

(4) 인지치료상담

인지치료(cognitive therapy)는 정신과 의사인 Aaron Temkin Beck(1921~)이 창시한 이론적 접근으로서 적극적, 지시적, 시간 제한적, 구조화된 현재 지향적이며 특정한 목표 증상을 표적으로 하는 심리치료이다. 벡(Beck)은 원래 정신분석적 이론을 기반으로 한 치료자였으나 Karen Horney, Alfred Adler, George Kelly, Albert Ellis, Richard Lazarus, Albert Bandura 등 많은 학자로부터 영향을 받으며 인지치료이론을 발전시켰다.

Beck은 1963년에 미국 펜실베이니아 종합병원에 우울증 클리닉센터를 개설하여 인지치료를 통해 우울증 환자들을 치료하면서 환자들이 매우 빠르게 호전되는 것을 확인했다. 그는 인지치료 도중 몇 가지 지침을 적어놓은 것을 이후에 『우울증의 인지치료』라는 책으로 발간하게 되었다. 그리고 1977년에 인지치료를 통한 우울증 치료 효과에 대한 연구결과가 과학적으로 검증되고 그 효능이 다양하게 확인되면서 급속하게 발전하게 되었다.

① 주요 개념이해

a. 인간관

인지치료에서 인간에 대한 이해는 매우 주관적인 존재로 규정하고 있다. 인지이론에 의하면 객관적·외적 현실은 개인의 독특한 방식에 따라 구성되어 모든 사람에게 획일적이고 표준화된 영향을 미치지는 못하므로 개인의 행동이나 사고를 이해하기 위해서는 그 개인의 주관적 현실을 이해하여야 한다. 따라서 인지치료 이론에 의하면, 인간은 자기의 심리적 문제를 이해할 뿐만 아니라 해결할 수도 있는 인지적 자각능력과 의식 기능을 가지는 능동적인 존재라는 것이다.

b. 자동적 사고

자동적 사고(automatic thoughts)는 어떤 사건에 접하게 되면 아무런 의식적 노력 없이 자동적으로 떠오르는 어떤 생각을 말한다. 사람들이 경험하는 여러 가지 환경적 자극과 심리적 문제 사이에는 자동적 사고라는 인지적 요소가 개입되어 있다. 여기에서 환경적 자극에 대한 내용이 긍정적일 경우 문제가 야기되지 않지만 부정적일 경우 자동적 사고로 인해 심리적 혼란과 문제를 경험하게 된다.

Beck의 이론에 따르면 사람들이 경험하는 심리적 문제는 스트레스 사건을 경험했을 때 자동적으로 떠올리는 부정적인 내용의 생각으로 인해 발생하는 것이다(Beck, 1997).

c. 역기능적 인지도식

사람은 성장과정을 통해 자기 나름대로 자신과 세상을 이해하는 삶의 틀을 형성한다. 그리고 이러한 삶의 틀을 통해 세상과 자신 그리고 타인에 대한 의미와 관계를 체계화시키는데 이렇게 체계화된 인지적 틀을 인지도식(cognition scheme)이라고 한다. 여기에서 역기능적 인지도식은 개인의 내면에 있는 인지도식의 내용이 부정적인 것을 말한다.

d. 인지왜곡

인지왜곡(cognitive distortion)이란 인지의 과정에서 스스로 왜곡시키거나 잘못 인식하는 것이다(Corsini, 1999). 사고의 오류, 즉 인지왜곡으로부터 개인이 비논리적 결론을 도출하면서 진행되는 잘못된 정보 구조로 인해 부정적 인지도식은 지속된다(Beck, 1976). 역기능적인 인지도식은 자동적 사고를 발생시키고 또한 인지적 오류를 발생시킨다. Beck은 정서장애를 경험하는 사람들이 사건의 의미를 부정적으로 왜곡하는 경향이 있으며 인지적 왜곡이 많다고 주장했다. 특정한 개인은 진짜 사실과 사실에 대한 자신의 주관적인 해석을 혼동해서 그릇된 해석을 하는 오류를 범한다. 이러한 인지적 도식은 때때로 자기 비난의 도구가 되기도 한다. 이러한 현상은 그 사람의 대뇌의 의식과 감각이라는 틀이 이미 습관화되었기 때문이라고 볼 수 있을 것이다(황희선, 2005).

② 주요 기법

다양한 인지치료 기법이 내담자가 목표를 달성하도록 조력하는 데 사용된다. 어떤 기법은 자동적 사고를 끌어내고 도전하는 데 사용되며 다른 기법들은 부적응적 가정이나 비효과적 인지도식을 발견하여 변화시키는 데 사용된다(Sharf, 2004). 인지치료에서 활용되는 대표적인 몇 가지 기법을 살펴보면 다음과 같다.

a. 질문하기

직접질문법, 소크라테스적 질문법이라고 알려지기도 한 이 방법은 내담자가 자신의 부정적 생각과 이미지를 알아채고 불필요한 생각을 수정하도록 돕는 데 사용된다.

b. 절대성에 도전하기

내담자는 자주 "직장에 있는 모든 사람은 나보다 영리해요."와 같은 극단적 진술을 통해 자신의 고통을 나타낸다. 따라서 상담자는 내담자가 어떤 절대성 단어를 자주 사용하는가를 파악하여 내담자에게 도전하여 그러한 생각이 잘못된 것이라는 것을 깨닫게 한다.

c. 재귀인하기

내담자는 자신이 상황이나 사건에 대한 책임이 거의 없는 경우에 그러한 상황이나 사건의 책임을 자신에게 귀인시킬 수 있다. 내담자는 자신을 비난함으로써 많은 죄의식을 느끼거나 심한 우울을 느낄 수 있다. 상담자는 재귀인하기 기법을 사용해서 내담자가 사건의 책임을 정당하게 하도록 조력한다.

d. 인지왜곡 명명하기

내담자가 사용하는 인지왜곡이 흑백논리, 과잉 일반화, 선택적 추상 등과 같은 여러 가지 인지왜곡 중 어떤 것에 해당하는지 명명하도록 하는 것이다. 인지왜곡 명명하기는 내담자가 자신의 추론을 방해하는 자동적 사고를 범주화하는 데 도움이 될 수 있다.

e. 파국에서 벗어나기

내담자는 일어나지 않을 것 같은 어떤 결과를 매우 두려워할 수 있다. 흔히 이러한 두려움을 다루는 기법이 '만약 ~하면 어떤 일이 일어날까?(what ~ if)'라는 기법이다. 이 기법은 내담자가 가능한 결과에 과잉 반응할 때 매우 효과적이다.

f. 장점과 단점 열거하기

내담자가 강한 강박적 신념 때문에 불안으로 고통을 받고 있을 때 장점과 단점을 나열하게 함으로써 잘못하면 큰일이 날 수 있다는 파국적 생각에서 벗어나게 할 수 있다. 이처럼 어떤 신념에 대한 장점과 단점을 열거하기는 내담자로 하여금 흑백논리에서 벗어나도록 도울 수 있다.

③ 공헌 및 제한점

인지치료는 왜곡된 인지와 부적응적 사고를 바로 잡고 적응을 돕는 기법으로서 현재 임상에서 다양하게 활용되고, 가장 주목받고 있는 심리치료 방법 중 하나이다. 인지치료는 특히 우울증, ADHD, 분노, 불안장애 또는 공격성 치료에 효과적인 것으로 알려져 있다. 하지만 인지적 치료기법은 자신의 사고내용과 상념에 대한 내성 능력이 갖추어진 사람에게만 유효하다. 즉, 자신의 생각을 자각하고 표현할 수 있으며 상담자의 교육적 지시와 반응을 어렵지 않게 수용할 수 있는 내담자의 지적 수준이 요구된다(Beck, 2001). 그러므로 청소년의 지적 수준이 낮거나 사고가 지나치게 경직되어 있는 사람에게는 효과가 미비하고, 자칫하면 치료자의 가치관이나 철학을 강제로 주입시키는 부작용을 낳을 수도 있다. 그리고 사회적인 문제가 되는 사건의 경우 그 사건 자체의 중요성을 간과하게 될 수도 있다. 또 인지치료 자체가 인지와 신념에 기반을 둔 것이기 때문에 인지 및 신념의 기반이 약한 집단에서는 효과를 보기가 힘들다(대한소아청소년정신의학회, 2012).

교육평가 및 심리검사

CHAPTER 13

1. 교육평가

1) 교육평가의 의미

교육평가(education evaluation)란 교육의 이념·목표를 위해서 학습자의 학습경험과 행동 및 그 외의 교육사상이 바람직한 방향으로 변화하고 있는가에 대해 밝히는 가치적 판단을 하는 과정이라고 정의할 수 있다. 그러므로 참다운 교육기능이란 교육목표에서부터 시작하여 교육평가로서 종결되는 일련의 의도적, 계획적 과정이라고 할 수 있다. 따라서 교육적 활동이 이루어지는 한 평가는 빼놓을 수 없는 과정이다.

교육평가는 비단 학습자의 학습 성취도의 평가만으로 끝나는 것이 아니고, 평가의 결과가 교육과정에 재투입되어 교육의 내용과 교육의 과정을 점검하는 증거가 된다는 점에서도 중요하다. 따라서 교육평가는 신뢰성과 타당성 그리고 객관성이 있는 측정 방법을 기초로 이루어진다. 교육평가는 교육심리학적 연구의 일환으로 교육현장에서의 심리학적 현상에 대한 포괄적인 자료를 제공해 준다. 즉, 교육평가의 결과는 교육활동의 일부이지만 교육심리학 연구로도 간주될 수 있는 중요한 영역이다.

2) 교육평가의 형태분류

(1) 평가기준에 따른 분류

① 임의평가

임의평가는 평가기준이 객관적이며 과학적인 검토와 연구에 의하여 설정된 것이 아니라, 교사의 개인적이고 주관적인 판단에 의하여 임의로 설정되고 평가되는 것을 의미한다. 임의평가는 현대적인 교육평가 이전, 즉 교육평가 이론의 부재 내지 공백상태에서 사용되었던 하나의 평가방법이라고 할 수 있다. 이를테면 교사가 가르친 내용 중에서 교사의 임의적 기준에 따라 적당하게 문제를 출제해서 고사를 치르는 평가형태를 말한다. 따라서 '잘했다', '못했다'의 평가기준은 교사 개개인의 주관적인 판단에 의해서 설정되며, 흔히 100점 만점식 평가라고 일컬어지고 있다. 이 평가는 객관적이고 체계적인 평가기준이 설정되어 있지 않으므로 평가 결과에 대한 판단이 일정하지 못하다는 단점을 가지고 있다.

② 상대평가

상대평가(relative evaluation)는 각 개인의 점수와 그 검사를 받은 전체 집단의 평균점수를 비교한다. 예컨대, IQ 검사에서 개인이 맞힌 정답의 수를 그 사람의 IQ 점수로 보고하는 것이 아니라, 개인이 맞힌 정답 수와 같은 연령의 학생들이 그 검사에서 맞힌 정답 수의 평균과 비교해서 보고하게 된다. 이것은 지능검사를 최초로 개발한 Alfred Binet(1857~1911)가 사용했던 방식과 마찬가지 방식이다.

상대평가에서의 상대는 상대적 비교를 주로 한다는 의미를 담고 있다. 따라서 어떤 기준이 있는 것도 아니고 단지 다른 사람보다 얼마나 잘했는가를 따지는 것이다. 상대평가에서는 항상 일등도 존재하지만 꼴찌도 존재한다. 상대평가의 이면에는 인간은 언제나 차이가 있다고 가정한다. 따라서 상대평가는 몰 인간화의 상징으로 비판을 받곤 한다.

③ 절대평가

절대평가(absolute evaluation)는 점수를 상대적으로 비교하는 것이 아니라, 절대적인 기준을 바탕으로 한다. 절대평가의 초점은 그 학생이 검사에서 받은 점수의 절대량에 있다.

절대평가를 일컬어 목표지향평가라고도 하는데, 이 평가는 교육목표 또는 학습목표를 설정하고 이 목표를 완전학습 내지는 성취할 수 있는 최저 수락기준을 정한다. 이 기준에 비추어 학생 개개인의 학업성취의 정도를 따지려는 것을 그 기본 입장으로 한다. 따라서 학업성취도는 수립해 놓은 학습목표에 비추어 평가되기 때문에 학생 개개인은 소속 학습 집단 내의 다른 학생과의 상대적 비교나, 다른 학생의 점수와는 아무런 상관이 없이 학생 자신의 성취 정도의 진보 상황에 따라서만 평가되는 것이다.

다시 말해서, 절대평가는 어떤 절대적 기준이 있으며, 그 기준의 달성 여부를 따지는 것이다. 그래서 누구나 그 기준만 달성하면 성취한 것으로 간주되어 인간 평등관에 일조를 하게 된다. 그런데 사실 그 절대적 기준은 엄밀히 말하면 절대적이지가 못하다. 왜냐하면 절대적 기준이란 사실은 어느 누군가가 정해 놓았거나 여러 사람 간에 이루어진 약속이거나 아니면 지금까지의 경험적 자료를 바탕으로 추정된 것이기 때문이다.

(2) 평가기능에 따른 분류

평가기능에 따른 평가유형은 크게 진단평가, 형성평가, 총괄평가의 세 가지로 구분할 수 있다.

① 진단평가

진단평가(diagnostic evaluation)는 학년이나 학기 혹은 단원이 시작되는 시기에 학생의 수준을 파악하기 위하여 실시하는 평가로 출발점 행동평가(evaluation of entry behavior) 또는 투입행동평가(evaluation of input behavior)라고 한다. 학기가 시작되면 교사는 가장 먼저 자신이 담당하는 학생들의 학업수준을 파악해야 한다. 학생들이 지니고 있는 선수학습의 정도와 이전의 학습경험에 관한 정보는 학생 개개인의 학업성취를 극대화시키는 데 필수적이기 때문이다.

진단평가는 일반적으로 교육과정의 초기에 학생의 기초 수준을 알기 위한 목적으로 실시되지만, 학습이 진행되는 중이라도 계속적인 결함을 보일 때에는 실시할 수 있다. 이 평가는 학습자의 선수학습능력의 결핍 여부와 이전학습의 성취수준을 판정하고, 수업방법과 관련 있는 여러 특성에 따라 학생을 분류하고, 교수하고자 하는 과정의 이해 여부를 확인하는 기능을 한다.

② 형성평가

형성평가(formative evaluation)란 학습 및 교수가 진행되고 있는 유동적인 상태에서 학생에게 피드백을 주고, 교과과정과 수업방법을 개선하기 위해 실시하는 평가이다(Bloom, Hastings & Madaus, 1971).

수업이 진행되는 도중에 교사가 자신이 가르치고 있는 내용을 학생이 이해하고 있는지를 확인하는 방법은 여러 가지가 있을 수 있다. 많은 교사는 다양하게 전개되는 교수 상황에서 학생의 눈빛이나 표정을 통해 판단하거나 혹은 질문으로 확인하는 방법을 사용한다. 이러한 확인과정에 적용되는 형성평가는 교사와 학생에게 학습 진도에 관한 피드백을 제공하며, 단원의 내용과 구조 속에서 오류가 발생한 부분을 규명한다. 또한 학습관을 교정하고 교사의 지도방법과 교육과정을 개선하며 학습 진행속도를 조절하게 하는 기능을 한다.

③ 총괄평가

총괄평가(overall evaluation)는 한 단원, 한 학기, 한 학년 종료 시에 이루어지는 것으로 학점을 인정하거나 성적을 확정하는 기능을 한다. 총괄평가의 결과는 학생의 등수나 등급을 확정하고 혹은 합격과 불합격을 판정하거나 상·벌을 수여하는 근거로 이용된다.

총괄평가는 학생의 종합적인 성취보고나 수료증과 졸업증 발급, 다음 학년이나 교육과정의 시발점을 찾는 평가, 관련된 교육과정에서 성과에 대한 예측, 집단 간 비교 등을 위해 사용할 수 있다.

3) 교육평가의 질적 요건

(1) 신뢰도 검증

신뢰도(reliability)는 일정한 시간적 간격을 두고 동일한 조건의 측정대상에 대해 반복적으로 측정하였을 때 각 반복 측정치 사이의 일관성 정도를 의미한다. 신뢰도 속성에는 안정성(stability), 일관성(consistency), 예측가능성(predictability), 정확성(accuracy), 의존가능성(dependability) 등이 있다. 따라서 어떤 측정도구를 동일한 조건의 측정대상에게 반복적으로 측정했을 때 일관된 결과를 나타냈다면, 그러한 도구는 안정적이고 예측가능하며 정확하기 때문에 신뢰도가 높다고 할 수 있다.

일반적으로 사용되고 있는 신뢰도 검증 유형에는 검사-재검사 신뢰도, 동형 신뢰도, 단일검사에 속한 반분 신뢰도와 내적 일관성 신뢰도가 있다.

① 검사-재검사 신뢰도

검사-재검사 신뢰도(test-retest reliability)는 동일한 상황에서 동일한 측정도구, 동일한 대상을 다시 측정하여 결과를 비교하는 것이다. 이는 도구의 안정성을 평가하는 것으로 측정결과의 일관성 정도를 나타낸다. 여기서 도출한 상관계수(r)가 높으면 신뢰도가 높다고 할 수 있다. 이 신뢰도의 장점은 적용이 간편하고 측정도구 자체를 직접 비교할 수 있다는 것이다. 하지만 단점으로는 두 검사 사이에 외생변수 등의 영향으로 대상의 속성이 실제로 변할 수 있는데, 그것이 측정값의 차이로 나타날 수 있기 때문에 신뢰성을 측정하는 데 한계가 있다. 또 검사효과를 들 수 있는데, 즉 첫 번째 검사가 두 번째 검사에 영향을 줄 수 있으며 그것이 두 검사의 점수 차이로 나타날 수 있다. 따라서 검사-재검사 방법은 성취동기나 인성을 측정하는 검사보다는 적합하다고 할 수 있다.

② 동형 신뢰도

동형 신뢰도(alternate form reliability) 또는 평행양식법(parallel forms reliability)은 동일한 사람에게 두 번의 검사를 치르게 한다는 점에서는 검사-재검사 방법과 같지만 서로 다른 두 가지 형태의 측정도구로 동일한 대상을 차례로 측정하고 그 점수들 사이의 상관관계를 통해 신뢰도를 검증하는 차이점을 지닌다. 즉, 동형 신뢰도는 내용상으로는 동일하지만 문구가 다른 쌍둥이 질문지를 만드는 것이다. 예를 들어서 20개의 질문을 만들고 홀수와 짝수 각각 10개씩 나누는 경우, 내용이 유사한 질문을 짝 지어서 첫 번째는 A형, 두 번째는 B형, 세 번째는 A형, 네 번째는 B형과 같이 할당해서 두 개의 척도를 만든다. 그리고 두 측정도구의 관계성을 찾아서 신뢰도를 측정한다.

동형 신뢰도의 장점은 검사-재검사 신뢰도의 외생변수 문제, 즉 주시험 효과를 극복하는 데 어느 정도 유용하다는 점이다. 단점으로는 동일한 현상을 측정하는 데 사용될 두 개의 동등한 측정도구를 개발하는 것이 어렵다는 것과 주시험 효과를 어느 정도 방지할 수 있지만 배제할 수는 없다는 것이다. 그리고 많은 노력과 시간 그리고 경비를 들여서 두 개를 만들고 하나를 버리는 것은 매우 낭비라고 할 수 있다.

③ 내적 일관성 신뢰도

내적 일관성 신뢰도(internal consistency reliability)는 검사를 구성하는 두 부분검사 또는 문항 간의 일관성 정도를 말한다. 내적 일관성 신뢰도는 검사-재검사 신뢰도와 동형 신뢰도에서 수검자에게 검사를 두 번 해야 하는 번거로움과 경비 등과 같은 단점을 보완하고자 실시된다. 내적 일관성 신뢰도는 크게 반분 신뢰도와 문항내적 일관성 신뢰도로 나눈다. 그리고 문항내적 일관성 신뢰도에는 크론바흐 알파(Cronbach's Alpha)와 쿠더-리처드슨 20, 21(Kuder-Richardson: KR-20, 21) 신뢰도 계수가 있다.

a. 반분 신뢰도

반분 신뢰도(split half reliability)는 한 개의 측정도구를 한 수검자 집단에 실시한 다음 그것을 적절한 방법에 의해서 두 부분의 점수로 분할하고 이 분할된 두 부분을 독립된 검사로 생각하고 그 사이의 상관을 내는 방법이다.

반분 신뢰도는 반분된 측정도구로 동시에 측정이 가능하기 때문에 검사-재검사 신뢰도와 동형 신뢰도에 비해서 척도 제작에 드는 노력과 시간 그리고 경비를 줄일 수 있다. 또한 서로 측정 시간이 다를 때의 시간 간격으로 인해 파생되는 외생변수의 영향을 배제할 수 있으며 동일대상의 속성을 한 번만 측정함으로써 반복검사에서 나타나는 검사효과(주시험 효과)도 배제할 수 있다는 것이다. 하지만 반분 신뢰도는 반으로 나누어진 각각의 측정문항들을 완전히 동등하게 만들기 어렵고 측정문항이 적은 경우는 사용할 수 없으며, 각각 나누어진 반쪽들의 내용이 달라서 결과 또한 다를 수 있다는 단점을 가지고 있다.

따라서 Spearman과 Brown은 반분 신뢰도가 검사 전체의 신뢰도가 아니라 반분된 부분검사 신뢰도이므로 두 부분을 합쳐 전체의 신뢰도를 계산하기 위해 다음과 같은 교정 공식을 통해 신뢰도를 교정하기를 원한다.

$$r_t = \frac{2r_s}{1+r_s}$$

r_t: 원검사의 신뢰도계수
r_s: 반분 신뢰도에서 구하는 신뢰도계수

b. 문항내적 일관성 신뢰도

문항내적 일관성 신뢰도(item internal consistency reliability)는 검사를 구성하고 있는 문항 간의 내적 일관성 또는 합치도(internal consistency)의 정도를 나타내주는 지수라고 부르며, 검사의 동질성 계수(homogeneity coefficient)라고 부른다. 문항내적 일관성 신뢰도에는 크론바흐 알파(Cronbach's Alpha)와 쿠더-리처드슨 20, 21(Kuder-Richardson: KR-20, 21)이 많이 사용된다.

- 크론바흐 알파

크론바흐 알파(Cronbach's Alpha) 문항내적 일관성 신뢰도는 검사 내용이나 문항분석의 동질성 정도를 추정해주는 신뢰도 계수이다. α 계수(α coefficient)는 Cronbach(1951)에 의해 명명된 것으로 신뢰도 계수들의 평균값을 계산하는 공식은 다음과 같다.

$$\alpha = \frac{k}{k-1}\left(1 - \frac{\Sigma\alpha_i^2}{\alpha_x^2}\right)$$

k : 문항 수

α_i^2 : 각 문항의 변량

α_x^2 : 전체점수의 변량

크론바흐 알파 문항내적 일관성 신뢰도의 장점은 단일한 신뢰도 계수를 산출할 수 있으며, 신뢰도를 저해하는 문항을 찾아내어 이를 제외시킴으로써 척도의 신뢰도를 높일 수 있다는 점이다. 그리고 SPSS-WIN과 같은 컴퓨터 통계 패키지를 이용해서 쉽게 계산할 수 있기 때문에 현재 가장 많이 사용되는 대표적인 문항내적 일관성 신뢰도 계수이다.

크론바흐 알파 문항내적 일관성 신뢰도 계수는 시간적, 경제적 여유가 없을 경우에 사용할 수도 있는데, 크론바흐 알파의 값은 문항의 수와 평균상관계수에 달려 있다. 그래서 평균상관계수의 값이 증가하고 문항의 수가 증가하면 할수록 크론바흐 알파 값도 그만큼 증가한다. 따라서 크론바흐 알파 문항내적 일관성 신뢰도의 두 가지 제한점으로는 첫째, 문항 수의 증가가 어느 수준에서 신뢰도를 크게 증가시키지 못한다는 것이고 둘째, 문항 수가 많을수록 시간과 경비가 더 소비된다는 것이다.

- 쿠더-리처드슨

쿠더-리처드슨 신뢰도(Kuder-Richardson reliability)는 한 검사 내에서 문항에 대한 반응이 얼마나 일관성 또는 합치성이 있느냐 하는 것으로 일종의 변산적 오차(variable error)로 보는 관점에서 유도된 검사의 신뢰도 지수이다. 쿠더(G. F. Kuder)와 리처드슨(M. W. Richardson)에 의해서 착안된 이 신뢰도는 KR20과 KR21이라는 두 가지 공식이 있다. 쿠더-리처드슨 20(Kuder-Richardson: KR-20)이라고 명명한 이유는 쿠더-리처드슨이 19번 실패했다가 1937년에 이십 번째에 가서 공식을 만들었기 때문이다. 쿠더-리처드슨 신뢰도는 이분채점 문항에만 사용되어 양분된 선택지 중에서 하나를 선택하는 경우 검사의 내적 일관성 계수를 구할 때 사용하는 방법이다. 즉, 적성검사의 사지선다형과 같이 정답과 오답이 있어서 정답을 하면 1점, 오답을 하면 0점으로 점수를 할당할 경우, 쿠더-리처드슨 신뢰도를 통해서 검사의 내적 일관성 계수를 구하게 된다. KR20 공식은 다음과 같다.

$$r = \frac{k}{k-1}\left[\frac{1-\Sigma_{i=1}^{k} piqi}{\alpha_x^2}\right]$$

r: 신뢰도
k: 검사 내의 문항 수
α_x^2 : 검사점수의 분산
pi: i번 문항을 맞은 사람의 비율(즉, 난이도)
qi: i번 문항을 틀린 사람의 비율(1-pi)

쿠더-리처드슨은 모든 문항의 난이도가 같다고 가정할 때 문항점수의 분산을 계산하지 않고도 간단하게 신뢰도를 추정할 수 있는 공식으로 KR-20을 수정하여 KR-21을 만들었다. 하지만 KR-21은 문항마다 난이도가 다를 때 KR-20에 의해서 구한 계수보다 과소 추정되는 경향이 있다. 따라서 검사 내적 일관성 계수를 보고할 때 KR-21만을 보고해서는 안 된다. KR-21 공식은 다음과 같다.

$$r = \frac{k}{k-1}\left[\frac{1-M2-\frac{M^2}{k}}{\alpha_x^2}\right]$$

k: 문항 수
α_x^2 : 전체점수의 변량
M: 검사점수의 평균

(2) 타당도 검증

타당도(validity)란 평가의 도구가 무엇을 재고 있느냐 하는 것과 평가하려는 목표를 얼마나 정확하게 재느냐를 가리키는 개념이다. 타당도 검증 유형 중에서 가장 많이 활용되고 있는 내용 타당도(content validity), 준거 타당도(criterion validity) 그리고 구성 타당도(construct validity)를 중심으로 살펴보면 다음과 같다.

① 내용 타당도

내용 타당도(content validity)는 검사를 구성하고 있는 문항들이 측정하려고 하는 특성의 내용에 관해서 문항모집단(item universe)을 대표할 수 있도록 표집되어 있는 정도를 말한다. 따라서 검사문항이 문항모집단을 잘 대표한다면 그 검사문항은 내용 타당도가 높은 것이다. 내용 타당도는 일반적으로 내용 전문가가 논리적 사고와 분석 과정을 통해 검사문항이 측정하고자 하는 내용을 제대로 측정하고 있는지를 판단함으로써 평가된다.

내용 타당도는 복잡한 계산과정을 요구하지 않고 내용 전문가의 경험과 지식에 근거해서 인정받기에 편리한 점이 있지만 몇 가지 구체적인 과정을 거쳐야 한다. 첫째, 모든 검사문항이 영역의 범위를 벗어나지 않는가? 둘째, 검사문항이 영역의 특성을 잘 대표하는가? 셋째, 검사문항이 영역의 특성을 일반화할 수 있을 정도로 충분한가? 넷째, 문항의 난이도가 학생 집단의 특성에 비추어 적절한가? 다섯째, 내용 전문가의 관점에서 볼 때 문항과 답지가 정확한가? 등에 대한 전문가의 판단을 통해 확인되어야 한다. 내용 타당도는 전문가의 주관적 판단에 의존하기 때문에 수량화되지는 않지만, 평정자 간 합치도를 응용한 모형을 활용하여 내용 타당도 계수를 산출할 수도 있다.

내용 타당도는 두 가지 제한점을 가지고 있는데, 첫째는 사회과학의 이론적 개념이 정확하게 기술될 수 없다는 점이다. 왜냐하면, 대부분의 개념이 추상적이어서 정의부터 간단하지 않기 때문이다. 따라서 내용 타당도가 주장하는 포괄적 내용을 담는 척도를 선보이기 쉽지 않다. 둘째는 내용을 표집하는 데 어려움이 있다. 그래서 연구자가 알고 있는 내용 중에서 무선 표집을 하기도 하고 이론적 개념을 나타내도록 의도된 것을 골라서 척도를 만들기도 한다. 그러나 이런 경우에 보편적 내용을 포함하는 척도가 되기 어렵다.

이러한 제한점 때문에 다수의 경우 내용 타당도의 이용절차를 따르고 있지만, 내용 타당도를 만족스럽게 사용하기는 쉽지 않다고 할 수 있다(Carmines & Zeller, 1979).

② 준거 타당도

준거 타당도(criterion validity)는 검사점수와 외적 준거(external criterion) 사이의 관계를 실증적으로 연구하여 검사가 준거행동의 수행능력을 어느 정도 예언하고 있는지를 계량적으로 나타내는 것이다. 준거 타당도는 연구자가 관심을 갖는 어떤 행동 특성(기준)을 척도가 어느 정도 측정하는지를 검사하는 방법이다. 준거 타당도에는 크게 공인 타당도(concurrent validity)와 예측 타당도(predictive validity)로 구분된다. 만일 행동의 기준이 현재라면 공인 타당도를, 미래 행동을 기준으로 간주한다면 예측 타당도를 이용한다.

a. 공인 타당도

공인 타당도(concurrent validity)는 검사결과와 준거행동의 측정 사이에 시간적 차이가 필요 없을 때 혹은 시간적 차이를 줄이고 싶을 때 이용한다. 공인 타당도는 검사결과가 이미 타당성을 인정받고 있는 다른 검사결과와 일치하는 정도로 검사의 타당도를 추정한다. 따라서 동일한 시기에 시행된 두 검사결과 간의 상관관계에 의하여 공인타당도 수준을 파악한다. 예를 들어, 검사제작자가 인성검사도구를 새로 개발하였을 때 검사목적에 충실한 정도를 점검하기 위해 이미 널리 사용되고 있는 MMPI-2와 같은 인성검사 결과와의 관계를 비교분석하여 새로 제작한 검사의 공인타당도를 판정하는 것이다.

b. 예측 타당도

예측 타당도(predictive validity)는 측정도구가 그 검사결과로서 피검자의 미래의 행동이나 특성을 어느 정도로 정확하게 또는 완전하게 예언하는 능률의 정도를 말한다.

예측 타당도계수는 수검자의 미래행동을 예측하기 위해서 검사점수를 사용할 때 추정한다. 수검자에게 검사를 시행한 후 준거가 나타날 때까지 시간을 기다려 준거점수를 수집하고, 검사점수와 준거점수 사이의 상관계수를 계산하여 예측 타당도계수(predictive validity coefficient)를 추정한다(강봉규, 2013).

예측 타당도는 준거변인이 미래에 있으므로 한 검사도구의 예측 타당도를 측정하기 위해서는 일정한 시간이 경과해야 한다. 예를 들어, 비행사 선발 적성검사라는 검사도구로 비행사의 조종능력이나 비행기록을 예측하는 타당도를 측정하는 경우를 생각할 수 있다. 여기서 사용되는 준거는 비행사 선발 후의 비행기 조종능력이나 비행기록이 되며, 선발 적성검사에서 높은 점수를 얻은 사람이 선발 후 성공적으로 과업을 수행할 때 이 도구의 예측 타당도는 높다고 할 수 있다. 예측 타당도는 한 시기의 검사점수와 일정 기간 이후의 준거 간의 상관계수에 의하여 추정되며, 상관계수가 클수록 예측의 정확성이 커지고 오차는 적어진다.

③ 구성 타당도

구성 타당도(construct validity)란 측정하고자 하는 추상적 개념이 실제로 측정도구에 의해 제대로 측정되었는가의 정도를 의미한다. 다시 말해서 성격, 태도, 동기 등과 같은 인간행동의 본성을 구성하는 심리적 특성이나 성질은 추상적인 구성개념이라고 할 수 있다. 이러한 추상적 구성개념을 측정도구에 의해 제대로 측정되었는지의 정도를 알아보는 것이 구성 타당도이다. 구성 타당도를 검증하는 방법으로는 상관을 이용하는 방법과 요인분석을 이용하는 방법이 있다. 상관을 이용하는 방법에는 '서로 다른 측정방법을 사용하더라도 동일한 개념을 측정한다면 그 측정값은 하나의 차원으로 수렴한다.'는 수렴 타당도와 '서로 상이한 개념을 측정하는 경우에는 서로 다른 측정방법을 사용하더라도 그 측정값 간에는 차별성이 나타난다.'는 변별 타당도가 있다.

검사의 구성 타당도를 검증하는 방법으로는 요인분석, 집단 간의 차이비교, 검사의 내부구조연구, 검사점수 변동에 관한 연구, 검사과정분석, 타검사와 상관연구 등이 있다. 이 가운데 가장 많이 사용되는 방법은 요인분석이다. 요인분석의 기본 원리는 항목 간의 상관관계가 높은 것끼리 하나의 요인으로 묶으며, 요인 간에는 상호 독립성을 유지하도록 하는 것이다. 요인분석은 요인 내의 항목은 수렴적 타당성에 해당하며, 요인 간에는 변별적 타당성이 적용된 것이라 할 수 있다(김효창, 2013).

4) 평가문항 유형

(1) 지필검사

① 선택형 문항

a. 진위형

진위형은 객관식이며 고정반응형의 문항유형이라고 할 수 있다. 이 문항유형은 수험자에게 짤막한 문장을 제시하고 그 문장의 진위 또는 정오를 판단하게 하는 방법이며 흔히 양자택일식이라고도 한다. 진위형 문항의 전형적인 예는 다음과 같다.

(○ ×) 학생을 자주 체벌하면 체벌자를 피하려는 회피학습이 일어난다.
(○ ×) 처음으로 학생의 체벌을 법으로 금지한 국가는 폴란드이다.

b. 배합형

배합형은 객관식이며 고정반응형이라고 할 수 있다. 이 문항유형은 전제와 답지를 어떻게 연결시키는가 하는 지시문 등 세 가지 요소로 구성된다. 배합형도 여러 변형이 있을 수 있으나 가장 간단한 단순배합형의 한 예를 다음과 같이 들 수 있다.

지시: 왼쪽 항의 사건 간 가장 관련이 깊은 인물을 오른쪽 항에서 골라 서로 ——— 로 연결하시오.

사건	인물
노량해전	강감찬
귀주대첩	이순신
행주대첩	권 율
살수대첩	김유신
	을지문덕

c. 선다형

객관식이면서 고정반응형에 속하는 선다형은 행동영역에서 낮은 차원의 지식에서부터 높은 차원의 영역까지 골고루 측정할 수 있는 등 여러 가지 문제상황과 목적에 따를 수 있는 다양성과 포괄성이 있으며, 또한 수험자의 추측에 의한 우연적 정답반응의 확률이 적어 측정의 신뢰도도 비교적 높아 각종 검사에서 널리 사용되고 있다. 다만 다른 유형의 문항보다는 문항제작에 긴 시간이 소요되며 상당한 노력이 필요하다.

선다형 문항은 문두어와 답지로 구성된다. 문두어는 완전한 문장으로 또는 불완전한 문장으로 주어질 수 있다. 답지는 다시 정답지와 착란지로 구성된다. 착란지라 함은 단순히 정답지의 역할만을 하는 것이 아니고 정답을 모르는 수험자에게 매력적으로 보이게 작성해야 한다는 의미이다. 선다형은 문두어의 표현상 정답선택형과 다지선택형으로 구분할 수 있으며 이 구분을 분명히 하여 제작하여야 한다.

예를 들면 다음과 같이 들 수 있다.

※ 민주주의 사회에서 가장 중시되는 것은 무엇인가? (　　)

㉮ 의무완수　㉯ 권리주장　㉰ 인간존중　㉱ 권력존중　㉲ 인간관계

② 서답형 문항

a. 단답형과 완성형

단답형이나 완성형은 간단한 단어, 구, 숫자, 기호, 상징 등 제한된 형태로 답을 요구하는 문항형식을 말한다. 이들 문항들은 관점에 따라 그 분류에서 주관식으로 분류하는 사람들이 있으나 단답형 문항이 허용하는 제한된 반응의 성격상 객관적으로 채점이 가능하여 객관식으로 분류하는 것이 좋을 듯하다. 물론 수험자의 반응 허용범위의 관점에서 자유반응형에 속한다. 단답형은 직접 질문하는 완전한 문장으로 구성되며 불완전한 문장을 주어 완전한 문장으로 만들도록 하는 형식을 완성형 문항이라고 한다. 이들 문항은 모두 이해능력보다는 재생능력을 측정하고 있다. 정답은 가능한 한 하나가 나오도록 제작해야 한다.

예를 들면 다음과 같다.

- 단답형: 검사도구가 사전에 규준을 가지고 있는 검사는? (　　)
- 완성형: 사전에 규준을 가지고 있는 검사를 (　　)검사라고 한다.

b. 논문형 문항

논문형 문항(essay item)은 수험자의 반응을 이론적으로 거의 무한하게 허용하는 자유반응형이며 채점 시 채점자의 주관이 가장 많이 개입될 수 있는 문항유형이다. 이 유형은 어떤 일정한 형식이 있는 것이 아니고 어떤 질문이나 지시에 따라 자유로이 수험자의 능력을 구사할 수 있게 하면 된다. 그렇다고 아무렇게나 쓰라는 것은 아니고 주어진 지시나 조건 등 묻고 있는 내용을 명백히 하고 반응의 범위를 적절히 제한하여 최상의 답안을 작성하게 해야 한다. 논문형은 고도로 높은 차원의 능력 특히 분석, 조작, 작문능력 등을 측정할 수 있는 좋은 문항유형이지만 그에 못지않게 심각한 단점이 있는데, 그것은 채점자 신뢰도가 일반적으로 낮다는 것으로 알려져 있다. 이러한 문제점을 보완하기 위하여 채점 시 사전에 체계적으로 작성된 채점판을 사용하도록 제안하고 있다.

(2) 수행평가

① 수행평가 특징

수행평가(performance assessment)는 평가자가 학습자의 학습과제 수행과정 및 결과를 직접 관찰하고, 그 관찰 결과를 전문적으로 판단하는 평가방식을 의미한다. 그러므로 수행평가는 작품을 만들거나 어떤 활동을 통해서 능력과 기능을 직접 입증하도록 하는 평가방식이다. 수행평가의 주요한 특징은 다음과 같다.

a. 수행평가는 학생이 문제의 정답을 선택하는 것이 아니라, 자기 스스로 답을 작성(서술 혹은 구성)하거나 행동으로 나타내도록 하는 평가방식이다.
b. 수행평가는 추구하고자 하는 교육목표의 달성 여부를 가능한 한 실제상황 하에서 파악하고자 하는 평가방식이다.
c. 수행평가는 교수-학습의 결과뿐만 아니라 교수-학습의 과정도 함께 중시하는 평가방식이다.
d. 수행평가는 단편적인 영역에 대해 일회적으로 평가하기보다는 학생 개개인의 변화·발달 과정을 종합적으로 평가하기 위해 전체적이면서도 지속적으로 이루어지는 것을 강조하는 방식이다.
e. 수행평가는 개개인을 단위로 해서 평가하기도 하지만, 집단에 대한 평가도 중시하는 평가방식이다.
f. 수행평가는 학생의 학습과정을 진단하고 개별학습을 촉진하려는 노력을 중시하는 평가방식이다.
g. 수행평가는 학생의 인지적인 영역(창의성이나 문제해결능력 등 고등 사고기능을 포함)뿐만 아니라, 학생 개개인의 행동발달 상황이나 흥미, 태도 등 정의적인 영역 그리고 운동기능 영역에 대한 종합적이고 전인적인 평가를 중시하는 평가방식이다.
h. 수행평가는 기억이나 이해와 같은 단순 사고능력보다는 창의, 비판, 종합과 같은 고등 사고능력의 측정을 중히 여기는 평가방식이다.

② 수행평가의 유형

현재 널리 사용되고 있는 수행평가의 방법으로는 서술형(주관식) 검사, 논술형 검사, 실기시험, 실험·실습법, 관찰법, 토론법, 구술시험, 면접법, 자기평가 보고서법, 동료평가 보고서법, 연구보고서법, 포트폴리오법 등이 있다. 이러한 구분은 상호 배타적이라기보다는 보완적인 것이다.

a. 서술형 및 논술형 검사

서술형 검사란 흔히 주관식 검사라고 하는 것으로, 문제의 답을 선택하는 것이 아니라 학생들이 직접 서술(구성)하는 검사이다. 논술형 검사는 일종의 서술형 검사이기는 하지만, 개인 나름의 생각이나 주장을 창의적이고 논리적이면서도 설득력 있게 조직하여 작성해야 함을 강조한다는 점에서 일반 서술형과 구별된다.

b. 실기시험

실기시험이란 학생의 지식이나 기능을 직접 행동으로 나타내도록 하는 시험이다. 종래의 실기시험과 수행평가에서 말하는 실기시험의 차이는 시험을 치르는 상황이 통제되거나 강요된 상황인가 아니면 자연스러운 실제상황인가의 차이에 있다.

c. 실험·실습법

실험·실습법은 자연과학 분야에서 많이 사용하는 것으로, 어떤 과제에 대해서 학생들로 하여금 직접 실험·실습을 하게 한 후 그 결과보고서를 제출하게 하는 것이다.

d. 관찰법

관찰은 학생의 지식이나 기능을 평가하기 위한 가장 보편적인 방법 중의 하나로, 개별학생 단위나 집단 단위로 관찰하여 평가하는 것이다.

e. 토론법

토론법이란 교수·학습 활동과 평가활동을 통합적으로 수행하는 대표적인 방법 중의 하나로, 특정 주제에 대해 학생들이 서로 토론하는 것을 보고 평가하는 것이다.

f. 구술시험

구술시험은 종이와 붓이 발명되기 전부터 시행되어 오던 가장 오래된 수행평가의 한 형태로서, 학생에게 특정 교육 내용이나 주제에 대해서 질문한 다음, 학생의 의견이나 생각을 발표하도록 하여 평가하는 것이다.

g. 면접법

면접법이란 교사가 학생과 대화를 통해서 얻고자 하는 자료나 정보를 수집하여 평가하는 방법이다.

h. 자기평가 및 동료평가

자기평가(self-evaluation)란 특정 주제나 교수·학습 영역에 대하여 자기 스스로 학습과정이나 학습결과에 대해 자세히 평가하도록 하여 그 결과(보고서)를 보고 평가하는 것이다. 동료평가(peer-evaluation)란 동료 학생이 상대방을 서로 평가하도록 하여 그 결과(보고서)를 보고 평가하는 것이다.

i. 연구보고서법

연구보고서법이란 각 교과별 또는 통합교과적으로 특정 주제에 대해서 자기 나름대로 자료를 수집하고 분석·종합하여 연구보고서를 작성·제출하도록 하여 평가하는 것이다.

j. 포트폴리오(portfolio)법

포트폴리오법은 피평가자 자신이 작성하거나 만든 작품을 지속적·체계적으로 모아 둔 개인별 작품집 혹은 서류철을 이용한 평가방법이다.

2. 심리검사

1) 심리검사의 의미

심리검사(psychological testing)란 개인의 지능, 성격, 능력, 적성, 태도, 가치관 등의 심리적 속성(attribute)을 파악하려고 다양한 도구를 통해서 체계적·수량적으로 측정(measurement), 평가(evaluation)하는 일련의 과정을 의미한다. 따라서 심리검사는 각 개인의 개인차를 파악하는 진단(diagnosis)과 평가의 도구인 동시에 심리적인 과정 자체에 대한 이론적 통찰을 얻을 수 있는 학문적인 연구가 된다. 심리검사의 종류는 그 수를 헤아릴 수 없을 정도로 많지만 어떤 유형과 관계없이 다음과 같은 몇 가지 공통적인 특징을 갖고 있다(오윤선, 정순례, 2017).

첫째, 심리검사는 개인의 대표적인 행동표본(behavior sample)을 심리학적 방식으로 측정한다. 즉, 개인행동을 모두 측정해 보지 않더라도 소수의 표본 행동을 측정한 결과를 바탕으로 개인의 전체적인 행동을 예견할 수 있게 해 준다. 검사제작과정에서 문항선정이 적절하게 이루어진다면 이러한 조건은 충족될 수 있을 것이다.

둘째, 심리검사는 표준화(standardization)된 방식에 따른다. 표준화는 검사를 실시하고 채점하는 과정에서 절차의 동일성을 의미한다. 이러한 검사의 표준화는 심리검사 반응이 실시조건이나 채점방식의 차이에 따라 다르게 나타나는 것을 방지해주고 검사반응이 순수한 개인차를 나타낼 수 있도록 보장해 준다.

셋째, 심리검사는 체계적 과정이다. 이는 한 가지 심리검사가 여러 개인에게 실시될 때 동일한 종류의 정보가 수집된다는 의미이다. 심리검사는 객관적 채점규칙에 따라서 한 개인의 반응을 여러 사람이 채점하더라도 거의 비슷한 수준의 점수가 나타난다. 이러한 심리검사는 표준화와 체계적인 조건으로 인하여 주관적 판단을 방지해 주며, 양적 측정을 통하여 개인 간의 행동을 비교할 수 있고 횡단적인 시행을 통한 비교도 가능하게 해 준다.

넷째, 심리검사에 대한 객관적 평가는 신뢰도(reliability)와 타당도(validity)로 결정한다. 신뢰도는 동일한 검사(identical test) 또는 동등한 형태의 검사(equivalent form test)로 동일한 사람에게 재검사했을 때 관찰된 점수들의 일관성을 의미하며, 타당도는 그 검사가 측정하고자 한 것을 실제로 어느 정도 측정할 수 있는지 점검하는 것이다.

2) 심리검사의 목적

심리검사의 목적은 개인행동의 예측, 분류 및 진단, 문제탐색, 조사 및 연구를 통하여 자기이해의 증진과 문제해결에 도움을 주는 데 있다. 따라서 심리검사는 심리적 장애의 해결을 위한 치료개입과 전략을 계획하고 수행하는 기초과정이라 볼 수 있다. 심리검사의 목적을 구체적으로 설명하면 다음과 같다.

(1) 개인행동의 예측

개인에게 있어서 선택과 결정은 예측을 통해 나타나게 된다. 일반적으로 개인이 결정을 내리는 데 기초가 되는 능력을 비롯한 다양한 특성을 측정하기 위하여 검사가 사용된다. 특히 신뢰할 만한 표준화된 검사를 통해서 얻어진 수량화된 자료는 더욱 신뢰할 만하고 정확하게 개인행동을 예측하게 한다.

(2) 분류 및 진단

분류는 체계화된 구분에 따라 계층이나 집단으로 배치하는 것을 의미하는데, 분류에 앞서 현재의 상황에 대한 진단은 필수적이다. 심리검사는 한 개인의 행동상의 원인적인 요인을 진단(diagnosis)하는 것이다. 따라서 적절한 심리검사는 개인의 행동에서 나타나는 결함이나 결점뿐만 아니라 그 원인을 찾는 데 도움을 준다. 이처럼 분류 및 진단은 인간의 특성을 계량화한 검사의 점수를 보다 효과적이고 과학적으로 활용할 수 있도록 한다.

(3) 조사 및 연구

심리검사는 특정 집단의 일반적인 경향을 조사 및 연구하여 기술하거나 규명하려는 목적으로 사용한다. 이를 통해 특정한 집단의 훈련방법이나 교수방법 등 다양한 프로그램을 계획하고 평가할 때 유용한 도구로 활용된다. 이와 같은 목적으로 심리검사는 교육, 임상의학, 상담과 생활지도, 산업장면, 범죄의 분류심사, 교정 등의 다양한 분야에서 활용되고 있다.

(4) 자기 이해의 증진

심리검사는 개인의 특성을 발견하여 자기 이해 또는 자신의 발전을 도모하고, 인력의 적재적소의 배치를 위해 사용된다. 그리고 문제에 대한 내담자의 이해를 높이기 위해서 거의 모든 심리검사가 사용될 수 있다. 경우에 따라서는 실제적인 문제가 발생하기 전에 자기인식과 자기탐색을 증진시키는 검사과정을 통해 문제 가능성에 대해 미리 깨닫고 대처할 수 있다. 예를 들면 스트레스검사, 부부만족도 검사, 알코올중독검사 등이 그러한 역할을 한다.

(5) 문제해결을 위한 대안

심리검사는 문제를 해결하기 위한 대안을 제시해 준다. 예를 들어, 흥미검사를 통해 진로 선택에 있어서 진로를 찾아볼 수 있고, 학습기술검사와 같은 체크리스트를 통해 적절한 학습방법의 대안을 찾을 수 있다. 또한 MBTI와 같은 성격유형 검사를 통해 내담자는 자신과 타인의 행동을 다른 방식으로 이해하므로 대인관계능력이 향상될 수 있도록 도움을 받을 수 있다.

3) 심리검사의 종류

(1) MMPI 검사

MMPI(the Minnesota multiphasic personality inventory: 미네소타 다면적 인성검사)는 1930년대 후반부터 1940년대에 걸쳐 Minnesota 대학 Hathaways와

Mckinley에 의해 개발되어 1943년에 출간되었다. 그리고 미네소타 주립대학 출판부에서는 1989년에 MMPI-2를 출시하였고, 1992년에는 MMPI-A 청소년용이 개발되어 출간하였다.

한국에서의 MMPI는 1963년에 정범모, 이정균, 진위교에 의해서 한국판이 표준화되어 처음으로 출시되었으며, 1989년에는 한국임상심리학회에서 재표준화 작업이 이루어졌다. 이후 한국판 MMPI-2의 개발은 2001년에 구성된 '한국판 MMPI-2 표준화위원회'를 통해 본격적으로 진행되어 2005년에 (주) 마음사랑에서 출시되었고, MMPI-A도 한국판으로 표준화 작업이 실시되어 출판되었다.

(2) MBTI 검사

MBTI(Myers-Briggs type indicator: 심리유형검사)는 1920년에 Katherine Cook Briggs가 Carl G. Jung의 심리유형(psychological type) 이론에 근거하여 개발하기 시작하여 그녀의 딸 Isabel Myers와 손자 Peter Myers에 이르기까지 70년에 걸쳐 개발되고 수정되었다. MBTI는 1942~1944년에 MBTI Form A와 B가 개발되었고, 1947년에는 MBTI Form C가 제작되었다. 그리고 1956~1958년에 걸쳐 MBTI Form D가 제작되었으며, 1962년에는 MBTI Form F가 제작되어 미국 ETS(educational testing service: 미국교육평가원)를 통해서 출판되었다.

1970년 초반까지는 주로 MBTI Form F를 표준화시키는 연구가 진행되었으나 1972~1973년에 걸쳐 3,362명을 대상으로 실시하는 문항분석을 근거로 1975년 MBTI Form G가 완성되었다.

한국의 MBTI 역사는 1988~1990년에 심혜숙, 김정택에 의해 미국 CPP와 MBTI 한국판 표준화에 대한 법적 계약을 맺고 MBTI form G 표준화 작업이 완성되었다. 1990년 6월에는 한국 MBTI 연구소를 설립한 후 MBTI 전문가 양성프로그램인 초급, 보수, 중급, MMTIC, 적용프로그램 및 일반 강사과정을 개발하였다. 1992년 2월에는 한국심리유형학회를 발족하였고, 2002년에는 MBTI form K 표준화, 2012년에는 MBTI form M, Q 표준화 등이 완성되었다. 이후 지속적인 MBTI의 교육과 연구 그리고 번역 및 저술 활동 등이 이루어지고 있다.

(3) CPI 검사

CPI(california psychological inventory: 캘리포니아 성격검사)는 California Berkeley 대학의 Harrison Gough가 1951년에 사회문화적 개념이라고 부른 사회성, 관용성, 책임성과 같은 일반적인 성격특성을 측정하기 위해 고안하였다. 본래 이 검사는 15개 척도로 구성되었으나 1956년에 세 가지 척도를 추가하였고, 다시 1997년 성차별문항들을 수정하여 총 20개 척도로 개정되었다. CPI는 MMPI의 내용을 기초로 개발되었지만, CPI의 각 척도가 대비성을 갖고 있다는 점에서 MMPI와 구별된 장점을 갖고 있다. 그리고 MMPI가 성격장애의 진단을 위해 고안되었다면 CPI는 정상적으로 적응한 사람들의 성격을 평가하기 위한 것이므로 정상적인 내담자에게 사용할 수 있다는 장점이 있다. CPI는 각 20개의 하위척도를 포함하고 있지만 해석이 용이하도록 네 개의 척도군으로 구분되어 있다.

우리나라에서는 한국행동과학연구소에서 CPI를 모델로 하여 개발된 검사로서 대학생 및 성인용과 중고생용 KPI 검사가 있다.

(4) 16PF 검사

16 성격요인검사(sixteen personality factor questionnnaire: 16PF)는 1949년 Raymond Cattell과 Eber가 인간의 성격특징을 기술하는 형용사를 요인분석하여 만든 검사이다. 16PF는 다섯 차례에 걸쳐 개정판이 나오면서 인간의 성격을 전반적으로 평가할 수 있는 유용한 도구라는 것이 입증되었다. 또한 『16 성격요인검사편람』(*Handbook for the 16 personality factor questionnaire)*』(1970)이 출판되어 다양한 사례를 집중적으로 분석할 수 있게 되었고, 『16PF의 임상지침(*A guide to the clinical use of the 16PF*)』이 출판됨으로써 척도치들의 상호관련을 통해 성격의 역동적 해석도 가능하게 되었다. 16PF는 187문항으로 구성된 A형과 B형, 105문항으로 구성된 C형과 D형 및 독해력이 낮은 사람을 위해 128문항으로 구성된 E형이 있다. 또한 16PF A형에는 좋거나 나쁜 방향으로 반응을 왜곡하거나 무선적으로 반응하려는 경향을 알아볼 수 있는 세 개의 타당성 척도도 있다(김영환, 문수백, 홍상황, 2011). 그뿐만 아니라 MMPI나 CPI와 달리 중복되는 문항이 없고 검사–재검

사 신뢰도가 비교적 높다(.65~.93). 한국에서는 염태호, 김정규(1990)가 16PF의 원문항을 수정, 보완하여 다요인인성검사로 표준화하여 사용되고 있다.

(5) NEO-PI 검사

NEO-PI 검사는 Pual Costa와 Robert R McCrae가 여러 성격척도의 문항을 요인분석한 결과 신경증적 성향(neuroticism: N), 외향성(extraversion: E), 개방성(openness of experience: O)의 세 요인이 있음을 발견하고, 1978년에 질문지형 성격검사를 개발하면서 세 요인의 첫 글자를 따서 NEO-I(NEO-inventory)라 명명해서 만들어진 척도이다. 이들은 지속적인 연구를 통해 우호성(agreeableness: A), 성실성(conscientiousness: C) 요인을 추가적으로 발견하게 되었고, 1985년에 성격 5요인을 측정하는 검사를 개발하여 NEO-PI(NEO-personality inventory)라고 개칭했다. 그리고 1992년에 성격 5요인과 여섯 가지의 하위척도로 측정하는 개정판 NEO-PI-R(NEO-personality inventory-revised)을 발행했다(Pual T. Costa & Robert R. McCrae, 1992). 국내에서는 이승은(1997)과 이인혜(1997)가 NEO-PI-R의 신뢰도와 타당도를 연구하였고, 안창규와 채준호(1997)가 표준화 연구를 수행하였다.

(6) Rorschach 검사

Rorschach 검사는 1921년에 스위스의 정신과 의사 Hermann Rorschach (1884~1922)가 개발한 성격검사 도구이다. Rorschach는 1917부터 조현병 환자의 잉크반점 자극에 대한 반응자료를 체계적으로 수집하기 시작해서, 1921년 117명의 정상인을 포함한 총 405명의 카드검사 반응을 분석한 결과를 『정신 진단학(*Psychodiagnostik*)』으로 발표했고, 조현병 진단에 매우 유용한 도구가 될 것이라고 주장했다. Rorschach는 이 검사를 예비 결과로 보고 자신의 이름을 따지 않은 채 '형태 해석 검사(form interpretation test)'라고 명명하여 연구를 더 진행하려고 했으나, 1922년 복막염으로 젊은 나이에 사망했다. 그의 죽음과 함께 Rorschach 검사는 역사 속으로 묻힐 뻔했으나 그와 함께 일했던 정신분석가 Emil

Oberholzer(1883~1958)에게 Rorschach 검사를 배운 David Levy가 1929년 미국의 정신과 의사 Samuel Beck(1896~1980년)에게 이 검사를 소개하면서 다시 연구가 시작되었다. 그는 Marguerite Hertz(1899~1992)와 함께 Rorschach가 남긴 채점, 부호화 방식의 기본 틀을 발전시켜 1945년에 Rorschach 검사를 출판하였다. 여러 학자는 각자 자신의 학문적 배경에 따라 독자적인 Rorschach 체계를 발전시켜 나갔으나 검사 도구는 Rorschach가 직접 만든 것이 그대로 사용되고 있다.

(7) TAT 검사

TAT(thematic apperception test, 주제통각검사)는 1935년 Harvard 대학의 Murray와 Morgan이 처음 소개하였고, 1938년 Murray가 성격탐색(exploration in personality)에서 요구–압력체계를 근거로 한 성격이론과 TAT의 이론적 체계를 발전시켰다. Murray는 자신이 1936년 Harvard 대학 심리진료소에 사용한 카드를 1943년까지 세 차례 개정작업을 거쳐 31장의 카드를 표준화시켰고 1943년에 처음으로 검사요강을 출판하였다. TAT는 Murray 이후 Bellak(1971) 등에 의해서 이론 구성과 기술적 발전이 더하게 되었다. Bellak은 성인용 TAT가 성인성격진단에 매우 유용하긴 하지만 아동에겐 적합하지 않다고 생각하여 1949년에 3~10세의 유아·아동에게 적용할 수 있는 CAT(children apperception test: 아동용 주제통각검사)를 제작하였고, 1952년에 수정판을 만들어 출판하였다. Bellak은 도판의 자극 장면을 아동에게 맞는 그림, 즉 유아기와 아동기에 주로 나타나는 여러 가지 심리적 문제가 쉽사리 투사될 수 있는 그림으로 바꾸고, 도판에 등장하는 주인공도 동물로 바꾸어 아동용 검사인 CAT를 만들었다. CAT 도판에서 동물을 등장시킨 이유는 어린이에게는 인간 자극보다 동물 자극이 더 잘 동일시된다는 가정에서였다. 한국에서는 1970년대에 이르러 TAT에 대한 관심이 높아지면서 전용신이 Murray의 TAT 실시요강과 Bellak이 쓴 CAT의 임상적 활용 중에서 일부를 번역하였다. 또한 이상로, 변창진, 김경린(1974)은 『TAT 성격진단법』을 출판하여 임상실제에 많은 도움을 주었으며 김태련, 서봉연, 이은화, 홍숙기는 1976년에 K-CAT(한국판 아동용 주제통각검사)를 표준화하였다.

(8) BGT 검사

BGT(Bender gestalt test: 벤더게슈탈트 검사, 원 명칭 Bender visual motor gestalt test는 lauretta Bender가 1938년 미국예방정신의학협회(America orthopsychiatric association)의 연구지 제3호에 「시각-운동 형태 검사 및 그 임상적 활용(*A vsual-motor gestalt test and its clinical use*)」이라는 논문을 발표하면서 개발되었다.

BGT 검사가 진단검사로서 인정을 받게 된 계기는 제2차 세계대전이 발발하면서 다양한 문화 배경에서 징집된 군인을 진단할 필요가 생기면서부터이다. 징집 군인 중에는 문맹자도 있었고 기질적인 손상을 가진 사람도 있었으며 기타의 정신 병리적인 질환을 겪고 있는 사람도 있었다. 전쟁이 일어난 이듬해부터 이 검사의 사용 빈도는 증가하기 시작하여 1950년에는 심리검사 빈도 여섯 번째에 올랐으며 1958년에는 네 번째 순위에 오르게 되었고 1974년에는 두 번째로 많이 사용되는 검사가 되었다.

BGT 검사 도구는 투사법이지만 검사 자체가 간편하고 그 실시와 채점 및 해석이 비교적 쉬운 편이라 다요인적 해석이 가능하며 단일 요인을 측정하고 있는 다른 검사들보다 경제적인 효과가 크다. 그러므로 정신의학 및 임상심리 분야에서는 물론 교육적 장면에서도 활발히 수행되고 있고 그 활용이 더욱 더 증대되고 있다(Tolor & Brannigan, 1980).

(9) SCT 검사

문장완성검사(sentence completion test: SCT)는 수검자가 다수의 미완성 문장의 자극문을 읽었을 때 떠오르는 생각이나 느낌을 적어서 문장을 완성하도록 하는 검사로, 단어연상검사(word association test)의 응용으로 발전된 것이다. 처음에는 Galton에 의해 자유연상법(free association test)이 연구되고, Wundt와 Cattell에 의해 다시 단어연상법(word association test)으로 발전되었다. Kraepelin과 Jung의 단어연상검사의 임상적 연구에 이어, Rapaport와 그의 동료들의 연구에 의해 단어연상법이 투사법으로서의 성격진단에 유효한 검사로 확립되었다. 그

후 단어연상법은 다시 문장완성검사로 더욱 발전하게 되었다.

최초로 미완성 문장을 심리검사에 적용한 사람은 Ebbinghaus(1897)이다. 그는 지능의 측정을 위하여 문장완성검사를 사용하였는데, 수검자의 사고반응과 정서반응이 풍부하고 복잡할수록 지능지수가 높을 것이라고 판단했다. 대표적인 문장완성검사로는 Washington 대학 문장완성검사(Washington university sentence completion test: WUSCT)가 있다. 이 검사는 미완성의 비교적 짧은 문장을 제시하되, 공백 부분을 연상하여 자기 자신의 이야기를 자유롭게 써넣어 하나의 문장으로 완성시키는 검사법이다.

Payne(1928)는 최초로 현재 사용되고 있는 방식의 문장완성검사를 연구하였고, Tendler(1930)는 성격검사 영역에서 문장완성검사를 활용하기 시작한 개척자 중의 한 사람이다. 그는 문장완성검사가 수검자의 사고반응과 정서반응의 진단을 측정하여 평가하는 데 적합한 검사라고 제안하였다. 또한 Rohde(1946)는 청소년기 문제를 다룰 때 혹은 내담자의 욕구, 내적 갈등, 환상, 감정, 태도, 야망, 적응상의 어려움 등에 대해 파악하고자 할 때 문장완성검사가 적절하게 사용될 수 있다고 추천하였다. 그는 직접적인 대화를 통한 질문은 수검자가 방어적인 태도를 취하게 만든다고 지적하였고, 질문에 의하여 대답할 수 있는 반응 영역이 통제되기 때문에 표현의 자유를 제한할 수 있다고 하였다. 반면 미완성 문장은 표현할 수 없거나 표현하기 꺼려지는 잠재된 욕구나 욕망, 감정, 태도 등을 무의식적으로 자연스럽게 드러낼 수 있다고 하였다. 즉, 수검자가 진짜 자기의 모습을 드러내게 된다고 주장하였다.

이후 Stein(1947), Symonds(1947), Rotter와 Willerman(1947), Carter(1947) 등이 다양한 실험적인 연구를 통하여 문장완성검사의 임상적 활용에 대한 가능성을 보여주었다(최정윤, 2007). 제2차 세계대전 이후 문장완성검사는 임상현장에서 심리검사 베터리에 포함되어 실시되고 있다.

현재 미국에서 가장 보편적으로 사용되고 있는 문장완성검사는 Rotter(1947)의 40문항으로 되어 있는 문장완성검사이다. 우리나라 임상현장에서는 기관의 특성, 내담자의 연령, 문제의 특성 등에 따라 다양하게 변형된 문장완성검사가 실시되고 있다. 그러나 가장 보편적으로 사용되고 있는 검사는 Rotter의 'Rotter incomplete sentence blank(RISB)'(Rotter & Rafferty, 1950)와 Sacks가 개발한 'Sacks sentence completion test(SSCT)'(Sacks & Levy, 1950) 문장완성검사이다. Rotter의 문장완성검사는 고등학생용과 대학생 및 성인용으로 구분되어 있다. 현재 우리나라 임상현장에서 사용되고 있는 문장완성검사에서는 성인용 50문항, 청소년용 52문항, 아동용 33문항 등이 활용되고 있다.

참고문헌

강갑원(2014). 아하 교육심리학. 서울: 교육과학사.

강인애(1995). 인지적 구성주의와 사회적 구성주의에 대한 간략한 고찰. 교육공학 연구, 11(2), 9.

강인(1996). 구성주의 모델들의 특징과 차이점. 인지적 도제이론: 상황적 학습이론, 인지적 유연성 이론을 중심으로. 교육학연구, 36(1), 193.

강인애(1997). 왜 구성주의인가: 정보화시대와 학습자중심의 교육환경. 서울: 문음사.

강인애(2003). 우리시대의 구성주의. 서울: 문음사.

고수일, 한주희(2005). 직무동기의 다차원적 구조. 한국경영학회, 34(5), 1339-1363.

구자억, 김홍원, 박성익, 안미숙, 이순주, 조석희(2002). 동서양 주요 국가들의 영재교육. 서울: 문음사.

권대훈(2009). 교육심리학의 이론과 실제. 서울: 학지사.

______(2016). 교육심리학의 이론과 실제. 서울: 학지사.

김근영(2012). 청소년기 자아정체성 연구의 대안적 접근: 서술적 정체성 발달. 청소년학연구, 19(3), 85-108.

김명, 김옥수, 조미숙, 홍양자(2008). 건강과학의 이해. 서울: 이화여자대학교.

김성희, 허혜경(1998). 유아 발달. 서울: 교육과학사.

김아영, 백화정, 정명숙(2007). 교육심리학. 서울: 박학사.

김영숙(2016). 쉽게 배우는 교육심리학. 서울: 교육과학사.

김영채, 전헌선, 박권생(2002). 창의적 문제해결력 향상을 위한 수업 프로그램의 개발과 실 험분석. 교육학연구, 40(1), 129-159.

김이영, 백경숙, 전재선, 최윤희, 한용기, 홍성훈(2016). 교육심리학. 서울: 양성원.

김재은(1992). 교육심리사회연구방법론. 서울: 서울 과학사.

김정민(2000). 언어적 지능을 활용한 교수-학습방법이 학업성취에 미치는 효과. 연세대학교 석사학위 논문.

김정휘, 주영숙(1998). 영재학생을 위한 교육. 서울: 교육과학사.

김제한, 공성영, 이규명, 권순달(2002). 교육심리학. 서울: 양서원.

김종석, 김정겸(2002). 구성주의 수업에 있어서 학습양식이 학습효과에 미치는 영향. 교육 발전논집, 23(1), 94.

김주현(2000). 과학영재의 다중지능 분석. 연세대학교 석사학위 논문.

김준권, 박선영, 이현주(2014). 새로운 교육심리학. 서울: 태영출판사.

김청자(2011). 교육심리학의 이해. 서울: 동문사.

김청자, 장선철(2006). 교육심리학. 서울: 동문사.

김현진(1999). 다중지능 측정도구의 타당화 연구. 서울대학교 석사학위 논문.

김형태(1999). 교육심리학의 이해. 서울: 동문사.

김희수(2010). 교육심리학. 서울: 신정출판사.

류지영, 정현철(2010). 영재학급 대상자 선발을 위한 관찰 · 추천 영재판별모형 개발 연구. 영재교육연구, 20(1), 257-287.

문은식, 박선환, 정미경(2015). 교육심리학. 서울: 공동체.

민영순(1983). 교육심리학. 서울: 문음사.

박아청(2003). 한국형 자아정체성 검사의 타당화 연구. 교육심리연구, 17(3), 373-392.
박찬옥(2002). 유아의 사회적 능력 형성. 유아교육학술대회발표. 한국어린이육영회.
박형근, 방선옥, 송선희, 정수천(2016). 교육심리학. 서울: 양서원 .
방선욱(2002). 구성주의적 교육관의 이론적 함의와 적용 가능성 고찰. 교육학연구, 40(3), 11.
방선욱, 장성화, 김영봉, 권순희, 황인호(2012). 교육심리학의 이해. 서울: 서현사.
변영계, 김영환, 손미(2007). 교육방법 및 교육공학. 서울: 학지사.
서봉정(1999). 발달의 이론. 서울: 중앙적성출판사.
서영신(2004). 구성주의 이론에 근거한 음악교과에서의 창작 수업에 관한 연구: 초등학교 4학년 중심으로. 이화여자대학교 교육대학원 석사학위논문.
송명자(2008). 발달심리학. 서울: 학지사.
송선희(2001). Vygotsky 이론과 학습검사. 교육문제연구, 14, 132.
송인섭, 정미경, 김혜숙, 최지은, 박소연, 이희연, 김영아, 김누리, 김효원, 김희정(2013). 교육심리학. 서울: 양서원.
송재욱, 최명숙(2005). 기술과 문제중심학습에서 중학생의 인지양식과 성별에 따른 문제해결과정의 차이. 교육학논총, 26(1), 85-102.
송해덕(1998). 구성주의적 학습환경설계 모델들의 특성과 차이점 비교분석 연구. 교육학연구, 36(1), 192-193.
신명희 외(1998). 교육심리학의 이해. 서울: 학지사.
신명희, 강소연, 김은경, 김정민, 노원경, 박성은, 서은희, 원영실, 황은영(2010). 교육심리학. 서울: 학지사.
신수경, 채영란(2010). 장독립적-장의존적 인지양식에 따른 유아의 의사소통전략과 사회성 분석. 어린이미디어연구, 9(1), 243-258.
신옥순(1998). 구성주의와 교육. 인천교육대학교교육 논총, 15, 207-221.
신종호, 김민성, 최지명, 허유정, 이지영(2015). 교육심리학. 서울: 교육과학사.
안영진(1998). 영 · 유아 발달총서. 서울: 정일출판사.
여광응, 조인수, 문태형(2001). 교육심리학의 이해. 대구: 대구대학교 출판부.
오윤선(2006). 청소년이해와 상담. 서울: 예영 B & P.
______(2007a). 상담심리이해와 상담. 서울: 예영 B & P.
______(2007b). 상담심리이해와 상담. 서울: 예영 B & P.
______(2010). 청소년 세대진단과 이상행동치료. 서울: 예영 B & P.
______(2011). 힐링과 행복코칭. 서울: 예영 B & P.
오윤선, 김미숙(2017). 청소년 심리 및 상담이론과 실제. 서울: 양성원.
오윤선, 정순례(2017). 심리검사의 이해와 활용. 서울: 양서원.
오윤선, 황인숙(2015). 진로상담. 서울: 예영 B & P.
__________ (2016). 청소년 문화론. 서울: 양서원. 서울: 예영 B & P.
우종하(2000). 인간 심리의 이해. 서울: 교육과학사.
윤초희(2011). 관찰 · 추천 영재판별에서의 측정학적 쟁점과 과제. 영재와 영재교육, 10(1), 99-122.
이강헌(2015). 운동행동과 스포츠심리학. 서울: 대한미디어.
이명숙(1998). 구성주의 심리학. 대구교육대학교 초등교육연구 논총, 12, 37.
이문정(2012). 직무동기와 조직유효성의 관계에 대한 코칭과 개인-직무적합성의 조절효과. 경기대학교대학원 박사학위논문.
이상윤, 오윤선(2000). 교육의 심리학적 이해. 서울: 도서출판 다락방.
이성진(1996). 교육심리학 서설. 서울: 교육과학사.
이성진, 박성수(2008). 교육심리학. 서울: 한국방송통신대학교출판부.

이성진, 홍준표(1999). 행동수정의 원리. 서울: 교육과학사.
이신동, 최병언, 고영남(2012). 최신 교육심리학. 서울: 학지사.
이신동, 최인혁, 김기명, 고운정, 홍종선, 김경은, 김소영(2015). 지능과 창의성의 프레임. 서울: 양서원.
이신동, 최병연, 고영남(2012). 최신 교육심리학. 서울: 학지사.
임규혁, 이차숙(1989). 발달심리학. 서울: 집문당.
임규혁, 임웅(2007). 학교학습 효과를 위한 교육심리학. 서울:학지사.
임규혁, 이차숙(1989). 발달심리학. 서울: 집문당.
임정훈, 한기순, 이지연(2014). 교육심리학. 서울: 양서원.
임창재(1999). 교육심리학. 서울: 학지사.
장휘숙(2001). 인간발달. 서울: 박영사.
정동화(2015). 교육심리학. 서울: 서현사.
조교판, 주희진, 양수민(2016). 교육심리학. 서울: 학지사.
조석희, 박성익, 정태희(2001). 영재교육 실천방안, 수탁연구 CR 2001-35. 한국교육개발원.
주영흠, 박진규, 오만록(2004). 신세대를 위한 교육학개론. 서울: 학지사.
최은식(2003). 구성주의 교육관에 기초한 중등음악교수모형 개발 연구. 음악교육연구, 25, 64.
최정임(1997). 상황학습 이론에 따른 학습내용의 구성, 교사의 역할, 평가 원리에 대한 고찰. 교육학연구, 35(3), 224.
최정훈 외(1998). 인간행동의 이해. 서울: 법문사.
한순미(1999). 비고츠키와 교육. 서울: 교육과학사.
홍순정(1997). 교수학습이론과 매체. 서울: 한국방송대출판부.
황윤한(1999). 교수-학습 이론으로서의 구성주의. 한국교원대학교 초등교육연구소, 2, 18.

Adams, G. R., & Shea, J.(1979). The relationship between identity status, locus of control, and ego development. *Journal of Youth and Adolescence, 8,* 81– 89.
Allport, G. W.(1937). *Personality: A psychological interpretation*. N.Y.: Holt & Co.
___________ (1961). *Personality and social encounte*. N.Y.: Beacon Press.
Anderson, L. M.(1985). What are students doing when they do all that seat work? in Fisher, C. & Berliner, D. Eds., *Perspectives on instructional time*. N.Y.: Longman.
Anderson, R. J., Heath, C. C., Luff, P., & Moran, T. P.(1993). The social and the cognitive in human-computer interaction. *International Journal of Man-Machine Studies, 38*(6), 999-1016.
Asendorpf, J. B., Warkentin, V., & Baudonnière, P. M.(1996). Self-awareness and other-awareness. II: Mirror self-recognition, social contingency awareness and synchronic imitation. *Developmental Psychology, 32*, 313-321.
___________ (1964). *An introduction to motivation*. N.J.: Van Nostrand.
Atkinson, J. W.(1980). *Motivational effects on so-called tests of ability and educational achievement*. In L.J. Fyans. Jr(Ed.). *Motivation*. N.Y.: Plenum Press.
Bandura, A.(1977). Self-efficacy: toward a unifying theory behavioral change. *Psychological Review, 84*(2), 191-215.
Bandura, A., & Nenlove, F. L.(1968). Factors determining vicarious extinction of avoidance behavior through symbolic modeling. *Journal of Personality and Social Psychology, 8,* 99-108.
Barbara Clark(2008). *Growing up gifted: Developing the potential of children at school and at home*(8th Edition). Boston: Pearson/Allyn and Bacon Publishers. 김명숙, 서혜애, 이미순, 전미란, 진석언, 한기순

역(2010). *영재교육과 재능계발*. 서울: 시그마프레스.

Bates, M. J.(1989). The design of browsing and berrypicking techniques for the online search interface. *Online Information Review, 13*(5), 407-424.

Belkin, N. J.(1980). Anomalous states of knowledge as a basis for information retrieval. *Canadian Journal of Information & Library Science, 5*, 133-143.

Bem, S. L.(1989). Gender schema theory: A cognitive account of sex typing. *Psychological Review, 88,* 354-364.

Berger, S. E.(2004). Demands on finite cognitive capacity cause infants' perseverative errors. *Infancy, 5*, 217-238.

Berger, S. E., & Adolph, K. E.(2003). Infants use handrails as tools in a locomotor task. *Developmental Psychology, 39*, 594-605.

Berger, S. E., Adolph, K. E., & Lobo, S. A.(2005). Out of the toolbox: Toddlers differentiate wobbly and wooden handrails. Manuscript in preparation. *Child Development, 76*(1), 1294-1307.

Berk, L., & Spuhl, S.(1995). Maternal interaction, private speech, and task performance in preschool children. *Early Childhood Research Quarterly, 10*, 145-169.

Berk, L.E., & Winsler, A.(1995). *Scaffolding children's learning: Vygotsky and early childhood education*. Washington, DC: National Association for the Education of Young Children.

Biggee, M. L.(1964). *Learning theory joy teachers*. N.Y.: Harper & Row.

Binet. A., & Simon, T.(1916). *The development of intelligence in children*. Baltimore: Williams & Wilkins.

Birren, J. B., & Woodruff, D.(1973). *Human development over the life span through education*. In P. Baltes & E. Schaie(Eds.), Life span develop mental psychologys personality and socialization. N.Y.: Academic Press.

Blasi, A., & Milton, K.(1991). The development of the sense of self in adolescence. *Journal of Personality, 59*, 217-242.

Blustein, D. L., Devenis, L. E., & Kidney, B. A.(1989). Relationship between the identity formation process and career development. *Journal of Counseling Psychology, 36*, 196-202.

Bruner, J. S.(1963). Needed: A theory of instruction. *Educational Leadership, 20*(8), 523-32.

___________(1966). *Toward a theory of instruction*. N.Y.: W.W. Norton.

Ceci, S. J., & Gilstrap, L. L.(2000). Determinants of intelligence: Schooling and intelligence. *Encyclopedia of Psychology, 2*, 496-498.

Ceci, S. J., & Williams, W. M.(1997). Schooling, intelligence, and income. *American Psychologist, 52*, 1051-1058.

Collins, A., Brown, J. S., & Newman, S. E.(1989). *Cognitive apprenticeship: Teaching the craft of reading, writing and mathematics*. In L. B. Resnick(ed.) Knowing, learning, and instruction: Essays in honor of Robert Glaser. N.J.: Erlbaum.

Collins, J.(1982). *Self-efficacy and ability in achievement behavior*. Paper presented at the meeting of the American Educational Research Association, NewYork.

Cote, J. E., & Levine, C.(1988). A critical examination of the ego identity status paradigm. *Developmental Review, 8,* 147-184.

Crain, W.(2010). *Theories of development: Concepts and applications, 6th Ed*. N.J.: Pearson/Prentice Hall.

Cronbach. L.J.(1954). *Educational psychology*. N.Y.: Harcourt Brace, Co.

Daley, T. C., Whaley, S. E., Sigman, M. D., Espinosa, M. P., & Neuman, C.(2003). IQ on the rise: The Flynn effect in rural Kenyan children. *Psychological Science, 14,* 215–219.

Davis, G. A., & Rimm, S. B.(2001). *Education of the gifted and talented*. N.J.: Prentice-Hall. 이경화, 최병연,

박숙희 역(2009). *영재교육*. 서울: 박학사.

Decharms, R.(1968). *Personal causation: The internal affective determinants in human behavior*. N.Y.: Academy Press.

Deci, E, & Ryan, R.(1980). The empirical exploration of intrinsic motivational processes. In L. Berkowitz(ed). *Advances in Experimental Social Psychology. 13,* 39-80, N.Y.: Academic.

Deci, E. L .(1971). Effects of externally mediated rewards on intrinsic motivation. *Journal of Personality and Social Psychology, 18*, 105-111.

Dembo M. H., & Gibson, S.(1985). Teachers' sense of efficacy: An important factor in school improvement. *The Elementary School Journal, 86*(2), 173-184.

Dodge, K. A., Coie, J. D., & Lynam, D.(2006). Aggression and antisocial behavior in youth. In W. Damon, R.M. Lerner, & N. Eisenberg(Eds.) *Handbook of Child Psychology. 3.* N.J.: John Wiley & Sons.

Duffy. T. M. David H. J.(1992). *Constructivism and the technology of instruction: A conversation.* N.J.: Lawrence Erlbaum Associates, Publishers.

Erikson, E. H.(1964). *Insight and responsibility*. N.Y.: W. W. Norton & Co.

___________(1968). *Identity: Youth and crisis.* N.Y.: Norton.

___________(1976). Reflections on Dr. Borg's life cycle. *Daedalus, 105*, 1-28.

___________(1982). *The life cycle completed*. N.Y.: W. W. Norton & Co.

Flavell, J. H.(1976). Metacognitive aspects of problem solving. In L. B. Resnick(Ed.), The nature of intelligence(pp. 231-235). Hillsdale, N.J.: Lawrence Erlbaum. William James(1890). *Principles of psychology*. N.Y.: Holt.

___________(1976). *Meta cognitive aspects on problem solving*. In I., B. Resnick(Ed), The nature of intelligence(pp.231-235). N.J.: Erlbaum.

Flynn, J. R.(1994). IQ gains over time. In R. J. Sternberg(Ed.), The encyclopedia of human intelligence(pp. 617-623). N.Y.: MacMillan.

___________(1999). Searching for justice: The discovery of IQ gains over time. *American Psychologist, 54,* 5-20.

___________(2003). Movies about intelligence: The limitations of g. Current Directions in *Psychological Science, 12*(3), 95-99.

Fosnot, C. T.(1996). *Radical constructivism: A way of knowing and learning*. London: The Falmer Press.

___________(1996). *Constructivism: Theory, perspectives and practice*. N.Y. and London: Teacher College, Columbia University.

___________(1996). *Constructivism: A psychological theory of learning*, C. T. Fosnot(Ed), Constructivism: Theory, Perspective and Practice. N.Y.: Teachers College Press.

Freud, S.(1913/1959). The excretory functions in psychoanalysis and folklore(J. Riviere, trans.). Collected papers(Vol. 2). N.Y.: Basic Books.

Fryer, D.(1931). *The measurement of interest.* N.Y.: Henry Holt and Co., Inc.

Gagné, R. M.(1975). *The conditions of learning*(3rd ed.). N.Y.: Holt, Rinehart & Winston.

Gagne, Robert M.(1985). *The conditions of learning and theory of instruction*. N.Y.: Molt, Rinehart & Winston.

Gardner, H.(1985). *Frames of mind: The theory of multiple intelligences*. N.Y.: Basic Books. 이경희 역(1993). *마음의 틀*. 서울: 문음사.

Gardner, H.(1991). *Assessment in context*. In B. R. Gifford & M. C. O'Connor(Eds.), Changing assessment: Alternative views of aptitude, achievement, and instruction. Pearson: Kluwer.

Gardner, H.(1992). Multiple intelligences as a catalyst. *English-Journal, 84*(8), 16-18.

Gardner, H.(1993). *Multiple intelligence: The theory in practice.* N.Y: Basic Books. 김영희, 이경희 역(1998).

다중지능의 이론과 실제. 서울: 양서원.

Gardner, N., et al.(1991). *Intelligences: multiple perspectives*. Florida: Harcourt Brace & company

Gates, A. L.(1950). *Educational psychology*. N. Y.: Harper and Row Publisher.

Gilligan, C.(1982). *In a different voice: Psychological theory and women's development*. MA: Harvard University Press.

Glasersfeld, Ernst von.(1993). *Radical constructivism: A way of knowing and learning*. London: The Falmer Press.

Glover J. A., & Ronning R. R.(1987). *Historical foundations of educational psychology*. N.Y.: Plenum Press.

Goldstein, K. M., & Blackman, S.(1978). *Cognitive style: Five approaches and relevant research*. N.Y.: Wiley.

Goleman, D.(1995). *Emotional intelligence: Why it can matter more than IQ*. N.Y.: Bantam Books.

Gordon I. J.(1968). *Criteria for theories of instruction(Ed.)*. Washington, D.C.: Association for Supervision and Curriculum Development.

Gregory, J. M.(1954). *Seven laws of teaching*. Michi: Baker Book House.

Guthrie, E. R.(1952). *Guthrie, educational psychology*. N.Y.: Macmillan.

Harter, S.(1999). *The cognitive and social construction of the developing self*. N.Y.: Guilford Press.

Hendrickson, G., & Schroeder, W. H.(1941). Transfer of training in learning to hit a submerged target. *Journal of Educational Psychology, 32*, 205–213.

Herbart, J. F.(1957). *The application psychology to the science of education*. N.Y.: Mcgraw-Hill.

Hilgard E. R.(1962). *Introduction to psychology*. Califonia: Stanford University Press.

Hollingworth, L. S.(1926). *Gifted children: Their nature and nurture*. N.Y.: The Macmillan Company.

Hollingworth, L. S.(1942). *Children above 180 IQ(Stanford-Binet): Origin and development*. N.Y.: World Book Company.

James, V. W.(1985). *Vygotsky and the social formation of mind*. MA: Harvard University Press.

Jones, R. M., & Hartmann, B. R.(1988). Ego identity: Developmental differences and experimental substance use among adolescents. *Journal of Adolescence, 11*, 347–360.

Judd, C. H.(1939). *Educational psychology*. N.Y.: Mcgraw-Hill.

Klaus M., & Kennell J.(1982). *Parent-infant bonding*. Mo: Mosby.

Klausmeier, H. J.(1961). *Learning and human abilities*. N.Y.: Harper & Row.

Koestner, R. L., G. Vallerand, R. J., & Carducci, D.(1996). Identified and introjected forms of political internalization: Extending self-determination theory. *Journal of Per-Sociality and Social Psychology, 70*, 1025-1036.

Kogan, N.(1976). *Cognitive styles in infancy and early childhood*. N.J.: LEA.

Köhler,W.(1925). *The mentality of apes*. N.Y.: Harcourt Publishing Co.

Kuhn D., & Dean, D.(2004). Meta cognition: A bridge between cognitive psychology and educational practice. *Theory into Practice, 43*(4), 263-273.

Labouvie-Vief, G., & Medler, M.(2002). Affect optimization and affect complexity: Modes and styles of regulation in adulthood. *Psychology and Aging, 17*, 571-588.

Lewis, M.(1995). *Embarrassment: The emotion of self-exposure and evaluation*. In J. P. Tangney & K. W. Fischer(Eds.), Self-conscious emotions(pp. 198-218). N.Y.: Guilford Press.

Lewis, M., & Brooks-Gunn, J.(1979). *Social cognition and the acquisition of self*. N.Y.: Plenum Press.

Lin, H. F.(2007). Effects of extrinsic and intrinsic motivation on employee knowledge sharing intentions. *Journal of in Formation Science, 33*(2), pp.135-149.

Lindsley, D. B.(1957). *Psychophysiology and motivation*. In M.R. Jones(Ed.), Nebraska symposium on motivation, Nebraska: University of Nebraska Press.

Luthans, F.(1989). *Organizational behavior(5th ed)*. N.Y.: McGraw-Hill.

Maddi, S. R.(1996). *Personality theories: A comparative analysis*. I.L.: Dorsey.

Marcia, J. E.(1966). Development and validation of ego-identity status. *Journal of Personality and Social Psychology, 3*, 551-558.

__________(1987). *The identity status approach to the study of ego identity development*. In T. Honess & K. Yardley(Eds.), Self and Identity: Perspectives Across the Lifespan(pp. 161-171). N.Y.: Routledge.

__________(1988). *The identity status approach to the study of ego identity development*. In T. Honess & K. Yardley(Eds.), Self and identity: Perspectives across the lifespan(pp. 161-171). N.Y.: Routledge.

Marland, S. P.(1972). *Education of the gifted and talented*. Report to the U. S. Congress. Washington, DC: U. S. Government Printing Office.

Martin, G. B., & Jacqueline, G. B.(1993). *In search of understanding: the case for constructivist classroom*. N.Y.: Assn for Supervision & Curriculum.

McAdams, D. P.(1985). *Power, intimacy, and the life story: Personological inquiries into identity*. N.Y.: Guilford Press.

McAdams, D. P., Anyidoho, N. A., Brown, C., Huang, Y. T., Kaplan, B., & Machado, M. A.(2004). Traits and stories: Links between dispositional and narrative features of personality. *Journal of Personality, 72*, 761-784.

McCall, R. B.(1977). Childhood IQs as predictors of adult educational and occupational status. *Science, 197*, 482-483.

McLean, K. C., & Fournier, M. A.(2008). The content and processes of autobiographical reasoning in narrative identity. *Journal of Research in Personality, 42*, 527-545.

Messick, S.(1976). Individuality in learning: Implications of cognitive styles and creativity for human development. CA: Jossey-Bass.

Messick, S.(1984). The nature of cognitive styles: Problems and promise in educational practice. *Educational Psychologist, 19*(2), 59-74.

Miller, G. A.(1956). The magical number seven, plus or minus two: Some limits on our capacity for processing information, *Psychological Review, 63*, 81.

Miller, P. H.(2002). *Theories of developmental psychology, 4th Edition*. N.Y.: Worth.

Mischel, H. N., & Mischel, W.(1983). The development of children's knowledge of self-control strategies. *Child Development, 54*(3), 603-619.

Mischel, W.(1974). Processes in delay of gratification. In L. Berkowitz(Ed), *Advances in Experimental Social Psychology, 7,* 249-292(A-20-6).

_________(1976). *The interaction of person and situation*. In D. Magnusson & N. S. Endler(Eds), Personality at the crossroads: Current issues in interactional psychology. N.J.: Erlbaum.

__________(1986). *Introduction to personality(4th ed)*. N.Y.: Holt Rinehart & Winston.

Mischel, W.(1989). Delay of gratification in children. *Science, 244*(4907), 933-938.

__________(1990). *Personality dispositions revisited: A view after three decades*. In L. A. Pervin(Ed.). Handbook of personality: Theory and research(111-134). N.Y.: Guilford.

Mischel, W., Ebbesen, E. B., & Zeiss, A. R.(1972). Cognitive and attentional mechanisms in delay of gratification. *Journal of Personality and Social Psychology, 21*, 201-218.

Moon, J. W. & Kim, Y. G.(2001). Extending The TAM for a World-Wide-Web context. *Information and Management, 38*, 205-220.

Nielsen, M., Suddendorf, T., & Slaughter, V.(2006). Mirror self-recognition beyond the face. *Child Development, 77*, 176-185.

Nisan M. & Kohlberg.L.(1982). Universality and variation in moral judgment: A longitudinal cross-sectional study in Turkey, *Child Development, 53*, 865-876.

Ormrod, J. E.(2003). *Educational psychology: Developing learners*. N.J.: Merrill/Prentice Hall.

Paris, S., Lipson, M., & Wixson, K.(1983). Becoming a strategic reader. *Contemporary Educational Psychology, 8*(1), 293-316.

Payne, A. F.(1928). *Sentence completion*. N.Y.: N.Y. Guidance Clinic.

Piaget, J.(1932). *The moral development of the child*. N.Y.: Harcourt Brace.

_______(1970). Piaget's theory in P. Mussen(Ed) *Handbook of child psychology*. N.Y.: Wiley.

_______(1974). *The Origins of intelligence in children*. N.Y.: International University Press.

Recht, D. R. & Leslie, L.(1988). Effect of prior knowledge on good and poor readers' memory of text. *Journal of Educational Psychology, 80*, 16-20.

Reigeluth, C. M.(1983). *Instructional design theories and models: An overview of their current status(Ed.)*. N.J.: Merrill/Prentice Hall.

Reigeluth, C. M.(1999). *What is instructional design theory?* In C.M. Reigeluth, Instructional design theories and models: A new paradigm of instructional theory(Ed.). N.J.: Lawrence Erlbaum Associates.

Reigeluth, C. M.(2009). *Instructional-design theories and models, volume III: Building a ccommon knowledge base.* N.Y.: Taylor and Francis, Kindle Edition.

Renzulli, J. S.(1986). *The three-ring conception of giftedness: A developmental model for creative productivity.* In R. J. Sternberg & J. E. Davidson(Eds.), Conceptions of giftedness(pp. 53-92). N.Y.: Cambridge University Press.

Renzulli, J. S.(1990). A practical system for identifying gifted and talented students. *Early Childhood Development, 63*, 9-18.

Renzulli, J. S.(1992). *A general theory for the development of creative productivity in young people*. In F. J. Mönks & W. A. M. Peters(Eds.), Talent for the future. Maastricht, The Netherlands: Van Gorcum.

___________(1999). What is this thing called giftedness, and how do we develop it? A twenty five year perspective. *Journal for the education of the gifted, 23*, 3-54.

___________(2002). Expanding the conception of giftedness to include co-cognitive traits and to promote social capital. *Phi Delta Kappan, 84*, 33-40, 57-58.

Richard C. Atkinson & Richard M. S.(1968). "Human memory: A proposed system and its control processes", in K. W. Spence & J. T. Spence, eds., *The psychology of learning and motivation: Advances in research and theory, 2.* N.Y.: Academic Press, 89.

Riding, R. J.(1997). On the nature of cognitive style. *Educational Psychology, 17*(1-2), 29-49.

Rigby, C. S., Deci, E. L., & Ryan, R. M.(1992). Beyond the intrinsic-extrinsic dichotomy: Self-determination in motivation and learning. *Motivation and Emotion, 16*, 165-185.

Rochat, P., & Striano, T.(2000). *Perceived self in infancy. Infant behavior and development, 23,* 513-530.

Rogers, C. R.(1961). *On becoming a person*. MA: Houghton Mifflin.

Ryan, R. M., & Deci, E. L.(2000). Self-determination theory and the facilitation of intrinsic motivation, social development and well-being. *American Psychologist. 55*, 68-78.

Saleh, S. D., & Hyde, J.(1969). Intrinsic vs. extrinsic orientation and job satisfaction. *Occupational Psychology, 43*, 47-53.

Salovey, P., & Mayer, J. D.(1990). Emotional intelligence. *Imagination, Cognition, and Personality, 9*, 185-211.

Skinner, C. E.(1958). *Educational psychology*. N.Y.: John Wiley.

Slavin, R. E.(1991). *Educational psychology*. MA: Allyn and Bacon.

Smetana, J. G.(1982). *Children's judgments about mixed(moral and social) events.* Paper presented at the annual meetings of the American Educational Research Association, New York.

Spearman, C.(1927). *The abilities of man.* London: Macmillan.

Spiro, R. J., Coulson, R. L., Feltovich, P. J., & Anderson, D.(1988). Cognitive *flexibility theory: Advanced knowledge acquisition in ill-structured domains.* In V. Patel(ed.), Proceedings of the 10th annual conference of the cognitive science society. N.J.: Erlbaum.

Sternberg, R. J.(1985). *Beyond IQ: A triarchic theory of human intelligence.* Cambridge: Cambridge University Press.

__________(2000). *Handbook of intelligence.* Cambridge: Cambridge University Press.

Sternberg, R. J., & Detterman, D. K(Eds.).(1986). *What is intelligence? Contemporary viewpoints on its nature and definition.* N.J.: Ablex Publishing Corporation.

Tennant, M.(1988). *Psychology and adult learning.* London: Routledge.

Terman, L. M.(1925). *Mental and physical traits of a thousand gifted children.* CA: Stanford University Press.

__________(1925). *Genetic studies of genius.* The mental and physical traits of a thousand gifted children(Vol.1). CA: Stanford University Press

Thurstone, L. L.(1938). *Primary mental abilities.* Chicago: University of Chicago Press.

__________(1951). *Experimental tests of temperament.* In G. Ekman & Others(eds.). *Essays in Psychology.* A.W.: Uppsala.

Trow, W. C.(1950). *Educational psychology.* MA: Houghton Mifflin Co.

Tolor. A., & Branning, G. G(1980). *Research and clinical applications of the Bender-Gestalt Test.* I.L. Charles Thomas Publisher.

Vygotsky, L. S.(1978). *Mind in society: The development of higher psychological processes.* MA: Harvard University Press.

Walberg Herbert J., & Haertel Geneva D.(1998). Building educational resilience. *Phi Delta Kappa Educational Foundation.* 191.

Wang, P. & Soergel, D.(1998). A cognitive model of document use during a research project: Study 1. document selection. *Journal of the American Society for Information Science, 49*(2), 115-133.

Wang, P., Hawk, W. B., & Tenopir, C.(2000). Users' interaction with World Wide Web resources: An exploratory study using a holistic approach. *Information Processing and Management, 36*(2), 229-251.

Werner, H.(1940). *Comparative psychology of mental development.* N.Y.: International Universities Press, Inc.

Whitbourne, S., Zuschlag, M. K., Elliot, L. B., & Waterman, A. S.(1992). Psychosocial development in adulthood: A22-year sequential study. *Journal of Personality and Social Psychology, 63,* 260-271.

White, R. W.(1960). *Competence and the psychosexual stages of development.* In M. Jones(Ed.), Nebraska symposium on motivation(pp. 97-141). NE: University of Nebraska Press.

Witkin, H. A., Moore, C. A., Oltman, P. K., Good enough, D. R., & Friedman, F. (1977). Role of the field-dependent and field-independent cognitive styles in academic evolution: A longitudinal study. *Journal of Educational Psychology, 69,* 197-210.

Wittrock, M. C.(1992). An empowering conception of educational psychology. *Educational Psychologist, 27,* 129-141.

Woodworth, R. S.(1930a). *Dynamic psychology.* In C. Murchison(Ed.). Psychologies of 1930(pp. 327-336). MA: Clark University Press.

Woolfolk, A. E.(2007). *Educational psychology(10th Ed.).* MA: Allyn & Bacon. Young, P. T.(1961). Motivation and emotion. N.Y.: Wiley.

Zuschlag, M. K., & Whitbourne, S.(1994). Psychosocial development in three generations of college students. *Journal of Youth and Adolescence, 23*, 567-577.

찾아보기

ㅈ

저 / 자 / 소 / 개

오 윤 선

건국대학교 대학원 (교육학 석사)
Washington University of Virginia (교육학 석사)
명지대학교 대학원 (교육학 박사)
Minnesota Theology Graduate School (상담학 박사)
Regent University, Graduate School (임상수련)
미) Regent University 초빙교수 역임
중) 人民大學校 大學院 초빙교수 역임
현) 한국성서대학교 기초교양교육원 상담심리학 교수 및 학생생활상담센터장

〈주요저서〉

상담윤리 (두란노출판, 1997)
교육의 심리학적 이해 (도서출판 다락방, 2000)
상담학 (공저) (한국가정상담연구소, 2004)
가정상담학 (공저) (CLC, 2006)
청소년 이해와 상담 (예영 B&P, 2006)
상담심리학의 이해 (예영 B&P, 2007)
청소년 이젠 이해 할 수 있다 (예영 B&P, 2007)
숨은 눈물 닦아주기 (공저) (장로교회출판, 2008)
인간의 심리학적 이해 (예영 B&P, 2009)
사람은 어떻게 변화되는가 (공역) (생명의 말씀사, 2009)
청소년 세대진단과 이상행동치료 (예영 B&P, 2010)
청소년 분노조절하기 (예영 B&P, 2011)
힐링과 행복코칭 (예영 B&P, 2014)
진로상담 (공저) (예영 B&P, 2015)
청소년 문화론 (양서원, 2016)
청소년 심리 및 상담 이론과 실제 (양성원, 2017)
심리검사이해와 활용 (양서원, 2017)
청소년지도방법 (양서원, 2017)

교육심리학

초판 1쇄 인쇄 2017년 5월 20일
초판 1쇄 발행 2017년 5월 25일

지 은 이 | 오윤선
펴 낸 이 | 김기섭
책임편집 | 이윤미
펴 낸 곳 | 창지사 www.changjisa.com
08589 서울시 금천구 가산디지털 1로 83 파트너스타워 1차 9층
전화(02) 719-2211~3
팩스(02) 701-9386
등 록 | 1977년 4월 28일 · 제1-421호

ISBN 978-89-426-0944-4 (93370)

값 21,000원

「이 도서의 국립중앙도서관 출판예정도서목록(CIP)은 서지정보유통지원시스템 홈페이지 (http://seoji.nl.go.kr)와 국가자료공동목록시스템(http://www.nl.go.kr/kolisnet)에서 이용하실 수 있습니다.(CIP제어번호: CIP2017011955」